AF884153

गलती किसकी?

किरण बेदी

गलती किसकी? ऐसे अद्‌भुत अनुभवों का संकलन है जो व्यक्तिगत रूप से अभिव्यक्त किए गए हैं, जिन्हें बिना किसी कांट–छांट के प्रस्तुत किया गया है। यह ऐसे लोगों की कहानी है जिन्हें अपने अतीत की गलती की पीड़ा का अहसास मात्र है।

जीवन के ऐसे सच्चे अनुभव जो कड़वी सच्चाई का भीतर से ज्ञान कराते हैं, जिसे कोई स्मरण नहीं करता, अहसास भी नहीं। मगर पाठक के दिलो–दिमाग को झकझोर कर रख देता है, हिलाकर रख देता है। ऐसी गलती, जिसे रोकने के लिए समाज के सजग प्रहरी लगे हुए हैं, रात–दिन, हर वक्त। समसामयिक विषयों को उकेरता–कुरेदता और सवाल–दर–सवाल खड़ा करता एक महत्त्वपूर्ण दस्तावेज।

भारत की सर्वाधिक लोकप्रिय हस्ती
किरण बेदी की कलम से

यह संभव है

जेल और कैदियों का जिक्र घृणा और अपराध के संदर्भ में होता है। लेकिन किरण बेदी ने अपने कार्यकाल में देश और समाज को इन दोनों के बारे में नए तरीके से सोचने पर विवश कर दिया। उनका विश्वास है कि सजा देने का अधिकार न्यायालय का है। जेल की भूमिका तो कैदियों को सुधारने के लिए होनी चाहिए। इसी सिद्धांत पर चलकर उन्होंने कैदियों को इंसान समझा और उनका जेल का और बाद का भी जीवन बदल कर रख दिया। उसी सफल प्रयोग की अंतर्गाथा।

जैसा मैंने देखा

किरण बेदी एक संवेदनशील पुलिस अधिकारी हैं। उन्होंने खाकी वर्दी को नयी गरिमा प्रदान की है। समाज में गैर–बराबरी, अन्याय और जुल्म उन्हे कतई बर्दाश्त नहीं होते। **'जैसा मैंने देखा'** संकलन में उन्होंने उपने व्यक्तिगत अनुभवों को आधार बनाकर यह सिद्ध करने की कोशिश की है कि कारगर और प्रभावशाली हस्तक्षेप से व्यवस्था और सामाजिक कुरीतियों के शिकार, खासकर महिलाओं को उनका हक दिलवाया जा सकता है और उन्हें अपने अधिकारों को लड़ने के लिए प्रेरित किया जा सकता है। एक बार पढ़ना शुरू करने पर आप इसे छोड़ नहीं पाएंगे।

हिम्मत है!

किरण बेदी सूर्य की रोशनी की तरह किसी परिचय की मोहताज नहीं हैं। सूर्य का प्रकाश जिस तरह अंधेरे को चीरता हुआ हर चीज को बेनकाब कर देता है उसी तरह किरण बेदी भी जहां–जहां पहुंचती हैं, अपनी पहचान छोड़ती जाती हैं। उनकी जीवनी **'हिम्मत है'** में पढ़िए उनके जुझारू व्यक्तित्व के बारीक पहलुओं को। यह पुस्तक हर नागरिक के लिए प्रेरणादायी सिद्ध होगी।

संयुक्त राष्ट्र के महासचिव कोफी अन्नान ने उन्हें शांति स्थापना विभाग में सिविल पुलिस से समन्वय हेतु सलाहकार नियुक्त किया है। यह नियुक्ति उनके व्यक्तित्व को एक नया आयाम प्रदान करेगी।

पुस्तकें V.P.P. से मंगवायें। डाक व्यय प्रति पुस्तक 20/- तीन पुस्तकें एक साथ मंगवाने पर डाक व्यय फ्री।

फ्यूजन बुक्स

X-30, ओखला इंडस्ट्रियल एरिया, फेज-II नई दिल्ली-110020, फोन : 011-51611861-865,

फैक्स : 011-51611866, 26386124, ई-मेल : mverma@nde.vsnl.net.in, वेबसाइट : www.diamondpocketbooks.com

गलती किसकी?

भाग–1

किरण बेदी

अनुवाद एवं सम्पादन:

रमाशंकर सिंह 'दिव्यदृष्टि'

फ्यूजन बुक्स

ISBN : 81-7182-899-X

प्रकाशक

फ्यूजन बुक्स

X-30, ओखला इंडस्ट्रियल एरिया, फेज-II

नई दिल्ली-110020

फोन : 011-41611861

फैक्स : 011-41611866

ई-मेल : sales@dpb.in

वेबसाइट : www.dpb.in

संस्करण 2013

मुद्रण

जी. एस. इंटरप्राइजेज

Galati Kiski

(Part-1)

by

Dr. Kiran Bedi

पुस्तक की उत्पत्ति क्यों और कैसे

प्रिय मित्रों,

'गलती किसकी?' प्रथमहस्त संग्रह है उन व्यक्तियों के स्वैच्छिक लेखे–जोखे का, जिनके पास अपने अतीत की गलतियों की घोषणा करने के अलावा और कुछ नहीं है–प्रत्येक पीड़ादायी अनुभवों का भंडार है। इन व्यक्तियों में स्त्री, पुरुष, किशोर और यहां तक कि बच्चे भी शामिल हैं। इन्होंने अपने जीवन की गलतियों को बताने की हिम्मत जुटाई। इन्होंने बताया कि किस हद तक इसके लिए वे स्वयं उत्तरदायी थे और यह भी कि किस हद तक बाहरी परिस्थितियां इनके नियंत्रण से बाहर थीं।

अपने रोजमर्रा के कामकाज में, चाहे वह पुलिस की नौकरी हो या सामुदायिक सेवा, जिसके लिए मैं वचनबद्ध हूं, ये असंख्य दास्तानें व्यक्तिगत तौर पर निदान खोजने के लिए मुझे 'उद्वेलित' करती हैं। मैं साफ तौर पर इन लोगों को प्रशासनिक उपेक्षा का वर्णन करते देखती हूं और यह भी कि जो लोग इनकी मुसीबतों के लिए जिम्मेदार हैं, अगर वे चाहते तो जाहिराना तौर पर अपरिहार्य दिखाई पड़नेवाली इनकी समस्याएं निश्चित तौर पर निरोधर्य थीं।

बुद्धिमानी इसमें है कि आप अपनी और अन्य लोगों की गलतियों से सबक लें। जागरूक होना शस्त्रास्त्र से लैस होने के समान होता है और रोकथाम उपचार से बेहतर होती है। ये अक्सर दोहराई जानेवाली उक्तियां हैं किन्तु ये उच्चस्तरीय वास्तविकता से ओतप्रोत है।

यह पुस्तक सम्मान और आपसी समझ के परिणामस्वरूप दिए गए उन व्यक्तियों के अख्यानों का अद्‌भुत संग्रह है जिन्होंने अपनी जिन्दगी की दास्तान निर्भय और निर्बाध रूप से खुलकर सुनाई। पाठकों को ऐसे व्यक्तियों के जीवन में झांकने की निकट अंतर्दृष्टि उपलब्ध कराती है यह पुस्तक– 'गलती किसकी?' वरना आप उन्हें नज़रअंदाज कर देते, उनसे अनजान रहते और/या आप उनमें दाखिल ही न हो पाते। यह पुस्तक इन वास्तविकताओं को श्वेत–श्याम रंग–रूप में उन सभी व्यक्तियों के समक्ष उजागर करती है जो इन घटनाओं की रोकथाम में भूमिका निभा सकते हैं। यह पुस्तक किए जानेवाले कर्तव्यों और स्वीकार किए जानेवाले उत्तरदायित्वों को परिभाषित करती है।

इन विवरणें को लिखने के विचार का निर्णय 'दि टाइम्स ऑफ इंडिया' के संपादक दिलीप पडगांवकर और उनकी सहयोगी सबीना सैकिया के साथ एक अल्पाहार बैठक के दौरान लिया गया। इन विचारोत्तेजक सच्चाइयों को कागज पर उतारने के योग्य बनाने के लिए मैं उन दोनों के प्रति कृतज्ञ हूं।

मैं 'नवज्योति' और 'इंडिया विजन फाउण्डेशन' नामक अपने दो संगठनों के प्रति भी समान रूप से ऋणी हूं जिन्होंने इस पुस्तक में उल्लिखित व्यक्तियों के साथ सम्पर्क करने की पहल की और जिन्होंने वर्णित व्यक्तियों की बाद में भी जरूरत पड़ने पर देखभाल की जिम्मेदारी ली।

मैं अपनी टीम के सदस्यों–सुनील वर्मा और कामिनी गोगिया के उदार और निर्बाध समर्थन के लिए सर्वाधिक आभारी हूं।

मैं यह पुस्तक और इससे होनेवाली आय सभी जरूरतमंदों की भलाई के लिए समर्पित करती हूं।

आइए, हम सब अवांछनीय और निरोधार्य घटनाओं को रोकना सीखें।

महान आशाओं के साथ,

–किरण बेदी

लेखक परिचय

डॉ. किरण बेदी भारतीय पुलिस सेवा की प्रथम वरिष्ठ महिला अधिकारी हैं। उन्होंने विभिन्न पदों पर रहते हुए अपनी कार्य–कुशलता का परिचय दिया है। वे संयुक्त आयुक्त पुलिस प्रशिक्षण तथा स्पेशल आयुक्त, खुफिया, दिल्ली पुलिस के पद पर कार्य कर चुकी हैं। इस समय वे संयुक्त राष्ट्र संघ के 'शांति स्थापना ऑपरेशन' विभाग में 'नागरिक पुलिस सलाहकार' के पद पर कार्यरत हैं। उन्हें वर्ष 2002 के लिए भारत की 'सबसे प्रशंसित महिला' तथा 'द ट्रिब्यून' के पाठकों ने उन्हें 'वर्ष की सर्वश्रेष्ठ महिला' चुना।

डॉ. बेदी का जन्म सन् 1949 में पंजाब के अमृतसर शहर में हुआ। वे श्रीमती प्रेमलता तथा श्री प्रकाश लाल पेशावरिया की चार पुत्रियों में से दूसरी पुत्री हैं। उनके मानवीय एवं निडर दृष्टिकोण ने पुलिस कार्यप्रणाली एवं जेल सुधारों के लिए अनेक आधुनिक आयाम जुटाने में महत्वपूर्ण योगदान किया है। निःस्वार्थ कर्त्तव्यपरायणता के लिए उन्हें शौर्य पुरस्कार मिलने के अलावा अनेक कार्यों को सारी दुनिया में मान्यता मिली है जिसके परिणामस्वरूप एशिया का नोबल पुरस्कार कहा जाने वाला 'रमन मेगासेसे' पुरस्कार से उन्हें नवाजा गया। उनको मिलने वाले अंतर्राष्ट्रीय पुरस्कारों की श्रृंखला में शामिल हैं–जर्मन फाउंडेशन का जोसफ ब्यूज पुरस्कार, नार्वे के संगठन इंटशनेशनल ऑर्गेनाजेशन ऑफ गुड टेम्पलर्स का ड्रग प्रिवेंशन एवं कंट्रोल के लिए दिया जाने वाला एशिया रीजन एवार्ड, जून 2001 में प्राप्त अमेरीकी मॉरीसन–टॉम निटकॉफ पुरस्कार तथा इटली का 'वूमन ऑफ द इयर 2002' पुरस्कार।

व्यावसायिक योगदान के अलावा उनके द्वारा दो स्वयं सेवी संस्थाओं की स्थापना तथा पर्यवेक्षण किया जा रहा है। ये संस्थाएं हैं 1988 में स्थापित 'नव ज्योति' एवं 1994 में स्थापित 'इंडिया विजन फाउंडेशन'। ये संस्थाएं रोजना हजारों गरीब बेसहारा बच्चों तक पहुंचकर उन्हें प्राथमिक शिक्षा तथा स्त्रियों को प्रौढ़ शिक्षा उपलब्ध कराती है। 'नव ज्योति' संस्था नशामुक्ति के लिए इलाज करने के साथ–साथ झुग्गी बस्तियों, ग्रामीण क्षेत्रों में तथा जेल के अंदर महिलाओं को व्यावसायिक प्रशिक्षण और परामर्श भी उपलब्ध कराती है। डॉ. बेदी तथा उनकी संस्थाओं को आज

अंतर्राष्ट्रीय पहचान तथा स्वीकार्यता प्राप्त है। नशे की रोकथाम के लिए संयुक्त राष्ट्र द्वारा किया गया 'सर्ज साटिरोफ मेमोरियल अवार्ड' इसका ताजा प्रमाण है।

वे एशियाई टेनिस चैंपियन रही हैं। उन्होंने कानून की डिग्री के साथ–साथ 'ड्रग एब्यूज एण्ड डोमेस्टिक वायलेंस' विषय पर डॉक्टरेट की उपाधि भी प्राप्त की है। उन्होंने 'इट्स ऑलवेज पॉसिबल' तथा दो आत्मकथा 'आय डेयर' एवं 'काइंडली बेटन' नामक पुस्तक लिखी हैं। इसके अलावा यथार्थ जीवन पर आधारित वृतांतों का संकलन 'व्हाट वेंट रोंग' नाम से किया है। इसका हिन्दी रूपांतर 'गलती किसकी' नाम से संकलित है। ये दोनों संकलन, दैनिक राष्ट्रीय समाचार पत्रों 'द टाइम्स ऑफ इंडिया' एवं 'नवभारत टाइम्स' में डॉ. बेदी के व्यक्तिगत अनुभवों पर आधारित, पाक्षिक स्तंभों से संबंधित हैं।

आभार

इन कहानियों के मूल में वह व्यथा और पीड़ा है जिसे मैंने अपराध की विभीषिका और उसके कालांतर प्रभावों से जूझते हुए बहुत करीब से देखा है। अगर मैं इस पुस्तक में वर्णित लोगों को अपनी दास्तान सुनाने और उसे दूसरों से साझा करने के लिए न बुलाती तो मुझे चैन नहीं मिल सकता था। ऐसा नहीं है कि इन लोगों की दास्तान सुनकर इन्हें किसी की हमदर्दी पाने की इच्छा है। इन्हें अपनी व्यथा–कथा कहने के लिए इसलिए बुलाया गया ताकि इसे पढ़–सुनकर लोग जागरूक हो सकें। जो कुछ इन लोगों के साथ हुआ वह किसी के साथ भी हो सकता है। मैं दण्डात्मक न्याय के बजाय रचनात्मक न्याय और सजा के बजाय सुधार और मरहम लगाने में यकीन रखती हूं। नवज्योति एवं इण्डिया विजन फाउंडेशन नामक मेरे दो संगठनों ने मेरे इस यकीन को आगे गढ़ाया है। थकाऊ और संवेदनहीन व्यवस्था से कुछ राहत पाने के लिए किए गए उनके निरंतर प्रयास के बिना यह पुस्तक संभव न होती।

मेरे दोनों संगठनों का सूत्र वाक्य है–टु सेव द नेक्स्ट विःक्टिम (यानी अगले व्यक्ति को अपराधी बनने से रोकने के लिए)। यह पुस्तक इसी दृष्टिकोण से प्रकाशित की जा रही है।

यह दस्तावेज इसमें उद्धृत उन लोगों के जीवन की सत्य कथाओं पर आधारित है जिन्होंने स्वेच्छा से हमें बताया कि उनके जीवन में क्या गलत हुआ, किस सीमा तक इसके लिए वे स्वयं उत्तरदायी थे और किस सीमा तक बाह्य परिस्थितियां उनके नियंत्रण के बाहर थी। उन्होंने मेरे प्रति जो सम्मान, समझदारी और निष्ठा दर्शाई, उसके लिए मैं इन सब की कृतज्ञ हूं।

मैं अंग्रेजी दैनिक 'दि टाइम्स ऑफ इंडिया' के सम्पादक श्री दिलीप पडगांवकर का स्वागत करती हूं जिन्होंने इस विषय को एक पाक्षिक स्तंभ के रूप में अपने अखबार में प्रकाशित करने में रुचि दिखाई। साथ ही मैं 'नवभारत टाइम्स' के संपादक श्री रामकृपाल सिंह की भी आभारी हूं जिन्होंने अपने समाचार पत्र के माध्यम से इन सत्य कथाओं को लाखों हिन्दी पाठकों तक पहुंचाया। लगभग विगत दो वर्षों से अंग्रेजी में 'व्हाट वेंट रांग?' और हिन्दी में 'गलती कहां हुई' क्रमशः दि टाइम्स ऑफ इंडिया एवं नवभारत टाइम्स में हर पखवाड़े प्रकाशित हो रहे हैं।

मेरे लिए मेरे नवज्योति एवं इंडिया विजन फाउंडेशन के सदस्यों एवं सलाहकारों, डॉक्टरों, अध्यापकों के योगदान का उल्लेख करना अत्यंत अनिवार्य है, जिन्होंने इस पुस्तक में प्रकाशित व्यक्तियों के बारे में मुझे आंकड़े तथा अन्य जानकारियां उपलब्ध कराईं।

मैं कृतज्ञ हूं अपने नवज्योति नशामुक्ति केन्द्र के सदस्यों की जिन्होंने मेरे पास मूलचंद का पहला मामला भेजा और मैं मूलचंद की भी आभारी हूं जिसने एक नए आंदोलन की पहलकदमी की।

तिहाड़ जेल में अपने कार्यकाल के दौरान मैंने जो परियोजनाएं वहां शुरू कीं वे मुझे आज भी तिहाड़ से जोड़े हुए हैं। जेल से रिहा हुए अनेक कैदी मेरे ओर मेरी संस्थाओं के पास पुनर्वास की उम्मीद लिए आते हैं। हमने उनकी सहायता का प्रयास किया। उनमें से कुछ लोगों का उल्लेख इस पुस्तक में हुआ है। उस समय तिहाड़ जेल के अंदर सुधार कार्य के लिए जिन स्वैच्छिक संगठनों को आमंत्रित किया गया था, वे अपना नेक कार्य अब भी जारी रखे हुए हैं। अनेक पुनर्वासित नशाखोर और जेलों से रिहा हुए कैदी मेरे संगठनों में इस समय कार्यरत हैं। ये लोग अपने अतीत की दास्तान, लोगों को सुनाकर उन्हें सुधारने के लिए प्रेरित करते हैं। मैं इन सबके प्रति कृतज्ञ हूं।

मैं इंडिया विजन फाउंडेशन द्वारा संचालित 'क्राइम होम चिल्ड्रन' के सदस्यों की आभारी हूं जिन्होंने मुझे परियोजना में पंजीकृत अनेक रिहा कैदियों और उनके परिवारों की हालत के बारे में विस्तृत जानकारी दी। ग्रामीण समस्याओं का समावेश किए बगैर यह पुस्तक पूर्ण नहीं हो सकती थी। शहर के बाहरी क्षेत्र में रहने वाली लक्ष्मी अपनी दास्तान बताने को बड़ी मुश्किल से राजी हुई। किन्तु जब वह एक बार खुली तो ढेर सारी जानकारियां दे डालीं।

मैं समान रूप से कृतज्ञ हूं 'फ्यूजन बुक्स' के नरेन्द्र वर्मा के प्रति जिन्होंने पुस्तक की पांडुलिपि में किए गए मेरे अनेक संशोधनों को स्वीकार किया। मैं उनके धैर्य की प्रशंसा करती हूं।

अंततः मैं अपने माता–पिता के साथ श्रद्धावनत हूं जिन्होंने मुझे एक संवेदनशील व्यक्ति के रूप में गढ़ा। विशेष रूप से मैं अपनी मां की ऋणी हूं जिनकी भौतिक उपस्थिति से मैं हमेशा के लिए वंचित हो गई हूं।

सचमुच, अगर मैं इस व्यवस्था का अंग न होती तो यह सब कुछ संभव न हो पाता। यह व्यवस्था आज भी ऐसे अनेक लोग पैदा कर रही है जिनके पास यह बताने को है कि उनके साथ क्या गलत हुआ। ऐसे लोगों की आपबीती 'समाज में जागरूकता' की दिशा तय करती है।

अनुक्रमणिका

उपेक्षित सीमा का त्रासद 'अफसाना' 1

मेरा नाम अफसाना है और उम्र 29 साल। मेरे दो बच्चे हैं। 19 वर्ष की आयु में मैं अपने पिताजी से मिलने दिल्ली आई। ऑटोरिक्शा वाला मुझे उनके पास ले जाने के बजाय अपने घर ले गया और मेरे साथ बलात्कार किया। जब उसने दूसरे दिन मुझे मेरे पिता के पास पहुंचाने को कहा तो मैंने इनकार कर दिया और उसके साथ तत्काल विवाह के लिए अड़ गई।

पहले मेरा नाम सीमा था। मैं हरियाणा के एक समृद्ध परिवार में पैदा हुई। हमारे परिवार वालों के पास ढेर सारी जमीन तथा एक बड़ा–सा मकान था। हम लोग संयुक्त रूप से एक साथ रहते थे। हमारे घर में सब कुछ था सिवाय प्यार के। मेरे दो छोटे भाई थे। हम लोग साथ–साथ स्कूल जाया करते। मेरे पिताजी दिल्ली की एक बड़ी खुफिया एजेंसी में कार्यरत थे तथा दिल्ली में अकेले ही रहते थे। मेरी मां हमारी जमीन की देखभाल करती और हमें हमारे पिताजी की कमी अखरने न देने की पूरी कोशिश करती। हम अपने पिताजी की लम्बी प्रतीक्षा करते, लेकिन उनके पास हमारे लिए वक्त नहीं था।

मेरा बचपन बहुत सुरक्षित था। मैं नियमित स्कूल जाती और स्कूल से लौटकर घर के अन्दर रहती। मैं पढ़ने में बहुत अच्छी थी इसलिए कक्षा में मेरी प्रतिष्ठा थी। चूंकि पढ़ाई के सिलसिले में मुझे ज्यादातर घर से बाहर रहना पड़ता, अतः मैं पढ़ाई के अलावा संगीत, नाटक आदि गतिविधियों में भी भाग लेती।

दसवीं कक्षा पास होने तक ऐसा ही चलता रहा। इंटर की पढ़ाई के लिए मुझे कालेज में दाखिला लेना था। इस बारे में निर्णय करने के लिए मेरे पिताजी संयोगवश उस समय घर में मौजूद थे। वह मुझे पास के एक कस्बे में स्थित हॉस्टल में दाखिल कराकर चले गए। मैंने कक्षा में अपनी स्थिति बेहतर बनाने के उद्देश्य से डटकर पढ़ाई की। बहरहाल, इस बीच मुझे अहसास हुआ कि मैं नितांत अकेली हूं। मुझसे मिलने के लिए मेरे घर से कोई नहीं आता। कभी–कभार मेरी मां आ भी जाती तो उसे मेरे छोटे भाइयों की फिक्र लगी रहती, अतः वह जल्दी ही वापस चली जाती। मुझे याद आता है कि मेरे पिताजी मुझसे

मिलने बमुश्किल तमाम एक या दो बार ही आए। इसका मेरे दिमाग पर गहरा असर हुआ और मेरा मन पढ़ाई से उचट गया। मैं खाली बैठ कर फिल्में और टेलीविजन देखने में अपना समय गंवाने लगी। मैं अपने पिताजी को रोज पत्र लिखती कि आप भी अन्य बच्चों के पापा की तरह मुझसे मिलने आया करें, लेकिन उनके पास कभी भी वक्त नहीं रहा। उनका ध्यान आकर्षित करने के लिए मैंने उनके पास अपनी समस्याएं भी लिख कर भेजीं, किन्तु उन्होंने कोई ध्यान नहीं दिया। मैं छुट्टी के दिनों में बहुत उदास रहती, अतः जल्दी ही हॉस्टल लौट जाती।

मैंने बारहवीं की परीक्षा पास कर ली। मेरे पिताजी ने फैसला किया कि आगे की पढ़ाई जारी रखूं और उसी कॉलेज के हॉस्टल में रहूं। इस बार मैंने पांव लटका दिए। मैंने अपने माता–पिता को साफ–साफ बता दिया कि वे मेरे हॉस्टल का खर्चा देंगे तब भी मैं वहां नहीं पढूंगी। किसी ने मेरी बात नहीं सुनी। अगले ही दिन मैं हॉस्टल पहुंच गई। मेरे लिए मेरे माता–पिता की आज्ञा का उल्लंघन करना सरल नहीं था। इस बीच मेरे मित्रों ने मुझे कई सुझाव दिए जिनका मुझे अफसोस है। मैंने पूरी तरह पढ़ाई बन्द कर दी। ने अध्यापकों 'खासकर हॉस्टल वार्डन' जो बड़ी बुरी औरत थी, की धमकियों के डर से ही पढ़ाई करती।

एक दिन हॉस्टल वार्डन ने मुझे अपने एक सहपाठी के कमरे के बाहर खड़े हुए पकड़ लिया। मैं अपने मित्र से अपनी नोट बुक वापस लेने के लिए वहां खड़ी थी, परन्तु वार्डन ने मेरी एक न सुनी। मेरी सभी दलीलें उसके बहरे कानों से टकरा कर लौट आईं। उसने मुझे बहुत बड़ी सजा दी। उसने पढ़ाई के साथ–साथ अन्य शिक्षेत्तर गतिविधियों से मेरा नाम काट दिया। वह सब मुझे बहुत नागवार गुजरा। मैंने अपने पिताजी को क्षुब्ध होकर पत्र लिखा और उनसे मेरे बचाव के लिए आने को कहा। वह मेरे पत्र का जवाब देने का समय भी नहीं निकाल सके, आना तो दूर की बात थी। मैं बी.ए. प्रथम वर्ष की परीक्षा में फेल हो गई। शिक्षित होने का सपना मेरी आंखों के सामने ही चकनाचूर हो गया।

मैं अपना सामान हॉस्टल में ही छोड़कर तथा बचे–खुचे पैसे लेकर हॉस्टल से भाग आई। मैं अपने पिताजी का पता जानती थी। मैं दिल्ली जाने वाली बस में सवार हो गई। बस अड्डे पर मेरे उतरते ही अनेक ऑटोरिक्शा वाले मुझे मेरे गंतव्य तक पहुंचाने के लिए घेर कर खड़े हो गए। चूंकि, मैं उनकी मदद के बगैर पहुंच नहीं सकती थी इसी लिए उनमें से एक को मैंने अपने पिताजी का पता दे दिया और ऑटोरिक्शा में बैठ गई।

मुझे दिल्ली की सड़कों का पता नहीं था। मुझे बताया गया कि शहर में आम हड़ताल है और हिंसा के डर की वजह से मैं अपने गंतव्य तक नहीं पहुंच सकती। मैं डर गई और मैंने ऑटोरिक्शा वाले से कहा कि वह मुझे रेलवे स्टेशन ले चले। वह मुझे रेलवे स्टेशन ले गया। स्टेशन पर हमें एक आदमी मिला जिसने बताया कि आज कोई गाड़ी नहीं है। यह सुनकर मैं और अधिक डर गई। ऑटोरिक्शा वाले ने मुझसे कहा कि मैं उसके घर चल सकती हूं। कोई चारा न देखकर मैं उसके घर जाने को तैयार हो गई। उसने वादा किया कि वह दूसरे दिन मुझे मेरे पिताजी के पास छोड़ आएगा।

अपने घर में उसने मेरे साथ बलात्कार किया। मेरा सारा प्रतिरोध व्यर्थ गया। शाम को उसने मुझे घर छोड़ आने के लिए कहा। मैंने इनकार कर दिया। मैंने उससे कहा कि वह मेरे साथ वहीं और उसी समय शादी करे। वह इसके लिए तैयार नहीं था। उसने ऐसी हरकत अन्य लाचार लड़कियों के साथ भी की थी। पहले तो उसने इनकार किया लेकिन मेरा दृढ़ निश्चय देख कर तैयार हो गया। मैं निकाह के लिए ले जाई गई। इस प्रकार रियाज नामक मुसलमान से शादी करने के कारण मैं अफसाना बन गई।

उसके परिवार के बारे में मुझे न तो तब कोई जानकारी थी और न अब है। जिस समय मेरी शादी हुई मैं 19 बरस की थी। तबसे दस साल बीत चुके हैं। मैं उस आदमी के साथ अपनी जिन्दगी बनाने की कोशिश कर रही हूं जिसने मुझे तबाह किया था। हालांकि वह अब भी कभी–कभार लड़कियों के साथ गलत काम करने की कोशिश करता है। कई बार मैं बर्दाश्त कर लेती हूं और कभी विद्रोह भी कर देती हूं।

मेरे बारे में पता चलने के बाद एक दिन मेरे पिताजी मुझसे मिलने आए। उनके साथ पुलिस भी थी। मैंने पुलिस वालों को वापस भेज दिया। तब तक मैं मां बन चुकी थी। मेरे परिवारवालों ने यह कहते हुए कि मैंने उनकी नाक कटा दी है, संबंध तोड़ लिए। तब से मैंने उन्हें न देखा है और न उनके बारे में सुना है।

मेरे जीवन का एकमात्र उद्देश्य अब अपने दो बच्चों का पालन–पोषण है ताकि मेरी तरह उनकी भी जिन्दगी बरबाद न हो। मेरा शौहर अब भी ऑटोरिक्शा चलाता है लेकिन उसने अपने चाल–चलन में काफी बदलाव कर लिया है। सबसे बड़ी बात यह है कि वह अपने बच्चों की परवाह करता है। यही वजह है कि कभी–कभार जब वह मेरी पिटाई करता है तो मैं नजरअंदाज कर देती हूं।

गलती किसकी ?

- बच्चों को उनके माता–पिता द्वारा प्यार और सावधानी से पालन–पोषण की जरूरत होती है। सिर्फ शिक्षा ही पर्याप्त नहीं है।
- माता पिता को चाहिए कि वे बच्चों के साथ लगाव रखें और बचपन से लेकर उनके वयस्क होने तक उनकी जरूरतों का ख्याल रखें। कुछ मामलों में तो इसके आगे भी ध्यान दिए जाने की जरूरत है।
- माता–पिता का ध्यान अपनी ओर खींचने के लिए अड़ियल रवैया अपनाना, चाहे वह पढ़ाई की कीमत पर ही क्यों न हो, घातक बन जाता है।

महंगा उपचार : मदद के लिए शालिनी की गुहार

2

मेरा नाम शालिनी और उम्र है 27 साल। अपने पांच बहन–भाइयों में सबसे बड़ी हूं और भाई सबसे छोटा। मेरे पिताजी भूतपूर्व सैनिक तथा मां गृहिणी है। मेरे पास अपने खुशहाल बचपन की बड़ी सुखद स्मृति है। मेरी जवानी मेरे परिवार की परेशानी का कारण बनी। मेरी खूबसूरती आगे चलकर मेरी मुसीबत बन गई। बेहद खूबसूरत होने की क़ीमत मैं आज भी अपने अत्यंत घृणास्पद जीवन के रूप में चुका रही हूं। मेरा चेहरा पूरी तरह विकृत हो गया है।

21 वर्ष की आयु में अभी मैंने अपनी पढ़ाई पूरी ही की थी कि मेरे परिवारवालों ने मुझ पर शादी करने के लिए जोर देना शुरू कर दिया। उपयुक्त वर की तलाश जारी ही थी कि पड़ोस के कस्बे के एक अमीर किसान के बेटे के साथ मेरे विवाह का प्रस्ताव आया। शायद उन्होंने गांव के किसी समारोह में मुझे देख लिया था और मुझे पसन्द किया था। बहरहाल, मेरे माता–पिता, रिश्तेदारों तथा मेरे पड़ोसियों तक ने मुझे आश्वस्त किया कि मेरा वर मेरे लिए उपयुक्त है और मैं रानी की तरह रहूंगी। मैं आज भी एक रानी की तरह रह रही हूं, शायद मेरी बहनें भी मुझे तरह रह रही हैं। ऐसा इसलिए कि मैं अब अपनी बहनों या अन्य किसी को देख नहीं सकती। मुझे नहीं मालूम कि मैं फिर कभी देख पाने लायक हो सकूंगी या नहीं।

मेरी सगाई के साथ ही मेरी शादी की तारीख तय हो गई। मेरी शादी ऐसे लड़के के साथ होने जा रही थी जिसके लिए अब भी अनेक प्रस्ताव आ रहे थे। हमारे क्षेत्र में पहले की तरह आज भी प्रचलित दहेज की प्रथा के तहत अन्य लोग मेरे मंगेतर के लिए भारी दहेज का प्रस्ताव लेकर आ रहे थे। बहरहाल, मेरे होने वाले सास–ससुर अपने इस वचन पर कायम थे कि वे अपने पुत्र का विवाह मेरे साथ ही करेंगे वह भी बिना किसी मांग के। हमारे क्षेत्र में आज तक ऐसी मिसाल कभी नहीं सुनी गई।

हमारे पड़ोस के गांव का एक अमीर परिवार अब भी अपनी बेटी की शादी मेरे होनेवाले पति से करने की फिराक में था। इस तथ्य के बावजूद कि हमारी सगाई हो चुकी थी, उनपर इसका कोई

असर दिखाई नहीं पड़ा। बार–बार मना करने के बावजूद वह परिवार उनसे सम्पर्क करता रहा। इसकी वजह से मेरी होनेवाली ससुराल के लोग दुखी हो गए। मैं इतनी आकर्षक थी कि वे बिना दहेज के भी मेरे साथ अपने बेटे की शादी करने को तैयार थे।

मेरी शादी में मात्र 30 दिन ही शेष थे कि एक दिन प्रातःकाल मैंने रणजीत और उसके बेटे कुन्दन को अपनी ओर आते देखा। मैं आशंकित एवं हैरान हो उठी कि इतने सबेरे वे लोग यहां क्या कर रहे हैं। इससे पूर्व कि मैं कोई प्रतिक्रिया कर पाती, उन्होंने मेरे चेहरे पर कुछ फेंक दिया। मैं काली पड़ गई। धीरे–धीरे मेरे चेहरे पर जलन होने लगी। बोतल में जो कुछ बचा था उसे फेंककर वे लोग भाग गए। मैंने अपने हाथों से उस तरल पदार्थ को पोंछने की कोशिश की तो मेरे हाथ भी जलने लगे। मैंने अपनी आंखों के सामने अपने हाथ की चमड़ी को गलकर गिरते देखा। यही हालत मेरे चेहरे की भी थी। मेरी चीख सुनकर मेरे घरवाले तथा आसपास के लोग मेरी मदद के लिए दौड़ पड़े।

इसके बाद मुझे एक पड़ोसी की कार में थाने ले जाए जाने की याद है। मैंने लोगों को बात करते सुना कि मुझे अस्पताल ले जाए जाने से पहले थाने में मामला दर्ज कराना आवश्यक है। मैं इतनी कमजोर थी कि मैं उन्हें यह भी नहीं बता सकी कि दर्द के मारे मेरा दम निकला जा रहा है और फौरन कुछ करने की जरूरत है। बाद में मुझे पता चला कि मेरे चेहरे पर तेजाब फेंका गया था। मैंने देखा कि कोई भी मेरे चेहरे की ओर नहीं देख रहा। जो भी देखता फौरन मुंह फेर लेता।

थाने में मुझसे थाना प्रभारी के समक्ष बयान देने के लिए कहा गया। जब मैंने बताया कि यह कृत्य किसने किया है तो वह मुझपर चीख पड़ा। मैं यह सुनकर स्तब्ध रह गई कि मैं उसके आगे झूठ बोल रही हूं। उसने कहा कि वे दोनों रणजीत या कुन्दन नहीं हो सकते। मैं जानती थी कि वे दोनों ही थे, परन्तु अधिक जोर नहीं दे सकी। इतनी संवेदनहीनता एवं निष्ठुरता देखकर मेरी आंखों के आंसू सूख गए। बाद में मुझे पता चला कि पुलिस ने मेरी छोटी बहन से अर्जी लिखवाई जिसमें कहा गया कि अज्ञात व्यक्तियों ने अज्ञात कारणों से मेरे ऊपर एसिड फेंका। इसके बाद मुझे एक स्थानीय अस्पताल ले जाया गया जहां प्राथमिक उपचार के बाद मेरे पिताजी को सलाह दी गई कि वह मुझे दिल्ली ले जाएं। इस दौरान कई घंटों का समय बरबाद हो गया।

कार में दिल्ली की यात्रा बड़ी पीड़ादायी रही। हम दिल्ली के प्रमुख मेडिकल इंस्टीट्यूट पहुंचे जहां हमें पास के ही अस्पताल में जाने के लिए कहा गया क्योंकि वहां इस प्रकार की चिकित्सा की विशेष सुविधा थी। तब तक चार घंटे खराब हो चुके थे और मैं चाहती थी कि दर्द सहने से अच्छा है मैं मर जाऊं।

अस्पताल के डाक्टर मेरी ओर देखने को भी तैयार नहीं थे जबकि मैं दर्द से तड़प रही थी। उन्होंने कहा कि चूंकि हम पड़ोसी राज्य से गए थे इसलिए हमें सीमा पर स्थित अस्पताल में जाना चाहिए था। बहरहाल, मेरे पिता की मिन्नत–खुशामद देखकर वे मुझे अस्पताल में दाखिल करने पर राजी हो गए।

18 दिनों तक अस्पताल के सघन चिकित्सा कक्ष में रहने के बाद मैं 11 महीने तक इलाज के लिए वार्ड में रही। इलाज के दौरान खाल ग्राफ्टिंग के अलावा अन्य अनेक कार्य जब–तब होते रहे। मुझे यह तो नहीं मालूम कि क्यों, लेकिन अस्पताल में दाखिल होने के तीसरे दिन मेरी दृष्टि पूरी तरह नष्ट हो गई।

लगभग सात वर्षों से अस्पताल में मेरा इलाज चल रहा है और इसके बदले हमारी सारी जमीन बिक गई, साथ ही साथ मेरे छोटे भाई–बहनों की पढ़ाई भी बंद हो गई। मैं जानती हूं कि सरकारी अस्पताल के वरिष्ठ डॉक्टर ने मेरा आपरेशन करने के लिए पैसे मांगे। मेरे परिवार वालों के पास पैसा न होने के कारण मैं जस की तस पड़ी हुई हूं। मेरा परिवार इस अस्पताल से उस अस्पताल तक तथा एक से लेकर दूसरे विभाग के चक्कर काटता रहा लेकिन उनकी बेटी के लिए कुछ विशेष नहीं किया जा रहा था। मैंने सुना कि जिसके साथ मेरी शादी होने वाली थी उसने किसी अन्य लड़की से शादी कर ली है। मेरे परिवारवालों को जिससे भी मिलने की सलाह दी गई वे उसी के पास गए परन्तु हमारी सहायता के लिए कोई आगे नहीं आया। चाहे वह मानवाधिकार आयोग हो या राष्ट्रीय महिला आयोग, जिसने मुझे एक बार प्रेस के सामने पेश करने तथा अपना गुणगान कराने के अलावा और कुछ नहीं किया।

मेरी जिन्दगी तबाह करने का अपराधबोध और गांववालों की धमकियों के कारण रणजीत ने खुदकुशी कर ली, परन्तु उसका बेटा कुन्दन आज भी मेरे गरीब माता–पिता को भयानक परिणामों की धमकी देता रहता है। पुलिस में दर्ज हमारे मामले का कुछ भी नहीं हुआ। दो साल बाद एक दिन कुन्दन की मुठभेड़ मेरे पिताजी से हो गई। उसने धमकी दी कि जो हाल उसने मेरा किया है वही मेरी अन्य बहनों का करेगा। हमने एक बार फिर एक केस दर्ज कराया। इसका भी कुछ नहीं हुआ तो हमने बमुश्किल उस मामले को दिल्ली स्थानांतरित कराया। हमें यह तो नहीं मालूम कि भारत की लम्बी और थकाऊ न्यायिक प्रक्रिया हमें कब इंसाफ दिलाएगी लेकिन हम हर पल आसन्न संकट में जरूर जी रहे हैं कि अब क्या होनेवाला है? हम आज भी इस विभाग से उस विभाग और मंत्रालयों के चक्कर काट रहे हैं लेकिन सब व्यर्थ। वे मेरे मामले में दिलचस्पी लेते दिखाई नहीं पड़ते या हो सकता है कि वे इतने व्यस्त हों कि उनके पास हमारी व्यथा सुनने की फुर्सत ही न हो। कुछ पुलिसवाले दिल्ली में भी हमें धमकाते रहते हैं, हमें नहीं मालूम कि वे कुन्दन से जुड़े हुए हैं या नहीं। जिस समय मैं अस्पताल में दाखिल की गई, उन्होंने पीछा करके मेरी बहनों को धमकी दी। मैं इतनी डरी हुई हूं कि घटना के बाद से अब तक अपने गांव नहीं गई। मुझे नहीं मालूम कि ईश्वर मेरी पुकार सुनेगा या नहीं। मेरा परिवार मेरे महंगे आपरेशन का खर्च वहन नहीं कर सकता। मेरे जीने की इच्छा प्रबल है परन्तु मेरे पास आर्थिक साधन नहीं हैं।

गलती किसकी ?

- कुछ अभिभावकों के लिए बेटी की शादी जिन्दगी और मौत का सवाल होता है। वे अपनी बेटियों की शादी के लिए किसी भी हद तक जा सकते हैं और कितना भी पैसा खर्च कर सकते हैं।
- पुलिस को चाहिए कि वह बिना समय गंवाए कार्रवाई करे यानी मामला दर्ज करके दोषी को गिरफ्तार करे, किन्तु ऐसा न करके वह बेइमान की भूमिका निभाती है।
- अनेक अवसरों पर सरकारी अस्पतालों के डॉक्टर गंभीर हालत वाले मरीजों को भी दूसरे अस्पतालों में भेजने में बहुत कीमती समय बरबाद कर देते हैं। इन डॉक्टरों के लिए मरीज केवल फालतू का बोझ होते हैं।
- जांच आयोग सक्रिय भूमिका निभाते नजर नहीं आते। उनकी रुचि केवल मीडिया में स्थान पाने में रहती है। आमतौर पर वे मामलों की छानबीन में विफल रहते हैं।

उफ, उस पहली ही सिगरेट में कैद हो गई मेरी किस्मत

3

मेरा नाम मूलचन्द है और उम्र 27 वर्ष। दिल्ली के एक व्यवसायी परिवार में मेरा जन्म हुआ तथा अपने आठ बहन–भाइयों में मेरा नम्बर चौथा है। मेरे पिताजी की परचून की दुकान थी।

जब मैंने पहली बार सिगरेट पी, उस समय मेरी उम्र 11 वर्ष थी तथा मैं एक सरकारी स्कूल में छठी कक्षा में पढ़ता था। वह सिगरेट मुझे मेरे सहपाठियों ने पिलाई थी। उस समय तक मैं एक निर्व्यसनी विद्यार्थी था। धीरे–धीरे मैं अपने साथियों की सोहबत में कक्षा से भागकर फिल्में देखने जाने लगा। सिगरेट पीने के साथ–साथ यह मेरी नियमित दिनचर्या हो गई।

पिताजी के साथ मेरे संबंध बहुत अच्छे नहीं थे। अलबत्ता मेरी मां मुझे बहुत प्यार करती थी। जब मेरे खर्चे बढ़े तो मैंने कापी–किताबों तथा अन्य शैक्षणिक जरूरतों के बहाने अपनी मां से पैसे लेना शुरू कर दिया। मेरे पिताजी इस बारे में मुझसे हमेशा पूछताछ करते, लेकिन मेरी मां के निर्बाध समर्थन एवं प्यार की वजह से मेरी आर्थिक जरूरतें पूरी होती रहीं।

स्कूल से मेरी गैरहाजिरी बढ़ती गई और मेरे अभिभावकों को जल्द ही स्कूल के शिक्षकों की ओर से इस संबंध में पत्र भेजकर जानकारी दी गई। जब मेरी मां ने मुझसे स्कूल में गैरहाजिरी के बारे में पूछा तो मैंने उसकी निरक्षरता का लाभ उठाते हुए झूठ बोल दिया। पिताजी को अपनी दुकान में व्यस्त रहने के कारण मुझसे कुछ पूछताछ करने की फुरसत ही नहीं मिलती थी।

मैं जीवन में अधिकाधिक पाना चाहता था। मसलन, अच्छे कपड़े, अच्छे जूते, अच्छा खाना इत्यादि ताकि मैं अपने दोस्तों को दिखा सकूं। कई बार मैं घर से भाग जाता और अपनी मां की पैरवी पर वापस आ जाता। मेरी मां मुझ पर हमेशा विश्वास करती रही इसीलिए वह चाहती थी कि मैं वापस घर आ जाऊं। मेरे पिताजी मेरी इन हरकतों से नफरत करते तथा मेरी मां के लगाव को कभी भी स्वीकार नहीं करते।

अब मेरे सामने संसाधनों की समस्या आ गई। मैंने मौका देखकर जहां जो कुछ भी मिलता उसे चुराना तथा परिचितों से पैसा मांगना शुरू कर दिया। इस बीच किसी तरह मैंने आठवीं कक्षा तक पहुंचने का इंतजाम कर लिया। आठवीं कक्षा में पहुंचते–पहुंचते मैं रोज शराब पीने का आदी हो गया। इसके बाद मुझे किसी का, यहां तक कि अपने पिता का भी कोई डर नहीं रहा। मैं उन्हें पलट कर जवाब देने लग गया। मेरा पक्ष लेने के लिए मेरी मां अब भी वहां मौजूद थी। नियमों के अनुसार, शराब खरीदने के लिए किसी को भी 25 वर्ष की आयु का होना जरूरी था। चूंकि अभी मैं छोटा था इसलिए मैं शराब की दुकान पर लाइन में खड़े लोगों से मिन्नत करता कि मेरे पिताजी ने शराब मंगाई है, कृपया आप एक बोतल लेकर मुझे दे दें। अगर मैं शराब लेकर नहीं जाऊंगा तो मेरे पापा मेरी पिटाई करेंगे।

सोलह वर्ष की उम्र तक पहुंचते–पहुंचते मैं चरस पीने में भी पारंगत हो गया। चूंकि मेरी दुकान अच्छी चल रही थी और वहां हिसाब–किताब का कोई ठीक–ठीक रख–रखाव नहीं होता था इसलिए गल्ले से पैसा चुराने में मुझे कोई दिक्कत नहीं होती थी। जितनी जरूरत होती, उतने पैसे लेकर मैं चंपत हो जाता। इस आशा में कि मैं कुछ जिम्मेदार बन जाऊं, मेरी मां ने मुझसे दुकान पर बैठने के लिए कहना शुरू किया। लेकिन मेरे लिए वह पैसे ऐंठने का माध्यम बन गया ताकि मैं अपनी नशे की लत पूरी कर सकूं। आगे चलकर मैं ट्रक ड्राइवरों की सोहबत में भी आया जिन्होंने मुझे अफीम खिलाने से लेकर हर गंदी जगह, जहां मैंने जाना चाहा, ले जाना शुरू कर दिया।

नशीली दवाओं के सेवन और चोरी की मैंने इंतहा कर दी। मैं अक्सर घर से भागने लगा तथा मेरे पापा की मर्जी के खिलाफ मेरी मां मुझे घर वापस आने देती। यह सब मेरी 21 वर्ष की आयु तक चलता रहा। अब तक मैं जेबकतरा बन चुका था। मेरे दोस्तों ने सिखाई थी मुझे जेबतराशी। मेरी करतूतों का पता पुलिस को भी चल चुका था इसलिए वह बार–बार मेरे घर आने लगी। मैं घर से बाहर रहने लगा। इस बीच मुझे हेरोइन पीने की भी लत पड़ गई। हेरोइन मुझे अन्य नशों से अच्छी लगी क्योंकि आसपास के इलाकों में यह आसानी से मिल जाती थी। मुझे पता चला कि मेरी तलाश न करने के लिए मेरी मां ने पुलिस को रिश्वत दी थी। वह मेरी हर जरूरत पूरी करती और जब कभी वह पैसे देने से मना करती तो मैं उसे और मेरे रास्ते में आनेवाले हर किसी को गालियां देता। अपराध से मेरा लगाव बढ़ता गया और मैं पुलिस के लिए वांछित अपराधी घोषित हो गया। उन्होंने मुझे पकड़कर निरोधक हिरासत में रखा। मेरी मां ने उसके अगले ही दिन मेरी जमानत करा ली। बहरहाल, मैं फिर गिरफ्तार कर लिया गया और इस बार मुझे छह महीने की सजा हुई।

एक स्थिति ऐसी आ गई कि मुझे मेरे आसपास नशीली दवाओं या मेरे दोस्तों के अलावा कुछ भी, कोई भी अच्छा नहीं लगता यहां तक कि मेरी मां भी। हेरोइन रखने के जुर्म में मैं एक बार फिर पकड़ा गया और लगभग तीन वर्ष जेल की सजा हुई। मेरी गिरफ्तारी के समय

पुलिस ने मेरे पास से 5000 रुपए बरामद किए थे लेकिन उसका कोई ब्यौरा दर्ज नहीं किया गया। मेरी नशाखोरी जेल जाने के बाद भी बंद नहीं हुई। वहां एक हैड वार्डर था जो रिश्वत लेकर मेरी 'खुराक' मुहैया करा देता था। अंततः वह पकड़ा गया और उसे कैद हो गई। बहरहाल, रिहाई की वजह से मेरे जेल में रहने की अवधि कम हो गई। मेरी रिहाई के बाद मेरी मां मुझे एक नशामुक्ति केन्द्र में ले गई। कुछ दिन वहां रहने के बाद मैं भाग गया। मुझे पकड़कर एक बार फिर नशामुक्ति केन्द्र में ले जाया गया, मगर भाग जाने में फिर कामयाब हो गया। नशा मेरी जिन्दगी बन चुका था।

मेरे अंदर बदलाव लाने की कोशिश के तहत मेरी मां ने मेरा विवाह करा दिया। मेरी पत्नी मुझे बहुत प्यार करती तथा शुरू–शुरू में नशा करने से मुझे कभी नहीं रोकती थी ताकि मैं खुश रहूं। बाद में उसने भी बहस करनी शुरू कर दी जिससे कई बार लड़ाई की नौबत आ जाती। तबतक मैं उसकी अंगूठी समेत लगभग सारे जेवर बेच चुका था। नशा पूरा करने के लिए मैंने उसके कपड़े तक बेच दिए। कई बार मेरे सास–ससुर ने भी मेरी मदद की थी लेकिन बाद में मेरी पत्नी की हिदायत पर उन्होंने सहायता करनी बंद कर दी। मेरे असहाय पिता देखते–ही देखते मर गए। उनके शव को घर में छोड़कर मैं 'पुड़िया' की तलाश में निकल गया और जब तक वापस आया, उनका अन्तिम संस्कार किया जा चुका था।

मेरी जिन्दगी इसी तरह चलती रही। कई बार मैं जेब काटते हुए पकड़ा गया और लोगों ने मेरी जमकर पिटाई की। मैं इतना कमजोर हो चुका था कि जेब काटना भी मेरे बस में नहीं रह गया। मेरी मां ने मुझे एक कमरे में बंद कर दिया। वह खिड़की के रास्ते खाना फेंक देती तथा किसी को भी मुझसे मिलने न देती। मेरी पत्नी भी मुझसे दूर रहने लगी। मेरे सभी रिश्तेदारों ने मेरा परित्याग कर दिया। मैं अछूत कहलाने लगा। लोगों को बताया जाता कि मुझे संक्रामक रोग हो गया है और अगर कोई मेरे आसपास जाएगा तो संक्रमित हो जाएगा। मैं बीमार पड़ गया और अंततः अकेला रह गया। संभवतः मेरे दोस्त भी मेरे पास नहीं आते थे।

अब मैं सबके लिए पूरी तरह अनजान था। मेरी मदद करनेवाला कोई भी नहीं था। मेरी मां एक बार फिर मुझे इलाज के लिए ले गई। मुझे नशा मुक्ति केन्द्र में दाखिल कराकर लौटते समय मेरी मां ने कहा था: 'यहीं मर! अब यहां से जिन्दा मत भागना।' उससे मुझे बहुत धक्का लगा क्योंकि इससे पहले मेरी मां ने कभी भी मेरी मौत की इच्छा नहीं की थी। मेरा इलाज चलता रहा। मैं इस बार भागा नहीं। पिछले दो वर्षों से मैं उसी नशामुक्ति केन्द्र में काम करते हुए अपने जैसे अभागों की सहायता कर रहा हूं।

गलती किसकी ?

- मेरी मां का असीम स्नेह रहा है मेरे बिगड़ने का कारण। मेरा मत है कि मुझे अनुशासित करने के लिए मां को पिताजी का साथ देना चाहिए था।
- मेरे बारे में मेरे परिवार को समय रहते सचेत करने में मेरे शिक्षकों की निष्क्रियता।
- स्थानीय पुलिस जो कि न तो ईमानदार थी और न ही उसने मेरे अंदर सुधार लाने के लिए सुधारवादी रवैया अख्तियार किया। अगर पुलिस चाहती तो मेरे आपराधिक कृत्यों पर अंकुश लगा सकती थी।
- मेरी पत्नी की लाचारी। मेरी नशाखोरी के बारे में पता लगते ही अगर वह मेरा विरोध करना शुरू कर देती तो शायद मैं नशीली दवाओं का आदी न होता।
- यह ऐसी पीड़ा है जिससे बचा जा सकता था, लेकिन इसे समझने में मेरे जीवन के 16 दर्दनाक साल बर्बाद हो गए।
- एक सबक हूं मैं अनेक अन्य नशाखोरों के लिए...

बेईमान पुलिस और कानूनी दांवपेंच का जाल

4

मेरा नाम गीता और आयु है 27 वर्ष। मेरे दो बच्चे–एक लड़का और एक लड़की–है। मैं मूलतः पश्चिमी उत्तर प्रदेश के एक गांव की रहने वाली हूं। दस वर्ष पूर्व कमल से मेरा विवाह हुआ और हम दिल्ली आ गए। लोग शहरों में जाकर अपने गांव–घर को समृद्ध बनाते हैं, लेकिन हम जिन्दा रहने के लिए अपना सब कुछ गांव में ही छोड़ आए। अंततोगत्वा मेरे बच्चों को छोड़कर जिन्दगी के बदले मुझे सब कुछ गंवा देना पड़ा।

मेरा जन्म एक किसान परिवार में हुआ। मेरा एक छोटा भाई भी था। मेरी मां खेती–बाड़ी के कामों में पिताजी का हाथ बंटाती थी और घर संभालती थी। हम लोग एक शान्तिपूर्ण जीवन बसर कर रहे थे। मैं और मेरा भाई दोनों नियमित स्कूल जाते थे। अपनी ममेरी बहन लक्ष्मी को मैं अपना आदर्श मानती थी। सभी दिक्कतों के बावजूद उसने एम.ए. की पढ़ाई पूरी की थी। हमारे जैसे समाज में लड़कियों की इतनी ऊंची शिक्षा अनसुनी बात थी। कुछ समय के लिए उसकी नौकरी एक सरकारी स्कूल में अध्यापिका के रूप में लग गई। इसी बीच एक संभ्रांत परिवार में उसका विवाह हो गया। उसके सास–ससुर ने उसे नौकरी करने की इजाजत नहीं दी। वे उसे चूल्हे–चौके में ही व्यस्त देखना चाहते थे। इसका मेरे जीवन पर भी बड़ा नुकसानदेह असर पड़ा। नौवीं कक्षा से आगे पढ़ने की अनुमति मुझे नहीं दी गई। मेरे माता–पिता ने कहा कि लड़कियों का शिक्षित होना बेकार है। यह मेरी जिन्दगी की पहली विडम्बना थी।

आठ बरस की नन्हीं–सी उम्र में एक दिन मेरा भाई खेलने गया परन्तु फिर कभी नहीं लौटा। जिन्दगी जैसे ठहर–सी गई। हमने उसकी बहुत तलाश की लेकिन नतीजा शून्य रहा। हमें बहुत बड़ा नुकसान उठाना पड़ा तथा इसी सदमे में मेरे पिताजी की जान चली गई। इस हादसे से मेरा बचा–खुचा परिवार भी बिखर गया।

समय बीतने के साथ ही मेरा विवाह एक पुराने जमींदार परिवार में हो गया। मेरे परिवार

में पति के अलावा एक बूढ़ी विधवा सास सहित कुल तीन लोग थे। हमारे पास खेती की 60 बीघे अच्छी जमीन थी। सच्चाइयां उजागर होने से पूर्व सब कुछ परी लोक जैसा लग रहा था। चूंकि हमारा परिवार बहुत छोटा था इसलिए हमारी सहायता करने वाला कोई नहीं था। मेरे पति मेरे सास–ससुर की इकलौती संतान तथा बहुत सीधे–सादे इंसान थे। वह ट्रैक्टर मरम्मत करने की दुकान चलाते थे। उन्होंने हमारे दूर के रिश्तेदारों से, जो कि हमारी जमीन पर निगाह लगाए हुए थे, कभी भी कोई पंगा नहीं लिया। इसके बावजूद कि उन्होंने हमारी जमीन का काफी बड़ा हिस्सा पहले ही हड़प रखा था, वे लोग मेरे पति को बार–बार झगड़े के लिए उकसाते रहते। आहिस्ता–आहिस्ता उनकी उत्तेजनात्मक गतिविधियां धमकियों में बदल गईं। शुरू–शुरू में तो इन धमकियों का स्वर काफी मंद था परन्तु आगे चलकर वे हिंसक हो गईं। वे लोग हमें सार्वजनिक तौर पर प्रताड़ित–अपमानित करने लगे।

इन समस्याओं से निजात पाने तथा चैन से जिन्दगी बिताने के इरादे से हमने गांव से दूर किसी निरापद स्थान की तलाश शुरू कर दी। घर में जो कुछ भी सम्पत्ति थी, उसे लेकर हम दिल्ली आ गए। हमने दिल्ली के उपनगरीय क्षेत्र में अपना एक प्लाट खरीदकर धीरे–धीरे उसमें दो कमरे बना लिए और वहीं पर डेरी का कारोबार शुरू कर दिया। बहरहाल, हमारे रिश्तेदारों को हमारी पूरी जमीन हड़पने के बाद भी संतोष नहीं हुआ। वे चाहते थे कि हम सारी जमीन उनके नाम लिखित में हस्तांतरित कर दें। चूंकि जमीन से हमारा भावनात्मक लगाव था इसलिए हम ऐसा नहीं करना चाहते थे। कमजोर होने के नाते हम लोग उनका विरोध नहीं कर सकते थे। वे हमें लगातार आतंकित करते रहे और हम उसे अपनी नियति मानकर सहते रहे। ऐसा नहीं था कि हम इसकी शिकायत नहीं करना चाहते थे। हम शिकायत तो करना चाहते थे परन्तु किससे शिकायत करें यह हमें मालूम नहीं था। हम पति–पत्नी दोनों ही बहुत कम पढ़े–लिखे थे, इसलिए हमें दुनियादारी की अधिक समझ नहीं थी। हमें अपने अधिकारों तथा उन्हें हासिल करने का ठिकाना मालूम नहीं था। हमें तो सिर्फ इतना पता था कि शिकायत करने से कुछ हासिल होने वाला नहीं है, हमारी शिकायतों से गांव की पंचायत हमदर्दी तो जताती थी लेकिन कोई हल नहीं निकालती थी। हमने अपनी किस्मत से समझौता कर लिया।

मेरी सास हमारे दिल्ली आने के कुछ ही दिनों बाद गुजर गई। इस बीच मेरे एक पुत्र पैदा हुआ और साल के भीतर ही बेटी भी आ गई। अभी हमारा बेटा मुश्किल से एक साल का ही हुआ था कि हमपर मुसीबतों का पहाड़ टूट पड़ा।

एक रात की बात है। हम सब लोग घर में सोए हुए थे। हमारे पति के चार रिश्तेदार धारदार हथियारों तथा लाठियों के साथ चारदीवारी फांदकर हमारे घर में घुस आए। मैं अपने पति की चीख सुनकर जाग पड़ी। मैंने देखा कि कुछ लोग तकिए से मेरे पति का मुंह दबाए हुए थे और वह उनसे बचने की जद्दोजहद कर रहे थे। जब मैं उन्हें छुड़ाने दौड़ी तो जालिमों ने मेरे ऊपर बिजली का चलता हुआ पंखा फेंक दिया जिससे मेरे हाथों और चेहरे से खून बहने लगा। मुझे तेज करंट भी

लगा जिससे मैं कुछ पल के लिए मूर्च्छित हो गई लेकिन मुझे जल्दी ही होश आ गया। मैंने चीखना–चिल्लाना शुरू कर दिया। उनमें से दो लोग मुझपर टूट पड़े और मेरा गला घोंटने की कोशिश करने लगे। दो अन्य लोग मेरे पति का गला घोंट रहे थे। बहरहाल, मैं किसी तरह उनकी पकड़ से छूटने में कामयाब हो गई और बाहर निकल कर शोर मचा दिया। उस समय अंधेरा था। किसी तरह मेरी आवाज मेरे पड़ोसियों तक पहुंच गई और वे लोग मेरे मकान की ओर दौड़ पड़े। पड़ोसियों को आता देख वे चारों हमलावर भागने को मजबूर हो गए। हमारी जान बच गई।

मेरे पड़ोस में एक महिला होम गार्ड रहती थी। उसने पुलिस नियंत्रण कक्ष को 100 नंबर पर इत्तिला दी लेकिन कोई भी नहीं आया। हमने अपने घावों पर घरेलू दवाइयां तथा आयोडेक्स लगाया। वहां आसपास कोई डाक्टर या अस्पताल नहीं था और दूर के अस्पताल में ले जाने के लिए कोई मददगार नहीं था। चूंकि हमलोग डाक्टर के पास नहीं जा सकते थे इसलिए हमने घर में ही अपनी पट्टियां बदलना जारी रखा। मुझे उस इलाके की कोई खास जानकारी नहीं थी। अतः अकेले कहीं जाने में मुझे डर लगता था।

अभी हमारे जख्म भरे भी नहीं थे कि तीसरे दिन पुलिस आ धमकी। उसने घटना के बारे में पूछताछ की और हमने उसे सच्चाई बता दी। मेरे पति एक शर्मीले और विनम्र स्वभाव के व्यक्ति थे। घायल होने के कारण ज्यादा नहीं बोल पाए। पुलिस ने हमसे थाने चलने के लिए कहा। हम पशोपेश में थे कि छोटे–छोटे बच्चों को छोड़कर थाने कैसे जाएं। हमारे पड़ोसी पुलिस की इस कार्रवाई का विरोध कर रहे थे मगर पुलिस हमें धकियाते हुए थाने ले जाने में सफल हो गई।

थाने में हमसे फिर पूछताछ की गई। पुलिस वालों की बातें सुनकर हम डर गए। उन्होंने हमें बताया कि हमलावरों में से एक आदमी मर गया है। पुलिस हमपर हत्या का इल्जाम लगा रही थी। इस मुसीबत से बचने के लिए पुलिस ने हमसे 20,000 रुपए की रिश्वत मांगी। हमारे पास पुलिस को देने के लिए कुछ भी नहीं था तो हम कहां से देते। इसके अलावा हमारी कोई गलती भी नहीं थी। मेरी तथा मेरे पति की दलीलों का लालची–बहरी पुलिस के कानों पर कोई असर नहीं हुआ। वहां हमारी सहायता करने वाला कोई नहीं था। न तो वहां महिला पुलिस थी और न ही महिला हवालात। हमें आम हवालात में चार दिनों तक कोर्ट में पेश किए बगैर बंद रखा गया। इससे भी दयनीय स्थिति यह थी कि हमें अपने एक वर्षीय बेटे तथा तीन माह की दुधमुंही अबोध बच्ची की खैरियत की कोई जानकारी नहीं थी।

पुलिस ने हमें छोड़ने का झांसा देकर हमसे कुछ कोरे कागजों पर दस्तखत करा लिए। इसके बाद यह कहते हुए कि हम अदालत से छूटेंगे, हमें कोर्ट में पेश किया गया। चूंकि हम लोग बहुत कम पढ़े–लिखे थे इसलिए यह नहीं समझ सके कि आखिर यह हो क्या रहा था? मुझे असलियत का पता तब चला जब मैं अपने पति के साथ तिहाड़ पहुंची।

इससे पहले मैंने कभी कोई जेल नहीं देखी थी इसलिए मैं यह कल्पना नहीं कर सकी कि स्त्रियों की जेल भी होती होगी। उस जेल में अनेक स्त्रियां थीं। वहां की स्त्रियों ने मुझे

घेरकर सवालों की झड़ी लगा दी। मेरे पति को अलग जेल में रखा गया। अपने बच्चों की किस्मत से मैं अब तक भी नावाकिफ थी।

चूंकि हमें न्यायिक प्रक्रिया की कोई जानकारी नहीं थी, अतः हमारा कोई वकील भी नहीं था। जेल का दौरा करने वाले गैरसरकारी स्वयंसेवी संगठनों ने मेरी सहायता करनी चाही परन्तु वहां मुफ्त कानूनी सहायता से मुझे कोई लाभ नहीं हुआ। हम सुनवाई के लिए लगातार कोर्ट आते–जाते रहे परन्तु हमारी समझ में कुछ नहीं आया।

बहरहाल, एक माह पश्चात मेरी मां मुझसे 'मुलाकात' करने जेल आई और उसने बताया कि मेरे पड़ोसी मेरे दोनों बच्चों की देखभाल कर रहे हैं। पड़ोसियों पर देखभाल का खर्च बढ़ता जा रहा था इसलिए मैंने कोई काम करना जरूरी समझा।

जेल में कैदियों के लिए अनेक कार्यक्रम चलाए जा रहे थे जिससे सजा के दौरान उन्हें रोजी–रोटी कमाने के लिए काम सीखने में मदद मिलती थी। मैंने अनेक कार्यक्रमों में अपना नाम लिखाकर थोड़ी–बहुत आमदनी शुरू की। जेल के अंदर 'नवज्योति' नामक एक गैरसरकारी संगठन पर्दा बुनाई का प्रशिक्षण कार्यक्रम चला रहा था। मैंने उसे सीख लिया। हालांकि मेरी आमदनी बहुत अधिक नहीं होती थी फिर भी जेल के बाहर मेरे बच्चों तथा अंदर मेरे पति की जरूरी चीजें खरीदने के लिए वह काफी थी। अधिक कमाने के लिए मुझे कई–कई घंटे कड़ी मेहनत करनी पड़ती। कामकाज, कमाई तथा रिहाई के लिए लोगों से विचार–विमर्श करने में मुझे चार साल लग गए तब कहीं जाकर मैं रिहाई का नुस्खा सीख पाई कि मुझे प्राइवेट वकील की जरूरत है।

हमारे वकील ने हमसे 5,000 रुपए लिए तथा हमारी रिहाई का इंतजाम किया। अदालत ने निर्दोष मानते हुए हमें बरी कर दिया। जेल से छूटकर हम जब अपने घर पहुंचे तो हमारे पास एक कौड़ी भी नहीं थी। उस समय जेल के एक स्वयंसेवक ने घरेलू चीजें खरीदने के लिए हमें थोड़े से पैसे दिए। पुलिस फिर हमारे पीछे पड़ गई। उसने मेरे निर्दोष पति को इलाके का बीसी घोषित कर दिया। जेल में मेरी सहायता करने वाले नवज्योति नामक स्वयंसेवी संगठन ने एक बार फिर मेरी सहायता की। संगठन ने अपनी जहांगीरपुरी स्थित परियोजना में मुझे बुनाई प्रशिक्षक की नौकरी दे दी। इतना ही नहीं, मेरे मामले में स्थानीय पुलिस से बातचीत करने के लिए संगठन ने सलाहकार भी भेजे। बहरहाल, हमारे लिए उन मुसीबतों को झेल पाना सरल नहीं था। अतः हमने उनसे छुटकारा पाने के लिए मकान बेचकर कहीं और बसने का फैसला किया। वह मकान हमें बहुत सस्ते दामों में बेच देना पड़ा। जो रकम मिली उससे हमने दिल्ली के बाहरी इलाके में एक छोटा–सा मकान खरीद लिया और खुद को सुरक्षित महसूस करने लगे परन्तु ऐसा नहीं था।

हमारे दुश्मनों ने हमारा पीछा वहां भी नहीं छोड़ा। नौ महीने पूर्व एक दिन वे सब मेरे घर आए और अपनी पिछली करतूतों के लिए शर्मिंदा होकर माफी मांगने लगे। उन्होंने हमसे समझौते की पेशकश की। उन्होंने मेरे पति से कहा कि वह उनके साथ गांव चलकर अपना हिस्सा ले ले। मुझे उनकी नीयत पर संदेह था। मैंने अपने पति से कहा कि इनकी बातों पर विश्वास करने की जरूरत नहीं है, परन्तु मेरी

चेतावनियों को उसने नजरअंदाज कर दिया। मेरे सीधे–सादे पति ने सिर्फ यही कहा: 'क्या फर्क पड़ता है? आखिर इन्सान किसी इन्सान के साथ ही तो जाता है।'

अंततः वे धोखेबाज निकले। एक दिन बाद मेरे पति की लाश एक पेड़ से लटकी मिली। मैंने अभियुक्तों के बारे में नामजद रिपोर्ट दर्ज कराई। पांच में से तीन हत्यारे गिफ्तार कर लिए गए जबकि दो लोग पुलिस को रिश्वत देकर बच निकले। वे आज भी स्वतंत्र होकर घूम रहे हैं और कहते हैं कि अगर मैंने जमीन की मांग की तो मुझे जान से मार देंगे।

मैं मौत के साए में जी रही हूं। मुझे अपने बच्चों की देखभाल के लिए घर छोड़कर बाहर जाना पड़ता है। मेरी बूढ़ी मां तथा छोटे बच्चे मेरी गैरहाजिरी में घर में असुरक्षित रहते है। इंडिया विजन फाउंडेशन नामक एक अन्य स्वयंसेवी संगठन ने मेरे बच्चों को स्कूल में दाखिल करा दिया है। यह ऐसी गैर सरकारी संस्था है जो अपराध प्रभावित परिवारों के बच्चों के लिए पुनर्वास कार्यक्रम चलाती है। मेरी मां और मैं अब भी भयभीत हैं।

बहरहाल, अपने भविष्य को लेकर मैं अब भी आश्वस्त नहीं हूं। यह अनिश्चिता मुझे इस मकान को भी बेचने के लिए विवश कर सकती है। मुझे नहीं मालूम कि इतनी बड़ी दुनिया में मुझे निरापद स्थान कहां मिलेगा।

गलती किसकी ?

- हमारी व्यक्तिगत कठिनाइयां हमारी अशिक्षा तथा उपेक्षा के कारण थीं। यह ऐसा अभिशाप था जिसका निवारण किया जा सकता था।
- बुजुर्गों को अपने जीवनकाल में ही जायदाद के झगड़े को निबटा लेना चाहिए वरना गांव नर्क बन जाएंगे। ग्रामीण पंचायतें ऐसी संस्कृति से प्रभावित रहती हैं जहां ताकतवर लोगों के सामने निर्दोषों की बलि दे दी जाती है।
- हमारे देश की ग्रामीण संस्कृति आज भी लड़कियों को शिक्षा ग्रहण नहीं करने देती। वैसे भी जिस प्रकार की शिक्षा दी जा रही है उससे वह अपने अधिकारों की रक्षा नहीं कर सकती।
- निर्धन और पिछड़े इलाकों में पुलिस इंसाफ से कोसों दूर है। वह बेइमान और षड्यंत्रकारी है।
- कमजोर और गरीब लोगों के लिए न्यायिक प्रक्रिया आज भी पहुंच से कोसों दूर है। वह निरंतर असंवेदनशील और अंधी बनी हुई है।

अपराधी से उपदेशक बन गया है राजन

5

मेरा नाम एन.ए. राजन है। मेरा जन्म एक हिन्दू परिवार में हुआ। इस समय मेरी उम्र 50 साल है। मूलतः मैं तमिलनाडू का निवासी हूं, किन्तु विगत 18 वर्षों में दिल्ली में रह रहा हूं। एक समय मैं भारत के पूर्वी अंचल में खूंखार डाकू था। 15 वर्षों तक लोगों की हत्या करना और अमीरों को लूटना मेरा रोजमर्रा का काम था। फिलहाल, मैं तिहाड़ तथा अन्य जेलों में खूंखार अपराधियों को सुधारने के लिए बाइबिल की शिक्षा देता हूं।

तिरुचि के एक मध्यवर्गीय परिवार में मेरा जन्म हुआ। मेरे एक भाई तथा दो बहनें हैं। मेरे पिताजी रेलवे में एक अनुशासनप्रिय अधिकारी थे।

एक बार पैसे चुराकर मैं घर से भाग गया। वहां से चेन्नई पहुंचने के बाद मैं कलकत्ता जाने वाली ट्रेन पर सवार हो गया। मुझे न तो यह मालूम था कि मुझे जाना कहां है और न ही तमिल के अलावा कोई दूसरी भाषा ही मुझे आती थी। कलकत्ता में मुझे एक आदमी मिला, जो एक तमिल फेमिली से परिचित था। यह तमिल दम्पत्ति निस्संतान था। मैंने उन्हें अपनी झूठी दुःखभरी कहानी सुनाकर प्रभावित कर लिया। कुछ दिनों पश्चात उनका पैसा चुराकर मैं चंपत हो गया और खड़कपुर पहुंच गया। वहां मैं एक कैथोलिक ईसाई के घर में रहा। वे बहुत दयालु थे। मैंने उन्हें भी उल्लू बनाया और कुछ दिनों बाद उनके भी पैसे चुराकर सीधा मुम्बई पहुंच गया।

उस वक्त तक मैंने कभी नहीं सोचा कि मैं यह सब क्यों कर रहा हूं। कुछ दिनों तक इधर-उधर भटकने के बाद मैं यह नहीं तय कर सका कि आगे क्या करूं? अचानक मुझे घर की याद आई और इस उम्मीद में कि शायद मेरे परिवारवाले मुझे माफ कर दें, मैं घर लौट गया। मेरे घरवालों ने गर्मजोशी से मेरा स्वागत किया। चूंकि मैंने 'आजादी' का स्वाद चख लिया था इसलिए किसी न किसी बहाने घर से फिर भागने लगा।

मेरे घरवालों को जल्दी ही पता चल गया कि मैं चोरी करता हूं। मेरे पिताजी की सारी कोशिशें बेकार चली गईं। मैं उतने ही पैसे चुराता था जितने कि मुझे उस समय चाहिए होते थे। शेष पैसे मैं वहीं छोड़ दिया करता था। इसके बाद मैंने बाहर भी चोरी करना शुरू कर दिया। एक दिन पुलिस ने पकड़कर मुझे बालगृह भेज दिया। वहां मेरी मुलाकात बिलकुल नए लोगों से हुई। हरेक ने मुझे कुछ न कुछ सिखाया।

बहरहाल, बहुत जल्द ही मैं बालगृह से भाग खड़ा हुआ। मैं मदुराई स्थित अपने एक रिश्तेदार के घर गया। वहां से पैसे चुराने के बाद फिर भाग निकला, लेकिन पुलिस ने फुटपाथ पर सोते हुए मुझे पकड़ लिया। मैं मजिस्ट्रेट को मूर्ख बनाने में कामयाब हो गया।

जुर्म–जेल–जमानत, गिरफ्तारी–फरारी की इस भागम–भाग ने मेरी जिन्दगी पूरी तरह बदल दी। जेल प्रवास के दौरान मैं कैदियों को दिए जाने वाले धार्मिक प्रवचन बड़े ध्यान से सुनता था। वे उपदेश मुझे आज तक याद हैं। मेरे परिवार के प्रति अब मेरा कोई लगाव नहीं रह गया था।

18 साल की उम्र में मैं नक्सलवादियों के शिविर में शामिल हो गया। उनसे मिलने के लिए मुझे जेल जाना पड़ा। जेल में नक्सलियों से मुलाकात के बाद जयपाल सिंह के रूप में मेरी जिन्दगी शुरू हुई। मैं नक्सलवादी से डकैत और उसके बाद गैंगस्टर बन गया। मेरा आतंक दुर्गापुर, बर्दवान, आसनसोल और आसपास के कई जिलों में फैल गया। मेरी दिमागी हालत ऐसी हो गई कि अगर मैं रोजना दो–तीन अपराध न कर लेता तो मुझे चैन नहीं मिलता था। जिस दिन मेरे हाथ अच्छी रकम लगती मैं उसे गरीब बेसहारा लोगों में बांट देता।

सन् 1976 में आपातकाल के दौरान मैं मीसा के अन्तर्गत बर्दवान जेल में बंद था। एक दिन अचानक सायरन बज गया। जेल में सायरन बजने का मतलब है कि कोई खतरा है और उस स्थिति में फौरन छिप जाने की जरूरत होती है, वरना गोली मार दिए जाने का डर रहता है। मैं भागकर एक पेड़ पर चढ़ गया। कुछ देर बाद पता चला कि भूचाल आया था, इसीलिए सायरन बजाया गया था। मेरा दिमाग सुन्न हो गया। उस दिन मुझे बालगृह में बचपन में सुनी बाइबिल का उपदेश याद आया जिसमें कहा गया था कि यीशु के जन्म के समय जो लक्षण होते हैं, उनमें से एक भूचाल भी है।

अदालत में मजिस्ट्रेट के सामने मैंने अपने सारे गुनाह कबूल कर लिए और मुझे सजा हो गई। अब मैं एक बदला हुआ इंसान था। जेल में मेरी दिनचर्या बदल गई। मैं कैदियों को सही मार्ग पर चलने का उपदेश देने लगा और आज तक वही कर रहा हूं।

गलती किसकी ?

- शैतानी करनेवाले अधिक बुद्धिमान बच्चों की देखभाल के लिए सावधानी और समझबूझ की जरूरत होती है जिसे आमतौर पर माता–पिता पसंद नहीं करते।
- बच्चे जवान हो जाने के बाद कानूनी खामियों का पूरा फायदा उठाते हैं और पुलिस को चकमा देते रहते हैं।
- ऐसे बच्चों के गुप्त कार्यक्रमों को रोकने के लिए ताकत का सख्ती से इस्तेमाल किया जाना चाहिए।

ससुराल वालों ने क्या-क्या जुल्म नहीं ढाए मुझपर

6

मेरा नाम ज्योति और आयु 21 वर्ष है। मैं दिल्ली की रहने वाली हूं। यूं तो मेरे नाम का शाब्दिक अर्थ 'प्रकाश' है लेकिन सच्चाई यह है कि मैं अपने से जुड़े सभी लोगों के जीवन में केवल 'अंधकार' ही लाई। मैं आपको यकीन दिलाना चाहूंगी कि मैंने ऐसा कोई काम नहीं किया जिसके आधार पर मुझे दोषी ठहराया जाए। मेरी जिन्दगी से रोशनी तभी से मद्धिम होने लगी जब से मेरा विनय के साथ विवाह हुआ। मैं उसे दोष दूं या अपने भाग्य को। मुझे दैनिक अखबारों के पहले पन्नों पर सुर्खियां मिलीं। यह बात दीगर है कि गलत कारणों से। शायद आज़तक कोई भी यह नहीं जान सका कि मेरे मामले में गलती कहां हुई।

मेरा जन्म एक गरीब, किन्तु सम्मानित परिवार में हुआ। मेरे पिताजी एक ईमानदार सरकारी कर्मचारी थे। वह डाक विभाग में कार्यरत थे लेकिन लम्बी बीमारी के बाद वह हमें 1984 में छोड़ गए। मेरे चार भाई और एक बहन है। मेरे तीनों भाई और बहन की शादी हो चुकी थी। अभी हाल में क्रूर भाग्य के पंजे से मुझे बचाने से पहले तक मैं यह कभी नहीं जान सकी कि हम इतने करीब थे।

मेरी मां अनुकम्पा के आधार पर पिताजी की जगह डाक विभाग में नौकरी पाने में सफल हो गई। बहरहाल, हमारे पास बचत की जो भी जमा–पूंजी थी, वह सब पिताजी के इलाज पर खर्च हो गई। सबसे बड़ी बात तो यह कि मेरी मां के ऊपर एक ऋण था जो कि आज तक शेष है। उसकी रकम बढ़कर कई गुना हो गई है।

यह सोचकर कि मेरी इन खूबसूरत बेटियों का क्या होगा, मेरी मां तथा भाइयों ने मिलकर मेरा और मेरी बहन का एक साथ विवाह कर दिया। मेरी उम्र उस समय सिर्फ 15 और मेरी बहन की 16 बरस थी। मुझे नहीं मालूम कि कभी मेरे पक्ष के लोगों ने विनय के बारे में कोई पूछताछ की हो। विनय का केबल टीवी नेटवर्क का अच्छा धंधा था और उसके पास एक दूध की दुकान थी।

मैंने उसे सिर्फ एक बार देखा था फिर भी मुझे सहमत होना पड़ा। मैं देखने में सुन्दर थी इसलिए विनय ने बिना किसी मांग के मुझे स्वीकार कर लिया। मुझे यह बात मालूम है कि मेरी मां को हमारी शादी के लिए अपने दोस्तों और रिश्तेदारों से कर्ज लेना पड़ा था।

शादी के मंडप में विनय ने अपना असली रूप दिखा दिया। वह तलवार निकालकर हवा में लहराने लगा। उसने कहा कि मेरी मां को मेरे बहनोई को भी सोने की एक अंगूठी देनी चाहिए। यह ऐसी मांग थी जो न केवल अनुचित थी बल्कि यह अचानक उठाई गई मांग थी। हम हतप्रभ रह गए। बहरहाल, करीबी रिश्तेदारों के हस्तक्षेप से मामला हल हो गया।

मेरी मुसीबत के दिन शुरू हो गए। विवाह के अगले ही दिन विनय ने मुझे मारा। मैं हैरान रह गई, लेकिन अभी तो यह शुरुआत थी।

कुछ महीनों बाद विनय और उसकी मां ने मुझे कम दहेज लाने के लिए प्रताड़ित करना शुरू कर दिया। मेरा बहनोई भी उनके साथ हो गया। उसकी पत्नी जो कि हमारे साथ ही रहती थी उसके साथ भी कई वर्षों तक मेरे जैसा ही व्यवहार किया जाता रहा, लेकिन उसने अपनी किस्मत से समझौता कर लिया था। वह मुझे ढाढस बंधाती। मेरी कुंवारी ननद जब तब चिंगारियां छोड़ती रहती। यह सब अनवरत चलता रहा। अब उन्होंने मुझे बड़ी निर्दयता से पीटना शुरू कर दिया। वे मुझे प्यार और अन्न से भूखा रखते। एकांत में मैं रोती। डर के मारे मैंने कभी भी उनके आगे आंसू नहीं बहाए।

मेरे विवाह के एक वर्ष बाद से मेरी मां तथा भाइयों को मुझसे मिलने की इजाजत कभी नहीं दी गई। मैं हमेशा धमकाई जाती। मेरे पति ने मेरे बारे में भद्दे इश्तहार छापकर उन्हें मेरी मां के सहकर्मियों तथा उसके पास–पड़ोस में बांटा। उसने हर काम योजनाबद्ध तरीके से किया। संयोगवश इन इश्तहारों पर हमारे इलाके की पुलिस चौकी की मुहर लगी हुई थी।

जब वह हमारा कुछ नहीं बिगाड़ सका तो उसने नए हथकंडे अपनाने शुरू कर दिए। उसने मुझे स्थानीय गुरुद्वारे में ले जाकर पटक दिया। मैं वहां तीन महीने रही। मैं सिर्फ इधर–उधर भटकती रहती। जब यह सब बहुत नागवार गुजरने लगा तो ग्रंथियों ने मुझे विनय के घर पहुंचा दिया। (मुझे यह बात सख्ती से बताई जाती कि वह विनय का घर था, मेरा नहीं)।

इसके बाद विनय ने मुझे सड़क पर उतार दिया। उसने मुझे एक मंदिर के सामने खड़ा कर दिया और कहा कि मैं भीख मांगूं। मैंने तीन महीने भीख मांगी। वह सारा दिन मेरे आसपास मंडराता रहता और रात को मुझे छोड़कर घर चला जाता। मेरे हाल पर तरस खाकर पुलिस मुझे जो कुछ खाने को देती मैं उसी पर निर्भर रहती, लेकिन अक्सर भूखी ही रहती। अगर कोई विनय की हरकत पर एतराज करता तो वह उससे चिल्लाकर कहता, 'यह मेरी निजी सम्पत्ति है, मैं जो चाहूंगा वही करूंगा इसके साथ।'

बहरहाल, यह भी अधिक दिनों तक नहीं चला। बाद में मुझे उसने अपने ऑफिस की छत पर बने एक कमरे में कैद कर दिया। सिर्फ 12 वर्ग गज में बने इस छोटे से कमरे में रोशनदान तक नहीं था। कोई शौचालय या स्नानगृह भी नहीं था। पानी का कोई नल नहीं था। मुझे कमरे में रखे हुए एक 'मटके' के साथ अंदर बंद कर दिया गया। मैं रातोंदिन अंदर बंद रहती। जब कभी उसकी

मुझे पीटने की इच्छा प्रबल होती, वह एक–दो दिन में मेरे पास आ जाता। उन दिनों एक चपाती के लिए मैं दो–दो, तीन–तीन दिन तक तरसती रहती।

मेरे भाइयों के साथ मेरे बचाव के लिए पुलिस के आने से दो साल पहले तक मैं उस 'जेल' में रही। मैं अस्थिपंजर मात्र बनकर रह गई थी और मेरा वजन घटकर कुल 21 किलो रह गया था। ऐसा नहीं था कि इन दो वर्षों में कोई घटना नहीं हुई। मेरे परिवार वालों ने पुलिस में एक शिकायत दर्ज करा दी थी। पुलिस हमें जब भी थाने या चौकी बुलाती उससे पहले ही मेरा पति मुझे जबान न खोलने की धमकी दे देता। मैं हमेशा अपनी मां और भाइयों की ही गलती बताती और उन पर अपनी निजी जिन्दगी में दखल देने का आरोप लगाती और अगर मेरे मायके वाले अपनी जिद पर अड़ते तो मैं उन्हें उनके खिलाफ कानूनी कार्रवाई करने की धमकी दे देती। पुलिस इसलिए लाचार थी क्योंकि मैं अपनी मां के खिलाफ थी। हालांकि वे मेरी बिगड़ती हुई हालत को देखकर सब कुछ समझते थे लेकिन वे विनय को समझाने के अलावा और कुछ भी नहीं कर सके। पुलिस वाले उसे अक्ल से काम लेने की सीख देते। विनय प्रतिशोधस्वरूप पुलिस वालों को उनके खिलाफ कानूनी कारवाई की धमकी दे देता।

कुछ संवेदनशील पुलिस अधिकारियों के हस्तक्षेप करने और गंभीरता से मामले की जांच करने के बाद ही वे मेरी असली कहानी जान सके। दरहकीकत यह है कि मेरी जिन्दगी दिल्ली पुलिस की ऋणी है जो कि उस कमरे तक पहुंच सकी जहां मैं मरने के लिए छोड़ दी गई थी। पुलिस ने मेरा भाग्य बदल दिया।

दुर्भाग्यपूर्ण बात यह है कि अगर पुलिस मेरे परिवारवालों की पहले वाली शिकायतों पर चिन्तित होकर जांच–पड़ताल करती तो यह सब कुछ रोका जा सकता था। मेरी शारीरिक हालत अपने आप में एक साक्ष्य थी कि मेरे साथ क्या गलत हो रहा है, लेकिन वे हर बार उन्हें अनसुना कर देते और मामले को एक नियमित शिकायत मानकर सिर्फ औपचारिकता पूरी कर देते थे।

गलती किसकी ?

- अनेक भारतीय माता–पिता सोचते हैं कि बेटियां उनके सिर पर बोझ हैं और शादी करके जितनी जल्दी यह बोझ उतार दिया जाए उतना ही अच्छा है।
- कई बार पारिवारिक स्थिति या व्यक्ति की अपनी लाचारी तकलीफदेह हालात को झेलने को विवश कर देती है।
- रूढ़िवादी भारतीय पुरुष और उसका परिवार मानता है कि बहुएं घरेलू कामकाज और दहेज के जरिए आर्थिक लाभ प्राप्त करने के साधन के अलावा और कुछ भी नहीं हैं।
- पुलिस की संवेदनहीनता और अक्षमता उसे शिकायत के पीछे की सच्चाई को उजागर करने से रोकती है।

नशे ने मुझे बर्बाद कर दिया और कहीं का न छोड़ा

7

मेरा नाम कृष्ण है तथा मेरी उम्र 32 साल है। मेरी दो बेटियां हैं। अपनी छह बहनों और तीन भाइयों में मैं सबसे छोटा हूं। मेरे पिताजी रेलवे कर्मचारी थे तथा मां एक सरकारी अस्पताल में नर्स थी। दिल्ली की सबसे बड़ी थोक मार्केट में हमारी एक दुकान थी इसलिए हमारे पास पर्याप्त आय थी। अब मेरे पास कुछ नहीं है क्योंकि मैं अपने माता–पिता तथा भाइयों की मदद खो चुका हूं। मेरे पास कुछ होने के नाम पर एक मशक्कत भरी जिन्दगी, पालने के लिए एक परिवार और पहचान जिसे पुनः बनाना था।

परिवार में सबसे छोटा होने के कारण मैं सबसे प्यारे बच्चे के रूप में पला–बढ़ा। मैं जो कुछ भी चाहता, मुझे लाकर दे दिया जाता लेकिन नकद पैसा कभी नहीं मिला। मेरे माता–पिता मेरी इच्छित वस्तु को खरीद कर ला देते थे लेकिन वे सोचते थे कि नकद पैसा मुझे बरबाद कर देगा।

यह नौवीं कक्षा की बात है जब मैं अपने साथियों के उकसावे पर पहली बार स्कूल से फरार हुआ। जल्द ही यह रोजमर्रा की आदत बन गया। हम फिल्में देखने जाते लेकिन मेरे पास उन्हें दिखाने के लिए पर्याप्त पैसा कभी नहीं होता था। मैं भी अपने साथियों को उसके बदले में फिल्में दिखाना और कुछ खिलाना–पिलाना चाहता था, लेकिन मेरे माता–पिता ने पैसे की मेरी मांग कभी पूरी नहीं की। वे सोचते थे कि मैं बहुत छोटा हूं इसलिए पैसे नहीं संभाल सकता।

मैंने अपने पिताजी के पर्स से पैसा चुराना शुरू कर दिया। धीरे–धीरे चोरी मेरी नियमित आदत बन गई। बहरहाल, मेरे मन में हमेशा एक अपराधबोध रहता था। मेरे पिताजी को कभी यह पता न चलता कि कोई चीज खो गई है। हालांकि बाद में इसपर ध्यान दिया गया लेकिन तब भी मुझपर संदेह नहीं किया गया।

पढ़ाई में अच्छा होने के कारण मैं दसवीं कक्षा पास हो गया, लेकिन अबतक मेरी पढ़ाई और जिन्दगी बदल चुकी थी। मुझे भी मेरे साथियों ने सिगरेट और नशीली दवाइयां (ड्रग्स) पिलाई। मैंने स्कूल जाना जारी रखा लेकिन अक्सर मैं वहां से भाग जाता। जहां तक मेरा मामला है, दोस्तों का साथ और ड्रग्स मुझे दोहरा सुख देते।

मैंने ग्रेजुएशन (स्नातक) तो की लेकिन पढ़ाई में नहीं बल्कि ड्रग्स की दुनिया में। बहरहाल, मेरे मन में हमेशा एक अपराधबोध रहता था लेकिन वह दबा रहा। मूलतः मैं गहरे एकांत में रहता। जब मैं कभी कोई गलत काम करता तो भाग जाता और एक शांत कोने में बैठकर सुबकता। उस समय सारी चीजें मुझे अपनी आंखों के सामने घटती नजर आतीं। मेरे माता–पिता, भाई और बहनें तथा मेरे अध्यापक ने मेरी शैतानियों को पहचान कर मुझे सही रास्ता दिखाने की कोशिश की, लेकिन मैं काफी आगे निकल चुका था। उस समय किसी भी चीज का मेरे लिए कोई मायने नहीं था। मैं था, मेरे ड्रग्स थे और था मेरे चारों ओर अंधकार जिसका मैं आदी हो चुका था।

मेरे परिवारवालों को जल्दी ही इसका पता चल गया और उन्होंने मुझे सही रास्ते पर लाने की भरपूर कोशिश की। मैंने उनकी हर कोशिश का विरोध किया इसलिए रिश्ते काफी खराब हो गए। मेरे सबसे बड़े पक्षपोषक मेरे माता–पिता–पिता, जो कभी भी एक हद से आगे कठोर नहीं थे और मेरी मां ने कभी भी अपने प्यार में कमी नहीं आने दी।

मेरे दोस्तों ने मेरा खर्च उठाना बंद कर दिया था। अतः मुझे दूसरे तरीकों की ओर देखना पड़ा। चोरी सबसे सुरक्षित काम था, कभी–कभी अपने घर और अन्य समय में दुकान से। मेरे परिवार ने जब भी सख्ती की, मैं घर से भाग गया और कई दिनों बाद लौटा। उन्होंने मेरा इलाज कराने की कोशिश की लेकिन मैं भाग गया। बहरहाल, अब तक का सारा समय किसी अप्रिय घटना से वंचित रहा। मेरी मां ने मुझे मेरी हर मांग पर पैसा देना जारी रखा और यह सिलसिला इस हद तक चला कि परिवार की सारी बचत समाप्त हो गई। किसी तरह मेरी बहनों की शादी हो गई लेकिन उसके बाद परिवार में कुछ नहीं बचा। मेरे भाइयों ने खुद को मुझसे दूर कर लिया था। मेरे पिताजी अश्रुपूरित आंखों से मेरी ओर देखते और वे जब भी ऐसा करते मैं उन्हें झिड़क देता था। मेरी बदमिजाजी ने मेरी आंखों के सामने ही उनकी जान ले ली। उन्हें एक दौरा पड़ा था और वे सदा के लिए सो गए थे। मेरी मां तब भी मेरे साथ थी और तब तक पैसा भी वहां काफी था। मुझे नहीं मालूम कि वह पैसा कहां से लाती थी, शायद घर की चीजें बेचकर लाती रही होगी।

पुलिस को इन सब बातों की भनक लग गई थी इसलिए वह मुझे गिरफ्तार करने के लिए आई। मेरी मां ने पैसे देकर मुझे बचा लिया। वे वापस चले गए। उसने इलाज के लिए मुझे 38 बार दाखिल किया लेकिन मैं हर बार वहां से भाग गया। यह सब मेरी मां के लिए अब नागवार हो गया था इसलिए उसने मेरी गिरफ्तारी के लिए पुलिस को पैसे दिए। मैं जेल भेज दिया गया। कुछ दिनों बाद मेरी मां फिर पसीजी और उसने अपनी निजी जमानत पर मुझे छुड़ा लिया। मैं फिर भी नहीं बदला और ड्रग्स पर निर्भर रहना जारी रखा।

मैं भागकर मुंबई चला गया और वहां राशन की सरकारी दुकानों से सामान लेकर उसे काला बाजार में बेचने का अवैध धंधा करने लगा। दो वर्ष बाद मैं वापस दिल्ली आया। पुलिस अब भी मेरी फिराक में थी। मेरी मां ने अब भी मुझे स्वीकार कर लिया इसके बावजूद कि उसके पास मेरी नशाखोरी के लिए पैसा नहीं था। इसके बाद मैं ठगों की सोहबत में आ गया। हम अनजान मुसाफिरों और लाचार लोगों को पकड़ लेते और उनके कीमती सामान झटक लेते।

कुछ दिनों तक यह चलता रहा। मैंने अपने रिश्तेदारों, यहां तक कि अपनी बहनों और उनके सास–ससुरों को भी पैसे के लिए ठगना शुरू कर दिया था। यह सोचकर कि मेरे अंदर कुछ बदलाव आ जाएगा, मेरी मां ने सुनीता के साथ मेरी शादी कर दी लेकिन मैं बिल्कुल भी नहीं बदला। मेरी पहली बेटी के जन्म के बाद मेरे अंदर कुछ बदलाव आया। इस बार इलाज के लिए नवज्योति केन्द्र में जाने का प्रस्ताव मैंने कबूल कर लिया। सलाहकारों और पेशेवरों को मेरे ऊपर कड़ी मेहनत करनी पड़ी। इस बार उसका असर हुआ। अब मैं पिछले सात वर्षों से ड्रग्स की बला से दूर हूं।

लेकिन इस सबने अपनी कीमत वसूली। मैं अपनी मां के साथ–साथ अपना घर भी खो बैठा। मेरे भाइयों ने मुझे और मेरे परिवार को घर से बाहर निकाल दिया। लेकिन अब तब मैं काफी ठीक हो चुका था इसलिए अपनी टूटी हुई जिन्दगी को फिर से बनाने में सक्षम था। मुझे स्वयं नवज्योति ने, जो कि ऐसे लोगों को अपनी संस्था में ले लेती है, जो दूसरों के लिए 'कारगर' सलाहकार सिद्ध हो सकते हैं, मुझे जगह दे दी। चूंकि अब मैं कई वर्षों से नशामुक्त हूं इसलिए सैकड़ों किशोरों को ड्रग्स निरोध पर शिक्षित करता हूं। अपने इस कार्य के माध्यम से मैं समाज के ऋण का भुगतान करता हूं और उसके प्रति कृतज्ञता ज्ञापित करता हूं।

गलती किसकी ?

- माता–पिता अगर सतर्क हों और बच्चों के बनने के दिनों में सख्त रवैया अपनाएं तो किशोरावस्था में उनकी शैतानी हरकतों को रोका जा सकता है। यदि इन्हें नज़रअंदाज किया गया तो तकलीफदेह नतीजे हो सकते हैं।
- स्कूली शिक्षक अगर उदासीन न हों तो वे भी किशोरों को आवारा होने से बचा सकते हैं।
- बीट पर पुलिसवालों की चौकसी और निरोधात्मक पुलिस प्रणाली ऐसी घटनाओं को रोक सकती है।

पुलिस दक्षता से काम करती तो मुझपर ये मुसीबत नहीं आती

8

मेरा नाम पीटर कैमस है। मेरी उम्र 70 वर्ष है। मैं जर्मनी का रहने वाला हूं। अब स्थाई रूप से भारत में बस गया हूं। लगभग 19 वर्ष पहले मैं पर्यटक के रूप में पहली बार भारत आया था। अपने देश में मैं बड़े सुख के साथ एक बामकसद जिन्दगी गुजार रहा था लेकिन मैंने भारत में रहकर गरीबों की मदद करने का फैसला किया। मैं एक सामाजिक और स्वास्थ्य कार्यकर्ता हूं, यह बात दीगर है कि जिन बेसहारा जरूरतमंदों का मैं इलाज करता हूं वे मुझे डाक्टर कहते हैं।

राजधानी की पॉश सेंट्रल मार्किट में सड़क के किनारे खुले आसमान के नीचे मेरा क्लीनिक है जिसमें कुल मिलाकर एक कुर्सी और दवाओं के दो बैग हैं। मेरे ज्यादातर मरीज सड़कों पर भीख मांगने वाले, कोढ़ी और नशेड़ी हैं इसलिए मैं उनसे इलाज का कोई पैसा नहीं लेता हूं। अपने जीवन–यापन, क्लीनिक और दवाओं के लिए मुझे बर्लिन फंड से हर महीने पेंशन मिलती है। अपने देश में एक महत्वपूर्ण राजनीतिक हस्ती का बेटा होने के नाते मैंने कभी दुःख और गरीबी नहीं देखी थी। इसका अहसास मुझे भारत के खुजली पीड़ित लोगों की पीड़ा देखकर हुआ। यह सब कुछ शहर की एक पॉश मार्किट में आने–जानेवालों की आंखों के आगे हो रहा था। इस घटना ने मुझे भारत में रहने और निराश्रितों की देखभाल का फैसला करने को विवश कर दिया।

ऐसा नहीं था कि यह मेरी पहली भारत–यात्रा थी। इस देश के प्रति लगाव के कारण मैं यहां कई बार आया हूं और इससे पहले भी मुझे कई बार समस्याओं का सामना करना पड़ चुका था। यह दास्तान हमारी पहली भारत–यात्रा की है। हुआ यह कि मैंने और मेरी पत्नी ने भारत–यात्रा में रहकर स्थानीय प्रतिभाओं की सहायता करने का फैसला किया। इसी के तहत हमने एक लड़के और एक लड़की को गोद लिया और उनकी शिक्षा का खर्च वहन किया। बाद में उन्हें उच्च शिक्षा के लिए जर्मनी भेजा गया। अगली भारत–यात्रा में हमने रमेश और सुरेश–दो भाइयों को चुना। हम

इन लड़कों की हर सम्भव सहायता करना चाहते थे। वे पढ़ने में बहुत तेज थे और आगे पढ़ना चाहते थे। उनकी मां की मृत्यु हो चुकी थी और पिता अक्सर बीमार रहते थे जिनकी देखभाल की जरूरत थी। सच्चाई यह है कि हमने पूरे परिवार को ही गोद ले लिया और बच्चों की पढ़ाई के साथ–साथ उनकी अन्य जरूरी सहायता भी हम करने लगे। सुरेश को जल्दी ही पढ़ाई करने के लिए जर्मनी बुला लिया गया लेकिन रमेश और उसके पिता भारत में ही रह गए। उनके लिए मैंने एक फ्लैट खरीदा। यह हमारी दूसरी भारत–यात्रा का विवरण है जिसमें मैंने जर्मनी वापस न लौटने का फैसला किया। मैंने दिल्ली की गलियों में पीड़ा देखी थी इसलिए मैंने रमेश के साथ रहने का फैसला किया। इसके साथ ही मेरी व्यथा शुरू हुई। मेरी अपेक्षा के विपरीत रमेश अच्छा लड़का नहीं था। जल्दी ही मुझे उस घर से बाहर निकलना पड़ा। अपने दत्तक पुत्र रमेश और अपने निर्वाह के लिए मैं जितना भी पैसा जर्मनी से लेकर आया था, धीरे–धीरे रमेश ने सब ऐंठ लिया। इतना ही नहीं, अब मेरी जान भी खतरे में थी।

अब तक मेरे पास कई अन्य बच्चे रहने लगे। उनमें से 14 वर्षीय कृष्ण भी था। वह बहुत विनम्र और सुशील था। वह हमेशा मेरे साथ रहता। मेरे प्रति कृष्ण का यह प्यार सुंदर को फूटी आंख नहीं सुहाता था। सुंदर चोर किस्म का लड़का था। वह भी मेरे घर के आगे–पीछे घूमता रहता था। मुझे इस बात की जानकारी थी कि वह मेरे घर से पैसे और दारू चुराता था फिर भी मैंने उसे सुधारने की कोशिश जारी रखी। कृष्ण मेरे घर में उसकी आवाजाही पर एतराज करता लेकिन मैं समझा–बुझाकर उसे शांत कर देता। इस बीच मैंने एक छोटा–सा क्लीनिक फिर खोल लिया और जरूरतमंद बेसहारा लोग इलाज के लिए मेरे घर आने लगे। मेरा इलाज बहुत साधारण था। कई बार मुझे अपने मरीजों की लापरवाही का शिकार होना पड़ा। मेरे मरीजों की सूची में नशेड़ी, आवारा और छोटे–मोटे अपराधी शामिल थे लेकिन यह मेरी समस्या नहीं थी। यह अधिकारियों की चिंता का विषय था। मेरी जिम्मेदारी तो बस इतनी थी कि मैं उनका इलाज करूं और अपने जीवन में, स्वभाव में बदलाव के लिए उन्हें प्रेरित करूं। कुछ मरीज मेरी बात सुनते, कुछ अनसुना कर देते।

एक शाम जब मैं अपने घर वापस पहुंचा तो वहां का दृश्य देखकर स्तब्ध रह गया। मैंने अपने सबसे प्यारे बेटे कृष्ण को खून से लथपथ मृत पाया। मैं फौरन समझ गया कि इसका कातिल कौन हो सकता है। पुलिस को सूचना दी गई। मैंने पुलिस को सारा वाकया बताया, यहां तक कि सुंदर के घर का पता भी। कुछ भी नहीं हुआ। मुझे इलाका छोड़कर भागने को मजबूर कर दिया गया क्योंकि पुलिस मुझे और मेरे बच्चों को तंग कर रही थी। पुलिस मेरे घर से अनेक कीमती चीजें उठा ले गई और मुझे आए दिन परेशान करने लगी। एक दिन मैंने पाया कि मेरे घर का सारा सामान सड़क पर फेंक दिया गया था और मेरे 10 बच्चे सड़क पर बैठे हुए थे। इस बीच मेरे एक करीबी डाक्टर मित्र ने मेरे मकान मालिक को प्रभावित करके मुझे घर से निकालने की योजना बनाई। मेरा यह दोस्त कई नर्सिंग होम चलाता था। इस पर मेरा काफी पैसा है, यही वजह है कि वह और उसका बेटा दोनों मिलकर मुझे कई बार घायल कर चुके हैं।

हम लोग वहां से हटकर दिल्ली में एक ग्रुप हाउसिंग सोसायटी के फ्लैट में आ गए। मेरी गतिविधियों और मेरे साथ गरीब बच्चों को संदेह की दृष्टि से देखा गया, किसी भी पड़ोसी ने मेरे साथ हमदर्दी नहीं जताई। वे लोग थाने में मेरे खिलाफ उलटी–सीधी शिकायतें दर्ज करा देते। फ्लैट में रहने की अवधि के दौरान मुझे छह बार थाने बुलाया गया और एक बार मेरी पिटाई भी की गई। पुलिस वालों ने मुझे जासूस, बच्चा चुराने वाला और पता नहीं क्या–क्या कह कर आरोप लगाना शुरू कर दिया। अच्छी नस्ल के मेरे 14 कुत्ते चुरा लिए गए थे। पुलिस ने फर्जी मामले में फंसाकर मुझे तिहाड़ की हवा खिला दी। रिहाई से पहले तीन महीने तक जेल में मैं पुलिस के आतंक से मुक्त रहा।

मेरे घरवालों ने मेरे लिए एक तरफ की टिकट भेजी लेकिन अपने बच्चों की आंखों में मलाल देखकर मैंने उसे ठुकरा दिया। किसी ने एक बार फिर मुझे पांच हजार रुपए का चूना लगाया। मैं पुलिस में शिकायत करने का साहस नहीं जुटा पाया। इसके बजाय अंतरात्मा की आवाज पर मैंने गृहमंत्री के घर फोन मिलाया। भाग्य ने मेरा साथ दिया। गृहमंत्री ने स्वयं फोन उठाया और मेरी बातें ध्यान से सुनीं और एक घंटे के अंदर मदद का आश्वासन दिया। एक घंटे के अंदर मुझे मेरा पैसा मिल गया। मुझे पैसों की जरूरत थी इसलिए अपने डाक्टर मित्र से पैसे लेने के लिए सुनील के साथ मैं उसके घर गया लेकिन मेरे मित्र और उसके पुत्र ने मेरी बुरी तरह पिटाई की। सुनील ने जब हस्तक्षेप करने की कोशिश की तो उसे भी चोट पहुंचाई गई। सुनील बड़ा संवेदनशील और महत्वाकांक्षी लड़का था। उसने मुझे बाद में बताया कि वह इस घटना से बेहद आहत हुआ है। दो दिनों बाद हमने उसकी लाश रेल की पटरी पर देखी। वह ट्रेन से कटकर मर गया था।

मैं अब भी जिए जा रहा हूं और अपने 'गरीब नन्हें–मुन्नों' की मदद किए जा रहा हूं। मैं भारत नहीं छोड़ सकता। इस देश के प्रति मेरे प्यार की जड़ें इतनी गहरी हैं कि मैं इसे छोड़ नहीं सकता। अगर पुलिस निष्ठा और दक्षता से काम करती तो इन सारी मुसीबतों से बचा जा सकता था। इस मामले की विस्तृत जांच के लिए लेखिका ने दिल्ली पुलिस के सतर्कता विभाग को संस्तुति की है।

गलती किसकी ?

- स्थानीय कानूनों और रीति–रिवाजों को पूरी तरह जाने बिना किसी अजनबी पर भरोसा करना बहुत महंगा पड़ सकता है।
- पुलिस बल के दुर्व्यवहार के खिलाफ जनता आवाज नहीं उठाती।
- नौकरशाह अक्सर शिकायतों के प्रति संवेदनहीन होते हैं और शिकायतकर्ता की मदद करने के बजाय उसकी शिकायत का औचित्य पूछते हैं।
- अगर पुलिस निष्ठापूर्वक अपने कर्तव्य का पालन और दक्षता से काम करे तो ढेर सारी तकलीफें कम की जा सकती हैं।

शारदा के जीवन में बजती मातमी शहनाई

9

मेरा नाम शारदा है। मैं दस बच्चों की विधवा मां हूं। मेरे ऊपर उनके भरण–पोषण का सामाजिक दायित्व है। मैं अपने जीवन और परिवार के पुनर्निर्माण का प्रयास कर रही हूं। मैं जानती थी कि मेरा बेटा अपराधी बन रहा था किन्तु उसे रोकने के लिए मैं कुछ नहीं कर सकी। एक तो परिस्थितियां ही कुछ इस तरह की थीं, दूसरे मैं उसे प्यार भी बहुत करती थी। आखिरकार मैं सबसे पहले अपने बच्चों की मां हूं।

एक रूढ़िवादी परिवार की सबसे बड़ी लड़की होने के कारण मैं सिर्फ आठवीं कक्षा तक ही पढ़ पाई। मेरी मां दाई का काम करती थी। वह मुझे नर्स बनाना चाहती थी। बहरहाल, 17 वर्ष की आयु में ओम प्रकाश के साथ मेरा विवाह हो गया। वह एक ज़ाने–माने शहनाई वादक परिवार का लड़का था। उसने अपने दादा द्वारा शुरू की गई शहनाई वादन की परम्परा जारी रखी और हर वर्ष गणतंत्र दिवस परेड पर नई दिल्ली में शहनाई बजाने लगा। कभी–कभार वह हाथी पर चढ़कर भी शहनाई बजाया करता था। अफसोस है कि वह अपने 12 वर्षीय पुत्र विकास को इस वर्ष की परेड में शहनाई बजाते देखने के लिए जिन्दा नहीं रह सका।

मेरा पति एक कुशल शहनाई वादक था। हम पुरानी दिल्ली में शांतिपूर्ण जिन्दगी बसर कर रहे थे। तब तक मेरे तीन बच्चे–एक बेटी और दो बेटे हो चुके थे। मेरा तीसरा बच्चा पैदा होने के बाद मेरी मां ने मेरे घर आकर सुझाव दिया कि मुझे नलबंदी का आपरेशन करा लेनी चाहिए, क्योंकि मेरा परिवार अब 'पूर्ण' हो चुका है। मेरे सास–ससुर की सोच कुछ दूसरी थी। उन्होंने मेरी मां के सुझाव का सख्ती से विरोध किया। दरअसल, मेरे पति ने मेरी मां से कहा कि वह मेरे घरेलू मामले में दखल न दे और फौरन वहां से चली जाए। उसने मेरी मां का काफी अपमान किया। हालांकि मैं अपनी मां की राय से सहमत थी फिर भी मुझे अपने परिवार के आगे झुकना पड़ा। मैं चाहते हुए भी कुछ नहीं कर पाई।

मेरे पति को मॉरीशस से शहनाई बजाने का निमंत्रण प्राप्त हुआ। हमारे लिए वह बड़े गर्व की बात थी। वह मॉरीशस गया और जब लौटा तो ढेर सारी प्रशंसा और दौलत उसके पास थी। लेकिन इसके साथ ही वह हमारी मुसीबत भी ले आया। वह शराब पीने का आदी हो गया था। हमारे सभी प्रकार के हस्तक्षेप के बावजूद उसने हमारी एक न सुनी। धीरे–धीरे उसकी शराबखोरी की आदत दुर्निवार हो गई और अंततः हमारे परिवार का पतन शुरू हो गया। हम सड़क पर आ गए। गलत सोहबत में पड़ जाने के कारण वह अक्सर घर से बाहर रहने लगा। उसे अनेक स्थानों से शहनाई बजाने के बुलावे आने लगे जिससे वह सुबह से शाम तक व्यस्त रहता। रात शराबखोरी में गुजर जाती।

मेरा परिवार बड़ा हो गया। मेरे ऊपर कई लोगों के भरण–पोषण की जिम्मेदारी थी लेकिन मेरा पति शायद ही कभी इतने पैसे देता जिससे दोनों वक्त चूल्हा जल सके। मेरे पास अपने पति के अलावा एक बूढ़ी सास, उसकी छह बेटियां और दो बेटे थे। सबसे बड़ी बात यह थी कि मैं जब भी कभी शिकायत करती मेरा पति पीट–पीटकर मुझे नीला कर देता। अपने बच्चों का पेट भरने के लिए मैंने माला बनाकर थोक बाजार में बेचना शुरू कर दिया। इससे मेरे दस बच्चों और अन्य लोगों का गुजारा बड़ी मुश्किल से होता। मेरे पति द्वारा घर से मेरे बाहर निकलने पर आपत्ति करने से हालत और खराब हो गई। अगर वह मुझे बिना मुंह ढके बाहर देख लेता तो सरेआम मेरी पिटाई कर देता। मेरे लिए सबसे तकलीफदेह बात यह थी कि उसने मेरे चरित्र पर शक करना भी शुरू कर दिया था। मैं यह सोचकर सब कुछ सहती रही कि एक दिन हालात बदल जाएंगे, परन्तु ऐसा नहीं हुआ।

जिस मकान में हम रहते थे वह काफी पुराना था। एक रात वह गिर गया। हम सब लोग इसलिए बच गए क्योंकि मेरी बड़ी बेटी जाग गई थी और उसने हमलोगों को भागकर बचने के लिए शोर मचाकर जगा दिया था। हमने पड़ोस के ही एक अन्य जर्जर मकान में शरण ली। वह भी लगभग गिर ही चुका था। पहले उसे कूड़ा डलाव के रूप में इस्तेमाल किया जाता था। उसमें रहना नरक में रहने के समान था लेकिन मेरा पति अब भी अविचलित था।

स्थिति में अभी सुधार भी नहीं हुआ था कि मेरी बेटी को दौरा पड़ गया। डाक्टरों ने बताया कि उसे मेनिंजाइटिस हो गया है। मुझे कुछ भी पता नहीं था कि क्या करना चाहिए। अस्पताल में उसके इलाज में आठ महीने लग गए। हालांकि उसका इलाज हो गया, लेकिन वह अपना मानसिक संतुलन खो बैठी। वह विक्षिप्त हो गई। इन आठ महीनों में मैं उसके पास अस्पताल में रहने के साथ–साथ वहां से भाग कर अपने शिविर में जाकर परिवार के लिए खाना बनाती, वापस अस्पताल आकर मालाएं बनाती और समय निकाल कर उन्हें थोक बाजार में बेचने जाती। मेरा पति अस्पताल में एक या दो बार आता। लेकिन अस्पताल में रहना मुझे काफी मंहगा पड़ा। मेरा सबसे बड़ा बेटा विनोद उस राह से भटक गया जो मैंने उसके लिए चुनी थी। वह 14 वर्ष की उम्र में हत्या के एक मामले में गिरफ्तार कर लिया गया।

विनोद भावनात्मक रूप से मेरे बहुत करीब था। हालांकि मेरे सब बच्चे मेरे करीब थे, लेकिन सबसे बड़ा होने के कारण मेरे पति के हाथों होने वाले मेरे उत्पीड़न को वह सहन नहीं कर पाता था। मेरा पति भी उसे नहीं चाहता था। मैंने पति से कई बार गुजारिश की कि वह विनोद को शहनाई बजाना सिखा दे लेकिन उसने विनोद से घृणा की और कहा कि कोई भी बच्चा शहनाई बजाने की कला सीखने योग्य नहीं है। मैं अपनी जिद पर अड़ी रही लेकिन बदले में मुझे पिटाई के अलावा कुछ नहीं मिला।

मैंने महसूस किया कि विनोद के मन में हमेशा कुछ उबलता रहता था। अपने पिता के सामने उसकी लाचारी उसे बुरे लोगों की सोहबत में ले गई। उसने मेरे सामने शपथपूर्वक कहा कि जिस अपराध में लिप्त होने के लिए उसे पकड़ा गया था, वह उसमें शामिल नहीं था। सारी दुनिया उसे चाहे कुछ भी समझे लेकिन मुझे उस पर विश्वास है। हालांकि विनोद बरी हो गया था लेकिन जेल से लौटने के बाद वह संज्ञेय अपराधों में फिर पकड़ लिया गया। इसबार उसने मेरे सामने स्वीकार किया कि वह अपराधों में लिप्त था। उसने कहा कि ये अपराध मैंने अपने पिता को राह पर लाने के लिए और उस समाज से बदला लेने के लिए किए, जिसने मेरी मां का मजाक उड़ाया और मेरी मां को काम करने के लिए घर से बाहर निकलने को मजबूर किया। जब कभी मैंने उसे समझाने की कोशिश की, वह हमेशा यही कहता कि वह इतनी दूर जा चुका है कि उसके लिए वापस लौटना अब कठिन है। उसे रास्ते पर लाने के लिए मैंने उसकी शादी भी कर दी किन्तु कोई लाभ नहीं हुआ।

विनोद का अमित नामक एक बेटा है। वह आजकल एक गैरसरकारी संगठन इंडिया विजन फाउंडेशन द्वारा संचालित एक आवासीय स्कूल में पढ़ रहा है। सच्चाई यह है कि नवज्योति नामक एक अन्य गैरसरकारी संगठन ने मेरे जीवन के पुनर्निर्माण में मेरी बहुत सहायता की। नवज्योति के सलाहकारों ने मेरे परिवार तथा पति के ऊपर मेहनत की। इतना ही नहीं, उन्होंने मुझे एक सम्मानजनक काम भी दिया। उनकी सलाह ने मुझे जीवन में आगे बढ़ने की शक्ति दी।

जिस दिन मेरे जीवन में खुशी के पल आए उस दिन मैं बहुत रोई। एक दिन विनोद से मिलकर मैं जेल से वापस लौट रही थी। मैंने रास्ते में अपने बेटे अजय की उम्र का एक लड़का देखा। वह बड़ी दयनीय दशा में था। मुसाफिर उसके ऊपर हंस रहे थे। मैंने उसकी ओर देखकर रोना शुरू कर दिया। मैंने सोचा कि एक दिन मेरे बेटे की भी किस्मत ऐसी ही हो जाएगी। अपनी रुआंसी लाल आंखों के साथ मैं घर पहुंची। पति ने मुझे देखकर पूछा, क्यों क्या हुआ? एक दिन के लिए ईश्वर मेरे ऊपर बहुत दयालु हो गया। मेरे पति ने उस दिन मेरी पिटाई नहीं की। इसके बजाय उसने अपनी पुरानी भूलों के लिए माफी मांगी और भविष्य में सुधर जाने का वचन दिया। उसने मेरे बच्चों को पढ़ाना शुरू कर दिया। हालांकि वह अब भी शराब पीता था, लेकिन उसकी खुराक काफी कम हो गई। थी। उसकी पुरानी शराबखोरी ने

अपनी कीमत वसूल कर ली और दो साल पहले उसकी मृत्यु हो गई। मेरे कंधों पर जिम्मेदारियों का पहाड़ रखकर वह हमें छोड़ गया। विकास अपने पिता द्वारा सिखाए गए शहनाई वादन का भरपूर लाभ उठा रहा है। अब मैं उसमें और अन्य लोगों में अपने जीवन का राग देखती हूं।

गलती किसकी ?

- शराबखोरी ऐसा अभिशाप है जो शराबी की जान लेने से पहले उसके परिवार को तबाह कर देता है।
- स्त्रियां और बच्चे इस आदत का सर्वाधिक शिकार होते हैं।
- स्त्रियों द्वारा घरेलू हिंसा को बर्दाश्त कर लेने से न केवल स्थिति भयावह हो जाती है बल्कि इससे शराबी, पिटाई करने वाले को बल मिलता है।
- स्त्रियों को प्रजनन का अधिकार और छोटा परिवार उनकी समुचित शिक्षा से ही संभव हो सकता है, मात्र साक्षरता से नहीं।

'जो समाज ताना कसता था उसके लिए सबक हूं'

10

मेरा नाम मैरी है और उम्र 45 साल। मैं चेन्नई के एक मध्यवर्गीय परिवार में पैदा हुई। मेरे पिता किसान और माता एक घरेलू महिला थीं। अपने छह बहन–भाइयों में मैं सबसे छोटी हूं।

जब मैं पांच बरस की हुई तो मेरे पिता की सबसे छोटी बहन ने निःसंतान होने के कारण मुझे गोद लेने का प्रस्ताव किया। मेरे पिता ने उनके अनुरोध को स्वीकार करते हुए मुझे उनके हवाले कर दिया। इस प्रकार मैं चेन्नई से बिल्कुल भिन्न माहौल में हरियाणा के सोनीपत जिले में पहुंच गई। उत्तर भारतीय संस्कृति की अभ्यस्त न होने के कारण मेरी बुआ ने मुझे हॉस्टल में दाखिल करा दिया। चूंकि मेरी बुआ मुझसे ठीक से पेश नहीं आती थी इसलिए हॉस्टल का वातावरण मुझे पसंद आया। जब छुट्टियों में मैं अपनी बुआ के घर आती तो वह मुझसे अपने मित्रों के खेतों में काम करने के लिए कहती। बाद में मुझे पता चला कि मेरी पढ़ाई तथा हॉस्टल का सारा खर्च मेरे पिताजी वहन करते थे।

मैं छोटी उम्र से ही स्नेह–संभाल की मोहताज हो गई। बहरहाल, इसी अहसास से गुजरते हुए मैंने किसी तरह 11वीं कक्षा की पढ़ाई पूरी कर ली। मेरी बुआ ने मुझे बताया कि वे (मेरे पापा) मेरी पढ़ाई का खर्च वहन करने को तैयार नहीं हैं इसलिए मैं आगे नहीं पढ़ सकती। अब मुझे अपने कैरियर से अधिक चिन्ता अपने भविष्य को लेकर हुई क्योंकि मैं अपनी बुआ के प्रति बहुत आश्वस्त नहीं थी। उन्होंने बहुत जल्द ही उम्र में मुझसे 11 साल बड़े विक्टर के साथ मेरा विवाह कर दिया। मुझे बाद में पता चला कि विक्टर की दिल्ली के बस अड्डे पर सिगरेट की दुकान थी और वह शराब पीने का आदी था। शादी के तीन दिन तक अपनी बुआ के घर में रहने के बाद हमें उनका घर खाली करना पड़ा। विक्टर के पास अपना मकान नहीं था इसलिए हमें उसके एक दोस्त के घर में शरण मिली। एक साल तक विक्टर के मित्र के

घर में रहने के बाद हमें वह ठिकाना भी छोड़ना पड़ा और अंततः हमें एक झुग्गी में शरण लेनी पड़ी। शादी के दिन से ही मुझपर मुसीबतों का पहाड़ टूट पड़ा। विक्टर मुझे मारता–पीटता और गालियां देता। वह मुझे कई बार बता चुका था कि मेरा हाथ पाने के लिए उसने मेरी बुआ को मोटी रकम अदा की है। यह सब झेल पाना मेरे लिए बड़ा दुश्वार था फिर भी आंखों में आंसू लिए मैं जीती रही।

इस तरह तीन साल बीत गए। विक्टर ने घर के खर्चे के लिए पैसा देना बन्द कर दिया और अपनी सारी कमाई वह दारू पीने में खर्च करने लगा। जिन्दगी दुश्वार हो गई। अबतक विक्टर और मेरे अलावा दो बच्चे भी थे जिनका पालन पोषण हमारे जिम्मे था। जब परिवार में भुखमरी की स्थिति पैदा हो गई तो मैंने काम की तलाश शुरू की। मुझे पता चला कि मेरे पड़ोस की कुछ औरतें निसार के लिए काम करती हैं। मैंने भी उससे सम्पर्क किया। वह मेहरबान था। उसने प्लास्टिक की छोटी–छोटी शीशियों में बिकने वाला अपना 'सामान' शुरू–शुरू में उधार दे दिया। उसने कहा कि एक शीशी पन्द्रह रुपए में बेचनी होगी, जिसमें से नौ रुपए उसे (निसार) देने होंगे, बाकी छह रुपए तुम्हारी मजदूरी के होंगे। मुझे यह धंधा बड़ा फायदेमंद नजर आया इसलिए मैं भी उसकी टीम में शामिल हो गई।

हकीकत पता लगने से पहले तक मैं ड्रग्स बिक्री के धंधे में आकण्ठ डूब गई थी। कालेज के छात्र–छात्राएं तथा अन्य युवक हमारी झुग्गी बस्ती में आकर स्मैक ले जाते। ऐसा इसलिए होता क्योंकि हम अपनी शीशियां पुलिस के सामने खुलेआम बेचतीं। अब तो मुझे यह सोचकर भी डर लगता है कि कभी मैं पुलिस चौकी के सामने खड़ी होकर स्मैक बेचती थी। पुलिस ने कभी एतराज नहीं किया। बाद में मुझे पता चला कि निसार ने पैसे के बल पर उनकी आंखें बन्द कर रखी थीं। मैंने इस धंधे में अच्छा पैसा बनाना शुरू कर दिया। हम लगभग एक हजार शीशियां प्रतिदिन बेच लेती। दो वर्ष बाद मेरे दो बच्चे और पैदा हो गए, लेकिन अब मुझे उनके खर्चे की परवाह नहीं थी। अब मैं अच्छी कमाई कर रही थी। विक्टर ने हमें परेशान करना जारी रखा। बहरहाल, अब वह अपनी दारू का कोटा लेकर अपना मुंह बन्द रखने लगा।

अच्छे दिन जल्द बीत जाते हैं। जल्दी ही मुझे पता चला कि वही पुलिस जो कल तक हमारी हिफाजत करती थी, अब हमारी तलाश में रहने लगी। हमें पता चला कि पहले वाला डीसीपी बदल गया है और उसकी जगह कोई महिला उपायुक्त आ गई है। हम सब औरतों ने अपना धंधा बंद करके अपनी सारी कमाई 'सुरक्षित' जगह पहुंचा दी। कुछ दिनों तक तो मैं पुलिस की आंखों में धूल झोंकने में कामयाब रही लेकिन अंततः मुझे पकड़कर थाने ले जाया गया। थाने में मेरी तलाशी ली गई और जब मेरे पास कुछ भी नहीं निकला तो पुलिस ने मुझसे सघन पूछताछ शुरू कर दी। बहरहाल, मुझे किसी तरह इस बात का पता चला कि थानेदार मुझसे पैसे ऐंठने की फिराक में है। उसने मुझसे एक लाख रुपए मांगे। मैं देने को राजी भी हो जाती, लेकिन मैंने महसूस किया कि यह पैसे लेने के बाद भी मुझे छोड़ने वाला नहीं है। एक

सिपाही पांच ग्राम हेरोइन ले आया जिसे मेरी जेब में डालकर बरामदगी दिखा दी गई। ऐसा उन लोगों ने तब किया जब मैंने पैसा देने से इनकार कर दिया। दूसरे दिन मुझे कोर्ट में पेश किया गया, जहां से मुझे जेल भेज दिया गया।

बहरहाल, अपनी गिरफ्तारी के तीन दिनों बाद साक्ष्य की कमी के आधार पर मैं जमानत पर छूट गई। मेरी रिहाई के फौरन बाद क्षेत्र के एसएचओ ने मुझे बुलाकर डीसीपी के पास पेश किया। वह बड़ी गर्म और सहृदय थी। उनकी पूछताछ में मैं टूट गई और अपनी जिन्दगी की सारी दास्तान उनके सामने रख दी। डीसीपी ने मेरी कहानी ध्यानपूर्वक सुनने के बाद मेरे सामने एक अवसर रखा जिसे मैं ठुकरा नहीं सकी। मैं स्मैक बेचनेवाली के रूप में काफी बदनाम हो चुकी थी और समाज मुझसे क्षुब्ध था। आस–पड़ोस में मैं अपराधी के रूप में कुख्यात थी। मेरी नामौजूदगी में विक्टर घर में रखे सारे पैसे लेकर चम्पत हो गया था। निसार को भी जेल हो गई थी।

जिस जगह पर निसार ने नाजायज कब्जा कर रखा था, उसे पुलिस ने महिला कढ़ाई–सिलाई केन्द्र के रूप में परिवर्तित कर दिया था। स्मैक बेचने वाली सभी 25 स्त्रियों को व्यावसायिक प्रशिक्षण के लिए स्कूल में दाखिल करा दिया गया ताकि वे अपने पुनर्वास के बारे में सोच सकें। महिला डीसीपी ने हमारे लिए जो कुछ किया था वह उतने से ही संतुष्ट नहीं थी। उसने मुझसे झुग्गी बस्ती में बच्चों के लिए एक स्कूल खोलने के लिए कहा तथा मेरे पारिश्रमिक के लिए आर्थिक प्रबन्ध भी किया। इसके बाद उसने दिल्ली पुलिस फाउंडेशन की स्थापना की, जो झुग्गी बस्तियों में रहने वाले बच्चों को शिक्षा उपलब्ध कराता है। मुझे गर्व है कि आज मैं एक सम्मानीय शिक्षिका हूं तथा उनकी एक परियोजना में काम कर रही हूं।

जबसे मैंने स्मैक बेचने का धंधा छोड़ा और अभागे बच्चों को पढ़ाना शुरू किया तबसे मेरी जिन्दगी पूरी तरह बदल गई है। जो समाज पहले मुझे पर ताने कसता था आज मैं उसी की एक सम्मानित सदस्य बन गई हूं। अब मैं अपने चार बच्चों के साथ एक शान्तिप्रिय जीवन जी रही हूं और अनेक अन्य लोगों के लिए एक सबक हूं। मैं महसूस करती हूं कि मेरे भाग्य का फैसला करने में मेरे पिताजी की भूमिका महत्वपूर्ण थी। मेरी उचित देखभाल सुनिश्चित किए बगैर उन्हें मुझे अपनी बहन के हाथों नहीं सौंपना चाहिए था। मेरी बुआ ने पैसे के लिए मुझसे उम्र में काफी बड़े आदमी के हाथों बेच दिया जिसमें मेरा जीवन चौपट हो गया। विक्टर की शराबखोरी की आदत ने मुझे ड्रग्स के कुएं में कूदने को मजबूर कर दिया। पुलिस ने भी सब कुछ जानते–बूझते हुए आंखें बन्द रखीं। मेरी रिहाई के बाद पुलिस के अंकुश ने मेरे सुधरने तथा नेक महिला बनने में मेरी मदद की।

गलती किसकी ?

- माता–पिता को चाहिए कि वे बच्चों की जरूरत के अनुसार उन्हें भरपूर प्यार दें और उनकी उत्तम देखभाल करें। माता–पिता ही वह स्तंभ हैं जिनपर बच्चों की जिन्दगी की इमारत खड़ी होती है।
- शराब किसी भी समय, कहीं भी हानिकारक है। कठोर परिश्रम से कमाया गया धन, जिसे परिवार के लिए भोजन जुटाने वाला होना चाहिए, वह 'बोतल' में चला जाता है और परिवार कष्ट उठाता है।
- ड्रग्स के आदी हमेशा 'पुड़िया' के लिए विह्वल रहते हैं, उसकी कीमत के बारे में वे उदासीन होते हैं।
- ऐसी नशाखोरी रोकने के लिए पुलिस के पास शक्ति है किन्तु दुर्भाग्यवश नशाखोरी रोकना उसकी प्राथमिकता नहीं है।

नशा जिन्दगी को नरक बना देता है

11

मेरा नाम दीपक है, किन्तु मैं कभी भी अपने नाम को सार्थक नहीं कर सका, क्योंकि मैंने अपने परिवार की जिन्दगी में अंधेरा लाने के अतिरिक्त कुछ नहीं किया। मेरी उम्र इस समय लगभग 42 वर्ष है तथा पांच बच्चे–दो लड़के एवं तीन लड़कियां हैं। मैं एक गरीब राजगीर परिवार में पैदा हुआ। यह ऐसा काम था जो नियमित नहीं होता था, इसलिए मेरे पिताजी की आमदनी भी अनियमित थी।

मैं अपने परिवार का सबसे बड़ा लड़का हूं तथा मेरे चार भाई एवं तीन बहनें हैं। हमारे घर के हालात ऐसे नहीं थे कि हम अपनी शिक्षा जारी रख सकते, यही वजह है कि हममें से कोई भी ठीक तरह पढ़ नहीं सका। मैं स्कूल में हाजिरी लगाने के बाद अपने दोस्तों के साथ गायब हो जाता, जिसका पता मेरे घर वालों को कभी नहीं चल पाता। अध्यापकों को भी हमारी फिक्र करने की क्या गरज पड़ी थी।

शिक्षा की कमी एवं गरीबी की मार ने मुझे बाल श्रम करने पर विवश कर दिया। मात्र 12 बरस की उम्र में मैं अपने पिताजी के साथ काम पर जाने लगा। घरेलू जरूरतों ने मुझे स्वतंत्र रूप से काम करने को मजूबर कर दिया। मेरे पिताजी ने मुझे प्रशिक्षण के लिए अन्य कारीगरों के पास भेजा और काम सीख जाने के बाद मैं नियमित तौर पर काम पर जाने लगा। मेहनत–मशक्कत के बावजूद घर की खस्ताहाली ने मुझे काम बदलने पर विवश कर दिया।

15 वर्ष की उम्र में मैं ब्रीफकेस के हैंडिल बनाने वाले एक कारखाने में काम करने लगा। मुझे अच्छी तरह से तारीख तो याद नहीं है कि मैंने पहली बार सिगरेट कब पी थी, मगर अब यह मेरी रोजमर्रा की आदत बन गई थी। छोटी उम्र में काम की तलाश में घर से बाहर जाने के कारण मैं बुरे लोगों की संगत में फंस गया। कहने को तो वे सब मेरे दोस्त थे, मगर सच्चाई यह थी कि वे मेरे सबसे बड़े दुश्मन थे। जब मुझे इस हकीकत का अहसास हुआ, तब

तक काफी देर हो चुकी थी। उनकी सोहबत में मैंने दारू पीनी सीख ली और पीने के बाद कई बार मेरा झगड़ा हो जाता। धीरे–धीरे मैं हिंसक गतिविधियों में लिप्त हो गया। चिड़चिड़े स्वभाव का होने के कारण मुझे जल्दी गुस्सा आ जाता। मेरे परिवारवाले मुझे बहुत समझाते, मगर मेरे ऊपर उनकी बातों का कोई असर पड़ता।

वैसे तो मेरी मां मुझे बहुत प्यार करती थी, लेकिन एक दिन उसने जरा–सी बात पर मुझे बहुत फटकारा। इससे मैं इतना क्षुब्ध हुआ कि स्थानीय झुग्गी बस्ती से स्मैक लाकर अपनी मां के सामने ही सिगरेट में भरकर पीने लगा। हालांकि मैं इसे अपनी मर्दानगी समझ रहा था, लेकिन मेरी मां के सारे सपने चकनाचूर हो गए। स्मैक पीने का मेरा शौक आगे चलकर मेरी लत में बदल गया।

मेरी आदतों में कोई सुधार नहीं हुआ। मेरा कामकाज भी नियमित नहीं था। हां, कुदरत ने मुझे सौगात के रूप में कलाकारी दी थी। मेरा काम अन्य कारीगरों से काफी अच्छा होता था, इसीलिए मैं अधिक कमाई कर लेता था। बालिग हो जाने के बाद मेरे माता–पिता ने सीमा नामक लड़की के साथ मेरी शादी कर दी। वह बहुत समझदार लड़की थी। उसने मुझे बहुत समझाया, किन्तु मैंने उसकी एक न सुनी। मैं जो भी कमाता, सब स्मैक और शराब पर खर्च कर देता। मैंने उसे मुसीबतों के अलावा कुछ नहीं दिया, मगर आज मैं उसी की वजह से जिन्दा हूं।

बुरे साथियों की सोहबत में रहने की वजह से मैं स्थानीय पुलिस की निगाहों में चढ़ गया था। दोस्तों की वजह से ही मैंने काम–धंधा छोड़कर स्मैक बेचनी शुरू कर दी। पुलिस को मेरी हरकतों की जानकारी थी, इसलिए वह मुझे सताने लगी। पैसे की मांग और प्रताड़ना बढ़ने के कारण मुझे स्मैक बेचने का धंधा बन्द करना पड़ा। मेरे दोस्तों ने मुझे जेबकतरों से मिला दिया। उन्होंने मुझे जेबतराशी के गुर सिखाए, लेकिन मैं कभी भी कामयाब नहीं हो सका। जब भी किसी की जेब पर हाथ साफ करने की कोशिश करता, पकड़ लिया जाता और लोग पीट–पीट कर मुझे लहूलुहान कर देते। पुलिस मुझे जेल भेज देती। जेबतराशी में विफल रहने पर मैंने रिक्शा खींचना शुरू कर दिया। इसके बावजूद पुलिस किसी न किसी जुर्म में फंसाकर मुझे हवालात में बन्द कर देती या जेल भेज देती। जेल में मैं अधिक दिन तक नहीं रहता था, क्योंकि मेरी ममतामयी मां जमानत करा कर मुझे छुड़ा लेती। कुल मिला कर मैं आठ बार जेल गया, लेकिन सन् 1990 में स्मैक बेचने के आरोप में मुझे तीन साल तक तिहाड़ में रहना पड़ा।

जेल में सब कुछ सामान्य था, क्योंकि मैंने वहां भी दोस्त बना लिए थे। जेल में भी स्मैक उपलब्ध थी। मुझे अपनी पत्नी की कोई परवाह नहीं थी। बच्चों का पेट भरने के लिए सीमा घर पर ही कुछ काम करने लगी। इस दौरान मेरी मां की मृत्यु हो गई। उसकी मौत के बाद मैंने महसूस किया कि वह मुझे कितना प्यार करती थी। जेल से छूटने के बाद भी मेरी नशाखोरी जारी रही। दोस्तों–रिश्तेदारों या जिससे भी मिल सका, मैंने उधार लेना शुरू कर

दिया। धीरे–धीरे मेरे सारे यार–दोस्त मुझसे कन्नी काटने लगे। मेरी पत्नी ने भी मुझे पैसे देने बन्द कर दिए। मैं पूरी तरह अलग–थलग पड़ गया।

एक दिन 'नारकोटिक्स अनानिमस' नामक संस्था का एक सलाहकार मुझसे मिला। वह मुझे नशेड़ियों की महफिल में ले गया। वे लोग सुधर चुके थे। उनकी बातें सुनकर मैंने भी नशामुक्त होने का मन बना लिया। मेरी इच्छा जानकर वह मुझे उपचार एवं पुनर्वास केन्द्र ले गया। 'नवज्योति' की देखभाल के कारण पिछले दो महीनों से मैं पूरी तरह नशामुक्त हो गया हूं और एक कार्यकर्ता के रूप में काम कर रहा हूं। 'नवज्योति' ने मेरे जीवन में एक नई रोशनी भर दी है। जब मैं अपने अतीत की ओर मुड़कर देखता हूं तो पाता हूं कि गरीबी, अशिक्षा, बुरी सोहबत, लापरवाह स्कूल स्टाफ, बेईमान पुलिस और भ्रष्ट जेल प्रबंधन ही मेरी मुसीबतों के लिए जिम्मेदार थे। अगर हमारा व्यवस्था तंत्र ठीक–ठाक होता तो मुझे ये दिन देखने न पड़ते।

गलती किसकी ?

- गरीबी, निरक्षता, बुरी सोहबत, उपेक्षित पढ़ाई, बेईमान और उदासीन पुलिस कार्यवाही और भ्रष्ट जेल प्रबन्धन मुसीबतों के निर्माता और संवर्द्धक हैं।

ओ जवान....!
शराब पीना अच्छा नहीं है!

12

मेरा नाम प्रकाश है और उम्र 27 वर्ष। मैं दिल्ली के ग्रामीण इलाके का निवासी हूं। अपने दो भाइयों तथा दो बहनों में मैं सबसे बड़ा हूं। मेरे पिताजी भूतपूर्व सैनिक हैं। हमारी मां की देख–रेख में हमारी जिन्दगी बड़े मजे में गुजर रही थी। मेरी कहानी भी आजकल के बिगड़े नौजवानों जैसी ही है। पिताजी की दूसरे शहरों में नियुक्ति के कारण मुझे परिवार के मुखिया की जिम्मेदारी संभालनी चाहिए थी। मेरे ऊपर किसी प्रकार का अंकुश न होने के कारण मैं बिगड़ता चला गया।

हमारे पास छोटी–सी दूध की डेरी थी जिसमें पांच–छह भैंसे थीं। डेरी और भैसों की देखभाल मेरी मां किया करती थी। सबसे बड़ा होने के कारण मैं डेरी और अन्य घरेलू कामों में मां की मदद करता था। हाई स्कूल तक मैं एक औसत विद्यार्थी था। सीनियर सेकेंड्री में पहुंचने के बाद मेरी निजी और सामाजिक जिन्दगी में पतन शुरू हो गया। ग्रामीण पृष्ठभूमि का होने के नाते मैंने अपने ग्रामीण सहपाठियों से दोस्ती कर ली, खासतौर से पहलवान रमेश से, जिसकी सोहबत का मैं भरपूर आनंद लेता था। हमलोग सभी प्रकार के झगड़ों में लिप्त हो गए। दरअसल, हमलोग लोगों को खिझाने के बहाने तलाशते रहते और उत्तेजित होने पर उनके साथ लड़ाई करते। समाज में तथाकथित स्थानीय हीरो बनने के चक्कर में हम लोगों को आंतकित करते। लोगों को सताने में मुझे बड़ा मजा आता। तिमाही, छमाही परीक्षाओं में बड़े पैमाने पर नकल करके मैं पास होता रहा और मेरी पढ़ाई आगे चलती रही। अध्यापकों को मेरी कमजोरियों की ओर ध्यान देने से कोई सरोकार नहीं था और मेरा परिवार मेरी उन हरकतों से पूरी तरह अनजान था क्योंकि मैं दूध निकालने के समय वापस पहुंच जाता था।

मैं 17 वर्ष का हो चुका था। यही वह समय था जब मेरे आवारा दोस्तों ने मुझे पहली बार शराब पीने की पेशकश की। पीने की अच्छी चीज समझकर मैंने फौरन उसे हलक में उतार

लिया और हिचकी में मुझे बड़ा मजा आया। धीरे–धीरे मैंने नियमित तौर पर शराब पीना शुरू कर दिया। संसाधन बढ़ाने के उद्देश्य से मैं हेराफेरी करने लगा। घरेलू कामों और पशुओं के चारे इत्यादि के लिए मेरी मां जो पैसे देती, उनमें से बचे हुए पैसे मैं अपनी जेब में रख लेता। रमेश मेरी शराबखोरी को पसंद नहीं करता था इसलिए वह मुझसे दूर हो गया। मेरे लिए वह कोई समस्या नहीं थी।

अब मैं कॉलेज में प्रवेश कर चुका था। मेरे पिताजी रिटायर हो चुके थे। उनकी छोटी–सी पेंशन और डेरी से होनेवाली आमदनी छह लोगों के भरण–पोषण के लिए पर्याप्त थी। मुझे अधिक पैसा चाहिए था। मैं कॉलेज के अपने सहपाठियों को दिखाना चाहता था। मुझे उन्होंने पहली बार चरस से भरी हुई सिगरेड पिलाई। शुरू–शुरू में तो मैंने कुछ भारीपन महसूस किया किन्तु धीरे–धीरे मेरे तनावग्रस्त दिमाग पर उसका असर अच्छा लगने लगा।

कॉलेज की फीस का इस्तेमाल मैं अपनी मौज–मस्ती के लिए करने लगा। मेरे लिए कॉलेज जाना न्यूनतम प्राथमिकता थी। मेरी हाजिरी कम होती फिर भी कोई भी मेरे जैसे दादा टाइप छात्र के बाहुबल के सामने इम्तिहान में बैठने की परमिशन देने में आनाकानी करने की हिम्मत न जुटा पाता। मेरी हरकतों के बारे में पिता जी को पता था और वह अपनी नाराजगी भी जाहिए करते किन्तु मेरी मां बीच–बचाव कर उन्हें शांत कर देती थी। मेरे ट्रांसपोर्टर चाचा के साथ मेरी घनिष्ठता बढ़ती गई। उनसे मिलने के बाद मुझे उनके ट्रकों में बैठकर बाहर जाने और सैर करने का मौका मिलता। उनके ड्राइवर मुझे खुले तौर पर अफीम और शराब पेश करते। अपने पिता की घूरती निगाहों से दूर रहने और खूब पैसा कमाने, घूमने तथा स्मैक और शराब पीने की नीयत से मैंने गाड़ी चलाना सीखना शुरू कर दिया।

मेरे पिताजी चाहते थे कि मेरी कोई नौकरी लग जाए। संयोग से उन दिनों दिल्ली पुलिस में भर्ती जारी थी। मैंने भी आवेदन कर दिया। शारीरिक परीक्षा (फिजीकल टैस्ट) पास करने के पश्चात मैं लिखित परीक्षा में शामिल हुआ किन्तु प्रश्नपत्र लीक हो जाने के कारण वह रद्द कर दी गई। मैं दुबारा परीक्षा होने की प्रतीक्षा करने लग गया।

कोई काम न होने के कारण समय बिताने के लिए मैं अपने दोस्तों के साथ जुआ खेलता, स्मैक तथा शराब पीता, फिल्में देखता और इधर–उधर झूलता फिरता। मेरे कई अमीर दोस्त थे जो मेरे इन शौकों को पूरा करने के लिए पैसा दे देते थे। मैं उन्हीं की तरह ऐश करना चाहता था लेकिन वैसा न कर पाने पर और अधिक तनावग्रस्त हो जाता। आमदनी बढ़ाने के लिए मैं दलाली के काम में लग गया। मैं लोगों के जटिल कार्य उल्टे–सीधे हथकंडे अपना कर करा देता। एक बार तो मैंने अपने एक मित्र की दुर्घटना में शामिल कार नकली कागजात तैयार करके और ट्रांसपोर्ट विभाग के कर्मचारियों की मुट्ठी गर्म करके बिकवा दी। उस कार की अदालत में सबूत के रूप में पेश किए जाने की जरूरत थी। इसी तरह मैं लोगों के राशनकार्ड और ड्राइविंग लाइसेंस बनवाने लगा और कुछ ही दिनों में बहुत मशहूर हो गया। अपनी

लोकप्रियता के आधार पर मैं अनधिकृत पंचायतों के क्षेत्र में सक्रिय रहा। मैं संबंधित पक्षों में फैसले कराने के लिए उनके आगे हाथ जोड़ता तथा इसके साथ ही यह भी सुनिश्चित कर लेता कि ऐसे अनेक लोग हैं जो मेरे आगे हाथ जोड़ते हैं।

पुलिस प्रवेश परीक्षा में मैं बड़े अनमनेपन और बिना आत्मविश्वास के दुबारा बैठा और किसी तरह पास हो गया। मेरे अभिभावकों को लिखित परीक्षा में मेरा पास होना सुनिश्चित करने के लिए रिश्वत देने की सलाह दी गई थी, किन्तु रिश्वत के रूप में मांगी गई रकम इतनी मोटी थी कि हमारे बूते के बाहर थी। किस्मत मेरा साथ दे रही थी। मेरे सामने अब एक ही बाधा रह गई थी और वह बाधा थी निजी साक्षात्कार। भाग्य एक बार फिर मुस्कराया और मेरा चयन हो गया। चूंकि पुलिस में मेरा कोई रिकॉर्ड नहीं था इसलिए मैं सतर्कता जांच क्लियर कराने का प्रबंध करने में कामयाब रहा। इसके साथ ही सच्चाई यह है कि मेरे चरित्र का सत्यापन मेरे कॉलेज के प्रधानाचार्य द्वारा प्रमाणित किया गया था।

किंग्सवे कैम्प दिल्ली स्थित पुलिस प्रशिक्षण स्कूल में मैं दो महीने के प्रशिक्षण के लिए दाखिल हो गया। प्रशिक्षण के दौरान भी मैं प्रभारियों की सतर्क निगाहों से बचकर शराब पीने में सफल हो गया। यह सब मेरे इंस्ट्रक्टर की सांठगांठ से संभव हो सका क्योंकि इंस्ट्रक्टर को भी मेरी तरह 'बोतल' का शौक था। बोतल वहां का एक स्थानीय धोबी उपलब्ध कराता था। उससे भी बड़ी बात यह कि प्रशिक्षण के दिनों में मैंने अपने चरस के कोटे का इंतजाम भी कर लिया। बहरहाल, मैंने सही ढंग से अपनी ट्रेनिंग पूरी कर ली।

प्रशिक्षण के सफल परीक्षण के बाद सक्रिय रूप से काम करने के लिए मेरा स्थानांतरण हो गया और जल्द ही मुझे कमांडो ट्रेनिंग पाने के लिए नियुक्त कर दिया गया। वहां मेरी मुलाकात कुछ साथियों से हुई जिन्होंने इंस्ट्रक्टर के साथ मेरा परिचय करा दिया और हम दोनों में काफी नजदीकी आ गई। यहां का माहौल ट्रेनिंग स्कूल के माहौल से पूरी तरह भिन्न था। इंस्ट्रक्टर रोजाना शराब पीता था और लगभग 50 प्रतिशत प्रशिक्षु भी वैसा ही करते थे। एक बार फिर मैं मदद के इच्छुक प्रशिक्षुओं और इंस्ट्रक्टर के बीच सम्पर्क सूत्र के रूप में काम करने लगा। एक बोतल के बदले मैं प्रशिक्षुओं के कामों की मंजूरी दिला देता। मैं सबसे ज्यादा करीब था बलदेव के। बलदेव भी एक ग्रामीण लड़का था। वह मुझे नियमित चरस पिलाता था। इंस्ट्रक्टर से मेरी दोस्ती होने के कारण मेरे लिए घर आने–जाने की कोई समस्या नहीं थी। अलिखित छुट्टी मुझे हमेशा उपलब्ध थी।

आखिर ये अच्छे दिन भी पूरे होने ही थे। वे हो गए। मेरे और इंस्ट्रक्टर के बीच मतभेद पैदा हो गए और उसने मुझे गैरहाजिर दिखाना और सजा देना शुरू कर दिया। धीरे–धीरे वह सब काफी बढ़ गया और बर्दाश्त से बाहर हो गया। बहरहाल, किसी तरह मैंने ट्रेनिंग पूरी कर ली और मुझे प्रधानमंत्री निवास पर तैनात कर दिया गया।

अब मैं परिपक्व हो रहा था। मैंने रिश्ते सुधारने की दिशा में काम करना शुरू कर दिया। मेरी मां ने एक स्थानीय लड़की के साथ मेरी शादी करा दी। शादी में काफी विवाद हो गया क्योंकि मेरे पिताजी ने मेरी तथा मेरी मां की इच्छा के विरूद्ध मेरे चाचा को शादी में शामिल होने के लिए आमंत्रित कर दिया था। उस समय वहां काफी शोर–शराबा हुआ था।

मेरे सुझाव पर मेरे परिवार वालों ने भैंसें बेच दीं और इधर–उधर से कर्ज का प्रबन्ध कर एक मिनी ट्रक खरीद लिया। मुझे अपना सपना साकार होता नजर आया। काम के सिलसिले में ट्रक लेकर विभिन्न स्थानों पर जाना पड़ता और मैं घर और ड्यूटी दोनों से कई–कई दिनों तक दूर रहता। धीरे–धीरे नौकरी में मेरी दिलचस्पी कम होती गई। मेरी पत्नी ने मुझे अक्लमंदी से काम लेने के लिए हमेशा समझाने की कोशिश की, किन्तु एक निश्चित सीमा के आगे वह नहीं जा सकी। सड़कों पर सैर–सपटे का शौक मुझे कई–कई दिनों तर नौकरी से दूर रखने लगा और मैं बार–बार गैरहाजिर रहने लगा। विभाग से घर में नोटिस आने शुरू हो गए। मैं वापस ड्यूटी पर चला गया। गैरहाजिरी फिर शुरू हो गई और कुछ समय तक चलती रही। इससे मेरे परिवार वालों को बड़ी चिंता हुई। वे चाहते थे कि मैं नौकरी के मामले में मुस्तैद रहूं, लेकिन वैसा कुछ होनेवाला नहीं था। शराब और स्मैक की लत मुझे गाड़ी चलाने के लिए बार–बार विवश करती।

मेरा कारोबार चौपट हो गया। ट्रक का ऐक्सीडेंट हो गया जिसमें मैं भी घायल हुआ। इस बार का नुकसान शारीरिक चोटों से कहीं अधिक था। जरूरत के समय मेरी मदद करनेवाला कोई नहीं था। साहूकारों ने अपना कर्ज वसूलने के लिए दबाव डालना शुरू कर दिया। मेरा वाहन खाली खड़ा था। मेरा धंधा अनिश्चित था। शराब के लिए मेरे पास कोई पैसा न रह गया था। जिंदगी में पहली बार मैंने घर में चोरी और घरेलू सामानों को बेचना शुरू किया।

अब दिखावा करना संभव नहीं था। पुलिस की नौकरी पर जाने में मुझे नफरत होने लगी। सात महीने बीत गए। अपने रिश्तेदारों, खासतौर से अपने ससुर की इस धमकी के बाद कि वह मेरी पत्नी को लिवा ले जाएंगे, मैं ड्यूटी पर चला गया। मेरे खिलाफ विभागीय जांच का आदेश दे दिया गया। जांच में मुझे दोषी पाकर मेरी सेवाएं समाप्त कर दी गईं। नौकरी चले जाने से मेरा परिवार पूरी तरह बिखर गया।

घर में अब भैंसें भी नहीं रह गई थीं और एक गैरजिम्मेदार पुत्र बोझ बन गया था। पिता की छोटी–सी पेंशन के अलावा आमदनी का और कोई जरिया नहीं रह गया था। हमारा परिवार भुखमरी के कगार पर पहुंच गया। अपने तमाम जानकारों से मेरा संपर्क खत्म हो चुका था। मैं कहीं भी जाने लायक नहीं रह गया था। एक जानकार ने मेरे घरवालों को नशा मुक्ति केन्द्र के बारे में जानकारी दी और अंततः अच्छाई की राह पर चलने के लिए मैं उसमें दाखिल हो गया।

गलती किसकी ?

- अपर्यवेक्षित बेटे शैतानी और बुराई के जोखिम भरे मार्ग पर चल पड़ते हैं।
- माता–पिता और जीवनसाथी अगर शैतानी के शुरुआती दिनों में अपनी नाबर्दाश्तगी का इजहार नहीं करते तो बराबर का दुःख झेलते हैं।
- जो अध्यापक शैतान विद्यार्थियों को न तो सुधारते हैं और न ही उनके बारे में घर वालों को जानकारी देते हैं वे अपने विद्यार्थी की असफलता के उत्प्रेरक बन जाते हैं।
- पुलिस प्रशिक्षण के नियम व्यक्तिगत विकास और प्रगति के लिए अपर्याप्त हैं और पुलिस सेवा के लिए अधूरे हैं।

कमाई के लिए पुलिस स्मैक बेचनेवालों को प्रोत्साहित करती है

13

मेरा नाम जुलैखा है और उम्र है 30 साल। मैं दिल्ली की एक झुग्गी बस्ती में अपने दूसरे शौहर तथा चार बच्चों के साथ रहती हूं। मूलतः मैं पश्चिमी उत्तर प्रदेश की रहनेवाली हूं परन्तु लगभग 15 वर्षों से दिल्ली में रह रही हूं।

मेरी पैदाइश एक गरीब परिवार में हुई। अपने सात बहन–भाइयों में मैं पांचवीं हूं। मेरी पांच बहनें तथा एक भाई है। मेरे पिता दिल्ली में एक दर्जी की दुकान पर तथा मेरी मां महरी के रूप में काम करते थे तब कहीं जाकर हमें दो वक्त की रोटी नसीब होती थी। बेहद गरीब होने की वजह से हममें से कोई भी स्कूल नहीं जा सका। हम सब अपनी मां के काम में हाथ बंटाती थीं। मैंने भूख और तंगी को बहुत नजदीक से देखा था।

घर का खर्च पूरा करने के लिए मेरे पिताजी को ओवरटाइम करना पड़ता जिसका नतीजा यह हुआ कि उनकी सेहत खराब होने लगी। उन्हें टीबी हो गई और वह अपनी मर्जी के मुताबिक काम कर पाने में लाचार हो गए। हमारा जीना दुश्वार हो गया और हमें दो जून चूल्हा जलाए रखने के लिए काफी मशक्कत करनी पड़ती। मेरे पिता की बीमारी ने उनकी जान ले ली। मरने से पहले वह हमारी दो बड़ी बहनों की शादी कर गए थे।

मैं जवानी की दहलीज पर कदम रख रही थी लेकिन मेरे सारे सपने गरीबी की आगोश में चकनाचूर हो गए। मुझे अनेक उल्टे–सीधे काम करने पड़े। मैंने गलियों से कचरा उठाने, सब्जी बेचने से लेकर पड़ोसियों के बर्तन तक साफ किए। एक दिन काम के दौरान मेरी मां सीढियों से गिर गई और उसका एक पांव टूट गया। मेरी मां दिन–ब–दिन कमजोर होती जा रही थी, लेकिन फिर भी उसने काम करना जारी रखा। जिस दिन वह काम पर नहीं जा पाती, मैं तथा मेरी बहनें उसका काम करने जातीं। मेरा भाई हालांकि हम सब में बड़ा था लेकिन वह निठल्ला घूमता रहता और हमें परेशान करता था। अपने खर्चे के लिए वह मां से पैसे मांगता

और जब मां पैसे न दे पाती तो वह उन्हें मारता–पीटता था। यह सब मेरे पंद्रह बरस की होने तक चलता रहा।

मेरी मां ने मेरे लिए एक माकूल सा रिश्ता देखकर मेरी शादी कर दी। अहमद के साथ शादी होने के बाद मैं अनेक हसीन सपने लिए उसके घर में दाखिल हुई। मुझे बहुत जल्द पता चल गया कि उसके घर के हालात भी लगभग मेरे घर जैसे ही थे। मेरी सास ने शादी के दिन से ही मुझे तंग करना शुरू कर दिया क्योंकि मेरी मां ने उसकी (सास) इच्छा के अनुकूल दहेज नहीं दिया था। मेरे अलावा मेरी सास की अन्य बहुएं ढेर सारा दहेज लाई थीं। वक्त गुजरने के साथ–साथ मेरे उत्पीड़न का सिलसिला बढ़ता गया। मेरी सास मुझपर चोरी, यहां तक कि खाने–पीने की चीजें चुराने का इल्जाम लगाने लगी। मेरा शौहर अहमद भी मेरी सास का साथ देता और मुझे चोट पहुंचाता। वह मुझे शारीरिक यातना देने लगा। एक दफा उसने हंसिए से मेरे सिर पर वार कर दिया। जब मैंने अपने हाथ से घाव को दबाकर खून बन्द करना चाहा तो जालिम ने मेरे हाथ पर भी वार कर दिया जिसका निशान मेरी हथेली पर आज भी मौजूद है जो मेरे अतीत की दास्तान का गवाह है।

जब हालत बहुत बिगड़ गई तो मेरा मौसेरा भाई हुसैन मुझे दिल्ली ले आया। मैंने दिल्ली में घरों में काम करना शुरू कर दिया। बहरहाल, जब मेरे पति को मेरे दिल्ली में होने का पता चला तो एक दिन वह हुसैन के घर आया। मैंने खुद भी महसूस किया कि वह काफी बदल गया था। अब वह पहले से अच्छा इंसान नजर आ रहा था। उसकी दिलचस्पी देखकर मेरे भाई हुसैन ने उसे एक रिक्शा दिला दी और उसने कमाना शुरू कर दिया। बाद में हुसैन मेरे शौहर को लेकर अपने दोस्त के पास ले गया और उसे पॉलिश का काम सिखा दिया। काम सीखकर अहमद ने रिक्शा चलाना छोड़ दिया और नए सिरे से बर्तन, धातु पॉलिश के काम में जुट गया। शायद वे दिन मेरे जिन्दगी के सबसे अच्छे दिन थे। तीन लड़कियों तथा एक लड़के समेत मेरे चार बच्चे हुए। लेकिन मेरी किस्मत में शायद कुछ और ही लिखा था।

मेरे भाई ने वह जगह छोड़ दी और कहीं दूसरी जगह जाकर बस गया। हमें भी उसका घर खाली करना पड़ा और एक झुग्गी बस्ती में पनाह मिली। एक झुग्गी किराए पर लेकर हमने नई जिन्दगी शुरू की। झुग्गी बस्तियों की अपनी अलग ही समस्याएं थीं। मेरा शौहर बुरे लोगों की सोहबत में आ गया और जो आदमी कभी बीड़ी तक नहीं पीता था, अब स्मैक पीने लगा। उसकी सारी कमाई नशाखोरी में खर्च होने लगी। इससे हमारे घर में भुखमरी की हालत पैदा हो गई। अपने बच्चों का पेट भरने के लिए मैंने महरी के रूप में काम करना शुरू कर दिया। हालांकि मेरे पति ने पहले एतराज किया लेकिन घर की हालत देखकर उसने अपनी रजामंदी दे दी। अहमद काम–धंधा छोड़कर सारा दिन घर पर रहकर स्मैक पीता रहता। उसकी लत इतनी ज्यादा बढ़ गई कि मैं जो कुछ भी कमाती सब वह छीन लेता। उसने घर की चीजें बेचनी शुरू कर दीं और अगर मैं एतराज करती तो वह मुझे मारता–पीटता। हमारे घर में भूख एक बार फिर लौट आई।

कमाई के लिए पुलिस स्मैक बेचनेवालों को प्रोत्साहित करती है

एक दिन मेरी एक पड़ोसन ने मुझे स्मैक बेचने की सलाह दी। अपने बच्चों की हालत देखकर मैंने हामी भर दी। पहले उसने मुझे स्मैक उधार दे दी और जब मैं इस लायक हो गई कि खुद खरीद सकूं तो मैंने आत्मनिर्भर होकर अपना कारोबार शुरू कर दिया। एक साल के अंदर ही मैं स्मैक बेचने के धंधे में माहिर हो गई। मैंने स्थानीय पुलिस को रिश्वत देकर अपना धंधा जारी रखा। पुलिस को मेरी हरकतों का पता था लेकिन पांच सौ रुपए महीने देकर मैं उसका मुंह बंद कर देती। विपत्ति आने से पूर्व जिन्दगी बड़ी मजे से कट रही थी।

एक दिन मैं अपने शौहर से लड़ रही थी कि पुलिस आ गई। जब मैंने पुलिस को फटकारा तो बदले में वह मुझे तथा मेरे शौहर को पीटने लगी। मामला बिगड़ गया। लोकल पुलिस मुझसे नाराज थी इसलिए जल्द ही मुझे उसके कोप का शिकार होना पड़ा। मुझे स्मैक बेचने के जुर्म में गिरफ्तार करके जेल भेज दिया गया।

शुरू–शुरू में जेल मुझे तकलीफदेह लगी, लेकिन मैंने जल्द ही अपने आप को एडजस्ट कर लिया। मुझे पता चला कि मैंने जो पैसा बचाकर बाहर जमा किया था उसने वह सब ऐंठ लिया था और गंभीर रूप से बीमार था। मेरे बच्चों की भी देखभाल नहीं हो रही थी। किसी तरह मैंने अपने दो बच्चों के जेल में अपने साथ रहने का इंतजाम कर लिया। मेरे भाई ने मेरे बेटे को अपने पास रख लिया तथा बड़ी बेटी घर में रहकर अपने पिता की देखभाल करने लगी। उचित इलाज न हो पाने के कारण मेरा शौहर जल्दी ही मर गया।

मैंने एक गैर सरकारी संस्था 'नवज्योति' द्वारा जेल में चलाए जाने वाले 'क्रेच' प्रशिक्षण कार्यक्रम में नाम लिखवा लिया। नवज्योति से मिलने वाले वजीफे से मैं अन्य महिला कैदियों के काम करने लगी जिससे मेरे दो बच्चों तथा मेरा खर्च पूरा हो जाता। मेरी दोनों बेटियों को इंडिया विजन फाउण्डेशन नामक एक अन्य गैरसरकारी संगठन ने पास के रिहायशी इलाकों में स्थित कॉन्वेंट स्कूल में दाखिला दिया। यह संस्था कैदियों के बच्चों की शिक्षा के लिए प्रयासरत है। मैंने जेल में बिताए अपने 28 महीनों के समय का असरदार तरीके से इस्तेमाल किया। अंततः दो बरस चार महीने की लम्बी न्यायिक प्रकिया के पश्चात् मैं बरी हो गई।

रिहाई के बाद मैंने जेल में अर्जित पूंजी तथा दक्षता से नए सिरे से जिन्दगी शुरू की। मैं आज भी नवज्योति के साथ मिलकर एक झुग्गी बस्ती में संचालित 'क्रेच' संभाल रही हूं। मेरे तीन बच्चे स्कूल जाते हैं। इसके लिए मैं इण्डिया विजन फाउण्डेशन की शुक्रगुजार हूं। चौथा बच्चा छोटा होने के कारण अभी स्कूल नहीं जाता। मैंने दूसरी शादी कर ली है और मुझे उम्मीद है कि ड्रग्स समेत अन्य सभी बुराइयों से दूर रहकर हमारी जिन्दगी अच्छी तरह कट जाएगी।

अपने माज़ी को देखकर मैं यही कह सकती हूं कि गरीबी और निरक्षरता आपको 'खिलौना' बना देती है जिससे आपकी परिस्थितियों का लाभ उठाकर कोई भी खेल सकता है। किसी को भी इतनी कम उम्र में विवाह नहीं करना चाहिए। पुलिस को भी अपनी भूमिका निभानी चाहिए

थी और स्मैक धंधे के शुरुआती दिनों में उसे मुझे रोकना चाहिए था। पुलिस को सब कुछ पता था लेकिन उसने कभी मुझे रोकने की जहमत नहीं की। हकीकत तो यह है कि उसने मुझे स्मैक का धंधा करने के लिए प्रोत्साहित किया। आज भी झुग्गी बस्तियों में स्मैक का धंधा फल–फूल रहा है। दिल्ली की झुग्गियों में कचरा, गरीबी, लाचारी की भरमार है। बेईमान पुलिस अपराध का पोषण कर रही है जिसकी समाज को भारी कीमत चुकानी पड़ रही है। कुछ अच्छे स्वयंसेवी संगठन मुझ जैसी बेसहारा स्त्रियों के लिए संबल बन रहे हैं।

गलती किसकी ?

- झुग्गी–झोपड़ियों की घुटन भरी जिन्दगी, गंदगी और निरक्षरता के साथ–साथ पुलिस की गैरईमानदार कार्रवाइयां अपराध और तकलीफें पैदा करती हैं जिसकी भारी सामाजिक कीमत चुकानी पड़ती है।
- बाल–विवाह और दहेज प्रथा हमारी सामाजिक प्रणाली की देन हैं जो स्त्रियों को सास–ससुर के हाथों प्रताड़ित होने को विवश करती है।
- पुलिस अगर अपराध–निवारण योजना के साथ पेशेवराना तरीके से काम करे तो बड़ी हद तक वह ड्रग्स का व्यापार रोक सकती है।
- अनेक गैरसरकारी संगठन (एनजीओ) हजारों लोगों की जरूरत में लंगर का काम करते हैं।

शराब से स्मैक तक : यानी बद से बदतरीन

14

मेरा नाम मुस्तफा है और उम्र 38 वर्ष। मूलतः मैं ईरानी नागरिक हूं किन्तु विगत दस वर्षों से दिल्ली में एक शरणार्थी के रूप में रह रहा हूं। अपनी जान बचाने के उद्देश्य से मैं ईरान से भागकर दिल्ली आ गया।

ईरान के एक बंदरगाही शहर में मेरा जन्म हुआ। मैं अपने माता–पिता की चौथी संतान हूं। मेरे चार भाई और एक बहन हैं। मेरे पिता मत्स्य विभाग में वरिष्ठ अधिकारी थे। हम अपने इलाके के अमीर लोगों में से थे। हमारे पास काफी जमीन–जायदाद थी इसलिए हमारा बचपन खुशनुमा यादों से भरा है। स्कूली पढ़ाई पूरी करने के बाद जब मैंने जवानी की दहलीज पर कदम रखा तो मेरे मन में कुछ अर्थपूर्ण काम करने का सपना अंकुरित हुआ।

मैं कुछ ऐसे दोस्तों की सोहबत में था जो शराब पीते थे। 15 साल की उम्र में मैंने भी शराब पीना शुरू कर दिया। जहां तक शराब का ताल्लुक है, वह समाज में आम थी। एक ओर जहां यह सब हो रहा था, वहीं दूसरी ओर समाज का एक वर्ग सत्ता और उसकी राजनीति के खिलाफ बगावत कर रहा था। युवक उसमें अधिक सक्रिय थे। मैं भी अपने देश के खिलाफ होने वाली राजनीतिक गतिविधियों में शामिल हो गया।

क्रान्ति का असर होने के साथ ही सरकार ने भी ताकत से प्रतिक्रिया करनी शुरू कर दी। उन्होंने प्रदर्शनकारियों को पकड़ कर जेलों में ठूंसना शुरू कर दिया। मैं भी गिरफ्तार हुआ, अलबत्ता हल्के आरोप में। देशद्रोह के आरोप में गिरफ्तार किए गए लोगों के सामने तकलीफ उठाकर मर जाने के अलावा और कोई चारा न था। सच्चाई यह है कि 50 से 60 लोगों को जेल की कोठरियों से निकालकर बाहर ले जाया गया और उन्हें या तो फांसी दे दी गई या गोली मार दी गई। हरेक को पता था कि उनके साथ क्या हो रहा था, किन्तु कोई भी विरोध

न कर सका। मैं अपनी युवावस्था को लेकर बहुत सहमा हुआ था और सोचता कि कहीं मेरा भी वही हाल न हो। कहीं मुझे भी गोली न मार दी जाए।

छह महीने की प्रताड़नापूर्ण कैद के बाद मैं रिहा हुआ। मुझे पता चला कि मेरे ढेर सारे साथी लापता हैं। बताया गया कि उनमें से अनेक मारे जा चुके हैं जबकि कुछ अन्य देश छोड़कर भाग गए हैं। अब मेरी जिन्दगी को भी खतरा पैदा हो गया था। मैं भूमिगत होकर देश से भाग जाने के मौके का इंतजार करने लगा। हालत बहुत खराब थी। मुझे पता चला कि पुलिस मेरी तलाश में थी।

मेरा परिवार शासन से अच्छी तरह जुड़ा हुआ था इसी वजह से मैं एक बार बच गया। मैंने सीमा पर पहुंचने का प्रबन्ध किया और सरहद पार करके पड़ोसी देश पाकिस्तान में दाखिल हो गया। मुझे यह बात समझ में आ गई थी कि अगर आप के पास ताकत और खर्च करने के लिए पैसा हो तो किसी भी चीज का प्रबन्ध किया जा सकता है। अब तक मेरे पास ताकत और पैसा दोनों ही थे। आगे की यात्रा बहुत कठिन थी। मुझे कुछ पता नहीं था कि मैं कहीं जाकर ठहरूंगा। सरकार के समर्थक हर जगह थे, यहां तक कि पाकिस्तान में भी।

मेरे देश से भागकर आए कुछ जानकार लोग कराची में रहते थे। कराची पहुंचकर मैंने उनसे सम्पर्क किया। वे बहुत मददगार साबित हुए। उन्होंने मुझे खाना और सिर छिपाने की जगह दी। शराब पीने की मेरी आदत उभार पर थी। उसकी व्यवस्था मैं अपने परिवार और खाड़ी देशों में रहनेवाले अपने रिश्तेदारों से मिलने वाले धन से कर लेता था। यह धन मेरे उन मित्रों के नाम से आता था जिन्होंने शहर में वैध तरीके से रहने के कागजात तैयार करवा लिए थे। मैं कागजात इसलिए तैयार नहीं करवा सका क्योंकि मेरे दोस्तों ने वैसा न करने की सलाह दी थी। मेरे देश के लोग क्रान्तिकारियों की तलाश में हर जगह घूम रहे थे और ऐसी अफवाह थी कि वे लोग देखते ही मार डालेंगे। एक साल तक वहां रहने के बाद मैंने महसूस किया कि खतरा अभी भी मंडरा रहा है और वे लोग मुझ तक किसी भी क्षण पहुंच सकते हैं। जिन्दा रहने के लिए मुझे किसी सुरक्षित स्थान पर पहुंचने की जरूरत थी। ऐसी जगह भारत हो सकता था किन्तु वहां पहुंचना बहुत कठिन था।

पैसा एक बार फिर काम आया और मेरे दोस्तों के एक संपर्क सूत्र ने अपना वादा पूरा करते हुए मुझे बम्बई जाने वाले जहाज में चढ़ा दिया। सफर आरामदेह और भारत में घूमना–फिरना आसान था। बम्बई के निकट हम एक नाव पर सवार हो गए जो मुझे असंदिग्ध रूप से बिना किसी खोजबीन के बम्बई ले आई। मैंने अपने दोस्तों से कुछ पैसा उधार ले लिया था। मेरे पास कोई दस्तावेज नहीं था। मैं फौरन दिल्ली जानेवाली ट्रेन में सवार हो गया क्योंकि मैं वहां वर्षों से रहनेवाले कुछ शरणार्थियों को जानता था।

दिल्ली पहुंचकर मैंने उनसे सम्पर्क किया। वे लोग बड़े मददगार साबित हुए। उन्होंने मुझे न केवल रहने की जगह उपलब्ध कराई बल्कि वे मुझे यूएनएचसीआर (संयुक्त राष्ट्र शरणार्थी

उच्चायोग) के कार्यालय में पंजीकरण के लिए भी ले गए। सभी औपचारिकताएं पूरी करने के बाद मेरा नाम शरणार्थी के रूप में दर्ज हो गया और मुझे उससे संबंधित दस्तावेज मिल गए। इससे मैंने राहत की सांस ली। बहरहाल, इन प्रक्रियाओं तथा पूरी तरह अनजान शहर की जिन्दगी ने अपनी कीमत वसूल की। मैं बड़े पैमाने पर शराब पीने के साथ–साथ चरस और गांजा भी पीने लग गया। यह बात और है कि मेरी शराबखोरी की लत को स्मैक में बदलने के लिए वे लोग समान रूप से जिम्मेदार हैं। मेरे घर तथा रिश्तेदारों के पास से कुछ पैसा अब भी आता रहा। बाकी खर्च आयोग से मिलनेवाले भत्ते से पूरा हो जाता।

व्यस्त रहने और स्मैक से दूर रहने के लिए मेरे पास करने के लिए कोई काम नहीं था। स्मैक की लत ने मेरे शरीर का गोश्त खाना शुरू कर दिया। मैं बहुत कमजोर हो गया लेकिन उसके बावजूद मैं भूखा तो रह सकता था लेकिन स्मैक लिए बगैर नहीं रह सकता था। मुझे मानसिक तकलीफें होने लगीं और मेरी सेहत गिरने लगी। मैं बड़ी मुश्किल से चल–फिर पाता था। मेरे आसपास सिर्फ स्मैक और मेरे स्मैक पीने वाले दोस्त ही नजर आते थे।

किराया अदा न कर पाने के कारण मुझे मकान खाली करना पड़ा। मैंने फुटपाथों और समय पर पहुंचने की स्थिति में रैन बसेरों में सोना शुरू कर दिया। आयोग को मेरी आदतों का पता चलने के बाद मुझे सलाह दी गई कि मैं नशामुक्ति के लिए इलाज कराऊं वरना आयोग मेरा भत्ता बंद कर देगा। मैंने आयोग के सुझाव की कोई परवाह नहीं की, नतीजतन मेरा भत्ता बंद कर दिया गया।

इसकी खबर मेरे घर पहुंची और मेरा भाई फौरन ईरान से दिल्ली आ गया। मेरा भाई और आयोग के अधिकारी मुझे अनेक नशामुक्ति केन्द्रों पर ले गए लेकिन मैं वहां से भाग आया। बहरहाल, मेरा भाई एक निजी अस्पताल में दाखिल कराने में सफल हो गया। मेरी हालत में सुधार से संतुष्ट होकर मेरा भाई वापस चला गया। उसके जाने के बाद मैंने फिर से सारी चीजें पीनी शुरू कर दी।

एक स्थिति ऐसी आ गई कि मैंने अपनी आदतें सुधारनी शुरू कर दी। आयोग इस बार मुझे 'नवज्योति' नशामुक्ति केन्द्र में ले गया। मरीजों और नवज्योति के कर्मचारियों से बात करने के बाद मैंने इस बार पूरा इलाज कराने का फैसला किया।

इलाज के बाद मेरी सेहत ठीक हो गई और नशाखोरी की मेरी लत पूरी तरह छूट गई। सचाई यह है कि मैं संगठन में स्वैच्छिक सेवा करने लगा और मैंने पुराने नशाखोरों के पुनर्वास के लिए यूएनडीसीपी के सहयोग से नवज्योति द्वारा चलाए जा रहे प्रशिक्षण कार्यक्रम का भी लाभ उठाया। अब मैं नवज्योति की आउटरीच टीम में काम कर रहा हूं और नशाखोरी की बुराई के बारे में लोगों में जागरूकता पैदा कर रहा हूं क्योंकि दूसरों के लिए मैं बेहतरीन सबक हूं।

गलती किसकी ?

- चरस और गांजा जैसे नशीले पदार्थों के साथ शराब का सेवन व्यक्तिगत विनाश का निश्चित मार्ग है।
- स्मैक आदमी का मांस खा जाता है। आदी व्यक्ति बिना खाए तो रह सकता है, किन्तु बिना स्मैक पिए नहीं। पहले युवक ड्रग्स पीते हैं बाद में ड्रग्स युवकों को पी जाते हैं।
- परिवार को चाहिए कि वह अपने बच्चों की हरकतों पर निगाह रखे। घर से दूर रहने वाले बच्चों की मांग पर पैसा भेज देना ठीक नहीं है। घरों से बाहर रहने वाले बच्चों को सावधानी से दोस्त बनाने चाहिए।

मुफलिसी की मार और शराब का शिकार विजय

15

हैलो! मेरा नाम विजय है। मैं सात साल की आयु में अपने घर से भाग गया। पिछले सात वर्षों से मैं स्मैक और शराब का आदी हूं। सात साल की छोटी–सी उम्र में ही मुझे एक लड़की से प्यार हो गया। अपने प्रियजनों की उपेक्षा और प्रताड़ना के कारण मैं अपराध और नशे की दुनिया में शामिल हो गया। मैं अभी भी बच्चा ही हूं क्योंकि मेरी उम्र सिर्फ 14 बरस है।

मेरा जन्म बिहार के गया जिले में एक गरीब परिवार में हुआ। पढ़ाई में मेरी रुचि बिल्कुल नहीं थी। मैं दूसरी कक्षा से स्कूल से बाहर आ गया और दुबारा कभी भी स्कूल नहीं गया। मेरे परिवार में कुल सात लोग थे। मेरे पिताजी को मेरी मां के अलावा हम तीन भाइयों और दो बहनों की परवरिश के लिए जी तोड़ मेहनत करनी पड़ती थी। मेरे पिताजी अक्सर मुझे यह बात बताया करते कि मेरे बड़े भाई को पढ़ाने के लिए उन्होंने काफी तकलीफ उठाई है। उसे काम दिलाने के लिए मेरे पिताजी को काफी मशक्कत करनी पड़ी।

समय के साथ–साथ मेरे चाचा भी बदल गए। वह अपने परिवार के साथ अलग हो गए। मेरे पिताजी फुटपाथ पर चाय की दुकान चलाते थे और उसी से हम लोगों का किसी तरह पेट पलता था। मैं पिताजी के साथ दुकान पर काम करता जबकि मेरे भाई स्कूल जाते थे। मेरी बहनें हमेशा घर पर ही रहतीं। बहुत कम आमदनी होने के कारण हमारा खर्च बड़ी मुश्किल से पूरा होता था।

मेरे चाचा के पास टेलीविजन था। मैं अक्सर उनके घर टीवी देखने जाता लेकिन मेरे चाचा को यह सब अच्छा नहीं लगता था। दरअसल, वह अपने घर में मेरा प्रवेश बंद करना चाहते थे। वह अक्सर मुझे ताना मारते कि अपने बाप से कह कर टीवी क्यों नहीं मंगा लेता। चूंकि मुझे टीवी देखने का बहुत शौक था इसलिए मैं उनकी बातों पर ध्यान न देता। धीरे–धीरे

मेरे चचेरे भाइयों ने मुझे गालियां देना शुरू कर दिया और मेरा प्रवेश पूरी तरह बंद कर दिया। उन घटनाओं का असर आज भी मेरे दिमाग में ताजा है।

पिताजी के एक दोस्त ने उन्हें पानीपत में एक कारखाने में नौकरी दिला दी। हम सब दिल्ली से पानीपत चले गए। उस समय मेरी उम्र केवल सात साल थी। मैं टीवी देखने का शौकीन था लेकिन मेरे पिताजी कभी भी टेलीविजन नहीं खरीद सके। जब मैं उन्हें टीवी खरीदने के लिए जोर देकर कहता तो बदले में वह मेरी पिटाई कर देते।

मैं सारा दिन इधर–उधर भटकता लेकिन स्कूल जाने की इच्छा कभी न होती। मेरा पड़ोसी रघु पढ़ने जाता था। वह मुझसे पांच साल बड़ा था, उसने मुझे सलाह दी कि मैं भाग कर दिल्ली चला जाऊं क्योंकि वह 'सपनों की नगरी' है। एक दिन जब मेरे पिताजी ने मेरी पिटाई की तो मैं रघु के साथ घर से भाग खड़ा हुआ और पुरानी दिल्ली रेलवे स्टेशन पहुंच गया। मेरे और रघु के पास एक भी पैसा नहीं था। जब मुझे भूख लगी तो रघु ने इंतजार करने के लिए कहा। मैंने महसूस किया कि वह कितना समझदार और सहनशील है। मुझे भी उसी की तरह होना चाहिए। मैंने प्रतीक्षा की, लेकिन जब मेरी भूख बढ़ गई तो मैंने एक अमीर से दिखाई पड़ने वाले आदमी के पास जाकर कुछ खाना खरीदने के लिए निवेदन किया। मुझे उम्मीद थी कि वह मेरे लिए खाना जरूर खरीद देगा।

इतनी छोटी–सी उम्र में मैंने पहली बार महसूस किया कि जिन्दगी उतनी आसान नहीं है जितनी मैं सोचता हूं। उस आदमी ने जेबतराश कहकर मेरी पिटाई कर दी और मुझे थाने में बंद करा दिया। पुलिस वालों ने मुझे ठोकरें मारी। मैं पहली बार इतना लाचार था। मैंने तो सिर्फ खाना मांगा था और बदले में मुझे लात–घूंसे और गालियां मिलीं। रघु को अंग्रेजी बोलनी आती थी इसलिए वह पुलिसवालों से अपना पिंड छुडाने में सफल हो गया। उसी दिन मैंने शिक्षा के महत्व को महसूस किया। हालांकि चेतावनी देकर मुझे भी छोड़ दिया गया लेकिन तब से मेरी जिन्दगी पूरी बदल गई। रघु अपने घर वापस चला गया लेकिन मैं वहीं रहा।

नई दिल्ली रेलवे स्टेशन पहुंचकर मैंने कुछ कूड़ा बीनने वाले लड़कों से सम्पर्क किया। उन्होंने मेरी मदद का वादा किया। लेकिन वे चाहते थे कि मैं स्वयं कोई काम करूं। उन्होंने मुझे एक चाय की दुकान पर रखवा दिया। दुकानदार मुझे खाना तो देता लेकिन तनख्वाह और कपड़े इत्यादि बिल्कुल नहीं देता था। कपड़े और पैसे की मांग करने पर वह मुझे धमकाता था।

मेरे कूड़ा बीनने वाले दोस्तों ने मुझे हनुमान मंदिर के पास अनधिकृत रूप से रहनेवाले कुछ लड़कों के बारे में बताया। वहां जाकर मैंने उन लड़कों से दोस्ती कर ली। उन्होंने भी मुझे चाय की एक दुकान पर लगवा दिया। चाय का यह दुकानदार भी मुझे केवल खाना ही देता, कोई तनख्वाह न देता। इससे मुझे बड़ी तकलीफ हुई। मैं हमेशा कुछ पैसे बचाने के सपने देखता ताकि उन्हें मैं अपने गरीब पिता को टीवी खरीदने के लिए दे सकूं।

जिन लोगों की सोहबत में मैं पड़ा उसने अपनी कीमत वसूल ली। मुझे जल्दी ही इलाके के बदमाश लड़कों से मिला दिया गया। उन्होंने मुझसे कहा कि अगर कुछ पाना चाहते हो तो तुम्हें उसके लिए लड़ना पड़ेगा, छीनना पड़ेगा। उन्होंने मुझे लड़ने, गाली देने, छीनने और चोरी करने के गुर सिखा दिए। उन्होंने मुझे यह भी सिखाया कि पुलिस वालों को रिश्वत किस तरह दी जाती है। रिश्वत लेने के बाद पुलिस हमारी ओर देखती तक नहीं थी। ये मेरी जिंदगी के पहले सबक थे जिनका फल मिलना फौरन शुरू हो गया। मैंने उन लड़कों की संदिग्ध गतिविधियों में भाग लेना शुरू कर दिया और बहुत जल्दी ही उस विद्या में पारंगत हो गया।

मेरी उम्र की एक लड़की थी गीता। मुझे उससे प्यार हो गया। वह मेरे पड़ोस में ही रहती थी। मैं उसके लिए 'गिफ्ट' (उपहार) लाता और बचे हुए पैसे उसे देता। वह भी बदले में मेरे साथ स्नेहिल व्यवहार करती लेकिन उस छोटी–सी उम्र में मुझे मालूम नहीं था कि वह प्यार था या बचपना। मैं उससे सचमुच प्यार करता था।

मैंने जो भी काम किया वह अमीर समाज से बदला लेने के लिए किया। अमीर आदमी ने ही मेरा जीवन बरबाद किया था। मैंने तो उससे सिर्फ दो रोटी की मांग की थी लेकिन उसने मुझे हवालात में बंद करा दिया। मैं रात के वक्त लोगों की चीजें उड़ा लेता था। शराबी और नशेड़ियों को लूटना सबसे सरल था। अमीरों के घरों में मैंने कई बार चोरी की।

ये सब बातें 'प्रबंधित' पुलिस से छिपी हुई नहीं थी। इसके अलावा हमें स्थानीय 'दादाओं' से भी बचना पड़ता था। कई बार हमारा सशस्त्र झगड़ा भी हो जाता। इसी तरह के एक झगड़े में एक लड़के ने मेरी बांह में छुरा घोंप दिया। कई महीनों तक मैं बिस्तर पर पड़ा रहा। यह ऐसा समय था जिसने मुझे बड़ा महत्वपूर्ण सबक सिखाया। मुझे देखने या ढाढ़स बंधाने कोई नहीं आया, यहां तक कि गीता भी नहीं। इससे मुझे बड़ी पीड़ा हुई।

ठीक होने के बाद मैंने किसी की तरफ नहीं देखा, गीता की तरफ भी नहीं। जब भी मेरी कमाई होती, मैं सारा पैसा अपने नए इश्क–स्मैक और शराब पर खर्च कर देता। इलाके में ये चीजें बड़ी आसानी से मिल जातीं। हममें से हरेक नशे का आदी था।

मैं पिछले सात वर्षों से नशा कर रहा हूं। जिस समय मैं निर्दोष था उस समय पुलिस ने मुझे हवालात में बंद कर दिया और जब से मैं अपराध कर रहा हूं पुलिस मुझे एक बार भी नहीं पकड़ पाई।

मुझे अक्ल तब आई जब नवज्योति नशामुक्ति केन्द्र के कार्यकर्ताओं ने मुझसे सम्पर्क किया। आजकल मैं वहां पर अपना इलाज करा रहा हूं और टीवी भी देख रहा हूं। मैं ठीक होकर जल्दी ही अपने परिवार वालों के साथ फिर से रहना चाहता हूं। अब मैं शिक्षित होना चाहता हूं।

गलती किसकी ?

- गरीबी और असुरक्षा का समाज लाभ उठाता है।
- बड़ा परिवार गरीबों की गरीबी को और बढ़ा देता है।
- माता–पिता बच्चों को समझाने–बुझाने और उनसे संवाद कायम करने के बजाय उनकी पिटाई करते हैं।
- अध्यापक बच्चों को स्कूल से न भागने की सीख नहीं देते।
- संवेदनहीन और बेईमान पुलिसिया कार्रवाई अपराध के बीज बोती है।
- ऐसा लगता है कि पुलिस अमीर और प्रभावशाली लोगों की बात तो सुनती है, किन्तु गरीब और कमजोर लोगों का अपराधीकरण करती है।

भूख की कगार पर अनपढ़ लक्ष्मी का परिवार

16

मेरे पुत्र पर अपने पिता की हत्या का अभियोग लगाया गया है। मेरे पति की बुरी तरह कुचली हुई लाश खेतों से बरामद हुई थी। उनकी मृत्यु से एक दिन पूर्व हमारे घर में झगड़ा हुआ था। पति का हिंसक रुख देखकर मेरे मुत्र ने लोहे की छड़ से उसके सिर पर वार कर दिया था। पुलिस द्वारा मेरे पुत्र पर लगाए गए अभियोग से मैं सहमत नहीं हो सकती। यह बात सही है कि उसने मेरे सामने ही अपने पिता के सिर पर सरिये से प्रहार किया, लेकिन उसे ऐसा करने के लिए मेरे पति ने विवश कर दिया था। ऐसा कौन–सा युवक होगा जो अपने पिता द्वारा अपनी निर्दोष मां तथा बहनों की पिटाई और गाली देना बर्दाश्त करेगा? हां, मेरे पुत्र ने मेरे पति पर प्रहार किया, यह बात दीगर है कि उसे ऐसा नहीं करना चाहिए था।

मेरा नाम लक्ष्मी है और उम्र लगभग 40 वर्ष। मैं अपनी चार बेटियों और दो बेटों के साथ दिल्ली के बाहरी ग्रामीण इलाके में रहती हूं। मेरा बड़ा बेटा मेरे परिवार की आय का एकमात्र स्रोत था। मेरा पति एक अवकाशप्राप्त कर्मचारी था। अपनी मृत्यु से लगभग दो वर्ष पूर्व से ही उसने हमारी आर्थिक या अन्य प्रकार की सहायता बंद कर दी। हमारे भरण–पोषण के बजाय वह हमें घर से बाहर निकाल देता और स्वयं को कमरे के अंदर बंद कर लेता। हमने अनगिनत रातें अपने पड़ोसियों के घरों, मंदिरों और खुली पहाड़ियों पर बिताईं।

ऐसा नहीं है कि हमारी हालत सदा से ऐसी ही रही हो। मेरी शादी के प्रारंभिक दिनों में मेरी जिन्दगी बड़ी खुशहाल थी। मेरे पति पति की नियुक्ति अक्सर बाहर होती थी। अपनी नौकरी के सिलसिले में वह हमेशा घर से बाहर रहता लेकिन मुझे हर पल अपने साथ रखता था। मेरे सारे बच्चे इन्हीं नियुक्तियों के दौरान ही पैदा हुए थे। छुट्टियों के दौरान समय–समय पर हम अपनी सास से मिलने आते थे। जिस मकान में हम रहते थे वह एक पुरानी हवेली थी। उसमें कई अन्य लोग भी रहते थे। हवेली का एक हिस्सा मेरे देवर के पास भी था। हवेली के अन्य निवासी हमारे परिवार

के नहीं, लेकिन वे हमारे दूर के रिश्तेदार थे।

अपनी सास से एक मुलाकात के दौरान मैंने महसूस किया कि हमारे सुखद जीवन को गांव में पंसद नहीं किया जा रहा था। सच्चाई यह थी कि रिश्तेदार मुझसे ईर्ष्या करते थे। मेरे पास वह हर चीज थी जिससे वे जलते थे। एक प्यारा और जिम्मेदार पति, उसकी बढ़िया और अच्छी तन्ख्वाह वाली नौकरी और आज्ञाकारी बच्चे। किसी को इससे ज्यादा और क्या चाहिए?

अब कभी भी मैं अपनी भावनाओं से अपने पति को अवगत कराती, वह हमेशा मुझे यह कह कर शांत कर देता कि उनसे उसका कोई लेना–देना नहीं। इसके पश्चात मैं अपने अन्य जरूरी कामों में लग जाती, लेकिन इसके साथ ही मैंने अपने पति की आदतों में आने वाले बदलाव को भी देख लिया था। ऐसा नहीं है कि मेरा पति पहले शराब नहीं पीता था, लेकिन अब उसने जरूरत से ज्यादा मात्रा में शराब पीनी शुरू कर दी थी। उसकी ये हरकतें लगभग दस साल पहले शुरू हो गई थी। मैं उसके ऊपर ज्यादा दबाव नहीं डाल सकी। नतीजा यह हुआ की उसकी शराबखोरी दिन–ब–दिन बढ़ती गई और परिवार पर उसके नतीजे नजर आने लगे। वह बात–बात पर अपना धीरज खो बैठता और हम पर बेवजह चिल्लाता, लेकिन जैसे ही वह अपने पूरे होश–ओ–हवाश में आता वह हमसे सामान्य व्यवहार करने लग जाता था। लोगों ने कहना शुरू कर दिया कि मेरे पति के ऊपर किसी प्रेत की छाया आ गई है। शुरू–शुरू में तो मैंने विश्वास नहीं किया, लेकिन कालांतर में मुझे भी यकीन हो गया। बहुत समझाने–बुझाने के बाद वह मेरी सबसे बड़ी बेटी की शादी के लिए राजी हो गया। मेरे अन्य बच्चे भी बड़े हो रहे थे और उनकी शिक्षा प्रभावित हो रही थी। मेरी सास के निधन के बाद हम स्थायी तौर पर गांव चले गए।

मेरे पति की शहर से बाहर नियुक्ति जारी रही। वह हमें नियमित पैसे भेजता रहा। लेकिन जब कभी भी वह हमसे मिलने आता, हमारी जिन्दगी नर्क बन जाती। वह बच्चों की पिटाई करता, मेरे ऊपर वार करता और हम पर ऐसे उल्टे–सीधे आरोप लगाता जिसकी हमें स्वप्न में भी अपेक्षा न होती। जब वह अपनी नौकरी पर वापस जाता तो हम राहत की सांस लेते। मैं हमेशा यही उम्मीद करती कि एक दिन वह बदल जाएगा और जल्दी ही मेरे बच्चे मेरी सहायता के लिए खड़े हो जाएंगे।

मेरी विवाहित बेटी पास के ही एक कस्बे में रहती थी। एक बार मेरा पति उससे मिलने गया। मेरी बेटी ने उससे उसकी शराबखोरी और उसके हिंसक व्यवहार के बारे में बात की। उसने कहा कि जैसे ही वह गांव में बस से उतरता है उसके दिमाग पर कोई शैतान सवार हो जाता है और उसकी इच्छा होती है कि वह हर किसी की पिटाई कर दे। संयोगवश वह एक बुद्धिमान सैनिक था। उसके सारे बड़े अफसर उसकी मेहनत और लगन की प्रशंसा करते थे। एक साल पहले उसके स्वैच्छिक अवकाश ग्रहण करने से पूर्व तक यह सिलसिला जारी रहा। रिटायरमेंट के बाद वह हमारे साथ गांव में बस गया। इसके साथ ही हमारे दुर्दिनों की शुरुआत हो गई।

मेरा पति ज्यादा से ज्यादा समय शराब पीता और कोई काम न करता। उसकी पेंशन हम तक कभी न पहुंचती। हम लोग भुखमरी के कगार पर आ गए। पिटाई तो मैं बर्दाश्त कर लेती, लेकिन जब उसने मेरे ऊपर वेश्यावृत्ति का आरोप लगाना शुरू कर दिया तो मैं उठ खड़ी हुई। वह मेरे और मेरी जवान बेटियों के ऊपर भी वेश्यावृत्ति का आरोप लगाने लगा। उसकी वह हरकत हमसे अधिक दिनों तक सहन नहीं हुई। अब मैंने उसके हमलों का प्रतिकार करना शुरू कर दिया था। वह जब भी मुझे पीटने की कोशिश करता, मैं उसका हाथ पकड़ लेती। इससे भी बात बनी नहीं। मैं और मेरे बच्चे अब भी भूखे थे। गांव वालों ने हम पर फब्तियां कसनी शुरू कर दी थी। मेरे बच्चों को वह सब कैसा लगता था यह तो मुझे नहीं मालूम, लेकिन वे हमेशा रूआंसे दिखाई देते थे। मेरा बेटा, जो उस समय मात्र 16 साल का ही हुआ था, उसने पढ़ाई छोड़कर हमारे लिए दो जून की रोटी का इंतजाम करना शुरू कर दिया। अपने खेलने–कूदने की उम्र में वह हम छह लोगों की भूख मिटाने के जुगाड़ में लग गया।

उस भयावह रात मेरा पति बहुत खूंखार मूड में था। उसने मुझपर प्रहार किया था और मेरी तीनों बेटियों की पिटाई कर रहा था। मेरा पुत्र वहां मूक दर्शक की भांति खड़ा रहा। जब उससे हमारी हालत देखी नहीं गई तो उसने एक छड़ी से मेरे पति के सिर में वार कर दिया था। मैं उसे रोक नहीं पाई। वह घृणा से पागल हो रहा था। उसने मेरे पति के सिर पर जैसे ही प्रहार किया, मेरा पति सहायता के लिए कमरे से बाहर भाग गया। मेरे पुत्र ने उसका पीछा करके उसके ऊपर एक वार और कर दिया। इसके बाद मुझे नहीं मालूम कि आगे क्या हुआ। मेरा पुत्र रोता हुआ वापस लौट आया। उसे इस बात का मलाल था कि उसने अपने पिता की इतनी निर्मम पिटाई क्यों की। जब मैंने अपने पुत्र से उसके पिता के बारे में पूछा तो उसने बताया कि वह एक रिश्तेदार के घर चले गए हैं।

अगली खबर मुझे यह मिली की मेरे पति की लाश खेतों में मिली है और पुलिस मेरे बेटे को खोज रही है। किसी ने हमारे घर हुए झगड़े की सूचना पुलिस को दे दी और कहा कि मेरे बेटे ने अपने पिता की हत्या कर दी है। मुझे इस बात की कोई जानकारी नहीं है कि पुलिस को सूचना देने वाला व्यक्ति कौन था। मेरा पुत्र फिलहाल जेल में है और मुकदमा चलाए जाने का इंतजार कर रहा है। अपने अन्य बच्चों के साथ मैं एक बार फिर भुखमरी की कगार पर हूं। अब न तो मुझे गाली देने वाला मेरा पति है और न ही ऐसा कोई शख्स जिससे मैं अपनी भूख मिटाने के लिए कह सकूं क्योंकि परिवार के एकमात्र कमाऊ सदस्य का भाग्य अनिश्चित है। अगर मैं पढ़ी–लिखी होती तो मेरी ऐसी हालत न होती।

गलती किसकी ?

- अनपढ़ और अपने पतियों पर पूरी तरह निर्भर स्त्रियां अपने बच्चों की खातिर घरेलू हिंसा को बर्दाश्त करती रहती है।
- पड़ोसी कई बार उत्तेजना फैलाकर या उदासीन रहकर विध्वंसक भूमिका निभाते हैं।
- शराबखोरी, शराबी और उसके परिवार के विनाश का निश्चित मार्ग है।

विदेशियों के हाथों बिकने से बाल-बाल बची पूजा

17

मेरा नाम पूजा है और उम्र 17 वर्ष। दो वर्ष पूर्व मेरी शादी हुई थी। दिल्ली पुलिस ने मुझे मेरे पति द्वारा बेचे जाने से बचा लिया। मेरे पति ने मुझे मुम्बई के किसी आदमी के हाथों बेच दिया था और इस सौदे के एवज में 40 हजार रुपए अग्रिम का लेन–देन भी हो चुका था। अगर पुलिस के आने में चार--पांच घंटे की देरी हो जाती तो आपको मेरी दास्तान का पता न चलता। मुझे पता चला कि मुझे किसी अज्ञात जगह ले जाया जाना था और वहां से मैं किसी अनजान आदमी के हाथों विदेश में कहीं सौंप दी जाती।

फिलहाल, मैं अपने माता–पिता के साथ दिल्ली के बाहरी इलाके में बसी एक छोटी–सी कालोनी में रह रही हूं। मेरे पिता जी एक छोटी–सी फैक्ट्री में काम करते हैं। उनकी आमदनी से हमारे घर का खर्च भी पूरा नहीं हो पाता है। मेरे दो बड़े भाई हैं जिनमें से एक शादीशुदा है। वह एक पेट्रोल पम्प पर काम करता है तथा परिवार की आय बढ़ाने में सहायक है। दूसरा भाई बेरोजगार है। मेरी मां को टीबी के साथ अन्य कई बीमारियां हैं जिसकी वजह से वह बहुत कमजोर हो गई है। उसे बीमारी ने खाट पर कैद कर दिया था, जिसकी वजह से मेरी शादी 15 वर्ष की अबोध आयु में कर दी गई।

एक दिन घर के पास की डिस्पेंसरी में डाक्टर से मिलने के लिए मैं मां के साथ गई। वहां हमारी मुलाकात कुछ दूर के रिश्तेदारों से हुई। इससे पहले मैंने उन्हें कभी नहीं देखा था। मुझे देखकर उन्होंने अपने लड़के के लिए मेरा हाथ मांग लिया। उन्होंने मेरी मां को बताया कि वह वेल्डर है। बीमार रहने के कारण मां मेरी शादी को लेकर बहुत चिंतित रहती थी। उसने फौरन हामी भर दी। उन्होंने कहा कि वे बिलकुल सादा विवाह करना चाहते हैं, इसलिए उन्हें किसी दहेज का भी कोई लालच नहीं है। अन्य माताओं की तरह मेरी मां ने मेरी शादी के लिए काफी सामान इकट्ठा कर रखा था। वह कहती थी कि मेरी एक ही तो बेटी है, उसके लिए मैं जितना कर पाऊंगी उतना

खर्च करूंगी। सातवीं कक्षा के बाद मेरी पढ़ाई छुड़ा दी गई थी क्योंकि मुझे मां की देखभाल और रसोई का सारा काम करना था। मैंने अपनी मां से भिन्नत की कि मेरी शादी न करे। मेरी मां मुझे अपनी खराब सेहत का वास्ता देती और मुझे राजी होने पर मजबूर करती। उसके आंसुओं को देखकर मैं राजी हो गई। मैं समझती हूं कि मुझे राजी नहीं होना चाहिए था। कभी–कभी हम किसी आदमी के क्षणिक सुख के लिए समझौता कर लेते हैं, जबकि हम खुद दुखी होकर उन्हें अपनी सारी जिन्दगी दुखी होने पर मजबूर करते हैं।

मेरी शादी हो गई। मेरे जीवन के दूसरे अध्याय की शुरुआत हुई। मेरे माता–पिता ने यह सोचकर कि कहीं कुछ गड़बड़ नहीं होगा क्योंकि इतनी जल्दी अच्छा लड़का पाकर वे स्वयं को खुशकिस्मत महसूस कर रहे थे। इसीलिए उन्होंने मेरी ससुराल वालों के बारे में ज्यादा खोजबीन नहीं की।

हमारे घर बहुत मेहमान आते थे। उन्हें देखकर मैं हैरान रहती थी। मेहमानों के आने के बाद मेरी सास मुझे ऊपर अपने कमरे में भेज देती और उनके बारे में पूछने पर वह मुझे खामोश रहने की सलाह देती। एक दिन मेरे माता–पिता मुझसे मिलने मेरी ससुराल आए। मैंने अपनी मां को वहां की गतिविधियों के बारे में बता दिया। मेरी मां ने जब मेरी सास से उस सब के बारे में पूछा तो उसने जवाब दिया कि वह सच्चाई बताकर मुझे दुखी नहीं करना चाहती। दरअसल, मैं अपना मकान बेचना चाहती हूं इसीलिए खरीदार आते रहते हैं। यह सुनकर मैं हैरान रह गई क्योंकि कोई भी खरीदार ऊपर की मंजिल देखने कभी नहीं आता था। एक दिन मेरे बहुत जोर देने पर मेरी सास ने मुझे बताया कि वे सब लोग अपने–अपने मकसद से वहां आते थे। औरतें मेरी सास की पड़ोसनें होती थीं और पुरुष कहीं दूसरी जगह से अपनी काम वासना की शान्ति के लिए वहां आते थे। यह सुनकर मैं दंग रह गई। मेरी नजर में वह एक चकला जैसा था। हमारे परिवार की आय का यही एक स्त्रोत था। मेरी सास ने मुझसे बड़े प्यार से कहा कि मैं घर के रिवाज के मुताबिक जिस्मफरोशी के धंधे में कूद पडूं। उसने मुझसे कहा कि अगर मैं वैसा करूंगी तो वह मेरे लिए अलग घर ले देगी और ढेर सारा जेवर बनवा देगी, जिनका जिन्दगी में कुछ मायने होता है। इनकार करके मैं अपने माता–पिता के घर लौट जाना चाहती थी। अगले दिन मैंने अपनी सास की बहन से इन हरकतों की शिकायंत कर दी। वह मेरी सास पर बहुत लाल–पीली हुई। उसके जाने के बाद मेरी ससुराल–वालों ने सारा गुस्सा मुझपर उतार दिया।

गीता नाम की एक जवान औरत और उसका पति मुकुल हमारे घर अक्सर आते थे। गीता मेरे पति को भाई कहकर संबोधित करती थी। एक दिन वह मुकुल के साथ मेरे घर आई और मुझसे ब्यूटी पार्लर में साथ जाने के लिए कहा। चूंकि मेरे साथ मेरा पति भी जाने वाला था, इसलिए मैंने हामी भर दी। ब्यूटी पार्लर पहुंचकर मेरे पति ने कहा कि वह बाहर रहकर इंतजार करेगा। हम अंदर चले गए। हमारे बाहर आने पर मेरा पति वहां नहीं मिला। वहां एक कार हमारा इंतजार कर रही थी। मुकुल ने अपने हाथ में चाकू निकाल लिया और धक्का देकर मुझे कार में बैठा दिया। गीता आगे बैठ गई। हमने किसी अनजान जगह में रात गुजारी। हमने उन्हें मुम्बई में किसी आदमी को

फोन पर बात करते सुना कि 'माल' की डिलीवरी में देर करना कठिन है। बहरहाल, उन्होंने यह भी कहा कि दूसरी पार्टी के माल की डिलीवरी लेने को राजी होने तक वे मुझे दिल्ली से कहीं दूर ले जाएंगे। हम रेलगाड़ी से मुकुल की बहन के घर पंजाब के लिए रवाना हो गए। एक हफ्ते तक हम वहां रहने के बाद वापस दिल्ली लौट आए। मुझे पता चला कि मुकुल की गीता के साथ शादी भी नहीं हुई थी। मैं बहुत हैरान थी। मैं यह सोचकर हैरान थी कि मेरे पति ने मेरे साथ कोई शारीरिक संबंध क्यों नहीं बनाया। मैं बेजार होकर रोती और ईश्वर से अपनी रक्षा के लिए प्रार्थना करती रही। मैं इतनी डरी हुई थी कि उनकी किसी भी हरकत का विरोध नहीं कर पाती थी। मेरी आंखों के सामने हमेशा चाकू चमकता दिखाई देता था।

हम दिल्ली लौट आए। मुकुल ने मेरे मायके वालों की ओर से की गई कार्रवाई का जायजा लेने के लिए मुझसे टेलीफोन करने के लिए कहा। टेलीफोन करने पर मेरी मौसी से बात हुई। मौसी ने मेरी आवाज पहचान ली। मैं फूटकर रो पड़ी। मुकुल ने मेरे गाल पर तमाचा मारते हुए फोट काट दिया। हम मुम्बई के लिए रवाना होने ही वाले थे कि पुलिस ने समय रहते पहुंचकर मुझे बचा लिया। पुलिस ने मुकुल और गीता को फौरन गिरफ्तार कर लिया। दरअसल, मेरे सास–ससुर ने मेरे माता–पिता को बताया था कि मैं घर से भाग गई हूं। मेरी ससुराल वालों के बारे में पड़ोसियों से मिली जानकारी के आधार पर मेरे माता–पिता ने पुलिस में रिपोर्ट दर्ज करा दी। किसी अनहोनी की आशंका में ही मां–बाप ने थाने में रिपोर्ट दर्ज कराई। पुलिस वालों ने पूरी बुद्धिमानी के साथ मेरे परिवार वालों के साथ तालमेल बनाए रखा।

अदालत ने मेरे सास–ससुर और मुकुल एवं गीता को सजा सुना दी। साक्ष्य के अभाव में मेरा पति बच गया। अब वह मुझे चाहता है, लेकिन मैं केवल नवज्योति सलाह केन्द्र में ही रहना चाहती हूं।

गलती किसकी ?

- किसी भी घर में वेश्यावृत्ति एक खुला रहस्य है। अगर इस सार्वजनिक अश्लीलता के विरूद्ध लोग पुलिस को सूचना दें और पुलिस कार्रवाई करे तो इसे रोका जा सकता है।
- कई बार स्त्रियां स्वयं लड़कियों की सबसे बड़ी शोषिकाएं होती हैं।
- वेश्यावृत्ति के धंधे में लिप्त लोग सीधी–सादी लड़कियों को उपभोग की वस्तु और 'माल' समझते हैं।

सिगरेट, शराब, शरारत से सराबोर शक्कू

18

(यह कहानी एक चार वर्षीय लड़के की है। लेखिका ने उससे और उसके परिवार के साथ उसके इलाके में जाकर मुलाकात की। बच्चा जहां उन्मुक्त होकर बोला, वहीं उसके घर वाले कुछ संभल–संभल कर बोले। झुग्गी–झोपड़ी इलाकों में कार्यरत नवज्योति का एक सलाहकार लेखिका के साथ था। उसने उस परिवार और इलाके के लोगों के बारे में आमतौर पर और खासतौर पर बच्चे के बारे में अपने अनुभवों से लेखिका को अवगत कराया।)

मेरा नाम शक्कू है। मेरी उम्र 4 साल है। मैं गली स्कूल का एक विद्यार्थी हूं। मेरे मास्टर जी का नाम गोपाल है। मैं पढ़ता हूं... मैं लिख भी लेता हूं। मैं धूल–मिट्टी में खेलता हूं। मेरे पिता के पास कई साइकिल रिक्शा हैं। मेरी मां हमारी पान की दुकान चलाती है। मेरे सात भाई–बहन हैं। मुझे शराब पीने की आदत है, लेकिन अब मैंने उसे छोड़ दिया है। मैंने कल ही शराब छोड़ी है। मुझे मेरे पिता शराब पिलाते थे। रिक्शावाले शाम को जब मेरे घर आते तो वे भी मुझे अपने साथ शराब पिलाते। मेरा भाई गुटखा खाता है। मेरे सबसे बड़े भाई ने उसे यह आदत डाली। (इस बीच उसका छह वर्षीय भाई प्रवेश करता है और शक्कू को झटकते हुए कहता है कि उसने भी गुटखा खाना छोड़ दिया है। शक्कू हमें बताता है कि वह झूठ बोल रहा है। अभी कल ही उसने गुटखा खाया था)। कभी–कभी मैं शराब की थैलियां अपने दोस्त लक्ष्मण से खरीदता हूं। (सलाहकार सूचित करता है कि लक्ष्मण की उम्र भी कुल छह साल की ही है। वह अपने पिता के कोटे से थैलियां चुराकर बेच देता है)। हमारे घर में सारे लोग साथ बैठकर शराब पीते हैं।

सलाहकार श्री यादव सूचित करते हैं कि शक्कू की उम्र अभी काफी कम है और खासतौर से इलाके के इस समुदाय के अन्य बच्चे भी उसकी तरह शराब, सिगरेट पीते हैं और ड्रग्स लेते

हैं। शक्कू, उसके मां–बात और छह भाई और बहनें साथ बैठकर रोजाना शराब पीते हैं।

शक्कू का परिवार राजस्थान का रहने वाला है। वे लगभग 30 साल पहले दिल्ली आए और पिछले 15 वर्षों से वे दिल्ली की सबसे बड़ी और गंदी झुग्गी बस्ती में रह रहे हैं। यादव बताते हैं कि हम अक्सर सुनते हैं कि प्राधिकरण इस झुग्गी बस्ती को गिराने जा रहा है, लेकिन आजतक ऐसा नहीं हुआ।

इनमें से कोई बच्चा कभी स्कूल नहीं गया। किसी ने उन्हें स्कूल जाने के लिए कहा भी नहीं। मां–बाप सोचते हैं कि यह समय की बर्बादी है। यह बात दीगर है कि शक्कू के मां–बाप ने कभी भी उससे या उसके अन्य भाई–बहनों से बाहर जाकर अन्य बच्चों की तरह काम करने के लिए नहीं कहा। इलाके के कुछ भीख मांगकर कमाए गए पैसे लाकर अपने मां–बाप के हाथ पर रख देते हैं। मां–बाप उस पैसे को शराब और स्मैक पर खर्च कर देते हैं। यादव ने सूचित किया कि कुछ बच्चों ने उसे बताया कि अगर वे अपने मां–बाप को पैसे न दें तो उन्हें बदले में कुछ भी खाने को नहीं मिलता।

शक्कू के पिता अहमद के पास 25 साइकिल रिक्शा है जिन्हें वह इलाके के लोगों को किराए पर देता है। शक्कू को जब भी पैसे की जरूरत पड़ती है वह नशे में धुत अपने बाप की जेब से चुरा लेता है। रिक्शाचालक रोज शाम को उन लोगों के साथ बैठकर शराब पीते हैं और शक्कू तथा अन्य बच्चों को शराब की 'भेंट' देते हैं बगैर यह महसूस किए कि छोटे बच्चों के लिए वह कितनी नुकसानदेह है।

शक्कू की मां झुग्गी बस्ती के नुक्कड़ पर एक पान की दुकान चलाती है। वहीं पर उसका एक कमरे का घर भी है। वह भी नियमित शराब पीती है। शक्कू उसके बटुए से भी पैसे चुरा लेता है। उसके सभी यार–दोस्त भी ऐसा ही करते हैं। ये लोग शराब के पाउच खरीदने के लिए पैसा चुराते हैं। यादव ने बताया कि कभी–कभार जब उनके मां–बाप उन्हें उनका हिस्सा नहीं देते तो ये बच्चे आबादी में जाकर खुद शराब की थैलियां खरीद लाते है और साथ बैठकर पीते हैं।

हालांकि परिवार की आमदनी ठीक–ठाक है लेकिन बच्चे अक्सर नंग–धड़ंग और फटीचर बने रहते हैं। अपने बच्चों को पढ़ाने के मामले में सभी अभिभावकों का रवैया नकारात्मक है। ढेर सारे व्यक्तिगत और सामूहिक सलाह–मशविरे के बाद अब वे अपने बच्चों को स्कूल भेजने के लिए राजी होते नजर आते हैं। अब वे लोग इस बात को मान गए हैं कि शराब पीना बच्चों के लिए बुरा है।

अहमद याद करते बताता है कि उसने शक्कू को शराब की पहली खुराक एक साल पहले दी थी। उसने बताया कि बिजली न होने के कारण इलाके में अंधेरा था। लालटेन टिमटिमा रही थी। बुखार की वजह से शक्कू रो रहा था। शक्कू की मां नशे में धुत थी इसलिए उस पर शक्कू की चीखों का कोई असर नहीं हो रहा था। अहमद अब भी शराब पी रहा था।

शक्कू के रोने की वजह से वह बहुत क्षुब्ध हो रहा था। जो थैली अहमद पी रहा था उसने उसे रोते हुए शक्कू के मुंह में उड़ेल दिया। शक्कू को याद नहीं कि उसके बाद क्या हुआ। अहमद के मुताबिक उसी वजह से शक्कू शराब का आदी हो गया। बहरहाल, इस कहानी का एक अन्य पहलू भी है। श्री यादव बताते हैं कि उस समाज में सारा घर साथ बैठकर शराब पीने की परम्परा का निर्वाह करता है। शराब आसानी से मिल जाती है और भारी पुलिस गश्त के बावजूद इसका व्यापार बेरोक–टोक चलता रहता है। पुलिस इन समस्याओं के प्रति उदासीन रहकर एक तरह से इन गतिविधियों को बढ़ावा ही देती है।

समाज के बड़े–बूढ़े लोग तर्क देते हैं कि जब हम लोग चाय पी रहे होते हैं और हमारे बच्चे हमसे चाय मांगते हैं तो हम उन्हें चाय दे देते हैं, फिर अगर मां–बाप शराब पी रहे हों और अपने बच्चों को शराब दे दें तो इसमें क्या बुराई है। शक्कू कहता है कि जब मेरे मां–बाप शराब पी रहे होते हैं तो वे मुझे खींचकर अपने पास बैठा लेते हैं और 'ट्रीट' देते हैं। यादव बताते हैं कि दरअसल शक्कू ही एकमात्र लड़का नहीं है जो अपने मां–बाप का साथ देता है। उसके सभी दोस्त अपने–अपने मां–बाप के साथ बैठकर शराब पीते है। इनमें से कुछ बच्चे तो शराब बेचते भी हैं।

शक्कू का भाई इकबाल नियमित गुटखा खाता है। अभी वह सिर्फ छह साल का है। उसका सबसे बड़ा भाई रोज चरस पीता है। उनकी दोनों बहनें शराब और सिगरेट पीती हैं। वे सबके सब इसे अच्छा मानते हैं। शक्कू की सबसे बड़ी शादीशुदा बहन अभी उससे मिलने आई है। वह भी बहुत शराब पीती थी लेकिन अब उसने छोड़ दिया है। यादव बताते हैं कि आजकल मैं उसकी बड़ी बहन को शराब पीते नहीं देखता।

यादव बताते हैं कि शक्कू जब भी शराब पीता है वह बहुत खूंखार हो जाता है। नशे में वह चाहता है कि हर चीज उसके पास चलकर आए और जब ऐसा नहीं होता तो वह गुस्से से उबल पड़ता है। वह दीवार में अपना सिर टकरा देता है। उसके चेहरे पर पड़े हुए चोट के निशान उसकी इस हरकत के सबूत है। वह मुहल्ले के अन्य लड़कों के साथ झगड़ा करता है और उन्हें सताने में उसे बहुत मजा आता है। उसके चेहरे और शरीर के किसी अन्य भाग से खून रिसना आम बात है। मैं नहीं समझता कि उसे इन घटनाओं के दौरान कोई पीड़ा होती है। उसके किसी दोस्त ने भी किसी किस्म के दर्द की शिकायत कभी नहीं की।

अभावग्रस्त बच्चों में शिक्षा का प्रसार करने की अपनी योजना के दौरान एक शराबी के रूप में शक्कू की शिनाख्त हुई थी। हमने अनौपचारिक शिक्षा कार्यक्रम के तहत अपने 'गली स्कूलों' में बच्चों का नाम दर्ज करना शुरू किया। आबादी का ही एक निवासी और अब शिक्षक गोपाल एक दिन शक्कू को लेकर मेरे पास आया। शक्कू शराब में धुत था। यादव कहते हैं कि गोपाल ने मुझे बताया कि ज्यादातार बच्चे इसी हालत में स्कूल आते हैं।

हमने उन्हें और उनके परिवार वालों को समझाना शुरू किया। हमारी कोशिशें रंग लाईं और बच्चे अपनी नशाखोरी की लत से निजात पाते नजर आ रहे हैं। हालांकि अभी भी कई बच्चे ऐसे हैं जो पूरी तरह नशामुक्त नहीं हुए फिर भी हमें पूरा यकीन है कि हम जल्दी ही उन्हें यह समझाने में कामयाब हो जाएंगे कि नशा सिर्फ तबाही लाता है। इसके साथ ही हम लक्ष्मण के घर में दाखिल होते हैं जिसकी उम्र अभी सिर्फ छह साल है और वह शराब की थैलियां बेचता है।

गलती किसकी ?

- जिन इलाकों में पुलिस की चौकसी के साथ–साथ सर्वाधिक सामाजिक विकास की जरूरत है वे अधिकाधिक उपेक्षित दिखाई पड़ते हैं।
- माता–पिता की गैर जिम्मेदार हरकतें राष्ट्रीय तथा सामाजिक स्वास्थ्य के लिए बहुत महंगी साबित हो रही हैं।
- शिक्षा की कमी एक अभिशाप है। अनेक बच्चे इसलिए स्कूल नहीं जा पाते क्योंकि उनके माता–पिता सोचते हैं कि यह समय की बरबादी है।
- सामाजिक सरोकारों के प्रति ईमानदार और समर्पित राजनीतिक कार्यकर्ताओं की स्पष्ट कमी है।

भरोसा कर लिया जिस पर, जिनी को उसने लूटा है

19

मेरा नाम जिनी है। मूलतः मैं बंगलूर (भारत) की रहनेवाली हूं। मेरा बचपन बड़ा खुशहाल था। जवानी में मैं परदेस में भारी मुसीबतें झेल रही हूं। मैंने अपनी आंखों के सामने अपने हंसते–खेलते परिवार को बसते–उजड़ते देखा है। मैंने सीमित किन्तु अच्छी शिक्षा पाई है। एक बार मृत घोषित कर दिए जाने के बाद मैं अब नए सिरे से जिन्दगी संवारने की कोशिश कर रही हूं। सच पूछिए तो मेरा जीवन भंवर में फंसी नाव की तरह रहा है। दो बहनों और एक भाई में मैं सबसे छोटी हूं।

मेरे पिताजी ने हमारे परिवार को सुखी रखने के लिए सारी जिन्दगी मशक्कत की है। अनपढ़ होने के नाते उन्हें अपने देश में कोई अच्छी नौकरी नहीं मिली। वह रोजगार की तलाश में एक खाड़ी देश में चले गए। परिवार की सुख–सुविधा के लिए वह वहां से पैसे भेजते रहे। उनकी मेहनत का फल हमारे परिवार के अलावा और कई लोगों ने भी चखा। नौकरी के सिलसिले में लगातार परिवार से दूर रहने के कारण मेरी मां ने एक पुरुष मित्र खोज लिया। वह मेरी मां को तंग भी करता था और हमेशा उसके आसपास ही मंडराता रहता था। मेरे पिता मेरी मां की इस बदचलनी से नावाकिफ थे इसलिए हमारे लिए लगातार पैसे भेजते रहे। उन्होंने कभी भी मां की हरकतों की कोई खोजबीन नहीं की। जब उन्हें जानकारी मिली और उन्होंने हस्तक्षेप करने की कोशिश की तब तक काफी देर हो चुकी थी। मेरी मां के मित्र ने हम बच्चों को हॉस्टल भेजकर हमारे घर में ही उसके साथ रहना शुरू कर दिया था।

इस सब गतिविधियों के कारण हमारा अबोध बचपन बहुत बाधित रहा। हमने अपने घर में हिंसा देखी। मैंने अपने पिता को अनेक बार पराए मर्द से नाता तोड़ने के लिए मम्मी को समझाते देखा लेकिन मेरी मां ने उनकी एक न सुनी। हमने अपनी आंखों से पिताजी के हाथों मम्मी को पिटते देखा। मेरी दूसरी बहन व भाई डैडी की तरफ थे जबकि सबसे छोटी होने के कारण मेरा लगाव मां से था। मम्मी से नाराज डैडी अपना गुस्सा मुझ पर उतारते और मेरी पिटाई कर देते। वह सोचते कि मुझे मां की हरकतों का पता था फिर भी मैंने उन्हें इसकी खबर क्यों नहीं दी। इसके लिए उन्होंने मुझे कभी माफ नहीं किया। अपनी नफरत का इजहार करने के लिए कंई बार वह मेरी बेवजह पिटाई कर देते।

ममता से महरूम हमारा बचपन अलग–अलग माहौल में बीता। जवानी की दहलीज पर कदम रखने के साथ ही हमारे डैडी ने परिवार को एक बार फिर संवारने की कोशिश की। वह बंगलूर लौट आए और मां के वापस आने का इंतजार करने लगे। वह अपने मित्र के यहां से वापस तो आई लेकिन कुछ दिन तक डैडी के साथ रहने के बाद फिर लौट गई। वह स्थाई तौर पर हमारे साथ नहीं रही। अपने मित्र से पिटने के बावजूद हमारी मां उसके साथ खुश थी। डैडी ने हमारे परिवार को संवारने की लगातार चार साल तक कोशिश की किन्तु कामयाबी नहीं मिली। इस प्रक्रिया में मेरी बहन बुरी संगत में फंस गई और कई–कई दिनों तक घर से बाहर रहने लगी। माली हालत अच्छी होने के कारण डैडी ने हमारी बहन को रास्ते पर लाने की कई कोशिशें की लेकिन सब बेकार गई। इन तमाम मुसीबतों की जड़ डैडी मुझे समझते थे।

बहरहाल, किसी तरह हमने अपनी प्राइमरी की पढ़ाई पूरी कर ली थी। दसवीं पास करने के बाद मैंने सेक्रेटरीशिप का कोर्स शुरू कर दिया। पढ़ाई के दौरान मुझे रिसेप्शनिस्ट के रूप में प्रशिक्षित होने का मौका भी मिला। मैंने रिसेप्शनिस्ट का कोर्स तो पूरा कर लिया लेकिन इंस्टीट्यूट में डैडी द्वारा दुर्व्यवहार किए जाने के कारण सेक्रेटरिल कोर्स पूरा नहीं हो पाया। मुझे इंस्टीट्यूट से निकाल दिया गया।

17 वर्ष की उम्र में मैंने इस उम्मीद में नौकरी शुरू कर दी की शायद इससे मेरी मुसीबतें खत्म हो जाएं। मैं आत्मनिर्भर होना चाहती थी। मां ने इसकी कोई परवाह नहीं की और पिताजी वापस विदेश चले गए। इन वर्षों में कभी हम अपने घर और कभी रिश्तेदारों के यहां रहे। मेरे डैडी हमारी पढ़ाई के लिए और गुजर–बसर के लिए रिश्तेदारों के यहां पैसे भेजते रहे। रिश्तेदार कभी भी हमें पूरा पैसा नहीं देते थे। इसके लिए हम स्वयं ही जिम्मेदार थे।

मेरी जिन्दगी का सूनापन मुझे डेविड के करीब ले गया। उससे मेरी मुलाकात एक मित्र के घर पार्टी के दौरान हुई थी। उसे मैं बहुत अच्छा और समझदार आदमी समझती थी। मुझे उससे प्यार हो गया और हम दोनों साथ–साथ रहने लगे। जब हमारे माता–पिता को इस रिश्ते की जानकारी हुई तो उन्होंने उसे खारिज कर दिया। डेविड एक दिन मुझे अपने घर ले गया। उसके माता–पिता ने मुझसे अपने साथ रहने का आग्रह किया और मैं उनके साथ रहने लगी। वे लोग मुझे बहुत पसंद करते थे। इस तरह मेरी जिन्दगी का नया दौर शुरू हुआ। डेविड के साथ मैं सात वर्षों तक रही और उसके लिए वह सब कुछ किया जो एक पत्नी को करना चाहिए था। एक दिन मुझे पता चला कि डेविड किसी दूसरी लड़की के चक्कर में है। अफवाहें तो मैंने पहले भी सुनी थीं लेकिन जब तक मैंने अपनी आंखों से नहीं देख लिया तब तक मुझे यकीन नहीं हुआ।

एक दिन घर लौटने के बाद मैंने डेविड को उस लड़की के साथ देख लिया। मैंने डेविड और उसके माता–पिता से भी इसकी शिकायत की लेकिन उन्होंने कहा कि इसमें कुछ बुरा नहीं है। मैंने डेविड से पूछा कि आखिर वह चाहता क्या है? उसने कहा कि वह उस लड़की के साथ सारी जिन्दगी रहना चाहता है। मैं जो कुछ भी करना चाहूं उसके लिए पूरी तरह स्वतंत्र हूं। मैं सन्न रह गई। कुछ देर बाद चैतन्य होने पर मैं उसके घर से बाहर निकल आई।

डेविड के साथ गुजारे उन सात वर्षों को भुला पाना आसान नहीं था। मानसिक शान्ति के लिए अब मुझे किसी ऐसे साथी की तलाश थी जो समझदार और रहमदिल हो। पीटर मुझे ऐसा ही नजर आया। इन दिनों मैं अपने भाई और बहन के साथ अपने पैतृक घर में रह रही थी। एक दिन मेरे घर में पार्टी थी। मैं अपने स्कूली दोस्तों के साथ नाच रही थी। अचानक पीटर मुझे खींचकर एक ओर ले गया और एक जोरदार घूंसा जड़ दिया। मैं दो–चार मिनट तक कुछ समझ नहीं पाई और उसके बाद बेहोश हो गई। मेरा भाई भागकर मुझे अस्पताल ले गया जहां मुझे क्लीनिकली मृत घोषित कर दिया गया। मेरे भाई को यकीन नहीं हुआ। वह मुझे दूसरे अस्पताल ले गया जहां चार दिनों तक आईसीयू में भर्ती रहने के बाद मुझे पांचवें दिन होश आया।

मैं बहुत आजिज आ चुकी थी। मेरी जिन्दगी तबाह हो चुकी थी। मुझे इसी दौरान मध्य पूर्व के एक खाड़ी देश में नौकरी का प्रस्ताव मिला। मैंने एक तीन सितारा होटर में रिसेप्शनिस्ट की नौकरी के लिए आवेदन किया। मुझे उस नौकरी के लिए चुन लिया गया। मैं अपने आसपास के माहौल से जल्द–से–जल्द छुटकारा पाना चाहती थी। जब मैं खाड़ी पहुंची तो मेरी हैरानी का ठिकाना न रहा। वहां मुझे एक रेस्तरां में परिचारिका के रूप में रखा गया। उस रेस्तरां में ज्यादातर खाड़ी देशों में रहने वाले प्रवासी भारतीय ही आया करते थे। वे लोग रेस्तरां की हर चीज को अपने ऐश का सामान समझते थे। उनका सोचना एक हद तक ठीक भी है क्योंकि यह रेस्तरां जिस्मफरोशी का एक मशहूर अड्डा है। हमारे यहां भारत से आई अनेक लड़कियां हैं जो वेश्यावृत्ति में लिप्त हैं। सबसे दयनीय बात यह है कि मुझे भी उन्हीं के साथ रखा जा रहा है। मैं किसी से शिकायत भी नहीं कर सकती क्योंकि यहां कोई सुननेवाला नहीं है। बंगलूर में मुझसे वादे करने और सब्ज बाग दिखानेवाला आदमी कहीं भी नजर नहीं आता। इस पराए देश में कोई भी मेरा अपना नहीं है। अब मैं किसी भी हाल में वापस भारत नहीं लौट सकती।

अबतक बड़ी मुश्किल से मैं अपना दिमागी संतुलन बनाए रख पाई हूं। अभी हाल में नई दिल्ली स्थित इंडिया विजन फाउंडेशन नामक एक गैरसरकारी संगठन के कार्यकर्ताओं ने मुझसे सम्पर्क किया है। उन्होंने सफलतापूर्वक मुझे होटल में सम्मानजनक पद दिला दिया है। उनकी सहायता से अब मैं इज्जत से नौकरी करने की शक्ति जुटा पाई हूं।

गलती किसकी ?

- बच्चों की जानकारी में विवाहेत्तर संबंध कायम करना बच्चों पर हमेशा के लिए निशान छोड़ जाता है।
- विवाहेत्तर संबंध रखनेवाले परिवारों को घरेलू हिंसा का स्वाद चखना निश्चित है।
- ऐसे परिवारों के किशोर–किशोरियां अपने निजी संबंधों में भी अनिश्चितता का अनुभव करती हैं।
- ऐसे परियारों के अनेक बच्चे अपने माता–पिता की मूर्खताओं को दोहराते हैं।

आंसुओं के अथाह सागर में डूबता-उतराता असमर्थ आकाश

20

मेरा नाम आकाश है और उम्र 28 साल। आकाश का शाब्दिक अर्थ है अम्बर, आसमान। दस वर्षों तक मैं उसी आसमान को यानी आसमान के उस हिस्से को केवल एक ही स्थान–जेल से देखता रहा हूं। जेल से बाहर दिखाई पड़ने वाला आकाश थोड़ा अलग किस्म का है। बाहर की दुनिया भी भिन्न है। इस दुनिया के लिए अब मैं अछूत हो गया हूं।

मेरा जन्म एक किसान परिवार में हुआ। मेरा एक बड़ा भाई है। हमारा बचपन गढ़वाल की पहाड़ियों पर स्थित हमारे पैतृक गांव में बीता। छात्र जीवन में मैं पढ़ाई में बहुत तेज था। अभी मेरी उम्र 16 वर्ष ही थी कि मेरे पिताजी बीमार पड़ गए। उनके बीमार पड़ जाने के कारण हमारी पारिवारिक जिन्दगी में अनेक मुश्किलें आ खड़ी हुईं। घर की जमा–पूंजी उनके इलाज में खर्च हो गई और खेत में उनके काम न कर पाने से हमारे परिवार की नियमित आय में भी बाधा पड़ी। कुछ महीनों बाद उनका देहान्त हो गया। हमारी दुनिया जहां की तहां ठहर–सी गई।

पिताजी की मृत्यु के सदमे से अभी हम उबरे ही थे कि हमारी मां भी चल बसी। मैं अपनी पढ़ाई जारी रखना चाहता था, किन्तु अब पढ़ाई से ज्यादा रोजी–रोटी की समस्या थी। रोजगार मिलना केवल बड़े शहरों में ही संभव था इसलिए मैं मनोज नाम के अपने एक रिश्तेदार के पास दिल्ली आ गया। दिल्ली आकर कला में स्नातक होने के उद्देश्य से मैंने सबसे पहले अपना नाम पत्राचार कॉलेज में दर्ज कराया। मनोज ने एक फैक्टरी में काम दिलाने में मेरी बहुत मदद की। मैं वहां कमाई के साथ–साथ पढ़ाई भी करता रहा।

उस दिन रविवार था। अभी मैं अपने दैनिक कार्यों से निवृत्त होकर थोड़ा आराम करने की सोच ही रहा था कि हमारे टेंट में बृजभूषण दाखिल हुआ। वह हमारे पड़ोसी कैलाश का दोस्त था और गोरखपुर का रहने वाला था। बृजभूषण के कथनानुसार वह किसी काम से आता–जाता था और हमने कभी पूछा भी नहीं कि वह क्या काम करता था। चूंकि मैं उसे जानता था इसलिए मैंने

उसे चाय पीने के लिए कहा जिसे उसने ठुकरा दिया। इसके बजाय उसने पूछा कि क्या मैं आज खाली हूं। मैंने कहा कि हां चूंकि आज छुट्टी है इसलिए मैं अब खाली हूं। उसने मुझसे अनुरोध किया कि मैं उसके साथ उसके एक रिश्तेदार के यहां चलूं क्योंकि वह अपने गांव से उसके लिए कुछ सामान लाया है। चूंकि दिन में काम करने और पढ़ने तथा शाम को खाना बनाने, सफाई करने इत्यादि में व्यस्त रहने के कारण मुझे बाहर घूमने–फिरने का मौका बहुत कम मिलता था इसलिए मैं फौरन राजी हो गया। मैंने सोचा कि आधा दिन का खाली समय उसके साथ बिताने में कोई नुकसान नहीं है इसलिए मैं बृज के साथ निकल पड़ा। मैंने सोचा–हो सकता है बाहर कुछ खाने को भी मिल जाए।

हम बाहर निकले ही थे कि बृज ने मुझसे एक थ्री–व्हीलर लेने के लिए कहा। चूंकि मेरे लिए उस समय ऐसा सुख हासिल कर पाना संभव नहीं था इसलिए उस छोटी–सी उम्र में ऑटोरिक्शा पर बैठकर मैं अपने आप को राजा महसूस करने लगा। उस समय मेरी उम्र केवल 18 साल थी। ब्रिज के पास एक छोटा–सा बैग था। अभी हम थ्री–व्हीलर से उतरे ही थे कि कुछ पुलिस वालों ने हमें घेर लिया। मैं हतप्रभ–सा रह गया कि अचानक इतनी पुलिस कहां से निकल आई और मैं उनसे कुछ पूछने का साहस भी नहीं कर सका। बृजभूषण ने शुरू–शुरू में थोड़ा विरोध किया लेकिन पुलिस वालों ने जैसे ही उसका बैग खोला वह ढीला पड़ गया। बैग में बड़ी सफाई से पैक की हुई कुछ पुड़िया थीं। पुलिस ने मुझे बताया कि उन पुड़ियों में चरस थी।

यह सुनकर मैं हकलाने लग गया और बड़ी मुश्किल से उन्हें बता सका कि मैं निर्दोष हूं। उन्होंने मेरी एक न सुनी। जब मैंने रोना शुरू कर दिया तो उन्होंने मुझे थप्पड़ मारे। मैं डर के मारे सहम गया। उस वक्त तक मुझे नहीं मालूम था कि हम किन हालात में फंस गए हैं। मैंने सहायता के लिए ईश्वर और अपने स्वर्गवासी माता–पिता से प्रार्थना की।

हमें थाने ले जाया गया और कठोर पूछताछ की गई। बृज ने एकाध बार मुझे निर्दोष बताने की कोशिश की लेकिन जब उस पर दबाव पड़ा तो वह खामोश हो गया। मेरी सारी मिन्नतें पुलिस के बहरे कानों से टकराकर लौट आईं और हमें हवालात में बंद कर दिया गया। अगली कार्रवाइयों से अनभिज्ञ होने के कारण मैं बृज से कहता रहा कि वह जल्दी से मेरी जमानत कराकर मुझे बाहर निकाले। इस बातचीत के दौरान मुझे न जाने कब नींद आ गई और तभी आंख खुली जब हमें कोर्ट ले जाने के लिए पुलिस वाले आए। इंस्पेक्टर ने टेलीफोन करने देने की मेरी प्रार्थना ठुकरा दी और फालतू चूं–चपड़ न करने के लिए डांट लगाई।

पुलिसवालों के हाथों में कठपुतलियों की तरह हम अदालत के कमरे में दाखिल हुए। हमें हिदायत दी गई थी कि हम मजिस्ट्रेट के सामने मुंह न खोलें। मजिस्ट्रेट के रूखे चेहरे पर मुझे दया के कोई लक्षण दिखाई नहीं दिए इसलिए हमने उससे कुछ कहा भी नहीं। मैं आज भी हैरानी से सोचता हूं कि अगर हमने उससे कुछ कहा भी होता तो मजिस्ट्रेट क्या करता।

कई महीनों तक जब मेरी मदद के लिए कोई नहीं आया तो मैंने मनोज को एक चिट्ठी में लिखा कि मैं तिहाड़ जेल में हूं और वह मुझे छुड़ाकर ले जाए। चिट्ठी पाकर मनोज फौरन आया लेकिन वह ज्यादा मदद नहीं कर पाया। उसने मेरे भाई के पास संदेश भेजा। मेरा भाई भी गांव से आकर मेरी कोई खास मदद नहीं कर पाया।

मुकदमे की सुनवाई के साथ ही अदालती नौटंकी शुरू हो गई। हैरानी की बात यह थी कि न जाने किन कारणों से बृज और मुझे अलग–अलग जेलों में रखा गया था। उसकी 'पेशी' की तारीखें भी मुझसे भिन्न थीं। चार साल की जद्दोजहद के बाद वह अपनी रिहाई में कामयाब हो गया। मुझे 10 वर्ष के कठोर कारावास और एक लाख रुपए जुर्माने की सजा सुनाई गई। जुर्माना न देने की सूरत में एक साल के अतिरिक्त कारावास का दंड भी दिया गया। अब धीरे–धीरे मुझे सच्चाई का पता चलने लगा। बृज इसलिए छूट गया क्योंकि उसके पास पैसा था जबकि मेरी जेब खाली थी। उसके पास अच्छे वकील थे जबकि मेरी पैरवी करने वाला कोई नहीं था। किसी तरह अदालत ने मुझे 'एक सरकारी वकील उपलब्ध भी कराया तो उसकी दिलचस्पी मेरे केस में बिल्कुल नहीं थी चाहे मैं जिंदा रहूं या मरूं। मुझे माननीय न्यायाधीश महोदय के सामने अपनी बात कहने का कोई भी वाजिब मौका नहीं दिया गया। जज ने ऐसे आदमी की गवाही पर मुझे सजा सुना दी जिसे मैंने कभी देखा तक नहीं था। उस गवाह ने अपना मुंह बंद रखने के लिए मुझसे दस हजार रुपए मांगे थे लेकिन मेरे भाई के पास फूटी कौड़ी भी नहीं थी तो वह देता कहां से। पुलिस ने अदालत के समक्ष बयान दिया कि उसने एक राजपत्रित अधिकारी के सामने हमारी तलाशी ली थी जबकि असलियत में वैसा कुछ भी नहीं हुआ था। सारी कहानी मनगढ़ंत थी, फिर भी मेरे सामने उसे अपनी किस्मत मानकर समझौता कर लेने के अलावा कोई चारा नहीं था।

दस साल की जेल की सजा ने मुझे अंडरवर्ल्ड की दुनिया के दर्शन कराए। सन् 1990 में मेरे जेल में दाखिल होने के समय जेल में उनका ही सिक्का चलता था। सन् 1993 में गार्ड की बदली के साथ ही सब कुछ बदल गया। तिहाड़ एक सुधार केन्द्र के रूप में परिवर्तित हो गई और अभी तक उसी बदले हुए स्वरूप में है। यह सब कुछ मैंने अपनी आंखों से देखा है।

पहली बार जेल में दाखिल होने के बाद वह मुझे नर्क द्वार के समान लगी। वह बहुत डरावनी थी। वहां ऐसे अनेक लोग थे जिन्होंने मुझे गिद्ध की तरह घेर लिया। ये सब वहां के कैदी और जेल के कर्मचारी थे। वहां का माहौल अपराध के फलने–फूलने के लिए बहुत उपयुक्त था। मैंने अपनी आंखों के सामने सीधे–सादे लोगों को दुर्दांत अपराधी बनते देखा है। चरस, अफीम, गांजा और इनके सेवन से उपजी बीमारियों की भरमार थी उस समय जेल में। मैंने कैदियों को पहला कश लेते और फिर उसका आदी बनते देखा है। यह सब कुछ अधिकारियों की मिलीभगत से ही संभव था। उन परिस्थितियों में मेरे जैसे आदमी के लिए उन बुराइयों से बचे रह पाना बड़ा मुश्किल था। हां, मुझे यह यकीन जरूर था कि एक दिन परिस्थितियां बदलेंगी और वे बदलीं भी।

सन् 1993 में जेल में नई महानिरीक्षक आईं। युद्धस्तर पर सुधारवादी परिवर्तन होते दिखाई पड़ने लगे। महानिरीक्षक तो वहां पहले भी हमेशा होते थे लेकिन किसी ने पहले ध्यान नहीं दिया। बदले हुए माहौल में हमने कभी भी अपना समय व्यर्थ नहीं गंवाया। मैं उन 400 कैदियों में से एक था जिसे अनपढ़ कैदियों को पढ़ाने के लिए शिक्षक बनाया गया था। धीरे–धीरे मुझे आदर मिलना शुरू हो गया और यह आदर उन सभी को मिलने लगा जो जेल प्रशासन के सुधारवादी कार्यक्रमों में सहयोग दे रहे थे। अब वहां कोई धूम्रपान नहीं करता। स्मैक वगैरह तो अब गुजरे जमाने की बात हो गई। सांठगांठ सहभागिता में बदल गई। अब हमें शिक्षा, सलाह–मशविरा और आध्यात्मिक शिक्षा भी मिलने लगी थी। सबसे बड़ी बात तो यह थी कि जेल में ध्यान की प्राचीन पद्धति विपश्यना की शुरूआत हुई। उसने मुझ जैसे अनेक कैदियों की जिन्दगी को पूरी तरह बदल दिया। मैं विपश्यना में दो बार बैठा और उसके बाद उसने मुझे किसी भी प्रकार की बुराई से दूर कर दिया। अब मैं कठिन परिस्थितियों में भी शांत रहता हूं। मैंने जेल फैक्टरी में काम करना शुरू कर दिया और बढ़इगीरी में महारत हासिल कर ली।

मैं अभी हाल ही में जेल से रिहा हुआ हूं। अब मैं इंडिया विजन फाउंडेशन नामक एक गैरसरकारी संगठन की सहायता से नए सिरे से अपनी जिन्दगी शुरू करने की कोशिश कर रहा हूं। यह संगठन जेल से छूटे हुए कैदियों के पुनर्वास में सहायता करता है। मैं अब वापस जाकर खुले आसमान के नीचे नई जिन्दगी शुरू करना चाहता हूं।

गलती किसकी ?

- यह कहना गलत नहीं है कि कानून अंधा है। कई बार तो यह न केवल अंधा होता है बल्कि निर्जीव भी होता है।
- किसी पुलिसवाले का प्राथमिक कर्तव्य जांच करना और अदालत के सामने सच्चा सबूत रखना होता है। वह न तो वकील है और न ही न्यायाधीश।
- सुधार के लिए कारागार सर्वोत्तम स्थान है बशर्ते कि वह सुधार करना चाहे।

मौकापरस्त मजदूर नेताओं से भगवान बचाए!

21

मेरा नाम श्रीकान्त है। मेरे तीन बच्चे–दो पुत्रियां और एक पुत्र हैं। 52 वर्ष की उम्र में जिन्दगी की नए सिरे से शुरुआत कर रहा हूं। नौ वर्षों तक जेल में रहने के बाद जब मैं छूटा तो लगा मानो मेरा नया जन्म हुआ हो। ज़ालिम जमाने ने मेरे तथा परिवार के ऊपर बड़े जुल्म ढाए।

मूलतः मैं बिहार का रहने वाला हूं। मेरा जन्म एक निर्धन परिवार में हुआ। मेरे पिताजी घर के एकमात्र कमाऊ सदस्य थे। वह खेती करते थे। किसी तरह उन्होंने हमारी छह बहनों का विवाह कर दिया। चूंकि हम अपनी सारी जमीन बेच चुके थे अतः हमारे परिवार के सामने भुखमरी की हालत पैदा हो गई थी। बिहार में किसी लड़की की शादी करना बड़ा महंगा पड़ता है। हमारे परिवार को इसका बड़ा कटु अनुभव है। अपने परिवार का सबसे छोटा बच्चा होने के कारण मैं बहुत दुलारा था इसलिए अपनी मर्जी से ही मैंने पढ़ाई छोड़ दी।

बचपन और किशोरावस्था मैंने अपने खेतों में घूमकर बिताए। परन्तु अब खेत भी हमारे नहीं रहे थे। जवानी की दहलीज पर कदम रखते ही मुझे दिल्ली जाने का मौका मिला। मैंने एक दुकान पर काम शुरू कर दिया। मेरे पांच अन्य साथियों ने मिलकर एक कमरा किराए पर ले लिया। हालांकि हमारी आमदनी अधिक नहीं थी, फिर भी कुछ पैसे बचाकर मैं नियमित अपने माता–पिता के पास भेजता रहा। कुछ दिनों बाद तरक्की के आसार देखकर मैंने अपना काम बदल दिया। मेरी अगली नौकरी भी दुकान पर ही लगी, परन्तु वहां वेतन अच्छा था। अब मैं अपने माता–पिता के साथ–साथ कभी–कभार अपने बड़े भाइयों के लिए भी कुछ चीजें भेज देता।

कुछ वर्षों बाद मुझे दिल्ली के एक बड़े और नामी औद्योगिक संस्थान में काम करने का प्रस्ताव मिला। उस संस्थान में एक ठेकेदार के माध्यम से नौकरी मिलती थी क्योंकि उसका फैक्ट्री के प्रबंधन के साथ अनुबंध था। कहने को तो हम एक बड़े औद्योगिक घराने में काम कर रहे थे

लेकिन हमारा नाम ठेकेदार के रजिस्टर में दर्ज था। वेतन हमें ठेकेदार से ही मिलता था। चूंकि आमदनी अच्छी थी इसलिए मैंने इस बात पर कोई ध्यान नहीं दिया कि तन्ख्वाह फैक्ट्री से मिलती है या कि ठेकेदार से। मैंने खूब मन लगाकर काम करना शुरू कर दिया।

हम सभी मजदूरों का एक ही सपना था कि हम किसी तरह कम्पनी के नियमित कर्मचारियों में शामिल हो जाएं तथा हमें भी वेतन के साथ–साथ अन्य भत्ते एवं सुविधाएं मिलने लगे। कर्मचारियों ने अपने मुखिया को खुश करने के लिए कड़ी मेहनत की। इसके बावजूद हमारे पक्का होने के आसार दूर–दूर तक नजर नहीं आए। अपने माता–पिता की इच्छा के अनुसार मैंने अपने गांव के पास की एक लड़की से विवाह की हामी भर दी।

मेरी यूनिट में एक नई घटना हो गई। वहां कर्मचारी यूनियन बनाई जा रही थी। मैंने देखा कि जिन मजदूरों को सिर खुजाने की फुरसत नहीं मिलती थी, अब वहीं लंच मीटिंग आयोजित कर अपनी मांगों पर चर्चा करते हैं। उन्होंने छुट्टी के बाद भी बैठकें शुरू कर दीं। मैंने देखा कि हमारे गुट के नेताओं से कुछ बाहरी लोग भी मिलने आने लगे मगर हमें उनके बारे में कुछ मालूम नहीं था। जब हमने उनकी पहचान के बारे में पूछा तो हमसे कहा गया कि वे हमारे 'मित्र' हैं और हमारी सहायता के लिए यहां आए हैं।

मुझे पता चला कि वे दूसरे संस्थानों के ट्रेड यूनियन नेता थे। एक अभियान चलाकर उन्होंने सदस्य बनाना शुरू कर दिया। पहले तो मैं उदासीन रहा, परन्तु बाद में साथियों के दबाव में आकर मैंने भी सदस्यता ले ली। अंजाम जाने बगैर ही मैंने मजदूर आंदोलन में सक्रिय रूचि लेना शुरू कर दिया। मैंने छुट्टी के बाद अपने मजदूर साथियों से कर्मचारियों के हितों की बाबत चर्चाएं आरम्भ कर दीं। हमने एक निश्चित अवधि तक नियमित काम कर चुके कर्मचारियों को स्थाई किए जाने तथा अन्य लाभों की मांग उठाई। हमारी मांगें प्रबंधकों ने ठुकरा दी। हम बड़े मायूस हुए। हमें इस बात का ज्ञान नहीं था कि आगे क्या करना है।

हमारे तथाकथित मित्र एक बार फिर परिदृश्य में आए और हमें अडिग रहने की सलाह देने लगे। उन्होंने हमें फैक्ट्री में हड़ताल करने की सलाह दी। मुझे यह आइडिया पसंद नहीं आया। लेकिन दबाव के आगे हम राजी हो गए। फैक्ट्री के पर्सनल मैनेजर ने हमें स्ट्राइक के खिलाफ चेतावनी दी परन्तु हम अड़े रहे। उसने हमें समझाने की कोशिश की कि हमारी मांगें अनुचित हैं। लेकिन हमने जवाब दिया– 'अब वक्त बदल गया है।'

हड़ताल का बड़ा विनाशकारी परिणाम रहा। सारा दिन मशीनों की खर्र–चूं और मजदूरों के हंसी–ठट्ठे से बारौनक रहने वाली फैक्ट्री में अब वीरानी छाई थी। इससे मुझे बड़ी तकलीफ हुई। लेकिन अब मैं नेता बन चुका था। इसके बाद वार्ताओं के कई दौर चले लेकिन हम अपनी मांगों के प्रति अडिग थे। मुझे बाद में अहसास हुआ कि हम गलती पर थे।

प्रबंधकों ने हमारा ठेका रद्द कर दिया और हमें फैक्ट्री की यूनिट से बाहर कर दिया गया। फैक्ट्री में नए कर्मचारियों की भर्ती करके यूनिट को दुबारा चालू कर दिया गया। इस घटना से हम

हतप्रभ रह गए। मालिकों ने गेट पर एक अदालती आदेश चिपका दिया जिसके अनुसार हमें संस्थान से निश्चित दूरी पर रहना था। इस आशा में कि मैनेजमेंट पसीजेगा, हमने अपना शिविर लगा दिया परन्तु कहीं कुछ नहीं हुआ।

कम्पनी के नए मजदूरों तथा मैनेजमेंट के साथ कभी–कभार हमारी झड़पें और कहा–सुनी हो जाती। एक दिन जब हम फैक्ट्री के बाहर नारा लगा रहे थे, स्थानीय पुलिस हमें धकेल कर थाने ले गई। मैंने देखा कि उस दिन हमारे मित्र नदारद थे।

हमलोग यह जानकार हैरान रह गए कि फैक्ट्री के पास एक मजदूर पर तेजाब डालकर मार दिया गया। दिनदहाड़े हुई इस हत्या का आरोप मुझ समेत सात बड़े नेताओं पर लगाया गया। बाकी लोगों को चेतावनी देकर छोड़ दिया गया। हमारे निर्दोष होने की सारी दलालें पुलिस के बहरे कानों से टकरा कर लौट आईं। पुलिस ने हम लोगों से एक सादे कागज पर दस्तखत करा लिए। अंततः हमपर हत्या का अभियोग लगाकर जेल भेज दिया गया।

जेल के एकान्त वातावरण में मैंने महसूस किया कि मुझसे गलती कहां हुई। मैंने जेलकर्मियों के साथ स्वेच्छा से सहयोग करना शुरू कर दिया। मेरी पत्नी तथा बच्चों को अत्यंत दीनावस्था में गांव वापस जाना पड़ा।

जेल के अंदर मैं महानिरीक्षक से मिला। उन्होंने मेरी कड़ी मेहनत की तारीफ की थी। उन्होंने रिहाई के बाद मिलने के लिए भी कहा। जेल से छूटने के बाद मैं उनसे मिला। उन्होंने इंडिया विजन फाउण्डेशन नामक एक गैर सरकारी संगठन के माध्यम से मेरा पुनर्वास कराया।

गलती किसकी ?

- बड़े शहरों में मजदूर वर्ग सर्वाधिक आक्रमणीय है। प्रबन्धन और ट्रेड यूनियन दोनों ही उसे निशाना बनाते हैं। व्यक्ति अलग–थलग पड़ जाने के डर से यूनियन में शामिल होता है।
- पुलिस ईमानदार और पक्षपातविहीन भूमिका नहीं निभाती, खासतौर से तब जबकि वह गरीबों और कम पढ़े–लिखे लोगों का मामला देख रही होती है।
- लंबी और संवेदनहीन अदालती कार्रवाइयां बचाव के लिए संघर्षरत परिवारों के खून की एक–एक बूंद चूस लेती हैं।

हेरोइन से तौबा, दारू को धिक्कार

22

मेरा नाम सुनीता है। मेरी आयु 29 वर्ष है। मेरा विवाह दो बार हुआ तथा मैं तीन बच्चों की मां हूं जिनमें दो लड़कियां तथा एक लड़का है। मैं मूलतः पश्चिम बंगाल की रहने वाली हूं। सन् 1986 में दिल्ली आने के बाद से अब तक मैं एक बड़ी झुग्गी बस्ती में रह रही हूं।

मेरा परिवार बहुत गरीब था। अपनी तीन बहनों में मैं सबसे छोटी थी। अभी मैं छोटी ही थी कि मेरी मां की मृत्यु हो गई। मेरे पिता ने दूसरी शादी कर ली। मेरी नई मां अपने साथ मुसीबतें लेकर आई। मेरे पिता शराब पीने लग गए। मेरी बड़ी बहनों का बहुत पहले ही विवाह हो गया था। मां के साथ दूसरों के खेतों में मजदूरी करना और खस्ताहाली में जीवन बिताना मेरी दिनचर्या बन गया।

मुझे कभी स्कूल नहीं भेजा गया। मैं जब भी स्कूल जाने की बात करती, मेरी मां मुझे पढ़ने की इजाजत न देती। पिताजी ने भी कोई ध्यान नहीं दिया। उनकी नजर में लड़कियों का स्कूल जाना जरूरी नहीं था।

मैं 16 वर्ष की हो चुकी थी परन्तु इस बीच मुझे ऐसा कोई क्षण याद नहीं आता जब मेरे पिताजी ने कभी मेरे लिए समय निकाला हो। अपनी सौतेली मां से तो किसी प्रकार की उम्मीद मैं वैसे भी नहीं कर सकती थी। एकाकीपन की इस सोच ने मेरे अन्दर गहरी उदासी भर दी। मैं जितनी अधिक स्नेह–संभाल की अपेक्षा करती उतनी ही अधिक उपेक्षा मेरे हाथ आती। उपेक्षा मेरे जीवन का अभिन्न अंग बन चुकी थी। मैं अकेलेपन में बहुत व्यथित रहती। कभी–कभार जब मेरी सहेलियां मेरे आसपास होतीं तो मुझे बड़ी तसल्ली मिलती। सीमा ऐसी ही एक सहेली थी। वह अपने पति के साथ अभी हाल में ही दिल्ली से लौटी थी। कुछ महीनों पहले उनका विवाह हुआ था। वह मेरे लिए समय निकालती और अपने साथ मुझे कभी–कभी स्थानीय बाजार भी ले जाती। वहां वह अपने और पति के लिए चीजें खरीदती जिसे देखकर मुझे बड़ी ईर्ष्या होती।

बहरहाल, एकाध बार मुझे वह ऐसा उपहार देती जिसकी कीमत का मुझे कभी पता न चलती क्योंकि मुझे वैसी वस्तुएं पहले कभी मयस्सर नहीं हुईं। मुझे नहीं मालूम कि वह उपहार था या कि मेरी सहेली मुझसे अपने प्यार का इजहार करने के लिए वैसा करती थी। जो भी हो, धीरे–धीरे मैं उसके काफी करीब आ गई और अक्सर उससे मिलने की फिराक में रहने लगी।

एक बार गांव के मेले में मैं उसके साथ गई। उसका पति भी था। उसने मुझे आटोरिक्शा में बैठाया। मुझे खूब मजा आया। कुछ दूर जाकर जब उन्होंने एक ट्रक वाले से लिफ्ट मांगी तो मैं ठहर गई। उन्होंने मुझसे कहा कि वे जो कुछ कर रहे हैं वह मेरी भलाई के लिए ही कर रहे हैं। चूंकि पीछे मुड़कर देखने के लिए मेरे पास कुछ नहीं था इसलिए मैं राजी हो गई। जब वे मुझे रेलवे स्टेशन लेकर पहुंचे तो मैं थोड़ा और डरी। जब मैंने उनसे स्टेशन आने का कारण जानना चाहा तो मेरी सहेली ने मुझे ऊलजलूल जवाब देना शुरू कर दिया। जब उन्होंने मुझे गाड़ी में चढ़ने को कहा तो मैं हैरान रह गई। मैं खामोश होकर रोने लगी। उस समय तक मैंने इतने अधिक लोगों को अपने इर्द–गिर्द नहीं देखा था। वे सब लोग मेरे लिए अजनबी थे। उससे पहले मैं कभी किसी स्टेशन पर नहीं गई थी और न ही कोई रेलगाड़ी देखी थी। जब मैंने उनसे घर वापस जाने की विनती की तो पहले तो वे मुझे पुचकारते रहे मगर बाद में हिंसक हो गए। आसपास बैठे मुसाफिर मेरी हालत से नावाकिफ थे क्योंकि मैं अच्छी तरह हिन्दी नहीं बोल पाती थी। मुझे तो केवल बंगाली आती थी। मैंने रोना शुरू कर दिया। गाड़ी आगे बढ़ गई।

अब मैं दिल्ली पहुंच चुकी थी। दिल्ली यानी मेरे सपनों का शहर। मैं खुश थी। मैं अपनी सौतेली मां या लापरवाह बाप की सूरत नहीं देखना चाहती थी। मैंने सोचा कि मेरी मतलबी बहनें मुझे कभी भी ढूंढ़ने की कोशिश नहीं करेंगी। यह सब कुछ जबरदस्ती किया जा रहा था। मेरी सहेली ने कुछ दिनों तक मुझे अपनी झुग्गी में रखा। उन लोगों ने झुग्गी बस्ती में रहने वाले सलीम से पेशगी ले रखी थी। सलीम किसी देहाती लड़की से शादी करना चाहता था। पूरा सौदा मात्र दो हजार रुपए में तय हुआ था। जब मैंने शादी करने से इनकार किया तो सलीम ने अपने पैसे वापस लेने के लिए सीमा और उसके पति के साथ झगड़ा शुरू कर दिया। उन लोगों ने मुझे धमकाया कि अगर मैं सलीम के साथ शादी नहीं करूंगी तो वे मुझे दिल्ली जैसे बड़े शहर में दर–दर भटकने के लिए अकेला छोड़ देंगे। चूंकि मेरे सामने उनका प्रस्ताव मानने के अलावा कोई चारा न था इसलिए मैंने शादी करने की हामी भर दी। सीमा और उसका पति इसी धंधे में लिप्त थे।

मैंने अपनी किस्मत से समझौता कर लिया। इसके अलावा और मैं कर भी क्या सकती थी। विद्रोह करने की ताकत मुझमें नहीं थी। सलीम एक बदहाल नशाखोर था। वह मेरे साथ बुरा बर्ताव करता और कई बार मुझे मारता–पीटता भी। चूंकि सलीम मुझे कुछ भी कमा कर नहीं देता था जिससे चूल्हा जल सके इसलिए मुझे लोगों के घरों में महरी का काम शुरू करना पड़ा। मैं उसके साथ दो साल तक रही। इस बीच मेरे एक लड़की पैदा हुई परन्तु समय पर उचित दवा

न मिलने के कारण वह छह महीने की होकर मर गई। इससे मुझे बड़ी नफरत हुई और मैंने सलीम को छोड़ दिया। मैंने कुछ पैसे उधार लेकर उसी बस्ती में अपनी निजी झुग्गी बनाई और महरी के रूप में काम करते हुए अपनी जिन्दगी बसर करनी शुरू की।

संयोगवश, सीमा एक बार फिर मेरे गांव गई और वहां उसकी मुलाकात मेरे पिता से हुई। वह मेरे बारे में जानना चाहते थे कि मैं कहां और कैसे हूं। उसने न केवल तसल्ली दी बल्कि मुझे देखने के लिए वह उन्हें अपने साथ दिल्ली ले आई। मैंने उनके साथ वापस जाने से इनकार कर दिया क्योंकि मैंने अपने नए माहौल में खुद को ढाल लिया था।

एक साल बाद मैंने पप्पू नामक स्कूटर मैकेनिक (मिस्त्री) से शादी कर ली। उसने मुझे काम न करने के लिए कहा। वह पहली बार मेरी जिन्दगी में खुशियां लेकर आया परन्तु खुशियां ज्यादा दिनों तक बरकरार न रह सकीं। इस बीच हमारी एक लड़की हुई। लेकिन जब मैं दुबारा गर्भवती हुई तो पप्पू ने पुत्र की इच्छा जताई परन्तु वैसा नहीं हो सका। पप्पू ने बोतल तोड़ दी। वह उसका आदी हो गया था। वह काम धंधा छोड़कर घर में पड़ा रहने लगा। कई बार वह बहुत खूंखार हो जाता। एक बार हमारे बीच हुए झगड़े में उसने मुझ पर बोतल फेंककर मारी जिससे मेरे चेहरे पर स्थाई निशान पड़ गया। अब वह मुझसे काम करने और अपनी दारू का इंतजाम करने की अपेक्षा करने लगा। वह मुझे शराब के नाजायज धंधे में लगे लोगों से मिलाने भी ले गया और उनके गिरोह में शामिल करा आया। चूंकि मेरे बच्चे और मैं भूख से व्याकुल थे इसलिए मैं उनके गिरोह में शामिल हो गई। अब मैं शराब की तस्करी में सक्रिय हो चुकी थी। मुझे देशी शराब की हर थैली पर दो रुपए मिलते। ये थैलियां मैं गत्ते के डिब्बे में सिर पर रखकर लाती। पप्पू की शराबखोरी बढ़ गई और उसके फेफड़े विकृत हो गए। डाक्टर ने उसे दारू से दूर रहने की सलाह देते हुए कहा कि अगर इसने एक बूंद भी पी तो घातक होगा। अपने सभी पड़ोसियों को मैंने पप्पू को शराब न बेचने या पिलाने की चेतावनी दी। एक दिन जब मैं काम से वापस आई तो पप्पू मौत से जूझता मिला। उसने शराब पी ली थी। पूछताछ करने पर पता चला कि उसने हमारी छह वर्षीय बेटी लक्ष्मी की मार्फत शराब हासिल की थी। मैं लक्ष्मी और शराब बेचने वालों पर चिल्लाई परन्तु उसका कोई फायदा नहीं था। पप्पू मर चुका था। उस वक्त मेरे पेट में सात महीने का गर्भ था।

पप्पू की मौत के कुछ ही दिनों बाद मैं शराब लाते हुए पकड़ी गई लेकिन पुलिस ने जमानत पर मुझे छोड़ दिया। मैंने वह धंधा छोड़ने का फैसला किया। तंगी बढ़ती गई। गर्भवती होने के कारण मैं खुद भी कोई भारी काम नहीं कर सकती थी। मेरे साथियों ने मुझे स्मैक रखने और बेचने की सलाह दी। उसके लिए भी मेरे पास पैसा नहीं था। उन्होंने मुझे 20 प्रतिशत मासिक ब्याज की दर से 4000 रुपए दिए। मैं आज भी उसका भुगतान कर रही हूं।

मैं कर्ज लेने और धंधा शुरू करने वाले दिन ही पकड़ी गई। पुलिस ने मुझे जेल भेज दिया। 14 महीने बाद मैं जमानत पर छूटी। मेरे मुकदमे की पैरवी अदालत द्वारा उपलब्ध कराए

गए वकील ने की। मुफ्त कानूनी सहायता का प्रबंध जेल के अंदर से किया गया। लक्ष्मी इस दौरान मेरे पड़ोसियों के साथ रही। मेरी झुग्गी से जो किराया मिलता वह उसके गुजारे के लिए पर्याप्त था। सरस्वती नामक मेरी दूसरी बेटी मेरे साथ जेल में रही तथा बेटा प्रकाश जेल में ही पैदा हुआ। जेल में रहकर मैंने पढ़ना सीखा तथा बुनाई और क्रेच प्रबंधन जैसे व्यावसायिक कोर्सों का प्रशिक्षण लिया। इससे मुझे आगे बढ़ने तथा बड़ी संख्या में उपलब्ध अवसरों का लाभ उठाने का मौका मिला। मेरी रिहाई के फौरन बाद मुझे 'नवज्योति' में नौकरी मिल गई। नवज्योति नामक संगठन जेल में क्रेच प्रशिक्षण कार्यक्रम चला रहा था। तबसे मैं क्रेच वर्कर के रूप में छोटे बच्चों को पढ़ा रही हूं। मेरी बेटियां अब एक कॉन्वेट स्कूल में पढ़ रही हैं। उनका खर्च इंडिया विजन फाउंडेशन नामक एक गैरसरकारी संगठन उठा रहा है। उल्लेखनीय है कि संगठन अपराध प्रभावित परिवारों के बच्चों को शिक्षित करने की परियोजना चलाता है।

गलती किसकी ?

- मेरा ख्याल है कि मेरे पिता को अपने बच्चों के ऊपर पुनर्विवाह के प्रभावों का अहसास कर दूसरा विवाह नहीं करना चाहिए था।
- अगर मेरी मां मेरे प्रति हमदर्द होती तो शायद मैं उन्हें छोड़कर मेले में न जाती और न ही उनका विश्वास तोड़ती।
- अगर मैं पढ़ी लिखी होती तो मुझे अपनी अच्छाई–बुराई समझने का ज्ञान होता। इसके साथ ही मैं यह भी समझ सकती कि कौन मेरा असली दोस्त है। अनपढ़ होने के कारण मैं अपने मां–बाप को अपने अपहरण के बारे में लिख नहीं पाई।
- जिस माहौल में रही उसने मेरे जीवन में बदलाव की महत्वपूर्ण भूमिका निभाई। आज दिल्ली जैसे शहरों की झुग्गी बस्तियों में शराब और चरस, स्मैक समेत अन्य नशीली चीजें बहुतायत में उपलब्ध हैं जिन पर अधिकारियों को अंकुश लगाना चाहिए। इससे हजारों–लाखों स्त्रियों–पुरुषों, बच्चों का जीवन तबाह होने से बचेगा। सरकारी एजेंसियों तथा स्वयंसेवी संगठनों को झुग्गी–झोपड़ी बस्तियों पर अधिक ध्यान देने की आवश्यकता है।

शराब, स्मैक की लत : न पांव में जूती न सिर पर छत

23

मेरा नाम पप्पू है और उम्र 32 साल। मैं विवाहित हूं तथा मेरे पांच बच्चे हैं। पत्नी, चार लड़कियों और एक लड़के के साथ मैं दिल्ली की एक झुग्गी बस्ती में रहता हूं। आजकल मैं एक गैरसरकारी संगठन में कार्यरत हूं तथा झुग्गी–झोपड़ी कालोनियों में रहने वाले नशाखोरों को इलाज करवाने के लिए तैयार करने का प्रयास करता हूं ताकि वे सुधर सकें।

मैं दिल्ली के एक खाते–पीते परिवार में पैदा हुआ। मेरे पिताजी रद्दी के थोक व्यापारी थे। हमारे छोटे–से परिवार के लिए पर्याप्त आमदनी हो जाती थी। मैं अपने परिवार में एकमात्र लड़का था। हमारे परिवार के रास्ते में एक ही बाधा थी–शराब! मेरे माता–पिता दोनों शराब के आदी थे। कई बार वे दोनों इतनी अधिक पी जाते कि दोनों आपस में लड़ पड़ते और घर में शुरू हुआ झगड़ा सड़क तक पहुंच जाता। उनकी इस लत का मेरे बचपन पर बहुत बुरा असर पड़ा। यही वजह थी कि मैं तीसरी कक्षा से आगे पढ़ नहीं सका।

मैं सारा दिन इधर–उधर खाली घूमता, फिल्में देखता, लेकिन स्कूल नहीं जाता था। कभी–कभी मैं अपनी दुकान में पैसे चुरा लेता। मेरी मां जब नशे में होती थी तो मुझे बहुत प्यार करती। ऐसे क्षणों का लाभ उठाते हुए मैं अपनी मां से पैसे झटक लेता। हमारी दुकान दिल्ली के एक सुस्थापित बाजार में तथा घर एक अच्छी कालोनी में था, लेकिन दोनों ही अधिक दिनों तक कायम नहीं रह सके।

एक रात को जब मेरे पिताजी नशे की हालत में दुकान से घर लौट रहे थे तो उन्हें पुलिस ने पकड़ लिया। किसी उठाईगीर ने वहीं पास से गुजर रही एक महिला के गले से सोने की जंजीर झटक ली थी और पुलिस ने मेरे पिता को शक में पकड़ लिया। यहीं से हुई थी हमारी मुसीबतों की शुरुआत। हालांकि मेरे पिताजी जमानत पर छूट चुके थे, फिर भी हम उनकी आजादी सुरक्षित नहीं रख सके। पुलिस लगभग हर दूसरे दिन हमारी दुकान पर आ धमकती

और झूठे मामले में फंसाने की धमकी देकर मेरे पिता से पैसे मांगती। उन्होंने पुलिस को पैसा देना शुरू कर दिया और धीरे–धीरे वे पुलिस के जाल में फंसते चले गए। हमारा व्यापार मंदा होता चला गया लेकिन पिताजी की पीने की आदत बढ़ती गई। जब वह घर लौटते तो मेरी मां तथा पड़ोसियों से झगड़ा करते। इन सब हरकतों से क्षुब्ध होकर मैं घर से बाहर रहने लगा।

पुलिस का दबाव जब बहुत बढ़ गया तो हमारे सामने मकान बेचकर कलकत्ता भाग जाने की नौबत आ गई। वहां हमें एक झोपड़पट्टी में शरण मिली। मेरे पिता ने कबाड़े का धंधा शुरू किया, लेकिन उनकी शराबखोरी बहुत बढ़ गई। कलकत्ते में हम पांच वर्षों तक रहे किन्तु हालात जब बहुत खराब हो गए तो मेरे पिता ने मुझे तथा मेरी मां को दिल्ली चले जाने के लिए कहा। यह कोई सलाह नहीं, बल्कि चेतावनी थी। अतः हमने कलकत्ता छोड़ दिया।

मैं अपनी मां के साथ दिल्ली की एक पुनर्वास बस्ती में रहकर सब्जी बेचने लगा। मेरी मां अब भी दारू पीती थी तथा मुझे उसका भी इंतजाम करना पड़ता। मैं अपनी मां को इतना अधिक प्यार करता था कि उसकी पीने की आदत का भी मैं बुरा नहीं मानता था। इस बीच पिताजी से हमारा सम्पर्क बिल्कुल कट गया। न तो उनका कुछ अता–पता था और न ही हम उनके पास पहुंच सकते थे। हम सबको आश्चर्यचकित करते हुए एक दिन वह हमारे घर के दरवाजे पर नजर आए। बहरहाल, मेरे माता–पिता के बीच दूरी काफी बढ़ गई थी। अब मैं और मेरे पिताजी दोनों कूड़ा बीनने जाने लगे। हम अपना कबाड़ उन लोगों के हाथ बेचते जो कभी हमारे लिए काम करते थे। वक्त गुजरता गया। मेरे परिवार की शराबखोरी बंद नहीं हुई। नतीजतन, हमारे संबंधों में खटास बढ़ती गई।

मेरी मां मेरे पिताजी को छोड़कर एक पड़ोसी के साथ भाग गई। मुझे मालूम नहीं कि उसने उसके साथ शादी की या नहीं। कुछ दिनों तक मैं अपने पिताजी के साथ रहा। एक बार जब मेरे पिताजी का सामना मेरी मां से हुआ तो उन्होंने उनसे घर वापस आने का अनुरोध किया। मेरी मां ने जब उनकी एक न सुनी तो उन्होंने मुझसे पूछा कि मैं अपनी मां के पास जाना चाहूंगा या उनके (पिताजी) साथ रहना पसंद करूंगा? मैं अपनी मां को बहुत प्यार करता था इसलिए उसके साथ चला गया। पिताजी के साथ वह हमारी आखिरी मुलाकात थी। मुझे नहीं मालूम कि पिछले अठारह वर्षों से वह कहां और किस हाल में हैं?

हालात कुछ ऐसे बन गए कि मेरी मां ने अपने नए पति को भी छोड़ दिया। हम एक झुग्गी बस्ती में चले गए जहां मेरे लिए कूड़ा बीनने का पर्याप्त अवसर था। मैं खूब मेहनत करता और अपनी मां को ज्यादा से ज्यादा आराम देने की कोशिश करता, लेकिन झुग्गी–झोपड़ी बस्ती में काम करने की वजह से मैं स्मैकियों की सोहबत में आ गया। कई स्मैकियों से मेरी दोस्ती हो गई। उनके साथ रह कर मैं भी स्मैक का आदी हो गया। मैंने शराब पीनी भी शुरू कर दी। इसके साथ ही मुझे शराबखोरी का अर्थ पता चला और यह भी मालूम हुआ कि मेरे माता–पिता उसके बगैर एक कदम भी क्यों नहीं चल सकते थे।

मेरी मां ने झुग्गियों में रहने वाली सुनीता नाम की एक लड़की से मेरा विवाह करवा दिया। सुनीता मेरी मां के साथ अधिक दिनों तक नहीं चल सकी। वे दोनों आपस में खूब लड़तीं। धीरे–धीरे घर के हालात बिगड़ते गए। शान्ति पाने की चाह में मैंने स्मैक और शराब पर अधिकाधिक पैसा और समय खर्च करना शुरू कर दिया मगर कुछ भी हासिल नहीं हुआ। वक्त गुजरने के साथ–साथ मेरे पांच बच्चे भी पैदा हो गए। मुझे नहीं मालूम कि उनका खर्च कैसे चलता था।

अपनी नशाखोरी के लिए धन की व्यवस्था करने के चक्कर में मैं ऐसे गुट में शामिल हो गया जो लोगों को झांसा देकर ठग लेता था। हम पीतल के बने जेवरों को सोने का बताकर लोगों को मूर्ख बनाने लगे। स्मैक के लिए हमें छोटी–मोटी चोरियां भी करनी पड़ीं।

एक दिन पुलिस ने किसी बस यात्री का ब्रीफकेस चुराने के आरोप में मुझे पकड़ लिया। मैं निर्दोष था। पुलिस ने मेरी एक भी दलील नहीं सुनी और बेरहमी से मेरी पिटाई की। उन्होंने धमकी दी कि अगर मैंने ब्रीफकेस चुराने की बात नहीं कबूली तो बहुत बुरा अंजाम होगा। बाद में उन्होंने मुझे छोड़ने के लिए एक हजार रुपए की मांग की। मेरे पास कुछ था ही नहीं, अतः उन्होंने मुझे छोड़ दिया।

एक दिन जब मैं काम पर जा रहा था तो पुलिस ने मुझे फिर पकड़ लिया। पुलिस ने झूठा मामला बनाकर मुझसे पैसे मांगे। जब मैं उन्हें पैसे नहीं दे सका तो पुलिसवालों ने पीट–पीटकर मुझे लाल कर दिया। इन सब बातों से मैं मानसिक रूप से क्षुब्ध रहने लगा। मेरी पत्नी भी घर की बदहाली के लिए मुझे ही दोषी ठहराती। घर में बच्चों तथा बड़ों के खाने के लिए कुछ भी नहीं था। मैं जो कुछ भी कमाता, सब स्मैक पर खर्च कर देता। मेरी मां इन सब कारणों से बहुत दुखी थी। उसकी तबीयत भी ठीक नहीं रहती। वह बदलाव के लिए कुछ दिनों के लिए अपने मायके अहमदाबाद जाना चाहती थी। कुछ पैसों का इंतजाम करके मैंने उसे गाड़ी पर बैठा दिया। कुछ दिनों बाद मेरे नाना ने मुझे बुलाया। वहां जाकर मुझे पता चला कि मेरी मां की मृत्यु हो चुकी थी।

मैं वहां से बहुत मायूस होकर लौटा। अब मुझे किसी की देखभाल की परवाह नहीं थी। मैंने अपनी पत्नी तथा बच्चों की भी परवाह नहीं की। मेरे लिए मेरी मां ही सब कुछ थी। मां की मृत्यु और परिवार की दुर्दशा के लिए मैं अपने आप को कोसने लगा। मैंने सुधरने का मन बना लिया।

संयोगवश नवज्योति नामक संगठन के दो कार्यकर्ताओं से मेरी मुलाकात हो गई। उन्होंने मुझे निःशुल्क इलाज के लिए तैयार किया। अपनी पत्नी तथा पड़ोसियों की सलाह पर मैं सात महीने तक चलने वाले लम्बे इलाज के लिए राजी हो गया। वहां जाकर मेरी जिन्दगी पूरी तरह बदल गई। अब मैं नवज्योति के झुग्गी बस्तियों में चलने वाले मुक्ति केन्द्रों में काम करता हूं। अब मेरे सारे बच्चे स्कूल जाते हैं। दो बच्चे तो नवज्योति द्वारा चलाए जाने वाले स्कूल में ही पढ़ते हैं।

गलती किसकी ?

- नशाखोरी, खासतौर से शराब और स्मैक पीने का विनाशकारी परिणाम होता है।
- पुलिस शराबियों और स्मैकियों का शोषण करती है जिससे पहले से ही गरीब लोगों की गरीबी और बढ़ जाती है।
- गंदी बस्तियों में रहने का सबसे नकारात्मक असर गरीब, कमजोर और अनपढ़ लोगों पर पड़ता है।
- परिवार में सौहार्द की कमी के कारण लोग सुकून पाने के लिए शराब और स्मैक पर अधिक धन और समय बरबाद करते हैं, किन्तु उन्हें हासिल कुछ भी नहीं होता।

पुलिस की बेईमानी की भेंट चढ़ा मेरा 'जीवन'

24

मेरा नाम जीवन और उम्र 21 वर्ष है। मूलतः मैं राजस्थान का रहने वाला हूं। मेरा परिवार बड़ी कठिनाई से बनाए गए एक छोटे–से मकान में रहता है। मेरे पिताजी पेशे से बढ़ई हैं और तभी काम करते हैं, जब उन्हें शराब पीने से फुरसत मिलती है। मेरी मां ने मुझे और मेरी छोटी बहन को बड़ी मशक्कत से पाला है। अनेक स्थानों पर काम करने के बाद अब वह केंद्रीय सरकार के उद्यान विभाग में कार्यरत है। वह कितना कमाती है, मुझे नहीं मालूम क्योंकि उसकी आमदनी का आधा हिस्सा मेरे पिताजी को चला जाता है। शेष आधी रकम से हम दो जून का खर्च चलाने की कोशिश करते हैं। मेरी मां ने जो कुछ बचा रखा था वह सब मुझे दुर्भाग्य, जो हमारी पारिवारिक शांति को निगल गया था, के हाथों बचाने में खर्च हो गया।

मुझे याद है कि मैं और मेरी बहन कई बार भूखे ही रह जाते थे। मेरे पिताजी दारू के नशे में घर लौटते और अगर हम उनसे कोई शिकायत करते तो वह हम सबकी पिटाई कर देते। मेरी मां को सर्वाधिक कसूरवार बताया जाता। कई बार हमें आतंकित करने के लिए मेरे पिताजी हम लोगों को पीटने के बाद घर से बाहर निकाल कर अंदर से ताला बंद कर लेते। हम पड़ोस के घर में शरण लेते। यह सिलसिला बेरोकटोक चलता रहा।

मैं धीरे–धीरे बढ़ता रहा तथा मेरी पढ़ाई भी जारी रही, क्योंकि उन दिनों नाममात्र की फीस लगती थी। बहरहाल, आठवीं की पढ़ाई पूरी करने के बाद मुझे पढ़ाई छोड़ देनी पड़ी क्योंकि जीवन–यापन का खर्च बहुत अधिक बढ़ गया था और मेरी मां की आय हमारे लिए पर्याप्त नहीं थी। मैं अपने एक चचेरे भाई के यहां गया। वह कढ़ाई का बड़ा अच्छा कारीगर था। उसने कढ़ाई सीखने में मेरी मदद की। शुरू–शुरू में उसने मुझे थोड़ा–सा काम दिया और मैं उसे करके उसे दे आया। अपनी मेहनत की पहली कमाई ले जाकर मैंने अपनी मां के हाथों पर रख दी। संयोगवश मुझे पास की ही एक फैब्रीकेशन इकाई में काम मिल गया। मेरे साथी

कर्मचारी ही मेरे दोस्त थे। मैंने उनके और कुछ स्थानीय लोगों के बीच अपनी समस्याओं को बांटना शुरू कर दिया। दरअसल, मैं उन लोगों पर काफी अधिक भरोसा करने लगा। संयोगवश एक ऐसी दुर्घटना हो गई, जिसने हमेशा के लिए मेरी जिन्दगी बदल दी। मेरे कुछ साथी आपराधिक कृत्यों में लिप्त थे। उनमें से कुछ का नाम स्थानीय थाने में 'बीसी' के रूप में दर्ज था। यह ऐसी सच्चाई थी जिसके पता चलने तक मेरा और मेरे परिवार का जीवन तबाह हो चुका था।

सन् 1996 की बात है, उन दिनों मैं लगभग 18 वर्ष का था। एक दिन शाम को मैं काम से लौट रहा था। मेरे दोस्त भी मेरे साथ–साथ पैदल चले आ रहे थे। हमने बस स्टाप पर कुछ कोलाहल देखा। हम वहां अपने दोस्त को विदा करने के लिए ठहर गए थे। एक बस में लड़ाई हो रही थी। हम भी तमाशबीनों की भीड़ में शामिल हो गए। लड़ाई जल्दी ही रक्तपात में बदल गई। हम नहीं समझ सके कि वे लोग क्यों लड़ रहे थे लेकिन कुछ ही क्षणों में हमारे सामने एक आदमी आकर गिरा। उसके सारे शरीर में चाकुओं के घाव थे। उसके पेट से खून बह रहा था और वह बचने की भरपूर कोशिश कर रहा था लेकिन बच नहीं सका। वह हमारे देखते ही देखते मर गया। अनेक लोग बस से फौरन नीचे उतरे और भाग गए। हम लोग बहुत सहमे हुए थे। हमारी समझ में कुछ नहीं आ रहा था कि क्या करें? वहां पर पुलिस आ गई और उसने हमें भगा दिया। हम वहां से भाग आए और अगले तीन दिनों तक हमें कुछ पता नहीं चला कि आगे क्या हुआ।

अगले ही दिन मेरी मां ने मुझे मौसी के घर कुछ पैसे लेने के लिए भेज दिया। मैंने दिन वहां बिताया और मौसी के जोर देने पर रात को भी वहीं ठहर गया। अगले दिन सुबह मेरी तलाश में पुलिस आ गई। वे मुझे पकड़कर अपने साथ स्थानीय थाने ले गए। अपने पिताजी को थाने में देखकर मैं हैरान रह गया। पुलिस ने मेरे पिताजी को आश्वासन दिया कि वह पूछताछ के बाद मुझे छोड़ देगी। मुझे सारी रात थाने में रोके रखा गया। मेरे सवालों के जवाब में मुझे बताया गया कि वे असली अभियुक्तों की तलाश में है और वे समझते है कि मैं भी उनमें से एक हूं। सच्चाई यह है कि मैं उन लोगों में शामिल नहीं था, लेकिन जब भी मैं पुलिस से अपने बेगुनाह होने की बात कहता, वह मुझे प्रताड़ित करती। इसके बाद पुलिस ने मुझे कुछ लड़कों के हुलिए बताए और कहा कि अगर मैं किसी को जानता हूं तो उसकी पहचान करूं। चूंकि मैं उन सबको जानता था इसलिए मैंने पुलिस को उनके बारे में बता दिया। बहरहाल, पुलिस ने मुझसे कहा कि मैं मजिस्ट्रेट के सामने उनकी शिनाख्त करूं। पुलिस चाहती थी कि उनको पहचानने के साथ–साथ मैं यह बयान भी दूं कि वे वही लोग थे जिन्होंने तीन दिन पहले बस में हत्या की थी। मैंने इरादा बना लिया था कि मैं ऐसा नहीं करूंगा। मैं जानता था कि अगर मैं झूठा बयान दूंगा तो वे लड़के मुझे कभी नहीं छोड़ेंगे। मैंने अगले दिन उन्हें कोर्ट में पहचानने से इनकार कर दिया। इसके बाद मुझपर हत्या का अभियोग लगाकर अदालत ने मुझे तिहाड़ जेल भेज दिया। मजिस्ट्रेट के सामने मेरी सारी दलीलें अनसुनी होकर रह गईं।

जेल की जिन्दगी बिल्कुल ही अलग थी। मैंने अनेक तकलीफें उठाई थीं लेकिन कभी भी जेल जाने के लिए तैयार नहीं था। विचारधीन कैदियों, सजायाफ्ता मुजरिमों से लेकर जेल स्टाफ के हरेक आदमी ने मुझे कसूरवार ठहराया। चूंकि मैं बहुत कम बोलने वाला इंसान था। अतः मुझे नहीं मालूम था कि अपनी तकलीफों को सबके सामने कैसे कहूं। मैं सुबकता रहा और अपने भाग्य के साथ समझौता कर लिया। मेरे गरीब माता–पिता इधर से उधर भटकते रहे लेकिन सिर्फ वकीलों के हाथों लुटते रहे। जेल में मैं विचाराधीन कैदी के रूप में तीन साल तक रहा। मेरे मां–बाप ने मेरी जमानत के चक्कर में लगभग 80,000 रुपए खर्च कर दिए लेकिन असफल रहे। अनपढ़ होने के कारण वे न्यायिक प्रक्रिया को समझ नहीं सके। हमारे वकीलों ने उनसे जो कहा, वे वही करते रहे। दरअसल, यह किसी फिरौती से कम नहीं था।

बहरहाल, जेल में मुझे पता चला कि मैं अपने साथी कैदियों के चेहरों पर मुस्कान ला सकता हूं। गैर सरकारी संगठनों तथा जेल में कार्यरत एक विशेष ग्रुप 'दि फेमिली' ने मुझे सिखाया और मैंने स्टेज प्रोग्राम करना शुरू कर दिया। इससे मैं हमेशा व्यस्त रहने और संभलने लगा। एक खुशगवार दिन को अदालत ने हमें बरी कर दिया। जेल से बाहर आकर मैं सीधा अपने घर गया। जेल के बाद का जीवन जीना बड़ा कठिन है। हरेक शख्स स्त्री हो या पुरुष, अपने तानों और फब्तियों से मुझे कसूरवार ठहराने की कोशिश करता। मैंने प्रतिक्रिया व्यक्त न करने की ठान ली थी। जेल में प्राप्त शिक्षा ने मेरी काफी मदद की, लेकिन इससे मेरी जिन्दगी आसान नहीं हुई। रिहा होने के सात महीनों बाद बड़ी कठिनाई से मुझे काम मिला है। मुझे नहीं मालूम कि सूरज एक बार फिर कभी मेरी जिन्दगी में रोशनी भरेगा।

गलती किसकी ?

- शराबी पिता अपने बच्चों को संवरने से वंचित कर देते हैं।
- गैर–ईमानदार पुलिस कार्रवाई, व्यक्तियों और उनके परिवारों को तबाह कर सकती है।
- न्यायिक सुरक्षा सेवाएं अनेक परिवारों को कंगाल बना देती हैं लेकिन सेवा के संकल्प के बावजूद कोई सुरक्षा उपलब्ध नहीं करातीं।
- पुलिस अक्सर माहौल के मुताबिक माफीनामे लिखवाने का हथकंडा इस्तेमाल करती है।

नालायकी से भरपूर है लियाकत अली की जिन्दगी

25

नाम: लियाकत अली। उम्र: 34 साल। रिहाइश: दिल्ली। जन्म: पाकिस्तान। मेरे वालिद एक दिहाड़ी मजदूर थे। सन् 1971 पाकिस्तान के बंटवारे के बाद जब तत्कालीन पूर्वी पाकिस्तान बांग्लादेश बन गया तो हम लोग अपनी जान बचाने के लिए वहां से भागकर हिन्दुस्तान आ गए। सरहद पार करना हमारे लिए बहुत आसान काम था क्योंकि हमें बचपन से ही इसकी आदत थी। हम पांच भाई और तीन बहनों समेत कुल आठ लोग हैं। सबसे बड़ा भाई बांग्लादेश में रहता है। दूसरा भाई पाकिस्तान में दर्जी है। अगर हमारे मुल्क का बंटवारा न हुआ होता तो हमारा कुनबा तबाह नहीं होता। हम सब एक साथ रहते।

अभी मेरी उम्र पांच बरस ही थी कि हमें पाकिस्तान छोड़कर अपने वतन बांग्लादेश आने के लिए मजबूर होना पड़ा। पाकिस्तान के बंटवारे के साथ ही हमारा परिवार बिखरना शुरू हो गया। हमें अपनी जमी–जमाई दुकानें और घर–बार छोड़कर भागना पड़ा। हमारी जिन्दगी तो बच गई लेकिन शेष सब कुछ तबाह हो गया। हम बच्चों के लिए बांग्लादेश एकदम अनजान और नई जगह थी। वहां जिन्दगी बड़ी दुश्वार थी। हम कई–कई दिन भूखे रहते। जिन्दा रहने के लिए हमने हिन्दुस्तानी सरहद पार करने का फैसला किया। हम छिपते–छिपाते भागते–दौड़ते किसी तरह सरहद पार करने में कामयाब हो गए और दिल्ली पहुंच गए। भूख ने हमारा पीछा यहां भी नहीं छोड़ा। मुफलिसी और अशिक्षा में बचपन गुजारने के बाद मैंने जवानी की दहलीज पर कदम रखा। मैं एक अनपढ़ और बेरोजगार नौजवान था। मेरे वालिद बमुश्किल तमाम भी हमारी जरूरतें पूरी नहीं कर पाते थे।

बेरोजगारी की हालत में ही मेरी मां ने 20 साल की उम्र में मेरी शादी करा दी। वह मेरी पहली शादी थी। मेरी पहली बीवी से मेरे दो लड़के और एक लड़की पैदा हुई। लंबी बीमारी के बाद मेरी पहली बीवी का इंतकाल हो गया। 28 साल की उम्र में मैंने एक तलाकशुदा और एक लड़की की मां से दुबारा शादी कर ली। दूसरी औरत से भी एक लड़का और एक लड़की पैदा हुई। मैं सदर

बाजार में कूड़ा बीनने का काम करने लगा। यह काम मैंने लगातार 10 साल तक किया। जब मेरे पास कुछ पूंजी हो गई तो मैंने अपने एक दोस्त की मदद से अपनी निजी कबाड़ी की दुकान खोल ली। मेरे छह बच्चों के ऊपर मेहरबान होकर उसने मुझे जमीन का एक टुकड़ा दे दिया जिसपर मैंने दुकान खोली। वह मुझसे उस जगह का कोई किराया भी नहीं लेता था। कबाड़ी की दुकान चल निकली और कुछ ही समय में मेरा कारोबार बढ़ने लगा। उससे मुझे अच्छी–खासी आमदनी होने लगी। वे मेरी जिन्दगी के सबसे अच्छे दिन थे।

बहरहाल, किस्मत को कुछ और ही मंजूर था। मेरे दोस्त ने अपनी दुकान मुझसे वापस मांगी। उसने मुझे जगह खाली करने का आदेश दिया। चूंकि मेरे पास उस जगह का कोई कानूनी कब्जा तो था नहीं और न ही मैं उसका कोई किराया देता था इसलिए मुझे अपने दोस्त की बात मानकर जगह खाली कर देनी पड़ी। मैंने अपनी दुकान दूसरे इलाके में शिफ्ट कर ली और नए सिरे से काम शुरू किया लेकिन किस्मत ने साथ नहीं दिया। नई जगह पर दुकान न चलने की वजह से मेरी जिन्दगी बदतर हो गई।

कुछ समय बाद किस्मत फिर पलटी और मेरी कड़ी मेहनत रंग लाई। मैं अपने पड़ोसियों में इज्जत की निगाह से देखा जाने लगा। मैंने अपने–आपको सामाजिक गतिविधियों से जोड़ दिया। वहां मेरे कुछ नए दोस्त बन गए। मैं इस बात को अच्छी तरह जानता था कि ये लोग मेरे इर्द–गिर्द इसलिए मंडराते हैं क्योंकि मेरे पास पैसा है। कुछ अरसे बाद उन लोगों ने मुझे ऐसी चीज पेश करनी शुरू कर दी जिससे मैं अनजान था।

यह अनजान चीज थी–ड्रग्स। जल्दी ही मैं हेरोइन, चरस और शराब का आदी हो गया। नशे की हालत में मैं अपना नियंत्रण खोने लगा। बिजनेस से भी मेरा मन उचट गया। सारा दिन दुकान पर बैठने की बजाय मैं नशे में धुत रहता। धीरे–धीरे मेरा धंधा फिर चौपट हो गया और मेरे परिवार पर उसके नतीजे नजर आने लगे। जब मैं घर में होता और वे लोग मुझसे किसी चीज की मांग करते तो मैं अपना सारा गुस्सा अपने बीवी–बच्चों पर उतार देता।

इस दौरान मैं एक बार फिर बांग्लादेश गया। नशीली दवाएं–ड्रग्स वहां आसानी से नहीं मिलती थी। मेरी नशे की लत मुझे वापस फिर दिल्ली ले आई। वापस लौटकर मैं अपने दोस्तों, पड़ोसियों और पुलिस समेत सरकारी नौकरों से झगड़ा करने लगा। मुझे मालूम था कि मेरा यह रवैया मुझे जल्दी ही मुसीबत में डाल देगा। वैसा ही हुआ।

पड़ोसियों ने मेरे व्यवहार के खिलाफ शिकायतें करनी शुरू कर दीं। हालात इतने बिगड गए कि वे मुझसे छुटकारा पाने की बात सोचने लगे। सबसे बड़ी बात यह थी कि मैंने पड़ोस की एक अन्य औरत के साथ रिश्ते कायम कर लिए थे। मुझे इस बात की जानकारी नहीं थी कि वह सब कैसे हुआ और किसने उसकी योजना बनाई, लेकिन उस औरत ने एक दिन थाने में मेरे खिलाफ बलात्कार की रिपोर्ट दर्ज करा दी। पुलिस ने मुझे गिरफ्तार करके जेल भेज दिया।

जेल में मैं लगभग ढाई साल रहा। इस दौरान मेरी बीवी ने मेरे बच्चों की देखभाल के लिए कड़ी मेहनत की। मेरे भाई और मेरी बीवी के परिवार वालों ने भी उसकी मदद की लेकिन

बहुत कम ही समय तक। मेरा धंधा भी चौपट हो चुका था। मेरी बीवी ने घरों में महरी के रूप में काम करना शुरू कर दिया।

जेल में ही मुझे पता चला कि मेरी बेटी बुरी तरह जल गई थी। मैं उसे देखना चाहता था। मेरी दलील पर अदालत ने अस्पताल जाने के लिए मुझे दो घंटे की मोहलत दी। अस्पताल का दृश्य देखकर मैं हिल गया।

जेल के अंदर नशा–मुक्ति और चिकित्सा की सुविधा थी। मैंने भी अपना नाम लिखा दिया। पहली बात तो यह थी कि मेरे सामने कोई विकल्प ही नहीं था क्योंकि नई जेल महानिरीक्षक ने अस्पताल में 'पुड़िया' के प्रवेश के सारे रास्ते सील कर दिए थे और दूसरी बात यह थी कि मैं खुद भी सुधरना चाहता था।

इस दौरान जेल में मैंने इंडिया विजन फाउंडेशन नामक एक गैरसरकारी संगठन से सम्पर्क किया और उसे अपने परिवार के बारे में बताया। संगठन के लोग तब से मेरे घर का नियमित दौरा करने लगे। मेरे बच्चों को विभिन्न स्कूलों में दाखिल करा दिया गया और शालिग्राम को मेरे बच्चों का स्थानीय अभिभावक नियुक्त कर दिया गया। वह उनसे नियमित मिलता है। उनके प्रयासों से मेरा परिवार वापस पटरी पर आ गया है।

बहरहाल, मेरे अतीत ने मेरा पीछा नहीं छोड़ा। जेल जाने से पहले मैं पुलिस के लिए मुखबिरी करता था। अब मैंने अपने आपको इस काम से पूरी तरह अलग कर लिया है, इसलिए स्थानीय पुलिस मुझसे खुश नहीं है। उन लोगों ने कई बार अपनी नाराजगी जताई है। इत्मीनान से जिन्दगी गुजारने के चक्कर में मैं अपना ठिकाना कई बार बदल चुका हूं। मैं अब भी कबाड़ी की दुकान चलाता हूं लेकिन मुझे डर है कि पुलिस कभी भी मेरे ऊपर कोई इल्जाम लगाकर जेल भेज देगी।

मेरा अतीत गलतियों और अवांछनीय कृत्यों से भरा है। अपने सभी कृत्यों के लिए मैं किसी अन्य को दोषी नहीं मानता। लेकिन अब मैं समाज से सिर्फ एक अवसर चाहता हूं ताकि मैं साबित कर सकूं कि मैं पूरी तरह बदल चुका हूं।

गलती किसकी ?

- बरबाद होने से कई लोगों की जिन्दगी नर्क बन जाती है। कई बार ऐसे लोगों को जिंदगी देकर कीमत चुकानी पड़ती है।
- गरीबी, निरक्षरता के साथ–साथ बेरोजगारी लोगों को शोषण का चारा बना देती है।
- स्मैक पीना विनाश का निश्चित मार्ग है।
- पुलिस संगठन आमतौर पर लोगों के जेल में सुधरने को संदेह की दृष्टि से देखते हैं इसीलिए जेल से रिहा होने के बाद जब आदमी सही रास्ते पर चलने की कोशिश करता है तो भी पुलिस उसे माफ करने का जोखिम नहीं उठाती।

संकट से जूझती शरणार्थी सीमा

26

मेरा नाम सीमा है और उम्र 37 बरस। मेरे चार बच्चे हैं–दो लड़के और दो लड़कियां। वे दिन बीत गए जब बच्चों तथा मेरी देखभाल के लिए हमारे पास नौकर–चाकर होते थे। उग्रवादियों ने हमें पंजाब में हमारा गांव छोड़ने को मजबूर कर दिया। अगर हम पंजाब नहीं छोड़ते तो मेरा पति उग्रवादियों की गोली का अगला निशाना बन जाता। मेरे पति के दो भाइयों को पहले ही मार डाला गया था। गांव के 25 अन्य परिवारों के साथ हमें रातों–रात गांव छोड़कर भागना पड़ा।

इस अफरातफरी में हम थोड़ा–बहुत जो भी सामान ला सकते थे, उसे लेकर किसी तरह दिल्ली पहुंच गए। दिल्ली में सरकार ने सड़क के किनारे एक अस्थाई शरणार्थी शिविर लगा रखा था। हम लोगों को उसी शिविर में जगह मिली। जब हम छोटे थे तो हमारे दादा–दादी हमें भारत विभाजन के समय के शरणार्थियों की कहानियां सुनाया करते थे। हमने कभी भी नहीं सोचा था कि एक दिन हमपर भी शरणार्थी होने का लेबल लगेगा। कोई भी यह बात आसानी से नहीं मानेगा कि हम अपने ही देश में शरणार्थी बन गए। हमारी एकमात्र गलती यह थी कि हम सिख–बहुल गांव में रहने वाले हिन्दू थे।

पंजाब में मेरे माता–पिता के पास अच्छी खासी जमीन–जायदाद थी। मुझे बचपन का ऐसा कोई दिन याद नहीं आता, जब हमें किसी चीज की कभी कोई दिक्कत हुई हो। 16 साल की आयु में पंजाब के एक अमीर तहसीलदार के सबसे छोटे बेटे के साथ मेरी शादी हो गई। हालांकि हम पति–पत्नी दोनों ही ज्यादा पढ़े–लिखे नहीं थे, फिर भी हमारी जिन्दगी बड़े मजे में कट रही थी। मेरे पति के पास खेती–बाड़ी के अलावा अमृतसर में ट्रांसपोर्ट का कारोबार था। कभी–कभार वह अपनी गाड़ी खुद लेकर जाता, क्योंकि उसे गाड़ी चलाने का बहुत शौक था। इसके अलावा दूसरा शौक उसे शराब पीने का था। वह नियमित तौर पर शाम को शराब पीता था। हमारे यहां कमोबेश

सभी लोग ऐसा करते थे। सब पड़ोसी मिल–बैठकर शाम को शराब पीते, लेकिन एक निश्चित सीमा के अंदर। उनकी शराबखोरी उनके परिवार या पड़ोसियों को कभी भी नागवार न गुजरती थी। दरअसल, जिस गांव में हम रहते थे, वह एक बड़े परिवार की तरह था। हम अपने सारे सुख–दुख आपस में बांटते थे। वहां हिन्दू, सिखों के साथ–साथ मुसलमान भी थे। हम सब आपस में बड़े प्यार से रहते थे, लेकिन किस्मत को कुछ और ही मंजूर था।

सन् 1982–83 के दौरान पंजाब में उग्रवाद उफान पर था। कुछ सिरफिरे निर्दोष लोगों को अपनी गोलियों का निशाना बना रहे थे। उग्रवाद जहां अपने उत्कर्ष पर था, वहीं सैन्य बलों की दमनात्मक कार्रवाइयां भी बहुत अधिक हो रही थीं। पुलिस की गोली से मरने वाले हर व्यक्ति को आतंकवादी शहीद करार देते। मरने वाला चाहे मूकदर्शक ही क्यों न रहा हो, उग्रवादी उसे अपना साथी बताकर उसकी मौत का बदला लेते। जब उग्रवादी पुलिस का कुछ न बिगाड़ पाते तो वे बौखलाकर निर्दोष लोगों की हत्याएं करने लग जाते। इन हत्याओं को वे मुखबिरी का दंड बताते। बहरहाल, हकीकत यह है कि उग्रवाद का सबसे ज्यादा खामियाजा निर्दोषों को ही भुगतना पड़ा और मैं भी उन्हीं में से एक हूं। मैं आपको यह बता पाने में असमर्थ हूं कि हमारे जैसे लाखों लोगों के साथ क्या सलूक हुआ। मेरी तात्कालिक चिंता अपने परिवार को लेकर थी और वह आज तक बरकरार है। पंजाब की ऐशो–आराम वाली जिन्दगी छोड़कर 12 वर्ष पहले हम शान्ति की तलाश में दिल्ली जैसे बड़े महानगर में आए थे, लेकिन यहां हमें पीड़ा और नफरत मिली जो कि दिन–ब–दिन बढ़ती ही जा रही है।

दिल्ली पहुंचने के बाद हमें खानाबदोशों की तरह जहांगीरपुरी की गलियों में लगे टेंटों में रखा गया। हम अपने साथ बहुत थोड़ा सामान ला सके थे, इसलिए कुछ ही दिनों में वह खत्म हो गया। पंजाब में अपनी जमीन–जायदाद को अफरातफरी में औने–पौने भाव बेच देना पड़ा। सरकार चार लोगों के परिवार के लिए महज 1000 रुपए की सहायता देती थी, जो कि हमारे जिन्दा रहने के लिए काफी थी। उस समय मैं गर्भवती थी और दिन–प्रतिदिन कमजोर होती जा रही थी। अमीरजादा होने का घमंड मेरे पति को दूसरों के लिए काम करने से रोकता था। हम दोनों ज्यादा पढ़े–लिखे नहीं थे, इसलिए स्वतंत्र होकर कुछ नहीं सोच पाए। दूसरों की तरह हम भी चमत्कार होने का इंतजार करते रहे, लेकिन वह कभी नहीं हुआ।

मुझे प्रसव पीड़ा शुरू हो गई। मेरे ऊपर रहम करके शिविर के स्थानीय प्रधान ने अधिकारियों से सम्पर्क करके हमारे लिए बनाए गए सरकारी परिसर में एक कमरा दिला दिया। हम वहां शिफ्ट हो गए। हमारे पास अब आंधी–बारिश से बचने के लिए एक सुरक्षित ठिकाना था। भूख और तंगी वहां भी हमारे दामन के साथ चिपके रहे और आज तक भी उन्होंने हमारा साथ नहीं छोड़ा।

मेरे पति को सब्जी मंडी में ड्राइवर की नौकरी मिल गई। हालांकि हमारी आमदनी बहुत थोड़ी थी, फिर भी उससे दोनों वक्त चूल्हा जल जाता था।

मेरे बच्चे बड़े हो रहे थे। उनकी जरूरतें भी बढ़ रही थीं। जो नहीं बढ़ रही थी, वह थी हमारी

आमदनी। हम इस बात को अच्छी तरह समझते थे कि उनकी पढ़ाई–लिखाई बहुत जरूरी है, लेकिन हमारी सर्वोच्च प्राथमिकता किसी तरह जिन्दा रहने की थी। घर से बाहर निकलकर काम करना मुझे अच्छा नहीं लगता था। शरणार्थी होने के नाते हमारे साथ लोग अच्छा बर्ताव नहीं करते थे। यही हालत मेरे पति को नौकरी मिलने के मामले में थी और बच्चों के स्कूल में भी। हालांकि हमारे बच्चे स्कूल गए, लेकिन किसी ने भी पढ़ने में रुचि नहीं ली। उनके शिक्षकों ने भी कभी उन्हें समझाने की कोशिश नहीं की।

एक दिन मेरे पति की सोहबत ने अपनी कीमत वसूल ली। एक दिन लौटकर जब वह घर आया तो उसने हमें बताया कि उसका किसी से झगड़ा हो गया है। पुलिस ने जब हस्तक्षेप किया तो उसने पुलिसवालों के साथ भी बदतमीजी कर दी। मैं अपने पति को अच्छी तरह जानती हूं। उसने किसी अन्य की खातिर यह झगड़ा मोल लिया होगा। वह जल्दी गुस्से में आने वाला इंसान नहीं है। लोग चाहे जो भी कहें, मुझे उसके ऊपर पूरा भरोसा है। पुलिस के साथ हाथापाई के कारण पुलिस ने उसे बदले की भावना से डकैती के झूठे मामले में फंसा दिया। अगले दिन पुलिस ने गिरफ्तार करके मेरे पति को जेल भेज दिया। मेरी दुनिया जहां की तहां ठहर गई।

उसकी रिहाई के लिए मैं दर–दर भटकी, लेकिन कुछ भी नहीं हुआ। पुलिस मेरे पति के सख्त खिलाफ थी। हालांकि वह अफसरों से अपने बेगुनाह होने की दलीलें देता रहा, लेकिन किसी ने एक न सुनी। उसके तिहाड़ जाने का हमपर बड़ा बुरा असर पड़ा। हमारे सामने जीवित रहने का सवाल एक बार फिर खड़ा हो गया।

भूख और मुफलिसी ने मुझे सब सिखा दिया। मैं कुछ स्थानीय औरतों के साथ मिलकर दरवाजे–दरवाजे घरेलू सामान बेचने लगी। हालांकि इस काम में बहुत ज्यादा पैसे नहीं मिलते थे, फिर भी जिन्दा रहने का कुछ इंतजाम तो हो ही गया। मेरे पति का मुकदमा खत्म होने में लगभग एक साल लग गया। अदालत ने मेरे पति को निर्दोष मानते हुए उसे बरी कर दिया। तबसे हमारी जिन्दगी उल्टी दिशा में घूमने लगी।

पहले तो हम सिर्फ शरणार्थी ही थे। अब हमारे बीच एक पूर्व कैदी भी आ गया था। वह काम की तलाश में जहां भी गया, उसे वापस लौटा दिया गया। उसके गुम हो गए दोस्त एक बार फिर सामने आए और उसे अपने साथ ले गए।

कैदियों और उनके परिवारों की सहायता के लिए कार्यरत इंडिया विजन नामक एक गैरसरकारी संगठन ने अपनी परियोजना के अंतर्गत हमारे परिवार को चिन्हित किया। संगठन ने मेरे लड़कों को एक रेजीडेंसियल स्कूल और लड़कियों को नियमित स्कूल में दाखिल करा दिया। इसी स्कूल में मुझे आया की नौकरी भी मिल गई। स्कूल के स्टाफ कर्मचारियों के घर काम करने से मुझे कुछ अतिरिक्त आय भी हो जाती है। कुल मिलाकर मैं अब लगभग 1500 रुपए माहवार कमा रही हूं। इस आमदनी से मैं अपने परिवार का भरण–पोषण करती हूं। समय मिलने पर मेरे बच्चे घर–घर जाकर साबुन, फिनाइल इत्यादि

बेचने में मेरी मदद करते है। हालांकि यह सब करना मुझे अच्छा नहीं लगता, लेकिन इसके सिवाय कोई चारा भी तो नहीं है। इस बीच हमारे गांव में जो कुछ बचा था वह भी बेच देना पड़ा।

मेरे पति को जेल से छूटे हुए लगभग दो बरस बीत चुके हैं, लेकिन अभी तक उसे कहीं कोई काम नहीं मिला। वह रोज सुबह काम पर जाता है और थक–हार कर शाम को घर लौट आता है। इंडिया विजन फाउंडेशन ने एक बार फिर हमें सहायता का आश्वासन दिया है। वह हमारे सुरक्षित भविष्य के लिए हमारे पुनर्वास की व्यवस्था कर रहा है। हमारे जीवन में उम्मीद की अब वह एकमात्र किरण है।

मेरी सबसे बड़ी बेटी 18 साल की हो गई है। उसके भविष्य को लेकर मुझे बड़ी चिंता है। मुझे अपने अन्य बच्चों, अपने पति और स्वयं अपनी चिन्ता है। क्या कभी खत्म होंगी ये चिंताएं। क्या मेरी जिन्दगी कभी पुरानी जिन्दगी की तरह हो पाएगी?

गलती किसकी ?

- आतंकवाद व्यक्ति को अपनी जड़ों से अलग कर देता है और परिवारों को नर्क बना देता है।
- पर्याप्त सामाजिक सुरक्षा प्रणाली के बगैर अनेक परिवार अत्यधिक कंगाली में जीवन बसर करते हैं।
- लापरवाह और अमानवीय सोच वाली पुलिस कमर तोड़नेवाली है।

गरीबी के गर्त में गिरता-उठता मन्नू

27

मेरा नाम मन्नू और उम्र 9 साल है। मैं अभी–अभी चोरी के आरोप में बालगृह (जेल) से रिहा होकर आया हूं। पुलिस ने मेरे खिलाफ अभियोग लगाया था कि मैंने भारत के सबसे बड़े बाजार सदर बाजार में एक दुकान का शटर ताला तोड़कर चोरी की। अगर आप मेरी ओर निगाह डालें तो स्वयं जान जाएंगे कि मैं तो अपनी झुग्गी का ताला भी नहीं तोड़ सकता। झुग्गी में मेरे माता–पिता सहित हम छह भाई यानी आठ लोग रहते हैं।

हमारा ताल्लुक बिहार के एक गरीब परिवार से है। मुझे बताया गया कि हमारे दादा–परदादा अपने बच्चों की भूख मिटाने के लिए खेतों में जी तोड़ मेहनत करते थे। हमारा सारा परिवार अनपढ़ था इसीलिए हमें मालूम नहीं था कि हम जिन्दगी कैसे गुजारें।

मेरी मां गृहिणी है और पिता बाजार में मजदूरी करते हैं। उनकी आमदनी अपर्याप्त है फिर भी हम किसी तरह गुजारा कर लेते हैं। मेरा बड़ा भाई चाय की दुकान पर काम करता है। उसकी छोटी–सी कमाई से भी हमारे परिवार की काफी मदद हो जाती है। अभी तक हममें से कोई भी स्कूल नहीं गया था। नवज्योति नामक एक गैरसरकारी संगठन झुग्गियों के बच्चों को अनौपचारिक शिक्षा देता है। हम भाइयों को नवज्योति स्कूल में दाखिल हुए अभी एक महीना ही हुआ था कि मुसीबत टूट पड़ी।

बचपन में मैं अपने नाना के यहां रहा क्योंकि मेरे मां–बाप रोजी–रोटी की तलाश में दिल्ली आ गए थे और बड़ी मुश्किल से जिन्दगी बसर कर रहे थे। हमारे घर की हालत इतनी खस्ता थी कि हम कई–कई दिन भूखे ही रह जाते। नाना के यहां भी हालत ज्यादा भिन्न नहीं थे। ननिहाल के लोग बड़ी मशक्कत से घर का खर्च चलाते लेकिन मुझे कभी मजदूरी करने के लिए न कहते। मेरे नाना काफी बूढ़े हो चुके थे। उन्हें यही चिंता लगी रहती थी कि अगर उन्हें कुछ हो गया तो मेरा ख्याल कौन रखेगा।

मेरे पिताजी जब गांव गए तो नाना उनपर बहुत नाराज हुए। उन्होंने उनसे कहा कि वह मुझे अपने साथ दिल्ली ले जाएं। पिताजी राजी हो गए। दिल्ली जाने की खबर से मैं बहुत खुश हुआ। मैंने सोचा कि अब मैं अपने माता–पिता के साथ दिल्ली में रहूंगा। मैंने अपने कुछ दोस्तों को इस बारे में बताया। मैं जानता था कि वे सब मुझसे ईर्ष्या कर रहे थे क्योंकि उनके माता–पिता दिल्ली में नही रहते थे।

रास्ते भर मैं अपने पिता से अपने अनगिनत सवालों का जवाब मांगता रहा। शहर और वहां की जिन्दगी के बारे में पूछता रहा। मैं उनसे बढ़िया–बढ़िया खाने, कपड़े और सैर–सपाटे की बाबत पूछते–पूछते सो गया। सपने में मुझे बड़ी खुशगवार जिन्दगी दिखाई पड़ी। सच्चाई से हमारा सामना तब हुआ जब हम अगले दिन स्टेशन पर उतरे। मैंने देखा कि मेरे पिता अन्य लोगों की तरह रिक्शा या आटोरिक्शा में बैठने के बजाय पैदल ही चल पड़े। मैंने इस बात पर ज्यादा ध्यान नहीं दिया क्योंकि मैं सोच रहा था कि हम जल्द ही अपने आलीशान घर में पहुंच जाएंगे जहां सब कुछ ठीकठाक होगा।

रास्ते में ऊंची–ऊंची इमारतें देखकर मैं भौचक्का रह गया। ऐसी इमारतें मैंने पहले गांव के फटे–पुराने अखबारों में ही छपी देखी थी। दिल्ली में मैं उन्हें अपनी आंखों से देखता हुआ उनके साथ–साथ चल रहा था। मैं सोच रहा था कि मेरे पिता के पास भी कभी कार या स्कूटर होगा।

घर पहुंचकर मैं हैरान रह गया। वह इलाका हमारे गांव से कुछ ज्यादा अलग नहीं था। बड़े गंदे इलाके में जगह–जगह कूड़े के ढेर पड़े हुए थे और मेरी उम्र के बच्चे उन पर बैठे हुए थे। यह सब देखकर मुझे बड़ी तकलीफ हुई। घर के नाम पर हमारी छोटी–सी झुग्गी थी जिसमें हम किसी तरह एक साथ बैठ सकते थे। दिल्ली आकर मैंने दिखा कि मेरे चार छोटे भाई और हो गए हैं। मेरी मां बहुत कमजोर हो गई थी जिसे देखकर मुझे बहुत दुःख हुआ। बहरहाल, उसने जब मुझे गले लगाया तो मेरी खुशियों का ठिकाना न रहा। मैं अपने भाइयों और पड़ोस के उनके दोस्तों से अच्छे रिश्ते नहीं बना सका। दो–चार दिन की खुशी के बाद सच्चाई मेरे सामने आ गई और मैं दुखी हो गया। मुझे नहीं मालूम कि मेरे पिता किस तरह हम सबका पेट भरते थे लेकिन मैं इस बात पर हैरान हूं कि उन्होंने नवज्योति के स्वयंसेवकों को हमें स्कूल भेजने की रजामंदी दे दी। भूखे पेट पढ़ाई का क्या मतलब? लेकिन वे लोग मेरे पिता को राजी करने में कामयाब रहे और पिता ने हम सबको स्कूल भेजना शुरू कर दिया।

मैंने अपने पड़ोस में रहने वाले अपनी उम्र के बच्चों को सारा दिन आवारागर्दी करते देखा। मैंने पूछा कि क्या तुम लोग स्कूल जाते हो? मेरी बात सुनकर वे हंस पड़े और बोले–पढ़ाई–लिखाई हमारे लिए नहीं है। उनके लिए तो घूमना, खेलना और अच्छा–अच्छा खाना ही उनकी दिनचर्या है। मैंने पूछा कि क्या तुम लोगों के पिता बहुत कमाई करते हैं? वे फिर हंसे और बोले कि वे अपने पिता की नहीं, अपनी कमाई से ऐश करते हैं। कुछ दिनों तक उनकी बात मेरे पल्ले नहीं पड़ी, लेकिन उनके शब्द मेरे कानों में गूंजते रहे। मेरे पिता सुबह ही काम पर चले जाते और मां सारा दिन घर के कामों में व्यस्त रहती। उसे सिर उठाने की भी फुरसत न मिलती।

एक दिन सबेरे कल्लू नामक एक 12–वर्षीय लड़का मुझे अपने साथ ले गया। उसने कहा कि वह मुझे दावत खिलाएगा। मैं राजी हो गया। सारा दिन हम बाजार में इधर–उधर भटकते रहे और कल्लू ने अपना वादा निभाया। वह मेरे लिए बढ़िया खाना लाया। मैं अपने फैसले पर खुश था और उसे अपना फरिश्ता समझ रहा था। अचकुन भी हमारे साथ था। रात को जब नौ बज गए तो मुझे चिंता होने लगी और मैं घर जाने के लिए उतावला हो गया। कल्लू ने मुझसे थोड़ी देर इंतजार करने के लिए कहा। उसने कहा कि यही तो कमाई का वक्त है। मैं कुछ पैसे कमाकर अपने पिता को देने की बात सोचकर रोमांचित हो उठा। हम एक दुकान पर गए जिसमें ताला लगा हुआ था। कल्लू ने मुझे दरवाजे पर इंतजार करने और अचकुन को यह देखने के लिए भेज दिया कि लाइन साफ है या नहीं। अचकुन के इशारा करने से पहले तक मेरी समझ में कुछ नहीं आया। कल्लू ने एक छोटा सरिया निकाला और शटर का ताला तोड़ दिया। वे दोनों शटर उठाकर दुकान के अंदर चले गए। मैं हैरान था। मुझे नहीं मालूम था कि मैं क्या करूं।

मैं चौकीदार को कोने की तरफ से भागते हुए देखकर चकित रह गया। वह मेरी तरफ ही भागता आ रहा था। अचानक मैंने अपने एक अन्य पड़ोसी 10 वर्षीय जाशिम को एक थैला लेकर भागते देखा। चौकीदार ने चिल्लाकर उससे रुकने के लिए कहा। चौकीदार ने जल्द ही हम दोनों को पकड़ लिया और जाशिम से बैग छीन लिया। शोर सुनकर कल्लू और अचकुन दुकान से बाहर आए और अंधेरे में गायब हो गए। चौकीदार ने हम दोनों को पुलिस के हवाले कर दिया। पुलिस ने हमारी खूब पिटाई की।

मैंने पुलिसवालों से कहा कि मैं निर्दोष हूं लेकिन उन्होंने मेरी एक न सुनी। थाने में थोड़ा–सा खाना खाकर हम जमीन पर ही सो गए। अगले दिन मेरे पिताजी ने थाने में पुलिसवालों से बहुत चिरौरी की लेकिन उन्होंने मुझे अदालत में पेश करके बालगृह भेज दिया। महिला जज ने भी मेरी बात पर यकीन नहीं किया। बालगृह में अन्य बच्चे मुझे बहुत सताते। डर के मारे मैं उनकी शिकायत भी नहीं करता। पिताजी ने मेरी जमानत करा ली तब कहीं जाकर हमारी मुसीबत छूटी। उन्होंने मुझे बताया कि मेरी रिहाई के लिए उन्होंने घर में जो कुछ था, सब बेच दिया और पड़ोसियों से भी कर्ज लिया। मुझे अभी भी निश्चित पता नहीं है कि आगे क्या होगा।

गलती किसकी ?

- गरीबी ग्रामीणों को शहरों की ओर ले जाती है जो कई बार अनेक लोगों के लिए घाटे का सौदा साबित होती है।
- सीमित आमदनी वाले बड़े परिवारों में जवान बच्चे अधिक पाने की तलाश में अक्सर गलत काम कर बैठते हैं।
- आपराधिक न्याय प्रणाली का सरोकार केवल गिरफ्तारी और कैद तक सीमित है, न कि वह सुधार के लिए चिंतित है खासतौर से किशोरों के सुधार के सिलसिले में।

बदहाली से बुद्धिमानी की ओर बढ़ता बिट्टू

28

(यह कहानी भी एक अन्य चार–वर्षीय लड़के की है। उसका नाम बिट्टू है। इस स्तंभ की लेखिका आजकल मिश्रित आबादी वाली दिल्ली की सबसे बड़ी झुग्गी–झोपड़ी बस्ती के हालात का अध्ययन कर रही हैं। राजस्थान के आदिवासियों की तरह इन झुग्गी बस्तियों में पड़ोसी राज्यों से लेकर पड़ोसी देशों से आए हुए लोग अपनी सांस्कृतिक विरासत और परम्परागत रीति–रिवाजों के साथ रह रहे हैं। राजस्थानी आदिवासियों में शराब पीने का रिवाज है वह भी पूरे परिवार के साथ मिलकर। लेखिका ने नवज्योति नामक एक स्वयंसेवी संगठन के कार्यकर्ताओं के साथ इस झुग्गी का दौरा किया। यह संगठन झुग्गी बस्तियों के निवासियों की सोच में परिवर्तन लाने के उद्देश्य से कार्यरत है। बिट्टू बहुत शर्मीला लड़का है। बहुत कोशिश करने के बाद भी वह मुंह खोलने को इच्छुक नहीं है। उसकी कहानी नवज्योति के सलाहकारों की जानकारियों के आधार पर पूरी की गई है। नवज्योति इन झुग्गी बस्तियों की गलियों में 'गली स्कूल' चलाता है ताकि ऐसे बिगड़े बच्चों तक पहुंचा जा सके–जैसे बिट्टू)

बिट्टू अपने परिवार का सबसे छोटा बच्चा है। उसने इस बात की पुष्टि की कि वह अपने परिवार वालों के साथ यानी माता–पिता, दो भाइयों और दो बहनों के साथ रोजाना शराब पीता है। लेकिन इसके साथ ही वह यह भी बताता है कि जबसे यादव सर ने उसे शराब से दूर रहने की सलाह दी है तब से उसने शराब पीनी छोड़ दी है। वह रोज हमारे घर आते हैं। यादव ने बताया कि बिट्टू की पहचान उस समय की गई जब हम लोग गली स्कूल स्थापित करने की प्रक्रिया में थे। हम चाहते थे कि इन बच्चों को भीख मांगने, कूड़ा बीनने और स्मैक इत्यादि का धंधा करने से रोका जाना चाहिए। उन्होंने बताया कि हमारे लिए वह एक अनूठा अनुभव था कि

किसी समाज में ऐसी भी बुराइयां हैं कि पूरा परिवार साथ बैठकर शराब पीता है। इसका पता चलने के बाद से ही नवज्योति इस मुद्दे पर कार्यरत है। यादव ने बताया कि बिट्टू ने नशे की हालत में स्कूल आना शुरू किया था। दरअसल, ऐसे कई बच्चे थे जो शराब में धुत होकर स्कूल आते थे।

बिट्टू उनसे भी एक कदम आगे निकल गया था। वह अपने पिता द्वारा बेचने के लिए रखी अवैध शराब की थैलियां चुरा लाता और अपने दोस्तों को औने–पौने दामों बेच देता। चूंकि वह बहुत छोटा था इसलिए उसे उन पाउचों की असली कीमत की जानकारी नहीं थी। यादव बताते हैं कि उन पैसों से वह अपनी पसंदीदा चीजें खाता और मजे लेता। यह इतना चालाक था कि पिटाई के डर से अपने इस कृत्य के बारे में घर के किसी सदस्य को नहीं बताता था।

यादव ने बताया कि इस हकीकत को जब मैंने बिट्टू के माता–पिता के सामने रखते हुए सवाल किए तो उन्होंने इस बात से साफ इनकार कर दिया कि वे बिट्टू या अपने किसी बच्चे को शराब देते हैं। बहरहाल, बहुत समझाने–बुझाने के बाद उन्होंने अपनी संलिप्तता स्वीकार कर ली। उन्होंने बताया कि शराब पीना तो उनके यहां का ऐसा रिवाज था जिसे वे जिंदा रखना चाहते थे और उन्हें नहीं लगता कि शराब पीकर हम कोई पाप करते हैं। उसके पिता ने किया है इसलिए मैं भी वैसा ही अपने परिवार के साथ मिलकर करता हूं। मैं रिवाज नहीं तोड़ूंगा। यादव बताते हैं कि अवैध शराब की बिक्री जारी रखने के लिए वे अधिकारियों को 'मंथली' देते हैं ताकि किसी किस्म की गिरफ्तारी का जोखिम न रहे।

बिट्टू के मां–बाप को यह याद नहीं है कि वह शराब की थैलियां चुराकर आस–पड़ोस में बेचता है। यादव बताते हैं कि जब से खुद ही शराब के नशे में धुत रहते हैं तो इस बात की निगरानी ही कैसे रख सकते है कि कौन क्या कर रहा है। उनके लिए तो उनके बच्चों का शाम को सही–सलामत घर वापस आ जाना ही काफी है। बिट्टू ने बताया कि उसकी मां अपनी बात न मानने पर उसकी बहनों की बहुत पिटाई करती है। बिट्टू को अभी इस बात का पता नहीं है कि उसकी मां उनसे क्या कराना चाहती है? यादव बताते हैं कि इस समुदाय के लोग अपने बच्चों को सड़कों पर भीख मांगने के लिए भेजते हैं। बच्चे के इनकार करने पर ये उसकी पिटाई करते हैं। कई बार तो उन्हें पैसा न लाने पर भूखा रखने की सजा देने की धमकी दी जाती है। जहां तक बिट्टू का मामला है, उसकी मां अपने बच्चों को तब पीटती है जब वे शराब नहीं पीते। यादव के अनुसार बिट्टू का बाप अवैध शराब बेचकर अपने परिवार का भरण–पोषण करता है। वह अपने बच्चों पर कभी भी गुस्सा नहीं करता जबकि उसकी पत्नी खूंखार है। छोटा होने के कारण उसने बिट्टू को कभी भीख मांगने के लिए नहीं भेजा। यादव कहते हैं कि चूंकि अब वह हमारा विद्यार्थी है इसलिए हम सुनिश्चित करेंगे कि उसे कभी भी भीख न मांगनी पड़े।

गली स्कूल की इंचार्ज शकीरा कहती हैं कि ये बच्चे कभी स्कूल नहीं जाते। इनके मां–बाप तालीम दिलाने की बात कभी नहीं सोचते। इन लोगों को पढ़ाई में कोई यकीन नहीं है। शुरू–शुरू में इन बच्चों को स्कूल भेजने के लिए राजी करने में हमें बहुत कठिनाई हुई। वे कहते हैं कि पढ़ाई

तो ठीक है, लेकिन हमारी रोजी–रोटी का क्या होगा? हमने उन्हें बताया कि आप अपने बच्चों को सिर्फ तीन घंटे चलने वाले स्कूलों में अलग–अलग समय पर अपनी सहूलियत के हिसाब से भेज सकते हैं। वे बड़े अनमनेपन से राजी हुए। लेकिन जबसे उन्होंने अपने बच्चों में आए बदलाव को देखा है तबसे शिकायत करना बंद कर दिया है। दरअसल, हमारे स्कूलों में आने वाले बच्चों में से 80 प्रतिशत ने भीख मांगना और कूड़ा बीनना छोड़ दिया है। अभी हमें और भी ऐसे अनेक बच्चों तक पहुंचना है।

इस विशेष समुदाय में शराब पीने का चलन है। आस–पड़ोस के लोग एक साथ बैठकर शराब पीते हैं। यादव बताते हैं कि अगर इनके सामने कोई मसला आ जाता है तो उसे हल करने के लिए इनके समाज के कुछ प्रतिष्ठित सदस्य पंचायत बुलाते हैं और पंचायत के सामने मामला उठने और उसपर विचार करने से पहले सभी सदस्य जमकर शराब पीते हैं। कई बार गलती पर रहे पक्ष पर भारी जुर्माना किया जाता है। एकत्र हुए पैसे का क्या होता है मैं अभी इसका पता लगा रहा हूं। इस समुदाय में सैकड़ों बिट्टू हैं। उनमें से अनेक अभी गली स्कूल पहुंच पाने में खुशकिस्मत नहीं हैं। नवज्योति जैसे संगठनों की कोशिशें जारी हैं किन्तु अभी सभी बिट्टुओं तक पहुंचने मे उन्हें एक लंबा सफर तय करना पड़ेगा।

गलती किसकी ?

- कोई भी सरकारी संस्था ऐसी नजर नहीं आती जिसके पास सामाजिक बुराइयों की रोकथाम की कोई विस्तृत योजना हो।
- नासमझ, नजरअंदाजी और निरक्षर माता–पिता अपनी अभिभावकीय जिम्मेदारियां निभाए बगैर भी बच्चे पैदा करते रहते हैं।
- ऐसे परिवारों के उपेक्षित बच्चे समाज पर बोझ बनते हैं।

असलम ने आखिर अपराध को अलविदा कहा

29

मेरा नाम असलम है। यमुना नदी के किनारे बसी झुग्गी बस्ती में मैं अपने माता–पिता और छह भाइयों के साथ रहता हूं। मैं अपने भाइयों में सबसे बड़ा हूं। मूलतः हम लोग राजस्थान के 'ढोलकिया' आदिवासी समुदाय से ताल्लुक रखते हैं। अपनी रोजी–रोटी के लिए हम लोग ढोल बनाते हैं। मेरे पिता अक्सर घर से बाहर निकल जाते हैं और कई–कई महीनों बाद ढोल बेचकर लौटते हैं। हमारे पास–पड़ोस में हमारी बिरादरी के अन्य परिवार भी रहते हैं।

अबसे कुछ समय पहले तक मैं कभी भी स्कूल नहीं गया। हमारे मां–बाप हमें कभी पढ़ने नहीं भेजते। हमारे इर्द–गिर्द कोई स्कूल न होने के कारण हममें से किसी को नहीं पता था कि स्कूल होता कैसा है? कुछ दिनों से मैं नवज्योति नामक एक गैरसरकारी संगठन द्वारा हमारी आबादी में संचालित स्कूल में जाता हूं। मेरी उम्र के कुछ और बच्चे भी अब स्कूल जाने लगे हैं। शुरू–शुरू में हमें स्कूल जाना बहुत अजीब लगा लेकिन अब हमें मजा आने लगा है। मैं अपने दो छोटे भाइयों को भी अपने साथ स्कूल जाने के लिए राजी कर रहा हूं।

बहरहाल, पहले ऐसा कुछ भी नहीं था। पढ़ने की बात मेरे विचार में पहले कभी नहीं आई। हमारे मन में जो सबसे पहली बात होती थी वह थी खाने और कपड़े का जुगाड़ जो कि हमारे परिवार में कभी भी पूरी तरह मयस्सर नहीं था। हमारे घरों में अक्सर औरतें एक ही वक्त खाना बनाती हैं और हम उसे मिल–बांटकर खा लेते हैं। मेरी भूख मुझे पास के एक मंदिर की ओर ले गई जहां कुछ खास दिनों पर काफी भीड़ जमा होती है और श्रद्धालु भक्तजन गरीबों को खाना बांटते हैं। मेरे लिए सप्ताह के वे दिन 'खास दिन' बन गए। मैं ज्यादा से ज्यादा खाना इकट्ठा करके वहां से लाता और परिवार के अन्य सदस्यों के साथ बांटकर खा लेता। धीरे–धीरे मैं अपने भाइयों को भी वहां ले जाने लगा। सुबह–सुबह वहां जाकर लाइन लगाकर कुछ देर इंतजार करना होता है। श्रद्धालुओं–दाताओं के आने के बाद हम अपनी ऊंची आवाज में उनसे जितना ज्यादा से ज्यादा मांग सकते हैं, मांग लेते हैं।

उन दिनों को मैं कभी भी भुला नहीं सकता। आखिर दो–चार दिन ही सही, मैं खुद और अपने परिवार वालों को ठीक से खिला तो लेता था। बाकी के दिनों में घर की हालत जस की तस रहती। मंदिर में जिस दिन भीड़ कम होती उस दिन हमें भूखा ही रहना पड़ता। कुछ लोग हमारे हाल पर तरस खाकर हमपर पैसे फेंक देते। हमारी इस हरकत की जानकारी हमारे माता–पिता को भी हो गई थी। शुरू–शुरू में उन्होंने एतराज किया लेकिन बहुत ज्यादा दबाव नहीं डाल सके। हमने भीख मांगना जारी रखा। हमारी यह आदत आगे चलकर झपटमारी में बदल गई।

मैं कई बार अपने उन साथियों के साथ भी गया हूं जो रात के अंधेरे में दुकानों के ताले तोड़कर चोरी करते हैं। उनमें से कुछ लोग पकड़े गए, लेकिन जल्दी ही छूट भी गए। जल्दी रिहाई की वजह से उनकी हरकतों पर कोई रोक नहीं लग पाती। मैंने जेबतराशी का काम भी सीखा है। हम दाढ़ी बनाने वाले ब्लेड को मोड़कर अपनी उंगली में रबड़ बैंड के जरिए फंसा लेते हैं और मौका पाकर हाथ की सफाई दिखा देते हैं।

मैंने और मेरे दोस्तों ने दिन और रात दोनों वक्त चोरियां की हैं। हम घर में घुसकर सामान चुरा लेते। पिटाई के डर से मैंने अपने पिता को इसके बारे में कभी कुछ नहीं बताया। हमारे लिए यही उचित था कि हम उन्हें छेड़ें नहीं। मेरी मां हमेशा चूल्हे–चौके में रहती इसलिए उसके पास हमारी हरकतों पर निगाह रखने का वक्त ही नहीं रहता।

हममें से अनेक लड़के सिगरेट पीते और गुटखा खाते हैं। यह बहुत आसानी से मिल जाता है। मैंने कभी शराब नहीं पी है लेकिन अगर ये (नवज्योति के सलाहकार) नहीं मिलते तो शायद बहुत जल्द ही शराब भी पीने लग जाता। इन्होंने मुझे बहुत–सारी बातें सिखाई हैं और मैंने इनसे उनपर अमल करने का वादा किया है। ये हमारे घर नियमित आते हैं और हमारे पड़ोसियों के साथ बैठकर उनसे अपने बच्चों को सही रास्ते पर लाने की बातें करते हैं। इलाके में इनकी काफी इज्जत है। मैं अनेक लड़कों को जानता हूं जो स्मैक बेचते हैं। वे ऐसा इसलिए करते हैं क्योंकि उनके माता–पिता उन पर दबाव डालते हैं। पुलिस जब मां–बाप पर दबाव डालती है तो वे अपने बच्चों को 'पुड़िया' बेचने के लिए कहते हैं ताकि किसी को कोई शक न हो। आहिस्ता–आहिस्ता इन लड़कों को पैसे का लालच देकर खूंखार कूरियर बना दिया जाता है। मैं जानता हूं कि पुलिस वाले जान–बूझकर इस काम को फलने–फूलने देते हैं।

यह पूछने पर कि अगर उसे (असलम) पढ़ने की सलाह न दी जाती तो क्या तब भी वह भीख मांगता और कूड़ा बीनता? असलम ने कहा कि बड़े होने पर उसे भीख मांगने में शर्म आती। वह प्रतिप्रश्न करता है, 'क्या आपने किसी स्वस्थ बच्चे को गलियों में भीख मांगते देखा है?' नकारात्मक उत्तर देकर जब उससे पूछा गया कि फिर तुम बड़े होकर क्या करते तो उसने फौरन जवाब दिया, 'अन्य लड़कों की तरह मैं भी चोरी और झपटमारी' करता क्योंकि और कुछ करने को भी तो नहीं होगा।' इस उत्तर के साथ ही वह अपने सलाहकार के साथ स्कूल चला गया।

गलती किसकी ?

- बेकार बैठे बच्चे अपराध के स्कूलों में बड़ी तरक्की करते हैं।
- गैर–जिम्मेदाराना और अनियंत्रित गर्भ–धारण समाज के लिए बोझ बन जाता है।
- शहरों की झुग्गी–झोपड़ी कालोनियों (स्लम) में पनपती बुराई प्रशासनिक उपेक्षा और निवासियों की उदासीनता की पैदावार है।
- बच्चे की पढ़ाई की कीमत उस कीमत से बहुत कम है जो उसकी आवारागर्दी के कारण समाज को चुकानी पड़ती है।

जब बच्चियों ने कुकर्मी बाप से छुटकारा पाया

30

(मैं एक 30 वर्षीय महिला और उसकी 12 तथा 5 वर्षीय लड़कियों से मिली। उन्होंने नवज्योति परिवार सलाह केन्द्र में मदद के लिए सम्पर्क किया था। नीचे दी गई कहानी उन्हीं की जुबानी है जो दर्शाती है कि समाज में आज नैतिक जीवन मूल्य किस हद तक गिर गए हैं।)

मेरा नाम सायरा है, उम्र लगभग 30 साल। मेरे तीन बच्चे हैं, जिनमें एक बेटा तथा दो बेटियां हैं। मेरा बेटा अख्तर इनमें सबसे बड़ा है। उसकी उम्र 13 साल है। बड़ी बेटी तस्लीमा 12 और छोटी जरीना 5 साल की है। मेरा शौहर अकरम गुजारे के लिए बैग बनाने का काम करता है। मेरी सारी मुसीबतों की जड़ मेरा शौहर ही है।

मूलतः मैं असम की रहने वाली हूं। लेकिन बचपन से ही अपने परिवार से बिछुड़ गई थी। मुझे बताया गया कि जब मैं 6 साल की थी तो कोई व्यक्ति मुझे गुवाहाटी से दिल्ली लाकर अनाथालय में छोड़ गया। अनाथालय में आम लड़कियों के साथ मेरी जिन्दगी मजे से गुजरी। हम सब लड़कियां स्कूल से लौटकर अनाथालय के कामों में हाथ बटातीं। मैंने नौवीं कक्षा तक पढ़ाई भी की। जब मैं बड़ी हुई तो मैंने अपने सगे–संबंधियों के बारे में पूछताछ की। अनाथालय के अधिकारियों ने मेरी पृष्ठभूमि का पता लगाने में मेरी मदद की।

मैं 18 साल की हो गई। अनाथालय वालों ने मेरे तथा विवाह योग्य अन्य लड़कियों के लिए उपयुक्त वर की खोज शुरू की। मेरे पति अकरम ने आश्रम में संपर्क करके अधिकारियों से कहा कि वह किसी अनाथ लड़की से शादी करना चाहता है, क्योंकि उसका इस दुनिया में कोई नहीं है। मैं आश्रम की सबसे सुशील लड़की थी, इसलिए आश्रम के अधिकारी संयुक्त विवाह समारोह में अकरम के साथ मेरी शादी करने को तैयार हो गए।

शादी के बाद मैं एक छोटी–सी कालोनी में अकरम के साथ किराए के एक मकान में **रहने**

लगी। शुरू–शुरू में सब कुछ ठीक था। आगे आने वाली मुसीबतों से मैं पूरी तरह अनजान थी। घर की आय बढ़ाने की नीयत से मैंने एक फैक्टरी में काम करना शुरू कर दिया। इस बीच मैंने देखा अकरम अब पहले जैसा नहीं रह गया था। वह एक शराबी था और रोजाना शराब पीकर घर लौटता। उसको शराब छोड़ने की नसीहत दे–देकर जब मैं हार गई तो मैंने खामोशी से अपने बच्चे की परवरिश पर ध्यान देना शुरू कर दिया। जल्द ही उसकी शराबखोरी लत में बदल गई और वह पारिवारिक जिम्मेदारियों से दूर भागने लगा। मेरी दूसरी संतान भी पैदा हो गई, लेकिन उसमें सुधार के कोई लक्षण दिखाई नहीं पड़े।

वह कई–कई दिनों तक घर से बाहर रहने लगा। वह जब कभी भी लौटता, मेरी पिटाई कर देता। निर्दयी मेरे बच्चों को भी नहीं बख्शता था। हम उससे हमेशा डरे हुए रहते। वह मेरे पास जो भी पैसे होते, मांग लेता और मेरे पास उसे देने के अलावा और कोई चारा नहीं था। मैंने रोजी–रोटी के लिए मिशनरियों द्वारा चलाए जाने वाले एक 'क्रेच' में नौकरी कर ली। उसने वहां भी मेरा पीछा नहीं छोड़ा। वह शराब पीकर क्रेच में पहुंच जाता और मुझे बुरा–भला कहता। कोई बीच–बचाव करने की कोशिश करता तो अकरम उससे भी बदसलूकी करता। मजबूरन मुझे वह नौकरी छोड़ देनी पड़ी। उसके बाद मैंने सब्जी की रेहड़ी लगानी शुरू कर दी। आसपास के इलाकों में सब्जी बेचकर शाम तक मैं जो कुछ भी कमाती, उसे अकरम झटक लेता। हम भुखमरी की कगार पर पहुंच गए, लेकिन अकरम पर कोई असर नहीं हुआ। किराया न दे पाने के कारण मकान मालिक ने हमसे कमरा खाली करा लिया। बचे–खुचे सामान के साथ मैंने जहांगीरपुरी की एक झुग्गी में पनाह ली। उस वक्त मेरा शौहर मुझे छोड़कर भाग गया।

मैंने नए सिरे से जिन्दगी शुरू की। अभी हालात ठीक हो ही रहे थे कि अकरम फिर लौट आया। इस बार वह शराब के साथ–साथ ड्रग्स का भी आदी हो चुका था। मैं बहुत सहमी हुई थी, लेकिन उसकी शिकायत करने की हिम्मत नहीं जुटा पाई। उसने हमारे साथ फिर बदसलूकी शुरू कर दी। वह अनेक बार मेरी चोटी पकड़कर घसीट चुका है। उसकी पिटाई से मेरा शरीर आज तक दर्द करता है। जब स्थिति नहीं सुधरी तो पड़ोस की कुछ औरतों ने मुझे अपने शौहर के खिलाफ पुलिस में शिकायत करने की सलाह दी। मेरी शिकायत पर उसे गिरफ्तार कर 10 दिनों के लिए जेल भेज दिया गया। जमानत पर छूटने के बाद उसने माफी मांगी और हमारे साथ रहने लगा।

मेरी 11 वर्षीया बेटी तस्लीमा ने एक दिन मुझसे शिकायत की कि उसका बाप उससे इधर–उधर की बातें करता है और एक रात को सोते हुए उसने तस्लीमा का पायजामा उतारने की कोशिश की। मैंने उसे धमकाया कि तुम्हें अपना ख्याल रखना चाहिए। वह खामोश हो गई। गर्मी के दिनों में एक रात हम अपनी झुग्गी के बाहर सो रहे थे। तस्लीमा की दबी हुई चीखें सुनकर मैं जाग गई। अपने पति को उसके साथ बलात्कार करते देखकर मैं कांप उठी। फौरन मैंने अपने बेटे को जगाया। बेटे को जगाने के बाद मैंने अकरम को एक ओर धक्का दे दिया, लेकिन मेरा बेटा अख्तर जड़वत खड़ा रहा। वह अपने बाप का बहुत लाडला था, इसलिए उसके खिलाफ नहीं जाता था।

लहूलुहान तस्लीमा को मैंने उठाया तो वह मुझसे लिपटकर रो पड़ी। मैं नफरत से भर गई और फैसला किया कि अब मैं उसके साथ कोई ताल्लुक नहीं रखूंगी। उसने मुझसे माफी मांगी, लेकिन मुझपर उसका कोई असर नहीं हुआ।

इस बीच तस्लीमा ने बताया कि उसके पिता ने अनेक बार उसके साथ प्यार जताने की कोशिश की। दूसरे दिन मेरी तमाम मिन्नतों को ठुकराते हुए उसने मेरी इज्जत लूट ली। वह शराब पीकर हमारी पिटाई करता, लेकिन मेरा भाई अख्तर कोई मदद नहीं करता। मैं अब उसके साथ किसी भी हालत में रहना नहीं चाहती। तस्लीमा ने बताया कि उसके पिता ने धमकी दी है कि इस वाकये को अगर मैं किसी को बताऊंगी तो वह मेरी फिर पिटाई कर देगा। इस बीच छोटी बेटी जरीना ने बताया कि उसका बाप उसे उस दुकान पर लेकर गया था, जहां वह कई बार बैठकर शराब पीता था।

जरीना, जो अभी सिर्फ पांच बरस की है, उसने बताया कि उसका पिता उसका पायजामा उतारने की कोशिश करता है। सायरा ने कहा, 'मैं इसे अपने बाप के साथ जाने को मना करती हूं, लेकिन बिस्कुट--टॉफी देने के बहाने वह इसे फुसलाकर साथ जाने के लिए राजी कर लेता है।' यह पूछने पर कि उसने इसकी शिकायत पुलिस में क्यों नहीं कराई, सायरा ने बताया कि उसका पुलिस में कोई यकीन नहीं है, क्योंकि वह दो बार थाने गई। एक बार उसे टरका दिया गया और दूसरी बार रिश्वत मांगी गई। इसके अलावा वह शिकायत करने पर शौहर की गंभीर परिणाम की धमकी से भी डरी हुई थी।

बहरहाल, समस्या जस की तस है। वह शराब पीकर आता है और बीवी–बच्चों की पिटाई करके वापस लौट जाता है।

गलती किसकी ?

- शराब और स्मैक आदमी को भेड़िया बना देते हैं।
- हमारे समाज में गरीब और लाचार स्त्रियों और बच्चों की जिन्दगी अभिशाप के अलावा और कुछ नहीं है।
- अनाथालयों को चाहिए कि वे जवान लड़कियों को शरण देने और उनकी शादी का प्रबन्ध करने के साथ–साथ अनिवार्य रूप से उनकी शिक्षा और व्यावसायिक प्रशिक्षण का भी प्रबन्ध करें ताकि शोषण का सामना करने के लिए वे पूरी तरह तैयार हो सकें।

सास-ससुर ने मिलकर की रुखसाना की रुसवाई

31

मेरा नाम रुखसाना है। मेरी उम्र करीब 16 साल होगी। मैं एक अनपढ़ परिवार में पैदा हुई। मेरे पिता का काफी अरसा पहले इन्तकाल हो गया। मेरी मां एक फैक्ट्री में काम करके बमुश्किल दो जून की रोटी का इंतजाम कर पाती है। लगभग पांच पहीने पहले मेरी शादी हो गई। मेरा शौहर अख्तर अपने मां–बाप का इकलौता लड़का है। मेरी ससुराल वाले दिल्ली के एक पड़ोसी जिले के अमीर किसान हैं। किसी खाते–पीते घर में शादी होने का कोई सुख मुझे नहीं मिला। जो कुछ मेरे साथ हुआ उसे सोचकर मैं हैरान रह जाती हूं।

मेरा एक बड़ा भाई और तीन बहनें हैं। उनमें से दो की शादी हो चुकी है। मैं अपने भाई–बहनों में सबसे छोटी हूं। अख्तर के साथ पहले मुझसे बड़ी बहन की शादी का पैगाम आया था। उसके इनकार कर देने के बाद मेरी मां ने इतनी छोटी उम्र में मुझपर शादी का दबाव डाला। मेरी मां कहती थी कि हमारे गृह राज्य बिहार में एक लड़की की शादी पर चालीस हजार रुपए खर्च होते हैं। वह अपने को खुशनसीब समझ रही थी क्योंकि उसे बड़ी आसानी से किसी खाते–पीते घर का इकलौता लड़का मिल गया था। मेरी बड़ी बहन, जिसके साथ अख्तर की शादी की बात चल रही थी, आजकल हमारे रिश्तेदारों के यहां रह रही है। मेरी मां और रिश्तेदारों ने उसे शादी के लिए राजी करने की बहुत कोशिश की लेकिन वह अड़ी रही। यह सोचकर कि मौका हाथ से निकल न जाए, मेरी मां ने अख्तर के लिए मेरे हाथ की पेशकश कर दी जिसे उसके परिवार वालों ने मंजूर कर लिया।

मेरी मर्जी के खिलाफ दिल्ली के एक स्थानीय काजी ने मेरा निकाह करा दिया। मैं अपनी शादी से खुश नहीं थी, लेकिन यह सोचकर कि शायद इससे मेरी मां का बोझ कुछ कम हो जाएगा, मैं अख्तर के घर चली गई। मेरा भाई शादीशुदा है और उसके एक लड़की है। वह भी मेरी मां पर बोझ बना हुआ है। रिक्शा चलाकर वह जो कुछ भी कमाता है उसे शराब में उड़ा देता है। वह कभी

घर में कुछ देने के बजाय उलटे मां से ही पैसे मांग लेता है। मेरी गरीब मां को यह सब कुछ सहते हुए इतने बड़े परिवार के खर्च का बोझ उठाना पड़ता है।

अनपढ़ होने की वजह से अपनी मां की आर्थिक मदद करने के उद्देश्य से मैं भी 800 रुपए माहवार पर एक खिलौने की फैक्ट्री में काम करती थी। अपनी पूरी तनख्वाह मैं अपनी मां के हाथ पर रख देती थी। शादी के बाद मैंने सोचा कि अब मुझे फैक्ट्री में इतनी कड़ी मेहनत नहीं करनी पड़ेगी लेकिन हुआ बिलकुल उलटा। मेरी हालत पहले से भी ज्यादा खराब हो गई।

मेरे सास–ससुर मेरे साथ हमेशा बुरा बर्ताव करते थे। शादी से पहले उन्होंने मेरी मां से वादा किया था कि उम्र कम होने के कारण वे छह महीने तक मुझे मेरी मां के साथ रहने देंगे। मेरी मां ने उनसे साफ कह दिया था कि मेरी बच्ची अभी छोटी है इसलिए घर–गृहस्थी के कामकाज उसे नहीं आते। शादी के बाद वह मुझे सिखाना चाहती थी, लेकिन वैसा नहीं हुआ। दरअसल, मुझे कभी भी मेरी मां से मिलने की इजाजत नहीं दी गई। एक दिन मेरे जीजा मेरे घर आए। मैंने अपनी सारी तकलीफें उन्हें बताईं। उन्होंने इस बाबत मेरे सास–ससुर से बात करने की कोशिश की। मेरे ससुर ने न केवल उनकी बेइज्ज़ती कर दी, बल्कि उन्हें थप्पड़ भी जड़ दिए।

मेरे सास–ससुर ने मुझसे कहा कि मैं झाड़ू–पोंछे के साथ–साथ सारे घर का खाना भी बनाऊं। मेरे परिवार के साथ मेरे शौहर का ममेरा भाई फहीम और उसकी बहन रजिया भी रहती थी। हालांकि रजिया की शादी हो चुकी थी, लेकिन बड़ी खूंखार औरत होने के कारण उसके शौहर ने उसे छोड़ दिया था। वह मुझे सताने का कोई न कोई कारण हमेशा ढूंढ़ लेती और मेरी पिटाई कर देती थी। मेरा शौहर अख्तर हमेशा खामोश तमाशबीन की तरह सब कुछ देखता रहता। जरा–सा भी भड़काने पर मेरे सास–ससुर अख्तर की भी पिटाई कर देते और वह सिर छिपाने के लिए अपने चाची के घर भाग जाता। अपने शौहर की हालत देखकर मैं भी हमेशा डरी–सहमी रहती। ससुराल वालों, खासकर उनके नजदीक रिश्तेदारों से कुछ भी कहने की मेरी हिम्मत न होती। वे लोग मेरी सास को मेरे पति से भी ज्यादा अजीज हैं। शौहर की हालत देखकर मैं बहुत दुखी रहती। मेरा शौहर भी मेरे लिए कुछ न कर पाने के कारण परेशान रहता।

सारा दिन घर के कामकाज में लगे रहने के कारण मैं बहुत थक जाती थी। एक दिन शाम के समय मैं खाट पर थोड़ा आराम कर रही थी। अख्तर अपनी चाची के घर गया हुआ था। रजिया वहां आई और कुछ देर मेरे साथ रहने के बाद कमरे से बाहर चली गई। मैं बगल वाले कमरे से आती लोगों की फुसफुसाहट सुन रही थी। मेरे मन में उनकी बातचीत सुनने की इच्छा हुई। जल्द ही मुझे पता चल गया कि वे लोग क्या बातें कर रहे थे। फहीम मेरे कमरे मैं आया और रजिया ने बाहर से दरवाजा बंद कर दिया। इससे पहले कि मैं अपनी सास को आवाज देती, फहीम ने बाज की तरह झपट्टा मारकर मुझे दबोच लिया।

फहीम ने ललचाई निगाहों से मेरी और देखा। मैं खामोश खड़ी रही। मेरे चिल्लाने की आशंका से उसने मेरा मुंह बंद कर दिया। मैं बिलकुल भी नहीं चिल्लाई, क्योंकि मुझे पता था कि

मेरी आवाज सुनने वाला कोई नहीं है। दूसरे कमरे में मेरी सास ने बड़ी ऊंची आवाज में टेप रिकार्डर बजा दिया था। फहीम ने मेरी इज्जत लूट ली। जाते वक्त उसने मुझे धमकाया कि अगर मैंने जुबान खोली तो बहुत खतरनाक नतीजे होंगे। मैंने अपने शौहर समेत किसी से भी यह बात नहीं बताई।

अगली शाम को फिर वही सब कुछ दोहराया गया। मैं बहुत डरी हुई थी। दूसरे दिन जब मैं थोड़ा संयत हुई तो अपने पति से सारी बातें एक सांस में कह दी। मेरा शौहर बहुत गुस्से में था। वह फहीम को सबक सिखाना चाहता था लेकिन मेरे ससुर ने दखल देते हुए अख्तर को ही बुरा–भला कहना शुरू कर दिया। हालात बिगड़ गए। मेरे शौहर की उन्होंने इतनी पिटाई की कि उसे ताजिंदगी याद रहेगी। इस एकतरफा कार्रवाई में मेरे ससुर ने अख्तर से सादे कागज पर अंगूठा भी लगवा लिया।

अगले दिन अख्तर पर अपने पिता से 40 हजार रुपए कर्ज लेने का इल्जाम लगाया गया। मेरे ससुर ने अख्तर से कहा कि यह वह रकम है जो उन्होंने उसकी (अख्तर) शादी में खर्च की थी। अब वे अपना कर्ज लौटाने की मांग करने लगे। अख्तर की समझ में कुछ नहीं आया कि या इलाही ये माजरा क्या है? धमकी और पिटाई से तंग आकर वह अपनी चाची के घर भाग गया।

बहरहाल, किसी तरह इन हरकतों की भनक मेरी मां को लग गई। वह मुझे लेने मेरी ससुराल आ गई। काफी नोंकझोंक के बाद आखिर वह मुझे अपने साथ ले जाने में कामयाब हो गई। मेरा शौहर भी वहीं आ गया। वह मुझे बहुत प्यार करता है लेकिन अपने माता–पिता के खिलाफ कुछ कर नहीं सकता। मैंने नवज्योति के सलाहकार से सम्पर्क किया है। वे मेरे मामले को शिद्दत से उठाने की तैयारी कर रहे हैं। देखते हैं, क्या नतीजा निकलता है।

गलती किसकी ?

- कभी–कभी स्त्रियां स्वयं स्त्री की सबसे बड़ी दुश्मन बन जाती हैं।
- नाबालिग लड़कियों की देखभाल करनेवाले लोग अक्सर उन्हें घरेलू गुलाम और शोषण का शिकार बना लेते हैं।
- गरीब, अनपढ़ और नासमझ औरतें अपने आप पर एक बोझ होती हैं और लगातार इसे ढोती रहती हैं।

ससुर की हवस का शिकार होने से बची फहीमा

32

मेरा नाम फहीमा है। मेरी उम्र अभी केवल 14 साल है। छह महीने पहले मेरी शादी मेरी बुआ के लड़के के साथ कर दी गई। मेरा शौहर सलीम उम्र में मुझसे एक महीने छोटा है। मैं उत्तरी दिल्ली की एक पुनर्वास बस्ती में रहती हूं। मेरी तीन बहनें और दो छोटे भाई हैं। मेरा सबसे छोटा भाई तो मेरी शादी के बाद पैदा हुआ। मेरे पिता रेडियो और टेलीविजन की मरम्मत का काम करते हैं। अभी हाल ही में मेरे पिता ने कालोनी की ही एक औरत के साथ दुबारा शादी कर ली और अब वह अपना ज्यादातर वक्त अपने नए परिवार के साथ गुजारते हैं। मेरे बाप की इस हरकत ने हमें भुखमरी के कगार पर खड़ा कर दिया। हम लोग दो वक्त की रोटी के लिए पापड़ बनाने पर मजबूर हो गए।

मैं भी कालोनी के दूसरे बच्चों की तरह स्कूल जाती थी लेकिन तीसरी कक्षा पास करने के बाद मेरे पिता ने मेरा स्कूल जाना बंद करा दिया। मेरी मां चाहती थी कि मैं अपनी पढ़ाई जारी रखूं, लेकिन मेरे पिता के डर से वह खामोश रही। मेरी मां हमेशा मेरे पिता से डरी रहती थी। वह मेरे जानकार अन्य लोगों के अलावा मेरे दादा–दादी से भी बहुत डरती थी। मेरे दादा–दादी हमारे साथ ही रहते थे। हमारे घर का खर्च मकान के किराए और मेरे पिता की कमाई से चलता था। मेरे दादा–दादी मेरी मां की हमेशा खिलाफत करते थे। वे मेरी मां को किसी भी किस्म की आजादी नहीं देते थे। सबसे बुरी बात तो यह थी कि अगर कभी मेरी मां किसी बात की शिकायत करती तो वे लोग जो कुछ भी पाते उसी से मेरी मां की पिटाई कर देते। जब वह मेरे पिता से इन सब बातों का जिक्र करती तो वह मेरी मां को सांत्वना देने के बजाए खुद भी उसकी पिटाई कर देते। मेरी मां के साथ होने वाली इन ज्यातियों और उसके आंसुओं का मुझपर मेरे बचपन से ही बहुत बुरा असर पड़ा है। मैं बहुत आसानी से आतंकित हो उठती हूं। अपने इर्द–गिर्द होने वाली किसी भी हरकत से मैं सहमी रहती हूं।

पिछली गर्मियों की बात है। एक दिन मेरे पिताजी काम से जल्दी वापस आ गए। उन्होंने मेरी मां को बुलाया और मुझसे कमरे से निकल जाने को कहा जबकि मेरे दादा–दादी वहीं बैठे रहे। कुछ देर बाद मैंने अपने पिता और दादा–दादी के चीखने–चिल्लाने और अपनी मां के सुबकने की आवाजें सुनीं। हमेशा की तरह अपनी मां की पिटाई की बात सोचकर में खुदा से फरियाद करने लगी। थोड़ी देर बाद मेरी मां रोती हुई कमरे से बाहर निकली और मुझे बताया कि सलीम के साथ मेरी शादी तय कर दी गई है। यह सब अभी सिर्फ छह महीने पुरानी घटना है। सलीम मेरी बुआ का लड़का है। हम दोनों को ही अभी यह मालूम नहीं है कि शादी होती क्या चीज है। हम दोनों बचपन से ही साथ–साथ खेलते रहे हैं। हमने कभी इसकी कल्पना भी नहीं की थी कि एक दिन हमें शादी के लिए मजबूर कर दिया जाएगा। मुझे पता चला कि सलीम के ऊपर भी उसकी मां का दबाव था। सलीम भी ज्यादा पढ़ा–लिखा नहीं है। वह बहुत शर्मीला लड़का है। अभी तो उसे अनजान लोगों के साथ अच्छी तरह बात करने का शऊर भी नहीं है।

मैंने हिम्मत करके अपने दादा–दादी से शादी के लिए इनकार कर दिया और उनसे गुजारिश की कि वे मेरी शादी के बजाय मुझे पढ़ा–लिखा दें। उन्होंने फौरन मुझे बुरा–भला कहना शुरू कर दिया और मेरे पिता से शिकायत कर दी। मेरी इनकार सुनकर मेरे पिता आग–बबूला हो उठे और उन्होंने अपना सारा गुस्सा मुझपर उतार दिया। मेरी मां ने बीच–बचाव करने की कोशिश की तो उसकी भी धुनाई कर दी गई।

मेरी मां ने मुझे बताया कि काजी ने भी इतने छोटे बच्चों की शादी पर एतराज किया था। बहरहाल, बाद में उसने भी शादी की रजामंदी दे दी। मेरी मां कहती है कि इसके लिए काजी को जरूर कोई 'तोहफा' दिया गया होगा। काजी ने निकाह की रस्म पूरी कर दी। मैं कुछ भी नहीं समझ सकी कि आखिर यह सब क्या हो रहा था। मैंने भी बचपन में कई शादियां कराई थीं लेकिन गुड्डे–गुड़ियों की। उस दिन मैं खुद को एक गुड़िया ही समझ रही थी और खामोशी से रोए जा रही थी।

अगले दिन मैं अपनी ससुराल पहुंच गई। मेरी ससुराल मेरे घर के इतने नजदीक थी कि मैं बचपन से शादी तक वहां हजारों बार आ–जा चुकी थी।

मेरी सास (कल तक बुआ) बहुत रंगीन मिजाज औरत है। वह अच्छे कपड़े पहनना पसंद करती है और खुद को दुनिया की सबसे हसीन औरत समझती है। लोगों को अपनी ओर आकर्षित करने के लिए वह अपने चेहरे पर ढेर सारा क्रीम–पाउडर चुपड़े रहती है। मेरे ससुर सरकारी मुलाजिम हैं। यह सोचकर कि जो कुछ मैं अपने मायके में नहीं हासिल कर सकी वह शायद ससुराल में मिल जाए। मुझे उनसे सिर्फ थोड़ा–सा प्यार और देखभाल पाने की लालसा थी जिसे व्यक्त करने के लिए मेरे पास शब्द नहीं थे। उन्होंने मेरे सिर पर अपना हाथ रखा तो मुझे बड़ी राहत महसूस हुई। परन्तु आगे चलकर उसने मेरे साथ जो सलूक किया उसे मैं ताजिन्दगी भुला नहीं सकती और न ही उसे माफ कर सकूंगी।

दुल्हन के रूप में उस घर में अभी दूसरा ही दिन था। गर्मी बहुत तेज थी। मेरा शौहर पास के ही एक पार्क में खेलने चला गया था। जाते–जाते वह थोड़े से भुने हुए चने मेरे लिए छोड़ गया था। मुझे

पता था कि अंधेरा होने से पहले वह घर नहीं लौटेगा। मुझे सिर्फ इतना ही सुकून था कि कम से कम मैं अपने नर्क जैसे मायके से दूर तो हूं। अपने ससुर से मायके जाने की इजाजत मांगने की गरज से मैं उसका इंतजार करने लगी। कालोनी में अंधेरा छा गया क्योंकि कई घंटे से बिजली गुल थी। मेरी सास बाजार चली गई थी और घर में अकेली मैं ही रह गई थी। मेरे सुसर ने घर वापस आकर मुझसे पानी मांगा। गिलास उठाकर मैं हैंडपम्प पर पानी खींचने चली गई। पानी खींचते समय मुझे अपने बदन पर किसी के हाथ हरकत करते महसूस हुए। मैं चौंककर एक ओर जा खड़ी हुई और पानी का गिलास मेरे हाथ से छूटकर जमीन पर गिर पड़ा। गिलास गिरने की आवाज से वे हाथ मेरे शरीर से अलग हो गए। किन्तु अधिक देर के लिए नहीं। कुछ ही पल बाद उन हाथों ने दुबारा मुझे पकड़कर अपनी ओर खींच लिया। जिस आदमी से मैं प्यार और दुलार की उम्मीद कर रही थी आज वही मेरे मुंह पर चुंबन अंकित किए जा रहा था। मैं कराह उठी और उससे अलग होने की कोशिश करने लगी। उसने अपनी हथेली से मेरे होंठ भींच दिए और मुझे धमकाना शुरू कर दिया। वह मुझे उठाकर दूर ले जाना चाहता था लेकिन मैंने जबरदस्त प्रतिरोध किया। आखिरकार उसने मुझे छोड़ दिया। मैं बाहर निकलकर सीधे अपनी मां के पास भाग गई। मेरी दास्तान सुनने के बाद मां ने मेरे पिता से उसका जिक्र किया लेकिन मेरे बाप को मेरे ऊपर यकीन नहीं हुआ।

मेरी दुनिया ठहर गई। शारीरिक संबंधों के बारे में मुझे कोई इल्म नहीं था। शादी के बारे में मेरी मां ने मुझे सिर्फ इतना ही बताया था कि मुझे अपने शौहर के साथ रहना और उसके माता–पिता का हुकुम बजाना था। अगले दिन मुझे इत्तिला मिली कि मेरी सास मेरे ससुर की हरकत को सिर्फ खामखयाली मानती है और वह मानती है कि वैसा कुछ कभी नहीं हो सकता था। मैं खुद भी बहुत डरी हुई थी लेकिन अपने पिता के गुस्से से डरकर वापस जाने को राजी हो गई।

ससुराल वापस लौटने के एक दिन बाद मैं फिर रोती–बिलखती अपनी मां के पास लौट गई। मेरे ससुर ने जैसे ही दुबारा वही हरकत दोहराने की कोशिश की, मैं भाग खड़ी हुई। मेरी मां इस बार मुझे पास के ही एक गैर सरकारी संगठन नवज्योति के सलाह केन्द्र पर ले गई। नवज्योति वालों के हस्तक्षेप के बाद मैं अब केवल अपनी मां के साथ रह रही हूं। मेरा बाप अपनी नई बीवी के साथ अलग रहता है। मेरे दादा–दादी ने मेरी मां को कोई मदद, पैसा इत्यादि देना बंद कर दिया है। जिन्दा रहने के लिए हम दोनों मां–बेटी पापड़ बनाते हैं।

गलती किसकी ?

- भय और प्रवंचनापूर्ण नारी जीवन एक अभिशाप है।
- खूंखार पुरुष के हाथों में बच्चे गिरवी होकर रह जाते हैं।
- मजहबी नेता अपने समुदाय से अज्ञानता और सामाजिक बुराइयों को दूर करने के लिए कोई खास कोशिश नहीं करते जबकि अगर वे चाहें तो परिवर्तन के मसीहा बन सकते हैं।

पति ने ही पत्नी को पराए हाथों सौंपा

33

मैं 27 वर्षीय महिला हूं। मेरा नाम अमरजीत कौर है। मुझसे ग्यारह वर्ष बड़े आदमी से प्यार करने के लिए 'दबाव' डाला गया। उन दिनों मेरी उम्र सिर्फ सोलह साल था। मेरी दसवीं की पढ़ाई बीच में ही छूट गई और मैं परीक्षा भी नहीं दे सकी। मेरा पति उस समय मेरे मायके के करीब ही रहता था। वह सब्जी बेचता था और उसकी मां झाड़ू–पोंछे का काम करती थी। एकबार मुझे देखने के बाद मेरे घर उसका आना–जाना बढ़ गया। मैं भी उसके घर जाती रहती। एक दिन वह आदमी (मेरा वर्तमान पति) अचानक मेरे घर आ धमका। उस समय घर में मेरे अलावा और कोई भी नहीं था। मुझे अकेला देखकर उसने मुझे बताया कि उसके मन में मेरे प्रति ठीक वैसी ही भावनाएं उमड़ रही हैं जैसी कि फिल्मों में जवान लड़के–लड़कियां एक–दूसरे से करते नजर आते हैं। मैं भी तुम्हारे साथ वैसा ही करना चाहता हूं। मैंने इनकार कर दिया। माता–पिता के घर लौटते ही मैंने सारी बातें उन्हें बता दीं। उन्होंने मुझे गुस्से में बहुत बुरा–भला कहा। सब्जी वाले को दुबारा कभी घर न आने की चेतावनी दे दी गई। हालांकि उसकी मां को कोई आपत्ति नहीं थी लेकिन मेरे माता–पिता बहुत एतराज करते थे। घर आने की मनाही कर देने से भी मामला नहीं सुलझा। वह चिट्ठियां लिख–लिखकर मेरे घर में फेंकने लगा किन्तु मैंने एक का भी जवाब नहीं दिया। उन खतों के जरिए वह मुझसे शादी करने की इच्छा व्यक्त करता रहा। मेरी खामोशी को देखते हुए उसने मुझ धमकी भरे पत्र फेंकने शुरू कर दिया। वह लिखता कि अगर मैं राजी नहीं हुई तो नतीजे बहुत खतरनाक होंगे। मैं उससे बहुत डर गई थी। मुझे कुछ समझ नहीं आ रहा था। मैं इस बात से सहमत थी कि अगर मैंने उसका प्रस्ताव नहीं माना तो वह मुझे यह मेरे माता–पिता को नुकसान पहुंचा सकता है। दूसरी तरफ मैं यह भी सोच रही थी कि अगर या सारा वृत्तान्त मैंने माता–पिता के समक्ष रखा तो मेरी फिर पिटाई शुरू हो जाएगी। काफी सोच–विचार के बाद मैंने हामी भर

दी। लड़के के घर वालों ने फटाफट 13 अप्रैल को शादी की तारीख पक्की कर दी। वे महज एक जोड़ी नए कपड़े लाए और मेरी 'चद्दर उढ़ाई' की रस्म पूरी हो गई। मेरे पिताजी बहुत गुस्से में थे। उन्होंने कहा कि वे दुबारा हमारी सूरत देखना पसंद नहीं करेंगे। मैं ससुराल रवाना हो गई। वहां का नजारा मेरी कल्पना से परे था। पहले ही दिन मेरे पति ने धमकाते हुए कहा कि मैं अपने माता–पिता को भूल जाऊं और कभी भी उसकी किसी बात का जवाब न दूं। उसकी बात न मानने पर खतरनाक नतीजों की धमकी उसने दुहरा दी। इस बीच मेरे पिता ने संदेश भेजा कि मैं अपने पति के साथ मायके आ जाऊं क्योंकि ऐसा ही रिवाज है। मेरे पति ने फौरन उनका आमंत्रण ठुकरा दिया। मेरी सास ने कहा कि हम तभी जा सकते हैं जब मेरे पिताजी खुद हमें लेने आएं और अपनी पुरानी बातों के लिए माफी मांगें। मेरे पिताजी ने फौरन आकर माफी मांग ली और हमें अपने घर ले गए। मेरे माता–पिता ने हमें काफी उपहार इत्यादि दिए। जब मैं अपनी ससुराल पहुंची तो मेरे पति ने वे सारी चीजें मुझसे छीन लीं। मैं हर वक्त उसके दुर्व्यवहार से डरी रहती थी। लोहड़ी का त्योहार था। मेरी मां मिठाइयां इत्यादि लेकर मेरे घर आई।

उसके वापस जाने के बाद मेरे पति ने मुझे कई थप्पड़ मारे जिनके निशान मेरे चेहरे पर उभर आए। उसने कहा कि मैंने अपनी मां से मिठाइयां वगैरह क्यों लीं? उसने मुझसे उसी समय सारा सामान लौटा आने का हुक्म दिया।

मैं सामान लौटाने मायके चली गई। मेरी मां ने मेरा सूजा हुआ चेहरा देखा किन्तु मैंने उसे कुछ नहीं बताया। जिन्दगी उसी तरह चलती रही। कुछ दिनों बाद मैं एक बेटे की मां बन गई। अस्पताल का खर्च जुटाने के लिए मेरे पति ने मंडी से कुछ पैसे उधार ले लिए। वह कर्ज न उतार पाने के कारण घर बैठ गया। वह खाली बैठे–बैठे मेरे साथ गाली–गलौज करता। मैंने देखा कि उसने लाटरी खेलने और शराब पीने की लत भी पाल ली थी। धीरे–धीरे वह मेरे माता–पिता द्वारा दिया गया सामान बेचने लगा। कई–कई दिनों तक हमारे घर में चूल्हा न जलता। मेरे बेटे के लिए दूध का भी कोई इंतजाम नहीं था। इस सबका मेरे पति पर कोई असर नहीं होता था। बच्चे को दूध पिलाने के कारण मेरे लिए भोजन बहुत जरूरी था। मैं मौका पाकर अपनी मां के घर चली जाती और वहां कुछ खा–पीकर चुपचाप वापस आ जाती। मेरी मां मेरे बेटे के लिए दूध का भी इंतजाम कर देती। मेरे लौटने पर वह मुझे पीटता और कहता कि हरामजादी! अकेले–अकेले खाकर आ गई और मेरे लिए कुछ भी नहीं लाई।

एक दिन मेरे पति ने दिल्ली जाने की इच्छा व्यक्त की और कहा कि वहां चलकर कुछ काम–धंधा करेंगे। हम लोग मूलतः कपूरथला (पंजाब) के रहने वाले हैं। मैंने सोचा शायद इससे हालात कुछ सुधरें। वह एक रेड़ी पर सामान रखकर बेचने लगा। तीन–चार हफ्ते बाद मैंने पाया कि उसने वह रेड़ी भी बेच दी जिसे मेरे पिता ने दिलाई थी। वह फिर से लाटरी, जुआ खेलने और न पीने लगा। हमारी हालत बदतर होती गई। एक दिन उसने मुझसे अपने कुछ दोस्तों के घर

जाने के लिए कहा। कारण पूछने पर उसने मेरी पिटाई कर दी। वह मुझे पहले से तय एक स्थान पर ले गया। हमारे पास एक कार आकर रूकी और मेरे पति ने मुझे उसके अंदर धकेल दिया। एक सुनसान जगह ले जाकर उन्होंने बारी–बारी मेरे साथ अपना मुंह काला किया। इसके बाद वे मुझे पहले से तय जगह पर उतारकर भाग गए।

मेरा पति वहां मौजूद था। यह सोचकर कि कहीं मैं भाग न जाऊं, वह मुझपर हमेशा निगरानी रखता था। यह कुकृत्य कुछ दिनों तक दुहराया जाता रहा। मैं 'महीने' से थी और मेरे पेट में दर्द भी था। इसके बावजूद उसने मुझे पीट–पीट कर गैरों के साथ हमबिस्तर होने के लिए कहा। उसके लिए अब मैं किसी भी वक्त रौंदी–मसली जाने वाली चीज बनकर रह गई थी। मैंने इनकार करते हुए कहा कि वह चाहे तो मेरी जान ले ले, किन्तु आज मैं उसकी एक नहीं सुनूंगी। मेरे पास अब किसी तरह उससे जान छुड़ाकर भाग जाने के अलावा और कोई चारा न था। पहली ही कोशिश में मैं कामयाब हुई और भागकर अपने भाई के घर दिल्ली चली गई। वहां एक स्थानीय समाजसेविका ने मेरी मदद की और मुझे नवज्योति परिवार सलाह केन्द्र ले गई। अब मैंने भेड़िए से भी बदतर अपने पति को तलाक देने की ठान ली है। उसने मुझे और मेरी बहनों को नुकसान पहुंचाने की धमकी पहले ही दे रखी है। नतीजा चाहे जो भी हो लेकिन अब मैं उसके साथ रहकर और तकलीफ बर्दाश्त नहीं कर सकती।

गलती किसकी ?

- अनेक किशोरियां भय और असुरक्षा की शिकार हैं। यदि वे अपने माता–पिता को विश्वास में लें और उनकी बात मानें तो कइयों की जिन्दगी भिन्न हो सकती है।
- डर और ब्लैकमेल पर आधारित कोई भी शादी कभी कामयाब नहीं होती। इसके विपरीत यह दीर्घकालिक पीड़ा बन जाती है।
- जुआ और शराबखोरी ऐसी भयानक बुराइयां हैं जो घर मैं स्त्रियों को सर्वाधिक परेशान करती हैं।

शर्मिंदगी के शोर में सुबकती रही शबनम

34

मेरा नाम शबनम है। मेरी मां ने मुझे बताया कि मेरी उम्र 13 साल है। मुझे नहीं मालूम कि मैं कहां से आई क्योंकि जबसे मैंने होश संभाला, खुद को इसी झुग्गी में पाया। हम सात भाई–बहन हैं। मेरा एक भाई मुझसे बड़ा है और दूसरा अभी मां की गोद में है। मुझे अब इस बात की जानकारी नहीं है कि मेरे पिता इस समय कहां हैं। वह ड्रग्स के आदी हैं। मेरे पिताजी पहले मेरी मां के साथ फुटपाथ पर 'जनता खाना' (दाल–रोटी–चावल) बेचते थे। पटरी पर उनके पास शराबी नशेड़ी लोग भी आते थे। उनके साथ पिताजी की नजदीकी बढ़ गई और उन्होंने न मालूम कब से स्मैक पीनी शुरू कर दी। पिता की 'खुराक' के लिए मेरी मां ने 'पुड़िया' लाना और बेचना शुरू कर दिया।

मुझे यह तो नहीं मालूम कि मेरी मां 'पुड़िया' कहां से लाती थी, हां इतना जरूर पता है कि इसके लिए उसे बस में बैठकर काफी दूर जाना पड़ता था। ड्रग्स के पैकेट लाकर मेरी मां संभालकर रखने के लिए मुझे थमा देती। वह मेरे ऊपर बहुत यकीन करती थी। 'पुड़िया' और 'कमाई' हमेशा मेरे पास ही रहती। अगर कभी कोई पुलिस वाला हमारी झुग्गी की तलाशी लेने आता तो मेरी मां हम सभी भाई–बहनों को स्मैक और पैसे देकर पड़ोसी के यहां भेज देती और हमलोग टीवी देखने में मशगूल हो जाते। सिपाही के चले जाने के बाद हम सब वापस आ जाते। मेरी मां और 'चाचा' को कई बार पुलिस पकड़कर ले गई। थाने में रिश्वत देकर वे छूट कर वापस आ जाते। यह चाचा हमारी दुकान का पुराना ग्राहक है। मेरी मां आजकल उसी के साथ रहती है।

मेरी मां ने पिताजी को ज्यादा स्मैक पीने और पैसे में हेराफेरी करने के कारण झुग्गी से बाहर निकाल दिया। उसके बाद मेरे घर में चाचा की आवाजाही बढ़ गई। मेरी मां ने उसके साथ निकाह कर लिया और दोनों मिलकर स्मैक बेचने लगे। एक दिन मेरी मां ने मेरे बड़े भाई से कहा कि वह भी 'पुड़िया' लाकर बेचे। उसने साफ इनकार कर दिया। वह रद्दी बीनने का

काम करने लगा। मां ने उसे भी पिताजी की तरह झुग्गी से बाहर निकाल दिया। एक दिन मेरे मामा और नानी कलकत्ता से दिल्ली आए। उन्होंने चाचा को भगाने की बहुत कोशिश की लेकिन कामयाब नहीं हुए।

कुछ समय पूर्व मेरी मां हमारी झुग्गी से काफी दूर रहने वाली एक औरत के घर मुझे छोड़ आई। उस औरत ने मुझे अपने किराएदार को दिखाया। वह उम्र में मुझसे काफी बड़ा था। उसने मुझे पसंद कर लिया। मेरी मां ने मुझे बेचने के लिए उस औरत से 5,000 रुपए में सौदा कर लिया। वह औरत दलाली करती थी। एक सौदे के लिए वह 2,000 रुपए फीस के तौर पर लेती थी। 7,000 रुपए लेकर मेरा हाथ किराएदार को देने की बात पक्की हो गई।

मां के वापस चले आने के बाद उस औरत ने मुझसे कहा कि चल अपनी मां का घर दिखा। मेरी मां ने उससे कहा था कि वह पक्की झुग्गी में रहती है। मेरा खरीददार घर देखने के लिए इसलिए जोर दे रहा था कि कहीं मैं बाद में भागकर अपनी मां के घर न चली जाऊं। मैं उस औरत को लेकर अपनी झुग्गी बस्ती में गई। वहां पहुंचकर मैंने उस औरत से कहा कि मैं अपना 'घर' भूल गई हूं। वहां यह जानकर मैं हैरान रह गई कि मेरे बेचे जाने की जानकारी तमाम बस्तीवालों को थी। उसने धमकी दी कि अगर मैंने उसे अपनी मां की झुग्गी नहीं दिखाई तो वह मस्जिद से मेरी सारी कहानी प्रचारित करवा देगी। उसने मेरी पिटाई भी की लेकिन पड़ोसियों ने बीच–बचाव करके मुझे छुड़ा लिया।

जिस दिन मेरी मां ने मेरा सौदा किया, उसने उसी दिन वह झुग्गी भी 10,000 रुपए में बेच दी थी। झुग्गी बेचने के बाद उसने कुछ कर्ज चुकाया और चाचा के साथ किसी अनजान जगह पर रहने चली गई। कुछ दिनों बाद मेरी 10 वर्षीय छोटी बहन ने मेरे पास आकर मां के घर चलने के लिए कहा। मैंने वहां जाने से इनकार कर दिया क्योंकि मेरी बहन ने बताया था कि चाचा मेरी मां को बहुत मारता–पीटता है। वह मेरी मां को घर से बाहर भी नहीं निकलने देता।

मेरी मां कुछ दिनों तक जेल में रही। निजी मुचलके पर वह जेल से रिहा हुई क्योंकि उसकी जमानत देने वाला कोई भी नहीं था। हमारी झुग्गी में जुआ चलता था। मेरी मां भी जुआ खेलती थी। मां ने हममें से किसी को भी स्कूल नहीं जाने दिया जबकि मुफ्त में शिक्षा देने वाला नवज्योति गली स्कूल मेरी झुग्गी के सामने ही था। घर का कामकाज और झुग्गी की देखभाल के लिए वह हम सबको स्कूल न जाने देती।

आजकल मैं अपने पड़ोसी के यहां रह रही हूं। उसके पास काम करने वाला मुझसे उम्र में कुछ बड़ा एक लड़का मुझे घूर–घूरकर देखता और छेड़खानी की कोशिश करता है। मैं बहुत डरी रहती हूं। रात के समय मैं अपने कमरे का दरवाजा रस्सी से बांधकर बंद कर देती हूं किन्तु अभी भी वह मेरे आसपास ही है। स्कूल जाने की इच्छा व्यक्त करने पर मुझे नवज्योति के अनौपचारिक शिक्षा केन्द्र में भर्ती कर लिया गया है। मेरे भाई को स्क्रीन प्रिंटिंग का काम सिखाया जा रहा है।

गलती किसकी ?

- झुग्गी–झोपड़ी कॉलोनियां सभी प्रकार के अपराधों और सामाजिक बुराइयों का पोषण करती हैं जबकि कल्याण और कानून लागू करनेवाली सरकारी एजेंसियां वहां अक्सर गैरहाजिर रहती हैं।
- स्लमों के बच्चे जानवरों की सी जिन्दगी बिताने वाले पुरुषों और स्त्रियों के हाथों का खिलौना हैं। वे उन्हें जिंस की तरह इस्तेमाल करते हैं।

जवान बेटी की इज्जत बचाने को भटकती शांति

35

मेरा नाम शांति है और उम्र लगभग चालीस साल। मेरी तीन बेटियां हैं, जिनमें से दो की शादी हो चुकी है। मेरा पति एक फैक्ट्री में काम करता है और मैं दो जून की रोटी का जुगाड़ करने के लिए घरों में महरी का काम करती हूं। मेरी जिन्दगी का अब एक ही मकसद है कि मेरी सबसे छोटी बेटी मीरा के हाथ पीले हो जाएं और उसका घर बस जाए। मुझे यह काम बहुत दुश्वार लगता है। मीरा के पीछे वासना के भूखे भेड़िए हर वक्त पड़े रहते हैं।

मीरा की उम्र अभी सिर्फ सोलह साल ही है। हमारी बड़ी इच्छा थी कि वह पढ़ाई जारी रखे लेकिन कक्षा पांच के आगे वह नहीं पढ़ी। उसका मन पढ़ने–लिखने में लगता ही नहीं था। वह मेरे साथ अमीर बस्तियों में काम करने के लिए जाने लगी। धीरे–धीरे हमने काम के लिए कुछ और घर तलाश लिए और हमारी आमदनी बढ़ गई। अब मैं सोचती हूं कि पढ़ाई छोड़कर उसने अच्छा ही किया। मेरे लिए वह बहुत मददगार साबित हो रही है।

पिछले सोलह वर्षों से हम एक झुग्गी कालोनी में रह रहे हैं। बड़ी मुश्किल से अब हमने एक पक्का घर बनाया है, जिसमें मुश्किल से हमारा गुजारा हो पाता है। दसवीं तक पढ़ा मेरा पति बहुत सीधा आदमी है। वह इलाके में होने वाली किसी भी गतिविधि में भाग नहीं लेता। हमारी जैसी आबादी में अनेक गतिविधियां रोज होती रहती हैं।

हमारे घर के ठीक सामने एक परिवार रहता है, जिसके 12 बच्चे हैं। यह परिवार रशीदा का है। वह बड़ी खूंखार औरत और आबादी के लिए आतंक है। उसका शौहर बड़ा बुझदिल और कमजोर आदमी है। उसकी अपने घर में कतई नहीं चलती। रशीदा की हुकूमत न केवल उसके परिवार पर चलती है, बल्कि वह पूरे इलाके मैं अपना दबदबा कायम करने की कोशिश करती है। इस काम में उसके चारों बेटे उसकी मदद करते हैं। उसकी आठ लड़कियों में से पांच की शादी हो चुकी है। दो बेटे भी शादीशुदा हैं, लेकिन वे भी अपनी मां के साथ ही रहते हैं।

हमारे पड़ोस में आए दिन किसी न किसी बात पर झगड़ा होता रहता है। हालात ऐसे बन जाते हैं कि रशीदा और मैं भी उसमें लिप्त हो जाते हैं। कई बार हालत बहुत नाजुक हो जाती है। हमें उसके रौब का शिकार होना पड़ता है। हम लोग दिन–ब–दिन उसकी दहशत से दुखी होते जा रहे हैं। रशीदा कुछ स्थानीय नेताओं से जुड़ी हुई है। कई सफेदपोश उसके घर रोजाना आते हैं। रशीदा ने भी सियासतदानों के तौर–तरीके सीख लिए हैं। कई वर्षों से हम देख रहे हैं कि स्थानीय पुलिस भी उसके यहां आती रहती है। हमें यह तो नहीं मालूम की पुलिस क्यों और किसलिए आती है, लेकिन हमलोग रशीदा से भयभीत जरूर हैं।

रशीदा का लड़का इमरान तकरीबन 20 साल का है। वह हमेशा नशे में धुत रहता है। इलाके में उसका व्यवहार बहुत रुखा है। दरअसल, वह कुख्यात चरित्रहीन लड़का है, लेकिन पुलिस रिकार्ड में उसका नाम नहीं है। इलाके की लड़कियों के लिए वह हमेशा से आतंक रहा है, किन्तु किसी ने भी आज तक उसके खिलाफ मुंह खोलने की जुर्रत नहीं की। इलाके में उसके दुर्व्यवहार की, विशेषतया लड़कियों के साथ, अनेक घटनाएं चर्चित हैं।

बरसात का मौसम था। एक शाम मैं अपने पड़ोसी के दरवाजे पर खड़ी थी। मीरा कमरे में थी। मेरे लिए वह बहुत बुरा दिन था। रशीदा और उसके लड़कों के साथ मेरा फिर झगड़ा हो गया। उन्होंने मुझे नल से पानी लेने के लिए रोकने की कोशिश की। मैं खामोश रही। मुझे उकसाने के लिए रशीदा ने मुझे गालियां देनी शुरू कर दीं। उसकी गालियों की मुझे आदत–सी पड़ गई थी, इसलिए मैं फिर खामोश रही। इमरान ने जब मीरा के बारे में अनाप–शनाप बकना शुरू किया तो मुझे गुस्सा आ गया। मेरा सब्र टूट गया। इमरान ने मुझपर हमला करने की कोशिश की लेकिन पड़ोसियों ने बीच–बचाव कर उसे एक तरफ धकेल दिया। शाम ढले इमरान पूरी तरह नशे में धुत होकर आया। उसकी आंखें लाल हो रही थीं। वह सारे मुहल्ले को गालियां बक रहा था। मेरे नजदीक आकर उसने मुझे जोरदार थप्पड़ मारा। उसकी नीयत खराब देखकर उसे धक्का देकर मैं भाग खड़ी हुई।

थोड़ी देर बाद मुझे मीरा के कराहने की आवाज सुनाई पड़ी। अचानक उसकी कराह चीखों में बदल गई। वह अपनी पूरी ताकत से चिल्ला रही थी। मैं अपने घर की ओर भागी। मैंने देखा कि इमरान असहाय मीरा को घसीट कर घर से बाहर ला रहा था। उसके कपड़े फटे हुए थे और वह बुरी तरह पिटी हुई दिखाई पड़ रही थी। मैंने इमरान को धक्का देने की कोशिश की, लेकिन उस दिन उसमें बला की ताकत आ गई थी। पड़ोसियों के हस्तक्षेप के बाद ही मीरा को बचा पाने में मैं कामयाब हो सकी।

शर्म से दुहरी होती मीरा एक ओर गठरी की तरह बैठी हुई थी। हमने पुलिस बुला ली थी। पुलिस ने आकर मुहल्ले वालों से घटना की बाबत पूछताछ की और हमें थाने पहुंचने का निर्देश देकर वापस चली गई। इंसाफ पाने की उम्मीद में हम थाने गए। थानेदार द्वारा समझौता करने का दबाव डालने पर हम हैरान रह गए। दरअसल, कमरे में एक साथ ढेर सारे लोग दाखिल हो गए

थे। इमरान और उसकी मां के साथ मुहल्ले के भी अनेक लोग आ गए। रशीदा को 'बड़े साहब' के कमरे में ले जाया गया। कुछ क्षणों बाद एक कागज पर अंगूठा लगाने के लिए हमपर दबाव डाल दिया गया। कोई और चारा न देख उनके दबाव के सामने झुकते हुए हमने अंगूठा लगा दिया। थाने से निकलते ही इमरान फिर हमारे रू–ब–रू खड़ा हो गया। गालियों की बौछार के बीच उसने धमकी दी कि वह मीरा को छोड़ेगा नहीं। इस वाकये के दौरान मेरा पति हमारे साथ नहीं था। इतनी बड़ी दुनिया में हमने उस दिन अपने आपको एकदम अकेला पाया।

मैं अब भी भयभीत हूं। हालात जस के तस हैं। हमारी जीवन स्थिति वैसी ही है। पड़ोसी भी वही हैं, गालियां भी वहीं हैं और झगड़े भी वही हैं। कुछ भी तो नहीं बदला है। हां, इन सब में बढ़ोतरी जरूर हो गई है। मेरा मन करता है कि यहां से भाग जाऊं, लेकिन कोई और ठिकाना भी तो नहीं है। मेरा पति कहता है– 'फिक्र मत करो, सब ठीक हो जाएगा।' मैं जानती हूं कि वैसा कभी नहीं होगा।

मैंने कई बार पुलिस से सम्पर्क किया, लेकिन बदले में पुलिस ने मुझे धमकाकर भगा दिया। मैं जब भी थाने से लौटती हूं, इमरान और रशीदा मेरा मजाक उड़ाने के लिए आगे खड़े मिलते हैं। आखिर मैं एक गरीब मां हूं। मैं अपनी जवान लड़की को अकेला छोड़कर कहां भाग जाऊं। अब मुझे नवज्योति परिवार सलाह केन्द्र से ही कुछ उम्मीदें हैं। केन्द्र ने मुझे मदद का भरोसा दिलाया है। मैं जानती हूं कि नवज्योति वाले मेरी मदद करेंगे, क्योंकि उन्होंने मुझ जैसे अनेक अभागों की मदद की है। परन्तु प्रश्न यह है कि क्या वे मेरी मीरा को इमरान जैसे भेड़ियों से बचा पाएंगे?

गलती किसकी ?

- झुग्गी बस्तियों की भीड़भरी जिन्दगी और जगह तथा पानी की भयानक कमी से सामाजिक तनाव पनपता है और बेशुमार झगड़े होते हैं।
- ऐसी बस्तियों में पंचायतों के न होने से निवासियों के सामने अपने मामलों के निपटारे के लिए पहला और आखिरी विकल्प पुलिस है। जिन मामलों का पुलिस सही ढंग से निपटारा नहीं करती, उसमें कमजोर पक्ष के पास कहीं और जाने की जगह नहीं रहती।
- पुलिस दादाओं के साथ सख्ती से पेश नहीं आती और कई बार वह समझौते के लिए दबाव डालती है जिससे दुश्चरित्र व्यक्ति को शह मिलती है और कमजोर लोगों को समर्पण करने के लिए विवश होना पड़ता है।

पति की हरकतों के कारण आशा के हाथ लगी निराशा

36

मेरा नाम आशा है। आशा यानी उम्मीद। लेकिन मेरी सब उम्मीदें खत्म हो गई हैं। मेरी उम्र इस वक्त लगभग 40 साल है और अभी भी मुझे एक खुशहाल और शांत घरेलू वातावरण का दिखावा करना पड़ता है। मेरे दो लड़के और एक लड़की समेत तीन बच्चे हैं। मुझे अभी भी अपने बच्चों को बचपन की खुशियां उपलब्ध कराने के लिए मशक्कत करनी पड़ती है। मुझे अभी भी यह साबित करना है कि मैं अपने शराबी सिपाही पति की वफादार बीवी हूं।

बचपन में गरीबी देखने के बाद मुझे उम्मीद थी कि सिपाही अशोक के साथ मेरी शादी हो जाने के बाद मेरे दिन संवर जाएंगे। मैंने सोचा था कि उसके साथ मेरी जिन्दगी भी बदल जाएगी, लेकिन मेरी सोच के मुताबिक कुछ भी नहीं हुआ। अलबत्ता, मेरी जिन्दगी में दर्द और मुसीबतें और जुड़ गईं।

अशोक बहुत अधिक शराब पीता था। इस हकीकत से मैं इसलिए अनजान रही क्योंकि शादी की बातचीत के दौरान उसके बारे में मेरे माता–पिता ने ज्यादा खोजबीन नहीं की थी। मेरे परिवार वाले तो महज इसी बात से खुश थे कि उन्हें एक ऐसा दामाद मिल गया था जो सरकारी नौकरी में था, वह भी पुलिस में। हमारी शादी को 24 साल गुजर गए हैं। अब तक एक भी दिन ऐसा नहीं गुजरा है जब उसने मुझे शारीरिक या मानसिक रूप से प्रताड़ित न किया हो।

मेरे पति के दो बेरोजगार बड़े भाई हैं। वे अपने–अपने परिवारों के साथ गांव में रहते हैं। सबसे बड़े भाई का एक पैर लकवे से खराब हो गया है और दूसरे का एक पैर दुर्घटना में कट गया। वे किसी तरह अपनी जिंदगी की गाड़ी खींच रहे हैं। बहरहाल, वे लोग अब तक मेरे सबसे बड़े मददगार हैं।

बिलकुल भी अच्छा न लगता जब मैं अपने पति से कहती कि अगर तुम्हें मेरा तुम्हारे दोस्तों से बात करना अच्छा नहीं लगता तो उन्हें घर पर लाया ही मत करो। यह सुनकर वह

आग–बबूला हो जाता और मेरी धुनाई कर देता था। मेरा सारा शरीर हफ्तों दर्द करता, किन्तु मैं किसी को अपनी पिटाई का सबूत नहीं दे पाती थी। वह मुझे इस तरह सताता कि मेरे शरीर पर कोई निशान न पड़े।

धीरे–धीरे यह हमदोनों के बीच रोजमर्रा की समस्या बन गई। यदि वह मुझे सब्जी वाले से भी बात करते देख लेता तो शिकायत करना शुरू कर देता। जब मैं उसे सफाई देने की कोशिश करती तो वह मेरी पिटाई कर देता। यह सब चलता रहा। मैंने मोहल्ले में किसी से भी यहां तक कि औरतों से भी बात करना बन्द कर दिया। कम से कम उसकी मौजूदगी में तो कतई नहीं।

वह मुझे घर के खर्चे के लिए कभी भी पैसा न देता। हां, उसने एक दुकान जरूर तय कर रखी थी, जहां से मैं सामान उधार लाती और महीने बाद वह दुकानदार को भुगतान कर देता था। हालांकि घर में खाने–पीने के अलावा और भी चीजों की जरूरत पड़ती है, यह बात उसकी समझ में कभी नहीं आई। मैंने भी ज्यादा जोर नहीं दिया।

शादी के 12 वर्षों बाद तक हमारा कोई बच्चा नहीं हुआ। इसके लिए भी मुझे कभी माफ नहीं किया गया। वह शराब में धुत होकर घर आता। घर आकर थोड़ी दारू और पीता और अपना गुस्सा मुझपर उतार देता। उसके घर आने, खा–पीकर सोने और अगले दिन काम पर चले जाने तक मैं डरी रहती। जब हमारे तीन बच्चे हो गए तो एक दिन मैंने उसे समझाया कि आखिर अब तो हमारे पास सब कुछ है। अब आपको कौन–सा गम है, जिसे भुलाने के लिए पीते हो? उसने मेरी बातों पर कभी कान नहीं दिया।

बच्चों के बड़े होने के साथ–साथ उनकी जरूरतें भी बढ़ने लगीं। चूंकि मेरे पल्ले कुछ भी नहीं था, इसलिए मेरे पास काम तलाशने के अलावा कोई चारा न था। महरी के रूप में काम करना उसने अपनी शान के खिलाफ समझा इसलिए दंभवश मुझे काम करने की इजाजत नहीं दी। क्षेत्र में कार्यरत नवज्योति जैसी एक गैरसरकारी संस्था ने मेरी सहायता की। मैंने कम्युनिटी वर्कर के रूप में प्रशिक्षण लेना शुरू कर दिया और जल्द ही इलाके में चलने वाली नवज्योति की एक परियोजना में मुझे नौकरी मिल गई। अपनी सारी आय मैं अपने बच्चों पर खर्च करने लगी। मेरे पति ने घर में बच्चों का दूध तक आना बन्द कर दिया। उसने कहा कि यह बहुत महंगा पड़ता है। जब मैंने हिम्मत करके उससे कहा कि उसकी दारू भी तो बहुत महंगी है, उसने पीट–पीट कर मुझे अधमरा कर दिया। कई दिनों तक मैं मुहल्ले में किसी से बात करने के काबिल भी न रही।

उसकी तबीयत अब ठीक नहीं रहती। किसी तरह मैंने एक स्थानीय अस्पताल में उसका चेकअप कराया। उसका रक्तचाप हमेशा बहुत ऊंचा रहता है। उसका आपरेशन किए जाने की जरूरत है लेकिन डॉक्टर कहते हैं कि जबतक उसका ब्लड प्रेशर नार्मल नहीं होता तबतक आपरेशन करना संभव नहीं हैं। मुझे नहीं मालूम कि वह दिन कब आएगा। वह अब भी बहुत ज्यादा दारू पीता है। मुसीबत यह है कि वह देशी शराब की थैलियां लाकर पीता है जिसे लोग बहुत

खतरनाक बताते हैं। वह आस–पड़ोस, दफ्तर हर जगह हर किसी से उलझता, लड़ता रहता है। वह किसी न किसी बात के लिए सबको बुरा–भला कहता है। जब मैं उसे रोकने की कोशिश करती हूं तो वह मुझे पीटता है। मेरे पड़ोसी कहते हैं कि वह पुलिस वाला है इसलिए उसे पता है कि पिटाई कैसे करनी चाहिए।

अपने पति की शराब छुड़ाने के लिए मैंने नवज्योति वालों से सम्पर्क किया है। वे उसे इलाज कराने के लिए राजी करने की कोशिश कर रहे हैं। अगर वे अपने मकसद में कामयाब हो गए तो यह हमारे लिए दूसरी जिन्दगी के समान होगा–एक ऐसी जिन्दगी जिसकी मैं अभीतक सिर्फ कल्पना करती रही हूं।

गलती किसकी ?

- विभाग अपने कर्मचारियों की शारीरिक तथा मानसिक चुस्ती को अक्सर नजरअंदाज कर देते हैं। उन्हें उनकी सेहत की देखभाल करनी चाहिए।
- ऐसी स्थितियां विभाग के खराब पर्यवेक्षण और व्यवहार को प्रतिबिंबित करती हैं।
- आर्थिक और भावनात्मक रूप से निर्भर स्त्रियों का उनके गैर जिम्मेदार और खूंखार पति जमकर शोषण करते हैं।

काश! उनमें पढ़ाई के साथ परिपक्वता भी होती

37

(इस अंक में लेखिका को प्राप्त वे दो चिट्ठियां हैं जिनमें इनकी लेखिकाओं की व्यथा का वर्णन है। दोनों ही चिट्ठियां दो शिक्षित युवतियों द्वारा लिखी गई हैं। ये चिट्ठियां मुझे सोचने पर विवश करती हैं। वर्षों की शिक्षा ने इन स्त्रियों को क्या दिया? क्या शिक्षा ने इन्हें किसी भी सूरत में ताकत दी? यदि नहीं, तो ऐसी शिक्षा का क्या लाभ है? दोनों चिट्ठियों को ज्यों का त्यों प्रकाशित किया जा रहा है। गोपनीयता सुनिश्चित करने के लिए व्यक्तियों तथा स्थानों के नाम बदल दिए गए हैं।)

'मेरा नाम सुषमा है। मेरे ऊपर बड़ी भारी मुसीबत आ पड़ी है। मैं एक वैश्य खानदान से ताल्लुक रखती हूं जबकि मेरा पति दुष्यंत पंजाबी है। हमदोनों एक साथ काम करते थे। मैंने एमबीए की डिग्री प्राप्त की है। अभी हाल ही में हम दोनों ने एक ऐसे मंदिर में शादी कर ली जिसमें पुजारी भी नहीं है। शादी के वक्त दुष्यंत का एक चचेरा भाई ही मौजूद था जिसने हमारी शादी की कुछ तस्वीरें खींची।

मैं दुष्यंत को बहुत प्यार करती थी। वह भी मुझे खूब चाहता था। लेकिन शादी के बाद मुझे महसूस हुआ कि उसका प्यार महज एक दिखावा था। वह अपने माता–पिता के पास अमृतसर चला गया और अब वहां से लौटकर नहीं आना चाहता। मैंने उसके चचेरे भाई से मिलकर मदद के लिए काफी मिन्नतें कीं, लेकिन उसने मेरी एक न सुनी। सच्चाई यह है कि अब वह मुझे धमकाता है और दुष्यंत को भूल जाने की बात कहता है। आप ही बताएं कि मैं उसे कैसे भूल सकती हूं। दुष्यंत का चचेरा भाई कहता है कि दुष्यंत ने तुम्हारे साथ जिन्दगी बिताने के उद्देश्य से शादी नहीं की थी। यही वजह है कि उसने शादी का कोई सबूत नहीं छोड़ा। दुष्यंत मेरे सर्टिफिकेट भी अपने साथ ले गया। मैंने उससे अमृतसर में मिलने की कोशिश की, लेकिन कामयाब नहीं हुई। आखिरी उम्मीद के तौर पर मैं उसके माता–पिता से मिली किन्तु वहां भी मुझे मायूसी ही मिली। उन्होंने मेरी बात सुनने से इनकार कर दिया।

मेरे पति का चचेरा भाई मुझे जुबान बंद रखने के लिए लगातार धमकी देता रहता है। मैंने दुष्यंत से मिलकर उसके आगे अपना दुखड़ा रोया। उसने मुझसे कहा कि अगर मैं उसके घर में रहना चाहती हूं तो दहेज में काफी मोटी रकम लेकर आऊं। उसने कहा कि उसका काम निकल गया है। अब वह मुझे क्यों स्वीकार करे। मेरे पिता का देहांत हो चुका है और मेरा कोई भी नहीं है। आखिर मैं क्या करूं?

उसने मेरी कमाई और आबरू दोनों लूट ली। उसने मुझे बहुत दुःख दिया है। अब मैं चाहकर भी उसे भुला नहीं सकती। मुझे मालूम है कि मैंने गलती की है। पढ़ी–लिखी होने के बावजूद मैं भावुक हूं इसीलिए उसने मेरी भावनाओं के साथ खिलवाड़ किया है। अब मैं अपने पति को दिखा देना चाहती हूं कि मैं कोई कमजोर औरत नहीं हूं। वह सोचता है कि कोई भी मेरी मदद नहीं करेगा और कुछ दिन धक्के खाकर मैं खामोश हो जाऊंगी। लड़की होने के बावजूद मैं कमजोर नहीं हूं। मैं अपने अधिकार के लिए लड़ना चाहती हूं। मैडम, कृपया आप मेरी सहायता कीजिए। मैं आपसे मिलना चाहती हूं।'

दूसरा पत्र इस प्रकार है:

'मेरा नाम मीना और उम्र 22 साल है। मेरी मां गुजर चुकी है और पिता बहुत शर्मीले इंसान हैं। वह किसी के आगे मुंह नहीं खोलते। मेरे दो छोटे भाई और एक छोटी बहन है। हमारे दादा–दादी कुछ दिनों पहले तक हमारे साथ रहते और हमारी देखभाल करते थे। अब उनका भी आसरा नहीं रहा।

मैं अपनी गलतियों की वजह से आजकल मुसीबत में हूं। लेकिन इस मुसीबत के लिए मैं अकेली जिम्मेदार नहीं हूं। मेरा पति प्रकाश भी बराबर का दोषी है। अपने छोटे–से कस्बे के कॉलेज में हमदोनों साथ–साथ पढ़ते थे। हमदोनों एक–दूसरे के इश्क के दीवाने थे। चार साल पहले हमने बिना किसी को बताए शादी कर ली। हम दोनों अलग–अलग जाति के हैं। प्रकाश ने कहा कि अगर गांव वालों को हमारी शादी का पता चलेगा तो मेरे परिवार वालों का बिरादरी में हुक्का–पानी बंद कर दिया जाएगा और हम कहीं के न रह जाएंगे। उसने मुझे जो–जो बातें बताईं उनपर मुझे भरोसा कर लेना पड़ा।

मैं गर्भवती हो गई। प्रकाश ने कहा कि चूंकि अभी वह पूरी तरह आत्मनिर्भर नहीं है और बच्चे की परवरिश का बोझ नहीं उठा पाएगा, अतः मैं गर्भपात करा लूं। हां, अगले बच्चे को हम जरूर पैदा होने देंगे और उसका अच्छी तरह पालन–पोषण करेंगे। उसकी बात पर यकीन करते हुए मैं गर्भपात के लिए राजी हो गई।

कुछ दिनों पहले मुझे पता चला कि प्रकाश की किसी अन्य लड़की के साथ सगाई हो गई है और कुछ ही महीनों बाद उसकी शादी होने वाली है। मुझे यकीन नहीं हुआ। मैंने जब इस बाबत प्रकाश से पूछा तो उसने साफ इनकार कर दिया। बहरहाल, लगातार खोजबीन के बाद मुझे यह पता चल गया कि उसकी सगाई सचमुच हो गई है। साहस करके मैं उसके माता–पिता के पास गई और उनसे सारी दास्तान बताई। उन्होंने कहा कि नहीं, अभी कोई सगाई–वगाई नहीं हुई है और चूंकि उन्हें हमारे संबंधों का पता चल गया है इसलिए वे जब भी लड़के की शादी करने की बात सोचेंगे, मेरे परिवार वालों से सम्पर्क करेंगे। इससे मुझे काफी खुशी हुई। हालांकि यह सब जानकर प्रकाश काफी तनाव में रहा, लेकिन बमुश्किल तमाम उसने मेरे साथ फिर से बोलचाल शुरू कर दी।

एक दिन प्रकाश ने खुद ही कबूल कर लिया कि उसकी सगाई वाली बात सच्ची है। उसने कहा कि मैं अपने माता–पिता का ऋणी हूं इसीलिए उनसे उऋण होने के लिए मुझे उनकी पसंद की लड़की से शादी करनी पड़ रही है। उसने यह भी कहा कि मेरी शादी तो सिर्फ माता–पिता की खुशी के लिए हो रही है। शादी के बाद भी मेरे प्रति उसके प्यार में कोई कमी नहीं आएगी। उसकी बेतुकी बातें सुनकर मैं झल्ला गई। मैंने कहा कि अगर उसकी शादी होगी तो मेरी लाश पर होगी। वह मुझे यह कहकर भावनात्मक रूप से ब्लैकमेल कर रहा था कि उसे ब्लड कैंसर है। मैंने इसका कोई लक्षण कभी नहीं देखा था। वह मुझसे ऐसे बातें कर रहा था जैसे महज एक दिन की शादी की इजाजत मांग रहा हो। मुझे कुछ समझ में नहीं आ रहा कि मैं क्या करूं? मैं अब नौकरी के सहारे अपनी जिन्दगी बिताने की कोशिश कर रही हूं। परिवार में कोई भी मेरा साथ नहीं दे रहा। अब तो घरवाले भी मुझपर खुलेआम फब्तियां कसते हैं।

मैं पुलिस में शिकायत दर्ज कराने की हिम्मत इसलिए नहीं जुटा पा रही क्योंकि प्रकाश के परिवार के ज्यादातार लोग या तो पुलिस में या फौज में हैं। स्थानीय पुलिस की छवि को देखते हुए मैं उससे शिकायत करने की हिम्मत नहीं कर पा रही। कृपया, आप मेरी मदद कीजिए।'

पहली चिट्ठी मिलने के बाद मैंने सुषमा को बुलाया। उसके गले में पड़ा मंगलसूत्र और मांग का सिंदूर उसके विवाहित होने का प्रमाण दे रहा था। मुझसे मिलने के बाद वह फूट–फूटकर रोई। जब मैंने उससे पूछा कि वह अब क्या चाहती है तो उसने कहा कि वह अपने पति को सजा और अपनी तस्वीरें वापस चाहती है। मैंने पूछा कि वह तस्वीरों का क्या करेगी तो सुषमा का जवाब था: मैं विवाहिता हूं और प्रामाणिक रूप से विवाहिता रहना चाहती हूं। मैंने पूछा किसके साथ रहोगी? उसने जवाब दिया, 'उसी आदमी के साथ जिसने मेरा शोषण किया है।'

मीना जब मेरे पास आई तो मैंने उसे सुझाव दिया कि वह अब उस आदमी पर ज्यादा भरोसा न करे और उससे संबंध–विच्छेद कर ले। मीना चाहती है कि उसकी दास्तान की जानकारी उसके पति की नई मंगेतर को हो जाए ताकि उसका जीवन बर्बाद होने से बच जाए।

गलती किसकी ?

- ऐसी शिक्षा जो व्यक्ति में आत्मविश्वास पैदा न कर सके, वह अधूरी है। उसे महज पात्रता कहना चाहिए, शिक्षा नहीं।
- पुरुष भावनात्मक रूप से कमजोर स्त्रियों को ब्लैकमेल करते हैं और अपनी दैहिक जरूरतों के लिए उन्हें इस्तेमाल करते हैं।
- शिक्षित होने के बावजूद स्त्रियां समर्पण और सुरक्षा की खोज में रहती हैं। वे आजादी को महत्व नहीं देतीं।

सिपाही शौहर ने वर्दी का बेजा इस्तेमाल किया

38

मेरा नाम तारा केरकर है। मैं गोवा के एक गांव में पैदा हुई और मेरी पूरी जिन्दगी वहीं पर गुजरी है। मेरे पिता एक सरकारी विभाग में ड्राइवर थे। हम चार बहनों और तीन भाइयों की देखभाल की जिम्मेदारी हमारी मां पर डालकर वे बहुत पहले चल बसे। मेरी मां को एक अस्पताल में उपचारिका के तौर पर काम मिल गया। उसने उसी नौकरी के सहारे बमुश्किल तमाम दो जून की रोटी का इंतजाम किया। इसी दौरान मेरी एक बहन और दो छोटे भाइयों की मृत्यु हो गई। मेरी मां ने शेष जीवित बचे अपने बच्चों की परवरिश जारी रखी।

मेरे पति से मेरी मुलाकात एक पारिवारिक कार्यक्रम में हुई थी। उस समय मेरी उम्र 17 साल थी। वह पुलिस सेवा में वायरलैस ऑपरेटर के रूप में कार्यरत था। समारोह के दौरान उसके हाव–भाव से मुझे ऐसा महसूस हुआ कि वह मेरी ओर आकर्षित हो रहा है। उसने मेरे साथ विवाह की इच्छा जताई। बहरहाल, हममें से किसी को भी उसका विचार पसंद नहीं आया। इसका मुख्य कारण उसका पुलिस में होना था। हमने कुछ पुलिसवालों की ऐसी दिल दहलाने वाली दास्तानें सुन रखी थीं कि उनसे हमें घृणा होने लगी। इसी नफरत के चलते मेरी मां ने उसके प्रस्ताव को फौरन ठुकरा दिया।

समारोह के बाद मेरे मन में भी कुछ–कुछ होने लगा। मैं उसकी ओर खिंचती गई। घरवालों को जब इसकी भनक लगी तो उन्हें बहुत दुःख हुआ। मेरी मां ने उससे दूर रहने के लिए मुझे धमकाना शुरू कर दिया परन्तु उसकी धमकियों का मुझपर कोई असर न हुआ। मेरे परिवारवालों की इच्छा के विपरीत दो साल तक हमारा इश्क जारी रहा। अंततः अदालत में अपने विवाह का पंजीकरण कराने के बाद हमदोनों ने एक छोटे–से मंदिर में शादी कर ली। शादी के दौरान केवल मेरी छोटी बहन और एक दोस्त ही मौजूद थे। हमारी ससुराल वालों की तरफ से भी कोई नहीं आया। मुझे इस बात की जानकारी थी कि ससुराल में मेरी सास और एक ननद हैं।

बचपन से ही मैं बिलकुल सीधे–सादे स्वभाव की रही हूं। मैंने कभी भी यह नहीं सोचा था कि मुझे आग चलकर किन्हीं निश्चित नियम–परंपराओं के अनुसार जिन्दगी बितानी पड़ेगी। मैंने सोचा कि शादी के बाद सब बदल जाएगा और मैं नए वातावरण में नए सिरे से अपनी जिन्दगी शुरू करूंगी। ससुरालियों के साथ मेरी पहली मुलाकात बड़ी खतरनाक सिद्ध हुई। उनके साथ हमारा घातक झगड़ा हुआ और हम भारी मन से वापस लौट आए। मेरे पति ने बताया कि वे लोग नहीं चाहते थे कि हमारी शादी हो, इसी वजह से घरवालों का मूड़ खराब था। अपनी जिन्दगी नए सिरे से शुरू करने की बात सोचते हुए मैंने अपने–आप का तसल्ली दी।

मुझे एक नाइट स्कूल में नौकरी मिल गई। आने–जाने की सुविधा को ध्यान में रखते हुए मैं अपनी मां के मकान में एक अलग कमरे में रहने लगी। मेरा पति कभी–कभार अपनी मां से मिलने जाता। वहां से लौटने के बाद वह हमेशा खराब मूड़ में होता। हमारे मतभेद कभी–कभी झगड़े के रूप में बदल जाते।

मैं आठ महीने से गर्भवती थी। ठीक तरह से बैठ न पाने के कारण एक दिन मैं उसके कपड़े नहीं धो सकी। शाम को घर लौटने पर जब मेरे पति ने देखा कि उसके कपड़े नहीं धुले हैं तो वह आग बबूला हो गया। मैंने कारण बताना चाहा तो उसने मेरे गाल पर जोरदार तमाचा जड़ दिया। उसके बाद तो उसका यह रोजमर्रा का काम हो गया। वह किसी न किसी बहाने अपनी खीझ मुझपर उतारने लगा। काम का बोझ, बढ़ता घरेलू खर्च और सास–ननद की कानाफूसियों के कारण वह पीट–पीटकर मुझे नीला कर देता। अचानक एक दिन मेरी आवाज जाती रही। वह मुझे हमेशा आतंकित रखने लगा। मेरी गतिविधियों को वह अब संदेह की दृष्टि से देखने लगा। उसने मेरे ऊपर किसी से मिलने–जुलने पर पाबंदी लगा दी। मैं अपने ही घर में कैदी की तरह रहने पर विवश थी।

मैंने एक बेटे को जन्म दिया। पिटाई फिर भी जारी रही। जिन्दगी चलती रही लेकिन गृहस्थी के हालात बदतर होते गए। मेरे मन में उथल–पुथल होने लगी। मैं विद्रोह के लिए मन–ही–मन छटपटाती लेकिन उसका सामना करने का साहस न जुटा पाती। पुलिस में होने के कारण मैं अपने पति के हिंसक व्यवहार से हमेशा डरी रहती। उसे प्रताड़ना के अनेक तरीके मालूम थे। वह मेरी पिटाई इस तरह करता कि पिटाई का कोई लक्षण शरीर पर जाहिर न हो। मेरे सुंदर लंबे बालों को वह औजार के रूप में इस्तेमाल करता और चोटी पकड़कर दीवार में धक्का दे देता। मुझे असहनीय दर्द होता, किन्तु उसे सहने के अलावा मेरे पास कोई चारा नहीं था। मेरी सारी शारीरिक इच्छाएं समाप्त हो चुकी थीं। उसे जब मेरे शरीर की जरूरत होती, वह अपनी प्यास बुझा लेता। मेरा कमजोर जिस्म जब उसे भौतिक आनंद न दे पाता तो वह नाराज हो जाता और मुझपर बदलचन होने का आरोप लगाना शुरू कर देता। उसकी प्रताड़ना के कारण मेरा दो बार गर्भपात हो गया। गर्भपात के कारण मैं बहुत कमजोर हो गई। एक बार तो ऐसे लगा जैसे अब मेरा जीवित रह पाना संभव नहीं। इसके बावजूद मेरे पति की आदत में कोई बदलाव नहीं आया।

अबतक मेरे एक बेटी भी पैदा हो चुकी थी। मैंने अपनी ओर से कुछ करने का फैसला किया। पति की नजर बचाकर मैंने कताई–बुनाई की ट्रेनिंग लेनी शुरू कर दी। प्रशिक्षित हो जाने के बाद मैंने चीजें बनाकर घर–घर बेचना शुरू कर दिया। इसके अलावा मैं घर में रहकर दूसरे लोगों के कपड़े सीने लगी। मेरी आमदनी से मेरे बच्चों की अच्छी परवरिश होने लगी। इस बीच मेरी आवाज लौट आई। मैंने स्थानीय राजनीतिक इकाइयों की गतिविधियों में भाग लेना शुरू कर दिया। मुझे एक बड़ी पार्टी में शामिल होने का मौका मिला। मैं एक बड़े राजनीतिक दल की स्थानीय इकाई की पदाधिकारी बन गई। मेरे पति की आदतों में अब तक कोई परिवर्तन नहीं हुआ।

एक दिन जब मैं काम पर से लौटी तो मेरी नौ वर्षीया बेटी ने मुझे बताया कि उसने पापा को पड़ोस की एक औरत के साथ संदिग्ध अवस्था मे देखा है। मैं भड़क उठी। साहस जुटाकर मैंने उसके खिलाफ विद्रोह कर दिया। मैंने थाने में अपने पति के खिलाफ रिपोर्ट दर्ज करा दी। हालांकि पुलिस वालों ने अब भी उसके खिलाफ कोई कठोर कार्रवाई नहीं की है, फिर भी मैं इसी बात से संतुष्ट हूं कि मेरे अंदर उसका विरोध करने की हिम्मत तो पैदा हुई। यह सब मेरी स्थानीय राजनीति के कारण संभव हुआ। मेरी जिन्दगी का मकसद ही अब पूरी तरह बदल गया है। मैं अब सामाजिक कार्यों और दूसरों के लिए अपनी जिन्दगी समर्पित कर चुकी हूं।

आज मैं नगर निगम की पार्षद तथा महिलाओं के सशक्तीकरण में लगे एक स्वैच्छिक संगठन की अध्यक्ष हूं। मैं सोचती हूं कि मुझे मेरे पति का उसी समय विरोध करना चाहिए था जब उसने मुझे पहला थप्पड़ मारा था।

गलती किसकी ?

- शादी एक जुआ है। अगर कोई उसे आंख बंद करके और गलत तरीके से खेलता है तो उसकी दुखद हार होती है।
- घरेलू हिंसा की पहली ही घटना को रोकने में साहस की कमी उसके बार–बार होने का कारण बन जाती है।
- यदि पुलिस लोगों को सुरक्षा प्रदान करना और उनकी सेवा करना चाहती है तो पुलिस विभागों को अपने कर्मचारियों के व्यक्तिगत दुराचरण को नजरअंदाज नहीं करना चाहिए।

अपराध के चक्रव्यूह में फंसना आसान है, निकलना मुश्किल

39

मेरा नाम जगदीश है, उम्र 33 वर्ष। 10 भाई–बहनों में सबसे बड़ा हूं मैं। विगत 14 वर्षों से मेरा उत्पीड़न हो रहा है। मेरा नाम पुलिस की हिस्ट्रीशीट में दर्ज है। मैं एक घोषित अपराधी हूं।

प्यार और दुलार की तलाश में अपने पड़ोसियों को मैं 10 वर्षों तक सताता रहा लेकिन मैंने कभी किसी निर्दोष को अपने प्रतिशोध का निशाना नहीं बनाया। जिस समय अपराध की दुनिया छोड़ने की बात सोची, तब तक काफी देर हो चुकी थी। अभी हाल ही में सात साल की सजा काटकर जेल से बाहर आया हूं। समाज मुझे स्वीकार नहीं कर रहा है। अगर मेरे साथ कोई नरमी से पेश आता है तो इसका कारण यह नहीं कि वह मुझे पसंद करता है, बल्कि वह मुझसे डरा हुआ होता है।

मेरे पिताजी मुझसे बहुत नफरत करते थे और शायद मैं भी उनसे नफरत करता था। इसके बावजूद मैंने जेल से पेरोल पर आकर उन्हें अपना खून दिया। वह मुझे देखकर कुढ़ते लेकिन मैंने यह भी देखा कि उनकी आंखों में मेरी हालत देखकर आंसू आ जाते थे। उस दिन मैंने उनके साथ अपने सारे मतभेद समाप्त कर दिए और नए सिरे से शुरुआत करने की सोची, लेकिन भाग्य को कुछ और ही मंजूर था। कुछ ही दिनों बाद उनकी मृत्यु हो गई।

मेरे पिताजी एक मशहूर संगीतकार थे। उन्हें राष्ट्रीय, अंतर्राष्ट्रीय कार्यक्रमों में बुलाया जाता था। ऐसी ही एक संगीत महफिल से लौटने के बाद उन्हें पीने की लत पड़ गई। उनकी शराबखोरी कई–कई दिनों तक उन्हें घर न आने देती। हालांकि उन दिनों मेरी आयु बहुत छोटी थी लेकिन मैं तबसे ही देखता रहा कि किस तरह हमारी खुराक दिन–ब–दिन घटती गई। धीरे–धीरे हम भुखमरी के कगार पर पहुंच गए।

ऐसा नहीं था कि ईश्वर हमसे हमेशा ही रूठे रहते थे। मेरे पिताजी कभी–कभार घर आ जाया करते थे। उनके आने से हम खुश और दुखी दोनों होते थे। खुश इसलिए होते कि हमें कुछ खाने

के लिए मिलने की उम्मीद होती और दुखी इसलिए कि हम जानते थे कि अब वह शराब के नशे में मेरी मां की पिटाई करेंगे। मेरी मां ने हमेशा उन्हें बर्दाश्त किया।

जैसी कि उम्मीद थी, शराबखोरी ने मेरे पिताजी से अपनी कीमत वसूल कर ली और धीरे–धीरे परिवार का अधिकतर सर–सामान या तो बेच दिया गया या गिरवी रख दिया गया। हमलोगों की पढ़ाई छूट गई। मेरी मां ने हिम्मत दिखाई और घर पर लाकर कुछ काम करने लगी। हम सब अपनी मां के साथ मिलकर मालाएं बनाने और उन्हें बाजार में बेचने लगे। इतनी मशक्कत के बावजूद हमारा खर्च पूरा न हो पाता लेकिन फिर भी पिताजी को यह सब पसंद नहीं था।

उस समय मैं लगभग 14 साल का था। मेरी बहन गंभीर रूप से बीमार पड़ गई। उसे अस्पताल में भर्ती कराना पड़ा। मेरी मां अस्पताल में रहकर उसकी देखभाल करने के साथ–साथ मालाएं भी बनाती रहती। जब हम अस्पताल जाते तो वह कुछ समय के लिए वहां से घर जाती, खाना बनाती और बनी हुई मालाओं को बाजार में बेचकर आती। यह सब देखकर मुझे बड़ी तकलीफ होती। मैं अपनी मां के आंसू पोंछने के लिए कुछ न कुछ करने की सोचने लगा। मां होने के नाते वह जो कुछ भी कर सकती थी, उसने हमारे लिए सब कुछ किया। मेरे पिताजी जब भी मेरे मां के चरित्र के बारे में उल्टी–सीधी बातें करते, मेरा खून खौल जाता।

इन्हीं चिंताओं ने मुझे घर से दूर कर दिया लेकिन किसी अच्छे काम के लिए नहीं। मैंने कई ऐसे लड़कों से दोस्ती कर ली जो धीरे–धीरे मुझे अपराध की दुनिया में ले गए। लोगों को परेशान देखकर मुझे बड़ी खुशी महसूस होती। बहरहाल, मुझे इस बात की अच्छी तरह जानकारी थी कि उनकी पीड़ा तो सामयिक है जबकि मेरी तकलीफ स्थाई।

मेरे दोस्तों ने एक आदमी की हत्या कर दी। हालांकि मैं उस कत्ल में शामिल नहीं था लेकिन फिर भी पुलिस ने मुझे संदेह के आधार पर पकड़ लिया। वह मेरी पहली गिरफ्तारी थी। चूंकि पुलिस हत्या में मेरी संलिप्तता का प्रमाण नहीं दे पाई, अतः मेरी जमानत मंजूर हो गई और कुछ ही महीनों बाद मैं रिहा हो गया। रिहाई के बाद जब मैं अपने घर पहुंचा तो एक स्थानीय 'नेता' द्वारा मेरा बड़ी गर्मजोशी के साथ स्वागत किया गया। उन्होंने मुझे 'हीरो' कहकर अपने कंधों पर उठा लिया। मुझे वह सब अच्छा नहीं लग रहा था।

मेरी जिन्दगी पूरी तरह सत्यानाश हो चुकी थी। मेरी सेहत काफी अच्छी थी। उस राजनीतिज्ञ ने मेरी स्थिति का फायदा उठाया और मुझे तथा मेरे दोस्तों का इस्तेमाल वह अपने राजनीतिक उद्देश्यों के लिए करने लगा। मेरे लिए उसका साथ देना इसलिए भी जरूरी था क्योंकि इससे मेरे परिवार के लोगों की भूख मिटती थी। धीरे–धीरे मेरी आपराधिक गतिविधियां बढ़ती गईं और मैंने झगड़े, झपटमारी और यहां तक डकैतियों में भाग लेना भी शुरू कर दिया। अबतक मेरा एक छोटा–सा गुट बन गया था, जिसे गैंग की संज्ञा देना ठीक नहीं।

मेरी मां ने अनेक बार मुझे रोकने की कोशिश की लेकिन वह असफल रही। मैं ऐसे मुकाम पर पहुंच चुका था जहां से लौटना बड़ा मुश्किल था। यह सोचकर कि शायद विवाह के पश्चात मैं

सुधर जाऊं, मेरी मां ने सुनीता के साथ मेरी शादी भी करा दी लेकिन मेरी गतिविधियों पर उससे भी कोई फर्क नहीं पड़ा। सुनीता मेरी भावनाओं के प्रति संवेदनशील नहीं थी इसलिए मेरे जेल जाने के बाद वह मेरे लड़के को छोड़कर भाग गई। खुशकिस्मती से मेरे बेटे को इंडिया विजन फाउंडेशन नामक एक स्वयंसेवी संगठन ने चिन्हित कर लिया। यह संस्था कैदियों के बच्चों की देखभाल करती है। उसी के प्रयासों से वह बस्ती के ही स्कूल में पढ़ने जाने लगा।

मैंने सुनीता को ढूंढ़ने की बहुत कोशिश की लेकिन नतीजा शून्य रहा। मैंने जेल में मिली कुमारी नामक एक औरत से रिश्ते बना लिए। वह भी अपराधिनी थी। बाद में वह मुझसे इतनी अधिक मांग करने लगी कि मुझे उसे छोड़ देना पड़ा। मेरे आपराधिक जीवन को बढ़ाने में पुलिस ने बड़ी महत्वपूर्ण भूमिका निभाई। हमें पुलिसवालों का 'ध्यान' रखना पड़ता था। उन्होंने कई बार मुझे सलाह दी कि मैं नशीली दवाओं के धंधे में कूद पड़ूं तो वे मेरी रक्षा करेंगे। एक सब इंस्पेक्टर ने थाने बुलाकर मुझसे 5000 रुपए माहवार पर सौदा तय किया। हालांकि मैंने ड्रग्स का काम कभी नहीं किया, लेकिन उस समय डर के मारे मुझे उसके सामने राजी होना पड़ा। उन्होंने मुझे उस धंधे के गुर भी सिखाए। जब मैंने उनकी बात नहीं मानी तो बाद में मुझे उसके गुस्से का शिकार होना पड़ा। पुलिस ने मुझे ऐसे झूठे मामलों में फंसा दिया जिनसे मेरा कोई लेना–देना नहीं था। पुलिस को शिकायत थी कि अगर मैं सुधर गया तो उसकी 'कमाई' कैसे होगी।

मेरे ऊपर बनाए गए 13–14 मामलों में से तीन या चार बार मुझे सजा हुई। बाकी मामलों में मैं रिहा कर दिया गया। न्यायपालिका अपनी ड्यूटी निभाती। वह मेरे मामलों का मूल्यांकन उपलब्ध साक्ष्यों के आधार पर करती जिनमें से अनेक गवाह डर के मारे मुकर जाते।

कुल मिलाकर मैं लगभग 8 वर्ष जेल में रहा। दरअसल, जेल ही मुझे वास्तविकता के निकट ले गई। वहां रहकर दोस्तों और रिश्तेदारों को भली–भांति समझा। मुझे इस सच्चाई का भी पता चला कि मैं जो कुछ कर रहा हूं उसका खामियाजा मेरे परिवार वालों को भुगतना पड़ता है। मैं स्कूली कक्षाओं और धार्मिक मीटिंगों में जाने लगा। उपदेशों का मेरे दिमाग पर हमेशा प्रभाव पड़ता लेकिन अपराध की दुनिया से निकल पाना बहुत सरल नहीं था। मैंने जेल में कड़ी मेहनत शुरू कर दी। चाहे किचन में खाना बनाने का काम हो या अस्पताल में काम करने का, मुझे जो भी काम दिया जाता मैं पूरी मेहनत से करता।

मैं हमेशा इस बात से सतर्क रहता कि जिस प्रकार की कठिनाइयां मेरे अन्य भाई उठा रहे हैं उनसे तंग आकर वे मेरे रास्ते पर चलने को मजबूर हो सकते हैं। मैं इस बात का हमेशा ख्याल रखता कि मेरी गतिविधियां उन्हें कभी प्रभावित न करें। अपने परिवार की सहायता से मैं नए सिरे से अपनी जिन्दगी संवारने की कोशिश कर रहा हूं। मेरे बेटे की आंखों की चमक मुझे अपराध की दुनिया से दूर रहने को प्रेरित करती है।

दोस्ती की आड़ में हुआ रानी के साथ खिलवाड़

40

मेरा नाम रानी है। मेरी उम्र 16 साल है। मैं अपने परिवार के साथ दिल्ली की एक छोटी–सी कालोनी में रहती हूं। कुछ वर्षों पूर्व मेरे पिता का लंबी बीमारी के बाद निधन हो गया। मेरा बड़ा भाई और मां घर का खर्च जुटाने के लिए नौकरी करते हैं। मेरी दो छोटी बहनें और एक छोटा भाई अभी भी इस पसोपेश में हैं कि वे आगे पढ़ना चाहेंगे या नहीं। मैंने तो पांचवीं कक्षा पास करने के बाद ही पढ़ाई छोड़ दी थी।

पिताजी की मृत्यु के बाद हमारा परिवार आर्थिक तंगी का शिकार हो गया। मेरी मां ने मुझे सलाह दी कि मैं भी कोई नौकरी ढूंढ़ लूं। हमारे घर के पास ही एक फैक्ट्री है जिसमें लगभग दो सौ लड़कियां काम करती हैं। कुछ दिनों फैक्ट्री में ट्रेनिंग करने के बाद मेरी नौकरी लग गई। मुझे स्थाई कर दिया गया।

फैक्ट्री में काम करने वाली सुनीता नाम की 19–20 साल की लड़की मेरी सहेली बन गई। वह हमारे घर के नजदीक ही रहती थी। कई बार शाम को हमदोनों साथ–साथ घर वापस आतीं। एक सुबह उसने अपने भाई प्रकाश से मेरा परिचय कराया। प्रकाश अपनी बहन को रोजाना फैक्ट्री छोड़ने आता था। सुनीता ने कहा कि रानी, तुम मेरे भाई से दोस्ती बढ़ाओ क्योंकि वह तुम्हारा अच्छा दोस्त बनना चाहता है। उस समय मैं सुनीता का आशय अच्छी तरह नहीं समझ सकी। मैंने सोचा, क्या अभी हम दोस्त नहीं हैं? लेकिन शायद कुछ हलकों में दोस्ती का कुछ और ही अर्थ होता है, जिसका पता मुझे अब चल गया है। मैं भी प्रकाश को अच्छी तरह जानना चाहती थी।

मैंने प्रकाश और सुनीता के साथ काम पर जाना शुरू कर दिया। कुछ समय बाद मैं और प्रकाश सुनीता से अलग होकर काम पर जाने लगे। दोस्ती की दुनिया का यह हिस्सा मैंने पहले नहीं देखा था। मैंने सोचा कि हर जवान लड़की की जिन्दगी में यह सब जरूर होता होगा। एक दिन उसने मेरे प्रति अपने प्यार का इजहार किया। मैं सहम कर उससे दूर खड़ी हो गई। मैं प्यार–मोहब्बत से बिल्कुल अनजान थी।

बड़ी मुश्किल से मैंने दुबारा काम पर जाना शुरू कर दिया। सुनीता ने मुझे प्रकाश का दृष्टिकोण समझाने की कोशिश की और कामयाब हो गई। उसने प्रकाश के साथ मेल–जोल बढ़ाने और वक्त गुजारने के लिए मुझे राजी कर लिया। हमारी राहें आसान बनाने के लिए सुनीता ने मेरे घर आना शुरू कर दिया और जल्द ही उसका भाई भी हमारे परिवार के साथ घुल–मिल गया।

हर शाम, जब भी मैं प्रकाश के साथ होती, वह मुझे 10 रुपए रोज देता और कहता कि मैं काम पर जाने की बजाय उसके साथ समय बिताऊं। मेरे सवाल करने पर वह कहता कि वह मुझे मेरे वेतन के समान पैसे दे देगा ताकि मेरी मां को संदेह न हो। जब भी मुझे मौका मिलता, मैं फैक्ट्री से गैरहाजिर हो जाती। मैं जानती थी कि इससे किसी का नुकासान नहीं हो रहा था। जिस दिन मैं काम पर न जाती, फैक्ट्री वाले मेरा उस दिन का वेतन काट लेते, लेकिन मेरी मां को मेरी पूरी तनख्वाह मिलती क्योंकि कटे हुए वेतन की भरपाई प्रकाश कर देता था। याद रहे कि वह मुझे रोजाना दस रुपए देता था।

एक दिन अप्रत्याशित घटना घट गई। मेरे चाचा अचानक बीमार हो गए और उन्हें अस्पताल में दाखिल करना पड़ा। मेरी मां ने सारा दिन अस्पताल में बिताया। प्रकाश ने मेरी मां से कहा कि आंटी, रात को अस्पताल में मैं रुक जाऊंगा। आप आराम कर लें। उधर सुनीता ने मां से इस बात की इजाजत ले ली कि मैं रात को उसके घर रह जाऊं। अपने घर पर सुनीता ने हमारे लिए खाना बनाया और हम सबने मिलकर एक साथ भोजन किया। बहरहाल, खाना खाने के बाद मुझे कुछ बेचैनी महसूस हुई। मैं कुछ समझ नहीं पा रही थी कि यह सब क्या हो रहा है। सुनीता ने मुझसे कहा कि मैं थकी हूं इसलिए कपड़े बदलकर सो जाऊं। थोड़ी ही देर में मैं निढ़ाल होकर बिस्तर पर गिर पड़ी और अचेत हो गई। उसके बाद मुझे कुछ होश नहीं रहा कि रात भर मेरे साथ क्या होता रहा।

सुबह होश आने पर मैंने प्रकाश को अपने पास लेटा हुआ पाया। बिस्तर से उठने पर मेरा शरीर बुरी तरह टूट रहा था। मेरे जननांग से रक्तस्राव हो रहा था। मेरे साथ सारी रात बलात्कार किया गया था और इसी नीयत से मुझे खाने में नशा दिया गया था।

मैं बिस्तर से उठकर फौरन सुनीता के पास गई। वह रसोई में खाना बना रही थी। उसके हाव–भाव से ऐसा लग रहा था जैसे कुछ हुआ ही न हो। जब मैंने उससे अपनी व्यथा बताई तो उसने कहा कि यह मेरा भ्रम है। सुनीता ने बताया कि उसका भाई अभी–अभी अस्पताल से लौटा है और घर में कोई दूसरा इंतजाम न होने के कारण तुम्हारी बगल में लेट गया है। रक्त स्राव के बारे में उसने कहा कि हो सकता है तुम्हें मासिकधर्म समयपूर्व हो गया हो। प्रकाश सोकर उठा तो तैयार होकर फौरन ऑफिस चला गया। मैं शर्म के मारे उससे कुछ पूछ नहीं सकी। हालांकि मेरे साथ जो कुछ हुआ था उसे मैं अच्छी तरह जान रही थी, फिर भी डर के मारे मैं कुछ कह नहीं सकी। मैंने अपनी मां को भी कुछ नहीं बताया।

कुछ दिनों बाद जब मैं दुबारा काम पर गई तो मेरे सामने फिर अजीब स्थिति पैदा हो गई। सुनीता ने मुझसे पूछा कि मैं प्रकाश से क्यों नहीं मिलती। उसने कहा कि जो कुछ हुआ है उसे भूल

जाऊं क्योंकि आजकल की लड़कियों के लिए यह सामान्य बात है। न चाहते हुए भी मैं प्रकाश की सोहबत में दुबारा चली गई। इस बार मेरा इरादा उससे कुछ वचन लेने का था। मैंने सोचा कि अगर मैं उसके साथ शादी कर लूंगी तो मेरा कलंक धुल जाएगा। मेरे शादी के प्रस्ताव पर उसने कुछ शर्तों के साथ रजामंदी जाहिर की। उसने मुझसे कहा कि मैं अपनी मां से अलग रहूं। मां से दूर रहने के कारण मुझे हर चीज के लिए प्रकाश पर निर्भर रहना पड़ता था। उसके साथ रहने के कारण उसने मेरे जिस्म से खूब खिलवाड़ किया। कई बार मैं सोचती कि अगर इसने शादी से इनकार कर दिया तो मेरी जिंदगी तबाह हो जाएगी।

एक दिन प्रकाश ने मुझसे कहा कि मैं घर जाने के बजाय उसके किसी दोस्त के यहां चली जाऊं। मैं समझ नहीं सकी कि आखिर वह ऐसे क्यों कह रहा है। बहरहाल, बिना कोई सवाल किए मैंने उसकी बात मान ली। रात को घर न लौटने पर मेरी मां ने पुलिस में शिकायत की। मेरी मां की प्रार्थना पर पुलिस ने प्रकाश को थाने बुलाया। प्रकाश ने थाने में मेरे बारे में कोई जानकारी होने से इनकार कर दिया। हालांकि उसने अगले दिन मुझे लेने आने का वादा किया था, लेकिन आया नहीं। अंततः जब मैं स्वयं उससे मिली तो मुझे लेकर वह थाने गया। उसने मुझे थाने में झूठा बयान देने को कहा। उसकी भद्दी सलाह मानते हुए मैंने बयान दिया कि मैं अपनी मां की वजह से घर से भाग गई थी। बहरहाल, कुछ स्थानीय लोगों के हस्तक्षेप के बाद मैं घर वापस आ गई। किसी की सलाह पर मैं नवज्योति द्वारा संचालित परिवार सलाह केन्द्र की सलाहकार से मिली।

इससे पहले मैंने किसी के सामने अपनी दास्तान बयान नहीं की थी। सलाहकार के बार–बार सुरक्षा का आश्वासन देने के बाद मैंने सारी बातें बता दीं। उन्होंने मेरे साथ न केवल हमदर्दी जताई, बल्कि पुलिस जांच कराने का भी भरोसा दिलाया। सलाहकार की कोशिशों के बाद मैंने प्रकाश की असलियत जानी। उसे जब सलाह केन्द्र पर बुलाया गया तो उसने मेरी मौजूदगी में ही मेरे साथ कोई रिश्ता न होने की बात कही। इसके अलावा उसने मुझे और मेरी मां के बारे में अपशब्द भी कहे। मैंने उसके गाल पर जोरदार थप्पड़ जड़ दिया। मुझे मूर्ख बनाया गया था। मैं हैरान हूं कि मुझ जैसी परिस्थितियों में रहने वाली लड़कियों के साथ यह सब कुछ हो रहा है।

गलती किसकी ?

- घर या स्कूल में शिक्षा न पानेवाली लड़कियों को बड़े पैमाने पर चोट पहुंचाई जा सकती है।
- लड़कियों की मासूमियत और शारीरिक शोषण के बारे में उनकी अज्ञानता का लाभ उठाते हुए पुरुष उनका शोषण करते हैं।

पति को रास नहीं आई रजनी की कुरूपता

41

इंडिया विजन के सलाहकार अपने रोजमर्रा के कामकाज के तहत अनेक ऐसे लोगों से मिलते हैं जो खामोशी से मुसीबतें सहते रहते हैं। ये लोग उन्हें समझा–बुझाकर उनमें आत्मविश्वास पैदा करते हैं तथा उन्हें समस्याओं का सामना करने के लिए प्रेरित करते हैं। यह विशेष मामला ऐसे अनेक मुसीबतजदा लोगों का नमूना है। समाज में ऐसी अनेक स्त्रियां हैं जो पुरुषों के वर्चस्व की शिकार हैं। यह कहानी सलाहकार के शब्दों में प्रस्तुत की जा रही है।

मेरा नाम रजनी है और उम्र 26 साल। डेढ़ वर्ष पूर्व मेरी शादी हुई। बचपन में मैंने अनेक डरावनी फिल्में देखी थीं जो आज तक मेरा पीछा कर रही हैं। मैंने कभी यह कल्पना भी नहीं की थी कि फिल्मों वाले दृश्यों की पुनरावृत्ति एक जीवित शैतान–यानी मेरे पति द्वारा की जाएगी।

ऐसा नहीं है कि इस स्थिति में मैं शादी के बाद ही आई। 10 वर्षों पूर्व मेरे पिता की मृत्यु के बाद से मेरे दोनों बड़े भाई मुझे बोझ मानने लगे थे। मेरे पिता की किरयाने की दुकान बड़े भाई ने ले ली थी और छोटे भाई ने किताबों पर जिल्दसाजी का काम शुरू कर दिया था। दोनों भाइयों की आमदनी ठीक–ठाक होने से परिवार के दिन बड़े मजे से गुजर रहे थे, लेकिन मेरी भाभियों को शायद मैं खटकती थी। वे दोनों हमेशा मुझे ओछी निगाह से देखती थीं। मैं आजतक इसका कारण नहीं समझ पाई। मेरी मां दोनों भाइयों के बीच होने वाले पारिवारिक झगड़े की मूकदर्शक मात्र बनकर रह गई थी।

परिवार में सबसे छोटी होने के कारण मैं अपने पिता की दुलारी थी। मेरे दोनों बड़े भाई उम्र में मुझसे काफी बड़े थे इसलिए उनके लिए मैं हमेशा बच्ची ही रही। आठवीं कक्षा तक पढ़ाई करने के बाद मैंने स्कूल जाना बंद कर दिया। हालांकि मेरे पिताजी चाहते थे कि मैं पढ़ाई जारी रखूं

लेकिन घर के कामकाज में अपनी मां का हाथ बटाने के उद्देश्य से मैंने पढ़ाई को अलविदा कह दिया। अर्द्धशिक्षित माता–पिता से मुझे समर्थन की उम्मीद थी। उन्होंने मुझे पढ़ाई बंद करने की इजाजत दे दी।

पिताजी की मृत्यु के बाद परिवार के भरण–पोषण की जिम्मेदारी मेरे दोनों बड़े भाइयों के कंधों पर आ पड़ी। पिताजी के समय में वे सब बड़े आराम की जिन्दगी बसर कर रहे थे इसलिए नई जिम्मेदारियों के मुताबिक खुद को ढालने में उन्हें काफी परेशानी का सामना करना पड़ा। इसके साथ–साथ उनकी पत्नियां आए दिन कोई न कोई बखेड़ा खड़ा किए रहतीं। हर वक्त घर के सदस्यों के बीच किसी न किसी बात को लेकर तनाव बना रहता। इस तनाव का सबसे बड़ा कारण यह था कि मैं जवान हो रही थी। क्लेश का कारण मेरी शादी थी। दोनों भाई आपस में झगड़ते कि शादी का खर्च कौन उठाएगा। मुझे इस बात से बड़ी तकलीफ होती कि घर के लोग मुझे जिंस समझकर व्यवहार करते। इन मामलों में मैं कुछ भी कहने की हालत में नहीं थी। मैं अकेले में रोती–सुबकती हुई सोचती कि इन तमाम मुसीबतों की जड़ मेरा स्त्री होना है। मैं खुद को ही जिम्मेदार मानती।

एक दिन मेरे बारे में शुरू हुई बहस बड़ी लड़ाई में बदल गई। मैंने सोचा कि अगर इस वक्त मैंने कुछ नहीं किया तो खून–खराबे की नौबत आ सकती है, लेकिन मैं कर ही क्या सकती थी। वे सब काफी ताकतवर थे और मैं उनके सामने बहुत छोटी थी। बार–बार मेरे मन में सवाल उठता रहा कि मैं क्या करूं? दोनों ओर से चीखना–चिल्लाना और गालियों की बौछार जारी थी। मैं असहाय थी। मेरे आसपास मेरी मदद करनेवाला कोई नहीं था। घर की हालत बहुत खराब थी। ऐसा लग रहा था जैसे दीवारें गिर पड़ेंगी। पंखा धीरे–धीरे चल रहा था। कुत्ते भौंक रहे थे। रसोई में स्टोव पर पानी उबल रहा था। मैं रसोई में गई और चुन्नी की मदद से खौलते हुए पानी का पतीला उठा लिया। मैं जोर से चिल्लाई कि अगर आप लोग चुप नहीं होंगे तो मैं सारा पानी अपने ऊपर उड़ेल लूंगी। किसी ने मेरी बात नहीं सुनी। मैंने खौलता हुआ गर्म पानी अपने ऊपर उड़ेल लिया। इसके बाद क्या हुआ मुझे कुछ नहीं मालूम।

अस्पताल में मुझे होश आया। मैं बुरी तरह जल गई थी। मेरे पेट और जांघों पर जलने का सर्वाधिक असर हुआ था। जगह–जगह से खाल उतर गई थी। मैं दर्द से कराह रही थी। मैं बार–बार बेहोश हो जाती। मेरी सेहत में सुधार बहुत धीरे–धीरे और दर्दनाक तरीके से हो रहा था। धीरे–धीरे उनके झगड़े फिर शुरू हो गए। अब मेरे पास कोई बेवकूफी करने की हिम्मत नहीं रह गई थी। मैं जीना चाहती थी।

मेरे परिवार के एक नजदीकी मित्र ने मेरी शादी मिठाई की दुकान पर काम करने वाले लड़के के साथ तय करा दी। पति के छह भाई थे। वे सब संयुक्त रूप से अपने निजी मकान में रहते थे। मेरे पूछने पर मेरे घर वालों ने मुझे बताया कि मेरे जख्मों और जलने के निशानों के बारे में मेरे होने वाले पति के परिवार वालों को बता दिया गया है। बेहतर भविष्य की बात सोचकर मैं संतुष्ट हो गई।

चंदर के साथ मेरी शादी हो गई। धार्मिक रीति–रिवाजों के मुताबिक चंदर ने मेरे साथ सात फेरे लिए। मेरे घावों और जलने के निशानों को देखकर उसने पहली रात से ही मुंह फेर लिया। मेरी जिन्दगी ठहर गई। उसने अकेले में मेरी बेइज्जती करनी शुरू कर दी। चंदर की तरफ से मेरा खयाल न किए जाने के अलावा सब कुछ सामान्य था। मेरे बार–बार समझाने बुझाने पर वह मान गया। उसने मेरे साथ खाना खाना शुरू कर दया। मैंने सोचा कि मैंने एक मोर्चा फतह कर लिया, लेकिन वह मेरी भूल थी। वह मुझसे अप्राकृतिक मैथुन करना चाहता था। वह मुझपर बार–बार वैसा करने के लिए दबाव डाल रहा था। मेरे एतराज करने पर वह खूंखार हो जाता और मुझे पलंग से उठाकर फेंक देता। वह मुझसे कहता कि यह पूरी तरह सामान्य क्रिया है और आजकल सारी दुनिया में ऐसा हो रहा है। हो सकता है कि वैसा होता हो, किन्तु मैं उसकी गंदी शर्त मानने के लिए तैयार नहीं हुई। मैंने अपने घर वालों को बुलाकर कहा कि वे मुझे अपने साथ ले चलें।

मेरे भाई मुझे मायके ले गए लेकिन कुछ दिनों बाद मुझे ससुराल वापस भेज दिया गया। फिर वही हरकतें शुरू हो गईं। फिर मुझे पलंग से फेंका गया। फिर मैं मायके गई और दुबारा फिर ससुराल पहुंच गई। यह सब कुछ महीनों तक चलता रहा। मेरे जलने के निशानों के बारे में किसी ने कभी कुछ भी नहीं कहा। हो सकता है चंदर ने किसी को बताया ही न हो।

एक दिन मेरी ननद ने मेरे जख्म देख लिए। उसके बाद से मेरे और चंदर के बीच बढ़ती दूरी के लिए मुझे जिम्मेदार ठहराया जाने लगा। इससे पहले वे लोग मुझपर घर की खुशी का खयाल न रखने का आरोप लगाते और 'अधूरी' औरत के साथ रहने के लिए चंदर को ताने देते, मेरे घर वालों ने फिर हस्तक्षेप किया और मैं मायके आ गई। मैंने घरवालों को नहीं बताया कि मैं अपने पति के साथ क्यों नहीं रहना चाहती। मैं ऐसे संवेदनहीन व्यक्ति के साथ एक पल भी नहीं रहना चाहती थी जो शारीरिक संबंधों के लिए मुझे गलत रास्ते पर चलने के लिए कर रहा था। हमदोनों के बीच प्यार तो कतई था ही नहीं। अब मैं अपनी सलाहकार के मार्ग निर्देशन में सुरक्षित हूं। मेरे परिवारवालों ने मेरे पति के खिलाफ अदालत में तलाक की कार्रवाई शुरू कर दी है। किन्तु क्या वे ही एकमात्र ऐसे लोग हैं जो दोषी हैं? यदि नहीं तो फिर कौन लोग दोषी हैं?

गलती किसकी ?

- अनेक पुरुष इंसान नहीं, वासना की आग बुझाने वाले भेड़िए हैं।
- अशिक्षित और आर्थिक रूप से निर्भर स्त्री को अनेक परिवारों में बोझ माना जाता है।
- जबतक कोई भयानक हादसा नहीं हो जाता, असुरक्षित लड़कियां तबतक शादी–विवाह के जोखिम और उसकी पेचीदगियों को नहीं समझ पातीं।

अध्यापक की असावधानी ने फेरा मेहनत पर पानी

42

(तिहाड़ जेल में महानिरीक्षक के पद पर रहते हुए मैंने देखा कि माता–पिता द्वारा किए गए अपराध की सर्वाधिक तकलीफ उनके बच्चों को उठानी पड़ती है। जुर्म करने वाले मां या बाप तो जेल चले जाते हैं और अपने पीछे छोटे लड़के–लड़कियों को गलियों में भटकने के लिए छोड़ जाते हैं। इन बच्चों को रिश्तेदारों, पड़ोसियों या दोस्तों की मेहरबानी पर छोड़ दिया जाता है। अनेक बच्चों का विभिन्न प्रकार से शोषण होता है और आगे चलकर यही शोषित बच्चे शोषक बन जाते हैं।

अपनी सुधार प्रणाली की इस गंभीर खामी को ध्यान में रखते हुए हममें से कुछ लोगों ने साथ बैठकर अपराध प्रभावित इन बच्चों को शिक्षा और सुरक्षा उपलब्ध कराने के लिए एक कार्यक्रम बनाया। कार्यक्रम के एक सलाहकार द्वारा अभी हाल में ही हुई इस घटना का बयान किया गया। उसके बयान से पता चला कि यह मुद्दा कितना कठिन, गंभीर और अछूता है।)

मेरा नाम शालिग्राम है। मैं कैदियों के डेढ़ सौ बच्चों के स्थानीय अभिभावकों में से एक हूं। ये बच्चे महिला या पुरुष कैदियों के हैं, जिनमें से कुछ अभी जेल के अंदर हैं और कुछ जमानत पर बाहर हैं। ये बच्चे दिल्ली और उसके आसपास के स्कूलों में पढ़ रहे हैं। स्कूल के अधिकारियों से बातचीत करने की गरज से मैं और मेरा साथी इन बच्चों से नियमित मुलाकात करते हैं। चूंकि आवासीय स्कूलों में दाखिल ज्यादातर बच्चों के माता–पिता जेल के अंदर होते हैं, इसलिए इन बच्चों और उनके कैदी माता–पिता के बीच हम सलाहकार ही संपर्क सूत्र होते हैं। कभी–कभी ये बच्चे स्कूल और इंडिया विजन फाउंडेशन (कार्यक्रम चलाने वाली संस्था) तथा जेल प्रशासन के सहयोग से आयोजित की जाने वाली मुलाकातों के अंतर्गत अपने माता या पिता से व्यक्तिगत तौर पर मिलने का मौका पा जाते हैं। वैसे सभी स्कूल इन

मुलाकातों की इजाजत नहीं देते। बहरहाल, तमाम दिक्कतों के बावजूद मैं अपनी टीम के अन्य सदस्यों के साथ मिलवाने का इंतजाम करता हूं। हम सभी कपड़े, दवाएं इत्यादि जरूरी चीजें उपलब्ध कराते हैं और उनकी पढ़ाई की फीस अदा करते हैं। बहरहाल, माता–पिता के जेल से छूटने के बाद हम उन्हें बच्चों की जिम्मेदारी संभालने के लिए प्रोत्साहित करते हैं, लेकिन उनमें से अनेक सक्षम नहीं होते। जो लोग अपने बच्चों को अपने साथ ले जाते हैं, उनपर भी निगाह रखी जाती है क्योंकि कोई नहीं जानता कि वे कब दुबारा वापस जेल पहुंच जाएं या भाग जाएं। यहां मैं बताना चाहूंगा कि इन बच्चों की परिस्थितियों को ध्यान में रखते हुए स्कूलों ने इनके पढ़ाई के खर्च में पहले ही काफी छूट दे रखी है। इनमें से एक स्कूल के प्रति संगठन के रूप में हम बहुत आभारी है। यह पहला स्कूल था जिसने कैदी माताओं के साथ रहने वाले बच्चों को शिक्षा उपलब्ध कराने में पहल की। स्कूल ने इन बच्चों, खासकर लड़कियों के लिए सभी सुविधाओं से युक्त एक हॉस्टल का निर्माण कराया। वर्तमान में इस स्कूल में 25 लड़कियां उत्तम शिक्षा प्राप्त कर रही हैं। हालांकि ये लड़कियां रहती तो अलग हैं, लेकिन स्कूल जाते समय अच्छे परिवारों के हजारों बच्चे इनके साथ होते हैं। पता चला है कि ये लड़कियां पढ़ाई के साथ–साथ स्कूल की अन्य गतिविधियों में भी अच्छा प्रदर्शन कर रही हैं। स्वच्छ वातावरण का क्या असर पड़ता है, इसे इन लड़कियों के जीवन में आए परिवर्तन के रूप में देखा जा सकता है।

कुछ दिनों पहले इस स्कूल की वार्डन ने फोन कर मुझे बताया कि गार्ड ने स्कूल से भागने की कोशिश करते हुए क्रमशः 11, 10 और 9 वर्ष की तीन लड़कियों को पकड़ा है। ये लड़कियां इस स्कूल में तीन साल से भी अधिक समय से रह रही थीं। उनके माता–पिता हत्या, ड्रग और अन्य जघन्य अपराधों में अभी भी जेल में हैं। संयोग से ये लड़कियां गर्मी की लंबी छुट्टियां झुग्गियों में रहने वाले अपने रिश्तेदारों और पड़ोसियों के यहां बिताकर लौटी थीं। वार्डन ने बताया कि जिस समय चौकीदार ने इन्हें पकड़ा, ये तीनों बस्ते और अन्य बच्चों की मदद से स्कूल की चारदीवारी पर चढ़ने की कोशिश कर रही थीं। इन लड़कियों ने चौकीदार के चंगुल से स्वयं को छुड़ाने की भरसक कोशिश की। मुझसे मिलने के बाद इन छोटी–छोटी लड़कियों ने बताया कि इन्होंने चौकीदार के हस्तक्षेप करने पर उसे आग लगा देने और सरिये से पीटने की योजना भी बना रखी थी। यह जानकर मैं हैरान रह गई कि इन नन्हे दिमागों में ये तरकीबें कहां से आईं। जब मैंने उनसे पूछा कि उन्होंने गर्मी की छुट्टियां कहां और कैसे बिताईं तब जाकर मुझे महसूस हुआ कि गलती कहां हुई। लड़कियों ने बताया, 'वहां कोई स्कूल नहीं था। वहां हमारी अनेक सहेलियां थीं। हम अपनी मर्जी से कहीं भी जा सकती थीं। हम पार्कों, फुटपाथों और गलियों में कहीं भी सारा–सारा दिन खेल सकती थीं। हमें किसी ने नहीं रोका। हम मंदिरों के बाहर या चौराहों पर पैसा बना सकती थीं। हम ताश और जुआ खेल सकती थीं और जो भी चाहतीं, खा सकती थीं। हमारे घर लौटने का कोई निश्चित समय नहीं था। हम किसी भी समय अपने दोस्तों के साथ सिनेमाघर जाकर फिल्में देख सकती थीं। हम

कहीं भी, किसी सहेली की झुग्गी में सो सकती थीं। वहां कभी भी कोई होमवर्क नहीं करना होता था। हमने तो अपनी सहेलियों के साथ बीड़ी पीने की कोशिश भी की। हम कूड़ा बीनने और चाय की दुकानों पर काम करने वाले अपने दोस्तों की मदद करने भी गईं।

स्कूल और फाउण्डेशन द्वारा किए गए वर्षों के अथक प्रयास पर सिर्फ दो महीने की छुट्टियों में पानी फिर गया। स्कूल के अध्यापकों ने इन लड़कियों को अपने लोगों के साथ परिचित माहौल में रहने के लिए भेज दिया था क्योंकि अंततः एक दिन इन्हें वापस वहीं जाना था। अध्यापकों ने इस बात पर ज़रा–सा भी गौर करने की कोशिश नहीं की कि ये लड़कियां अपने दोस्तों के साथ मौज–मस्ती के लालच में अच्छी पढ़ाई, देखभाल और सरोकार सभी को एक झटके मैं ठुकरा देंगी। अनगिनत पूजा घरों में आसानी से मिलने वाला खाना और पैसा और उससे भी ऊपर फिल्में और टीवी प्रोग्राम इन्हें बिगाड़ने के लिए काफी हैं।

स्कूल शिक्षकों को ऐसे बच्चों की आदत, भाषा और व्यवहार सुधारने में उस समय पहले ही बहुत मशक्कत करनी पड़ती है जब जेल से आने के बाद इन बच्चों को उनके हवाले किया जाता है। चूंकि जेल में महिला कैदियों को छह वर्ष की उम्र तक अपने बच्चों को साथ रखने की छूट है इसलिए भिन्न प्रकार के अनुशासनात्मक माहौल में इन्हें एडजस्ट करने में पहले ही काफी देर हो चुकी होती है। गलती यह है कि बच्चों को लंबे समय तक उनकी माताओं के साथ जेल में रखा जाता है। मैं व्यक्तिगत तौर पर इस बात से सहमत हूं कि चाहे लड़का हो या लड़की, केजी में जाने की उम्र हो जाने पर उसे जेल से बाहर किसी रेजीडेंशियल (आवासीय) स्कूल में भेज दिया जाना चाहिए और किसी भेद्य वातावरण में उसे बिगड़ जाने के लिए लंबी छुट्टी भी नहीं देनी चाहिए। माता–पिता के जेल से रिहा होने के बाद नियमित अंतराल के बाद वे अपने बच्चों से मिल सकें और अपना रिश्ता कायम रखने के लिए बच्चे भी हिरासत में रहने वाले अपने माता–पिता से मिल सकें, यही उचित होगा। लेकिन यह मामला अपराधग्रस्त क्षेत्रों से आने वाले युवा लड़के–लड़कियों की मुसीबतों को दर्शाता है। ये बच्चे अनुशासन के बजाय आवारागर्दी को, स्कूलों के बजाय गलियों को, होम वर्क के बजाय भिक्षावृत्ति को, घरेलू खाने के बजाय चाट–पकौड़ी को, स्कूलों की प्रार्थना के बजाय वयस्कों के लिए बनी फिल्मों को और अध्यापकों के बजाय यार–दोस्तों को तरजीह देते हैं। आखिर किसे कसूरवार ठहराया जाए?

दहेज दानवों के उत्पीड़न की शिकार बनी विमला

43

(यह दास्तान है एक 21 वर्षीया खूबसूरत लड़की विमला की। जब मैं उससे मिली तो देखा कि वह बोल सकने लायक नहीं थीं। वह मानसिक रूप से बहुत आतंकित थी। वह खुले आसमान के नीचे लेटी रही। उसकी व्यथा–कथा का वर्णन उसकी मां सुशीला ने किया। हालांकि बीच–बीच में विमला भी बोलने की कोशिश करती, किन्तु उसकी आवाज साफ और शब्द सही न निकलते। उसकी मां ने बताया कि शादी से पहले तक हमारा घर विमला के ठहाकों से गूंजता रहता था। प्रस्तुत है, विमला की कहानी उसकी मां सुशीला की जुबानी।)

मैं विमला की मां हूं। मेरा नाम सुशीला है। मैं 40 वर्षीया एक गृहिणी हूं और मेरे सात बच्चे हैं। विमला अपने तीन भाइयों और तीन बहनों में सबसे बड़ी है। मेरा पति बस ड्राइवर है और बमुश्किल तमाम वह इतने बड़े परिवार के गुजारे लायक कमा पाता है। हमारा अपना एक छोटा–सा मकान है। हमारी जाति में औरतों का घर से बाहर निकल कर काम करना अपमानजनक माना जाता है। हमसे अपेक्षा की जाती है कि हम अपने बच्चों की शादियां भी अपनी ही जाति के लोगों में करें।

लगभग 5 साल की उम्र में विमला बीमार पड़ी। हालांकि वह ठीक तो हो गई किन्तु उसके टखने कमजोर हो गए। अभी भी उसके टखने ठीक से काम नहीं करते। विमला इसी हालत में बड़ी हुई और अबतक जी रही है।

इस साल के प्रारंभ में हमें अपनी दोनों बेटियों–विमला और कमला के विवाह के प्रस्ताव मिले। अपनी आर्थिक हालत को देखते हुए हमने प्रस्ताव को वरदान समझा। हम उनका विवाह करने के लिए तत्काल राजी हो गए। अपनी इस उत्तेजना के वेग में हम लड़के वालों के खानदान इत्यादि के बारे में पूछताछ करना भी भूल गए।

विमला और कमला अपनी–अपनी ससुराल चली गईं। अपनी जिम्मेदारियों का कुछ हिस्सा पूरा हुआ समझ हम अपनी अन्य बेटियों के बारे में सोचने लगे। हमने अपने रीति–रिवाजों के अनुसार अपनी बेटियों को अपनी हैसियत से बढ़कर दान–दहेज दिया। हमने उम्मीद की कि इससे हमारी बेटियां खुश रहेंगी।

कुछ महीने बाद विमला मुझसे मिलने आई। उसने मुझे बताया कि वह वापस ससुराल नहीं जाना चाहती क्योंकि उसके सास–ससुर उसके साथ बुरा बर्ताव करते हैं। मैंने उसे समझाया कि बेटी! अब तुम्हारी शादी हो चुकी है। तुम्हें अब उन्हीं के साथ रहना है। मैंने उसे फिर समझाया कि छोटी–मोटी बातों को मुद्दा मत बनाया करो। जीवन से समझौता करने की कोशिश करो। परम्परागत भारतीय रीति–रिवाजों पर लंबा भाषण देकर मैंने उसे शांत कर दिया। यह सोचकर कि उन्होंने हमारी आंशिक विकलांग बेटी को स्वेच्छा से स्वीकार किया है, हमने उसकी ससुराल वालों की हर इच्छा पूरी करने की कोशिश की। सभी पर्व–त्यौहारों पर हम उन्हें उपहार–मिठाइयां इत्यादि भेजते रहे। सब कुछ ठीक–ठाक चलता नजर आया।

एक दिन मुझे ऐसी बात पता चली जिससे मेरे पैरों के नीचे से जमीन खिसक गई। मैं अपने एक रिश्तेदार के यहां गई और उससे विमला का हाल–चाल जानने को कहा। मेरा पति काम से बाहर गया हुआ था। जब हम विमला के घर पहुंचे तो उसकी हालत देखकर सिहर उठे। हमसे सहा नहीं गया। हमने देखा कि विमला बरामदे में एक फटी–पुरानी धोती में लिपटी चारपाई पर अस्थिपंजर के समान पड़ी थी। उसकी चारपाई के पास मक्खियां भिनभिना रही थीं। बड़ा भयानक दृश्य था। मैं उसे अधिक देर तक सह न सकी और सीधे अपनी बेटी को डाक्टर के पास ले जाने का फैसला किया। चूंकि विमला का पति और ससुर घर में नहीं थे इसलिए विमला की सास ने डाक्टर के पास ले जाने की हमारी मांग को ठुकरा दिया। ऐसी स्थिति बन गई कि उसकी सास अपनी दोनों बेटियों के साथ गाली–गलौज पर उतर आईं। मैंने अपने रिश्तेदारों और बेटी की ससुराल के पड़ोसियों की मदद से उसे डाक्टर के पास ले जाकर उसके इलाज का प्रबंध किया। मैं यह देखकर हैरान थी कि विमला कोशिश करने के बावजूद बोल नहीं पा रही थी।

विमला की ध्वनि कोशिकाएं काम नहीं कर रही थीं। डाक्टर ने हमें बताया कि कुछ अर्से से विमला की आवाज दबाने के निश्चित तौर पर कोशिश की जाती रहीं। बहरहाल, उचित चिकित्सा और देखभाल के कारण विमला की हालत सुधरने लगी। उसने हमें थोड़ा–बहुत बोलकर या इशारे से भी कभी कुछ नहीं बताया। विमला ठीक होकर हमारे घर आ गई। मैं यह सोच–सोचकर हैरान होती रही कि विमला के सास–ससुर या उसका पति उसे देखने या लिवाने क्यों नहीं आए। मैं उनसे बहुत खफा थी। इसलिए मैंने उनसे सम्पर्क करने का भी कोई प्रयास नहीं किया। मन से मैं हमेशा चाहती रही कि मेरी बेटी अपने घर जाए। छोटी–मोटी घरेलू समस्याएं तो हर जगह होती हैं। हमारे देश में यही प्रथा है कि लड़कियों को आखिरी सांस तक अपने पति के घर में ही रहना चाहिए। हमारे समाज में विवाहित स्त्री की यही नियति है कि वह घर में काम करे और बच्चे पैदा करे।

एक दिन विमला ने मुझे स्नानगृह से आवाज दी। दरअसल, वह अपने साथ तौलिया ले जाना भूल गई थी। तौलिया देने के बाद उसके जिस्म को देखकर मैं चौंक गई। विमला भी भूल गई थी कि दरवाजा अधखुला है और मैं उसे पूरी तरह देख सकती थी। उसके सारे शरीर पर निशान और क्रूरता के जख्म थे। जब मैंने जोर देकर पूछा तो वह मेरी बाहों में लिपट कर फूट–फूट कर रोने लगी। जब मैंने अपने बच्चों की सौगंध उठाकर कहा कि मैं उसे ससुराल जाने के लिए नहीं कहूंगी तब जाकर उसने अपने दर्दनाक अतीत की दास्तान सुनाई।

कम दहेज लाने के कारण विमला से उसकी ससुराल में हर आदमी बुरा बर्ताव करता था। उसे पूरा खाना भी नहीं दिया जाता था और हरेक उसकी पिटाई करता था। उसकी चीख–पुकार को दबाने के लिए उसके मुंह में कपड़ा ठूंस दिया जाता था। उसकी सास उसका हाथ पकड़ लेती और बाकी लोग उसे डंडों तथा गर्म चीमटे से पीटते। वे विमला से कहते कि अपने बाप से एक प्लाट और एक स्कूटर खरीदकर देने के लिए कहे। उनकी मांगों के साथ–साथ उत्पीड़न भी बढ़ता रहा। उसके पति ने मांग करनी शुरू की कि विमला उसे छोड़ दे और अपनी विवाह योग्य छोटी बहन के साथ उसकी शादी करा दे। विमला के अंदर पलटकर लड़ने की ताकत नहीं रह गई थी। वह उनसे यही प्रार्थना करती कि वे उसे अकेला छोड़ दें और वहीं पड़े रहने की इजाजत दे दें क्योंकि वह नहीं चाहती थी कि उसकी मुसीबतों की जानकारी उसके माता–पिता को मिले। विमला को छुड़ाने से पहले उसे जान से मारने की धमकियां दी जा रही थीं। ईश्वर ही जानता है कि अगर हमने समय पर पहुंच कर हस्तक्षेप न किया होता तो वे अपनी धमकी पर अमल कर बैठते।

अब मैं दिल्ली पुलिस की महिला अपराध प्रकोष्ठ में दर–दर भटक रही हूं। हर बार एक नई गतिविधि जन्म ले लेती है। मैं विमला के लिए लड़ना चाहती हूं क्योंकि वह बहुत कमजोर है। उसकी सहायता के लिए मुझे सहायता की जरूरत है। इस समय लोगों की मुसीबत में सहायता करने वाली गैरसरकारी संस्था 'नवज्योति' की सलाहकार ही मेरी एकमात्र मददगार है।

मामा ने ही मसल डाला मासूम चेतना को

44

यदि आप एक धर्मप्राण हिंदू हैं और दिल्ली में रहते हैं तो आपने मुझे जरूर देखा होगा। जिस मंदिर में मैं अनेक वर्षों तक रही, वहां आप पूजा करने जरूर आए होंगे। शायद आपने मुझे वहां फर्श की सफाई करते एकाध बार अवश्य देखा होगा। इसी मंदिर से सटा हुआ है वह घर जिसमें मैं नौकरानियों की तरह झाडू–पोंछा करती रही हूं। इस बात की पूरी संभावना है कि आपने मेरे नाना–नानी और मामाओं के आगे सिर जरूर झुकाया होगा क्योंकि वे उस मंदिर के महंत हैं। वही लोग मेरे सबसे बड़े उत्पीड़क भी हैं।

मेरा नाम चेतना है। इस समय मैं 30 वें साल में हूं। मेरे पिता एक सरकारी कर्मचारी थे। मेरी मां अध्यापिका हैं। मेरे पिताजी बहुत शराब पीते थे। शराब के नशे में वह मेरी मां को लगभग रोज पीटा करते थे। हम सभी बच्चे हमेशा डरे–सहमे रहते थे क्योंकि हममें से अगर कोई भी उनके खिलाफ कुछ कहता तो उसे उनके गुस्से का शिकार होना पड़ता था। पिता के हाथों हम सबकी पिटाई एक नियमित दिनचर्या बन गई थी।

उस समय मैं 7 साल की थी। मेरे नाना–नानी ने मेरी मां से मुझे दिल्ली ले जाने का अनुरोध किया। अंततः मेरी मां राजी हो गई। मैं नाना–नानी के साथ दिल्ली आ गई। मैंने सोचा कि शराबी पिता से जान छूटी। अब मैं उन लोगों के साथ रहूंगी जो मुझे प्यार करेंगे और जिन्दगी की अन्य जरूरतों को पूरा करेंगे। मेरे पांच मामा–मामियां मंदिर परिसर के बड़े–से मकान में रहते हैं। शुरू–शुरू में उन लोगों ने मुझे जो प्यार–दुलार दिखाया वह जल्द ही खत्म हो गया। उनके प्यार की भावनाओं को बरकरार रखने के लिए मैं उनकी हर काम में मदद करती, चाहे वह पानी का गिलास पकड़ाना हो या बाजार से दौड़कर कोई चीज लानी हो। उनलोगों को इसकी आदत–सी पड़ गई। जब भी किसी को किसी चीज की जरूरत होती वह मुझे आवाज दे देता। जल्द ही मैं घरेलू नौकरानी बन गई। अनजाने में ही मैं उन्हें खुश करती रही। मुझे इसका अहसास तब हुआ जब मेरे कोमल हाथ गंदे पानी से फर्श की सफाई करते–करते सिकुड़ गए। मेरे हमदर्दों

में केवल घरेलू नौकर थे और वे लोग थे जो इस बात को जानते थे कि मैं कौन थी। मेरे नाना–नानी बहुत व्यस्त रहते थे और उन्हें इस बात का बड़ा गर्व था कि वे देश की राजधानी के सबसे ताकतवर लोगों में से एक थे। मेरे सभी मामा अपने–अपने व्यसनों में मस्त थे।

धीरे–धीरे मैंने महसूस किया कि मुझे स्कूल भेजने में उनकी तनिक भी दिलचस्पी नहीं थी। मेरी मां के पूछने पर वे उसे समझा देते कि मुझे प्राइवेट इम्तिहान दिला देंगे। संभवतः उन्होंने सोचा हो कि संभ्रांत परिवारों की लड़कियों को घर से बाहर नहीं जाना चाहिए। मेरे माता–पिता अपने घरेलू झगड़ों में इतने ज्यादा व्यस्त थे कि मेरी पढ़ाई को लेकर उन्होंने ज्यादा जोर नहीं दिया। सचमुच, मुझसे भी उनसे शिकायत की अपेक्षा नहीं की जाती थी क्योंकि तब मैं वापस अपने घर भेज दी जाती जहां मेरे पिता मेरी पिटाई करते। यही सोचकर मैंने कभी भी शिकायत नहीं की।

मेरे सबसे बड़े मामा हमेशा शराब के नशे में धुत रहते। मैं उस शाम को कभी नहीं भुला सकती जब उन्होंने मुझे छेड़ने की कोशिश की। मैं हैरान थी। मैं सोचती हूं कि अगर उस समय मेरे छोटे मामा जयदीप हस्तक्षेप नहीं करते तो मेरी इज्जत लुट जाती। उसने अपने बड़े भाई से झगड़ा किया और मेरी नजरों में वह हीरो बन गया। उस समय मेरी आंखों ने मुझे धोखा दिया था।

उस दिन के बाद जयदीप ने मेरे साथ अंतरंगता बढ़ानी शुरू कर दी। मैं इतनी छोटी थी कि उसकी मंशा नहीं समझ पाई। एक रात जब मैं एक कमरे में सो रही थी, मैंने अपने पास किसी की आहट महसूस की। डरते हुए मैंने देखा वह जयदीप था। उसने अपना हाथ मेरे मुंह पर रख दिया और मेरे ऊपर चढ़ गया। मेरी तमाम नाकाम कोशिशों के बावजूद उसने बड़ी बुरी तरह मेरे साथ बलात्कार कर डाला। उस समय मैं सिर्फ 13 साल की थी। मैं चीखी–चिल्लाई और इधर–उधर भागी, लेकिन मदद के लिए आसपास किसी को नहीं पाया। जहर समझकर मैंने कुछ दवाइयां निगल लीं। जब मैं ठीक हुई तो सारे परिवार ने मेरे मत्थे शराब पीने का आरोप मढ़ दिया। मैं स्तब्ध रह गई और समझ गई कि भविष्य में मेरी जिन्दगी कैसी होगी।

मेरा सोचना सही था। उस दिन के बाद मैं जयदीप मामा द्वारा रोजाना भोगी जाने लगी। मुझे मालूम था कि जयदीप मुझे दर्द निवारक नशीली गोलियां देता था। मैं इतनी कमजोर थी कि विद्रोह नहीं कर सकती थी। अपनी किस्मत समझकर मैंने सब कुछ सह लिया। मैंने सोचा कि अगर मैं इसकी जानकारी पिताजी को दूंगी तो वह मेरी मां को नहीं बख्शेंगे। क्योंकि मां ने ही मुझे नाना–नानी के यहां जाने की इजाजत दी थी। मेरे पिता अपनी ससुराल वालों को कभी भी पसंद नहीं करते थे। यही वजह थी कि वे मुझसे मिलने कभी नहीं आए।

दर्द निवारक दवाओं के असर के कारण कभी–कभी तो मुझे यह भी महसूस न होता कि जयदीप मेरे ऊपर चढ़ा हुआ है। अगले दिन वह मेरा मजाक उड़ाते हुए उसका जिक्र करता। कोई उम्मीद न देखकर मैंने किसी से भी शिकायत करना बंद कर दिया था। मैं खामोश होकर सिर्फ रोती थी। सचमुच मुझे सारा दिन बहुत व्यस्त रखा जाता था। उतने बड़े घर में इतना सारा काम करना कोई आसान काम नहीं था। अगर मैं इनकार करती तो हरेक मुझे पीट देता। थककर चूर होने के बाद जब मैं लेटती तो जयदीप की अगली हिंसा की शिकार हो जाती।

जयदीप इस बात का दावा किया करता था कि मैं उसकी गोद ली हुई बेटी थी। एक अलग मकान लेकर वह मुझे उसमें ले गया। एक मूर्ति के सामने सिर झुकाकर उसने कहा कि मैं उसकी पत्नी हूं और यह भी कि हमारी शादी हो गई। जयदीप की इस नौटंकी का नतीजा यह हुआ कि मैं तीन बार गर्भवती हुई। उसने हर बार मेरा गर्भपात करा दिया। मैं प्रतिक्रिया करने में लाचार थी। मैं उससे हमेशा डरी रहती थी। उसकी पिटाई बड़ी घातक होती। इसी वजह से मेरे दोनों कानों के परदे फट गए। जयदीप की पाशविकता के निशान मेरे सारे शरीर पर मौजूद है।

एक मृत भ्रूण का गर्भपात कराने के लिए मुझे अस्पताल जाना था। जयदीप ने कहा कि कल सुबह चलेंगे। इत्तिफाक से उसी शाम को मुझे खबर मिली कि मेरे पिताजी की मृत्यु हो गई है। मैं समझ नहीं पा रही थी कि मुझे क्या करना चाहिए। जयदीप मुझे लेकर मेरे गांव पहुंच गया। वहां भी मैं किसी से कुछ बता पाने में लाचार थी। मृत भ्रूण के साथ मैं वहां 13 दिनों तक रही। जयदीप हमेशा मुझपर निगाह रखता रहा। जिस समय मैं दिल्ली पहुंची, मेरी हालत बहुत खराब हो चुकी थी। डाक्टरों ने कहा कि मेरे बचने की कोई उम्मीद नहीं है। भगवान मेरे ऊपर दयालु थे इसलिए मैं बच गई।

मेरी मां ने मेरी शादी की बाबत बात करनी शुरू की। मेरे मामा कहते कि यह उनकी जिम्मेदारी है इसलिए मेरी मां को चिंता करने की कोई जरूरत नहीं है। मेरी छोटी बहन भी शादी के लायक हो गई थी। मेरी मां उसे लेकर दिल्ली आ गई। अब जयदीप ने उसपर आंख लगाई। उसकी हरकतों को देखते हुए मैंने विद्रोह कर दिया। उसने मुझे बताया कि वह किसी से शादी करना चाहता है। मैं उस शादी में खुशी–खुशी शामिल होऊं। अगर मैंने उसकी बात न मानी तो वह मेरी छोटी बहन के साथ भी वैसा ही सलूक करेगा। मैं जानती थी कि वह बहुत शैतान है। वह जो कहता है, कर डालता है। अंततः मैं राजी हो गई।

मेरे लिए कुछ भी तो ठीक नहीं हो रहा था। मैंने कई बार जहर पिया, लेकिन बच गई। जयदीप ने मुझे बुरी तरह जख्मी किया और सारी रात खून बहता रहा, फिर भी मैं बच गई। मेरा एक्सीडेंट कराया गया जिसमें मेरा दांत टूट गया और होंठ फट गए लेकिन मैं फिर भी बच गई।

जयदीप की शादी हो गई। मेरी मां को सारी बातों का पता चल चुका था। उसके अपने ही माता–पिता और भाइयों ने उसे ताने दिए। मुझे उसका कुत्ते के पास बैठकर खाना खाना आज भी याद है। मैं ज्यादा सहन नहीं कर सकी। मैंने कानून की शरण लेने का फैसला किया।

मेरे लिए यह दूसरा अनुभव था। उन तमाम पुरुष और महिला सिपाहियों ने, जिन्होंने मुझे हर संभव सहायता का वचन दिया था, अगले ही दिन अपनी बात से वे सब पलट गए। जयदीप को थाने बुलाया गया। सबके सामने उसने बयान दिया कि उसने कोई भी गलत काम नही किया है। अगर उसने मुझे चोट पहुंचाई हो तो इसके लिए उसे माफ कर दिया जाए। चूंकि वहां कोई सबूत और रिकॉर्ड नहीं था, पुलिस ने मुझे बताया कि मामला खत्म हो गया।

(इस उम्मीद से कि अंततः न्याय चेतना को नए सिरे से जिन्दगी शुरू करने में मदद करेगा, लेखिका द्वारा इस मामले को राष्ट्रीय मानवाधिकार आयोग एवं राज्य महिला आयोग के पास भेजा जा रहा है।)

नर्क से निकलने की कोशिश करता प्रवीण

45

'क्या मैं उस व्यक्ति पर आरोप लगा सकता हूं जो मुझे इस खूबसूरत दुनिया में लाने के लिए जिम्मेदार है और जिसने अपने 'ऐश' के चक्कर में मेरी जिंदगी तबाह कर दी? जी हां, मैं यह आरोप इसके बावजूद लगा सकता हूं कि वह मेरा पिता है और इसी वजह से मेरी इस हालत के लिए मेरी मां भी बड़े पैमाने पर जिम्मेदार है। ऐसा नहीं है कि उन्होंने मेरी अच्छी परवरिश नहीं की, न ही यह बात है कि उन्होंने मुझे अच्छी तरह पढ़ने और विकसित होने का अवसर नहीं दिया, उन्होंने मुझे सारी सुख–सुविधाएं उपलब्ध कराईं किन्तु इस बीच वे फिसल गए। उनकी वही फिसलन लगभग मेरी जिंदगी ले बैठी।'

मेरी उम्र 35 वर्ष है। मैं विवाहित हूं। मेरी पत्नी के अलावा मेरे परिवार में मेरा एक 11 वर्षीय बेटा है। मैं उन्हें बहुत प्यार करता हूं और उनके बगैर कभी जीने की बात भी नहीं सोच सकता। हम दिल्ली में अपने निजी मकान में अपने माता–पिता और छोटे भाई के साथ रहते हैं। मैंने दो बार आत्महत्या की कोशिश की। मेरी एकमात्र विवाहित बहन अपने परिवार के साथ किसी अन्य शहर में रहती है।

मेरे पिता घुड़सवारी के कुशल और मशहूर प्रशिक्षक थे। वह ड्रग्स और शराब के आदी थे। मेरी उत्कंठा तब तक बढ़ती रही जब तक मैंने पिताजी वाली तमाम आदतें खुद नहीं पाल लीं। हालांकि पहले इसकी शुरुआत पिताजी के सिगरेट और बीयर के कोटे की चोरी से हुई किन्तु धीरे–धीरे मुझे पिताजी की तरह चरस और गांजा पीने की लत लग गई।

प्राइमरी तक मैं अपने पढ़ाई में बहुत तेज था। धीरे–धीरे उसमें खतरनाक बदलाव आया। मैं चौथी कक्षा तक परीक्षाओं में 90% से अधिक अंक प्राप्त करता था लेकिन मैं पांचवीं में दो बार और छठी में एक बार फेल हो गया। जब मेरे पिता दूसरे शहर आ गए तो मैं भी अन्य स्कूल में भर्ती हो

गया। यह जानते हुए भी कि मैं पिछली कक्षा में फेल हो गया था, उन्होंने नए शहर के नए स्कूल में मुझे अगली कक्षा में दाखिला दिला दिया। मैं अब भी नहीं जानता कि उन्होंने वैसा क्यों किया।

मैं जवानी की दहलीज पर कदम रख रहा था फिर भी मैं स्कूल में ही था। मेरे माता-पिता द्वारा पढ़ाई जारी रखने के लिए कहने के बावजूद मेरी रुचि पढ़ाई में नहीं थी, इसलिए मैंने पांव लटका दिए। उन्होंने यह जानने की जहमत कभी नहीं उठाई कि मैं पढ़ाई अच्छी तरह क्यों नहीं कर रहा हूं। मैंने सोचा कि जब उन्हें ही कोई सरोकार नहीं है तो मैं भी उनकी बात क्यों सुनूं।

मुझसे पूछा गया कि मैं क्या करना चाहता हूं। मैंने फौरन जवाब दिया कि मैं 'जॉकी' बनना चाहता हूं। घुड़दौड़ में आसानी से पैसा कमाया जा सकता था और उसमें किसी औपचारिक शिक्षा की जरूरत भी नहीं थी। मेरी सेहत ठीकठाक थी। मैंने अपने पिता को घुड़सवारी करते देखा था। मेरे पिता के प्रभाव के कारण मुझे चेन्नई के अप्रेंटिस जॉकी ट्रेनिंग स्कूल में तीन वर्षीय कोर्स के लिए दाखिला मिल गया। मैंने यह कोर्स एक वर्ष में ही पूरा कर लिया क्योंकि मैंने घुड़सवारी के प्रारंभिक नुस्खे अपने पिता से ही सीख रखे थे। मुझे 'जॉकी' का लाइसेंस मात्र छह महीने के अंदर मिल गया और प्रशिक्षण के दौरान ही मैंने पैसा कमाना शुरू कर दिया। इस एक साल के दौरान मैं सिगरेट और शराब से बिलकुल दूर रहा क्योंकि वहां इन सब चीजों पर सख्त पाबंदी थी। जब मैंने व्यावसायिक तौर पर घुड़सवारी शुरू की तो पुरानी आदतें फिर लौट आईं।

सिगरेट से स्मैक, बीयर से कड़वी शराब और इंजेक्शन लेने के साथ-साथ वेश्यालयों में जाना मेरी दिनचर्या में शामिल हो गया। मैं घुड़सवारी के लिए दूसरे शहरों में भी गया। मैं जब कभी भी बाहर जाता इलाके में तहलका मचा देता। पैसा पानी की तरह बहा रहा था।

मेरे बारे में सुनकर मेरे घर वाले बहुत चिंतित हुए। उन्होंने मुझे दिल्ली बुला लिया। मैंने अपना सारा ध्यान दिल्ली में होने वाली घुड़दौड़ों पर लगा दिया। मैंने यहां भी खूब पैसा कमाया। मेरे साथ मेरे ड्रग्स, मेरी शराब और मेरी औरतें थीं। मेरी इन हरकतों पर अंकुश लगाने के लिए मां ने नेहा नाम की एक अनपढ़ लड़की के साथ मेरी शादी करा दी। उसे उम्मीद थी कि शादी के बाद मैं बदल जाऊंगा। मेरी मां को यह बात अच्छी तरह मालूम थी कि कोई भी पढ़ी-लिखी लड़की मेरे साथ नहीं रह सकती। कोई फायदा नहीं हुआ।

एक बार दौड़ के दौरान जबर्दस्त दुर्घटना हो गई जिसने मेरी जिंदगी पूरी तरह तबाह कर दी। मेरी रीढ़ की हड्डी टूट गई और मेरा हाथ कई जगह से टूट गया। मैं पांच महीने तक अस्पताल में रहा। ठीक होने के बाद जब मैं अस्पताल से बाहर आया तो मुझे भविष्य में राइडिंग के लिए अयोग्य घोषित कर दिया गया। जिंदगी नर्क बन गई।

पैसा आना बंद हो गया। जो कुछ था भी वह नशाखोरी में चला गया। मैंने पाया कि मैं नपुंसक हो गया हूं। घर की हालत खस्ता थी। आमदनी घट गई फिर भी मेरे पिताजी की नशाखोरी जारी

रही। वह मेरे 'कोटे' से अपने लिए और मेरे छोटे भाई मनु के लिए भी स्मैक निकाल लेते। मनु की लत बहुत बढ़ गई है। हम जानते हैं कि अगर हम उसके लिए कुछ न करें तो वह मर जाएगा। वह किसी की बात नहीं सुनता। अपनी तमाम कीमती चीजें बेच देने के बावजूद मेरी पत्नी नेहा अब भी मेरे साथ है। उसी ने इलाज के लिए मुझे नवज्योति आने में मेरी सहायता की। मुझे पूरी तरह नशामुक्त हो जाने का विश्वास है, किन्तु मनु के पास ऐसा कोई भी तो नहीं है जो उसे इलाज कराने के लिए तैयार कर सके। नवज्योति के सलाहकार उसे इलाज के लिए राजी करने की कोशिश कर रहे हैं।

लेकिन मेरी विवाहित बहन भी तो शराब की आदी हो चुकी है.... उसे कौन बचाएगा?

छोटी बहन और अपने आश्रय की उम्मीद में आकुल अनीता

46

मेरा नाम अनीता और उम्र लगभग 19 वर्ष है। मेरी एक 14 वर्षीय छोटी बहन कीर्ति है। हमारी मां की मृत्यु हमारे बचपन में ही हो गई थी। तीन साल पहले दौरा पड़ने से मेरे पिता की भी मृत्यु हो गई। हम दोनों बहनें दुनिया में बाबा अब्राहम जैसे लोगों के हाथों में खेलने को विवश हो गईं। कहने को तो यह 90 वर्षीय बाबा हम जैसे अनाथों के पड़दादा की उम्र का है, लेकिन सच्चाई यह है कि यही हमारी मुसीबतों की जड़ भी है। उसकी शरण में जो भी गया, वह उसकी घूरती निगाहों से बच नहीं पाया। मैं तो किसी तरह वहां से भागने में सफल हो गई, किन्तु मेरे जैसी अनेक लड़कियां अभी भी वहां उसकी मेहरबानी की मोहताज हैं।

मेरे पिता खाड़ी में काम करते थे। हम लोग दिल्ली में एक किराए के मकान में रहते थे। हम दोनों बहनें नियमित स्कूल जाती थीं। मेरी मां के बीमार पड़ने पर पिताजी उनकी देखभाल करने के लिए खाड़ी से दिल्ली आ गए। लंबी बीमारी के बाद हमारी मां चल बसीं। मुझे अच्छी तरह याद है कि हमारा कोई भी रिश्तेदार हमसे मिलने नहीं आया। मेरे पिता ने फैसला किया कि अब वह विदेश नौकरी करने नहीं जाएंगे। उन्होंने दिल्ली की ही एक फैक्ट्री में नौकरी ढूंढ़ ली। हालांकि तनख्वाह तो ज्यादा नहीं थी, फिर भी हमारी पढ़ाई–लिखाई और घर का खर्च किसी तरह निकल आता था।

उस समय मेरी उम्र 16 वर्ष थी। मेरे पिताजी एक शाम काम पर से लौटे तो बहुत थके हुए और चिंतित नजर आए। मेरे किसी प्रश्न का जवाब दिए बगैर वह चारपाई पर लेट गए। मेरी चीख–पुकार सुनकर पड़ोसी भागे चले आए। उनकी मदद से मैं अपने पिता को पास के ही एक नर्सिंग

होम में ले गई। नर्सिंग होम वालों ने जटिल मामला बताते हुए उनका इलाज करने से इनकार कर दिया। हम उन्हें लेकर सरकारी अस्पताल पहुंचे। उन्हें वहां तीन दिनों तक सघन चिकित्सा कक्ष में रखा गया, किन्तु उनकी सेहत नहीं सुधरी। इस बीच मुझे बताया गया कि उनके बचने की कोई उम्मीद नहीं है। मेरे सारे सपने मेरी आंखों के सामने ही चकनाचूर हो गए। हमारे आसपास कोई नहीं था, सिवाय उस फैक्ट्री मालिक के जहां मेरे पिताजी काम करते थे। उन्होंने ही पिताजी के अंतिम संस्कार की व्यवस्था कराई। उनके घर में रहने का प्रस्ताव मिलने पर हम राजी हो गईं क्योंकि और कोई ठिकाना भी तो नहीं था।

उन्होंने हमसे एक सादे कागज पर लिखा लिया, 'हम दोनों बहनें अपनी मर्जी से उनके घर में रह रही हैं। हमारे ऊपर किसी किस्म का दबाव नहीं है।' उन्होंने हमसे वादा किया कि हम लोग अपनी पढ़ाई जारी रख सकेंगी और उचित समय पर हमारी शादी भी करा दी जाएगी। बहरहाल, ऐसा कुछ नहीं हुआ। वह मुझे लेकर महाराष्ट्र स्थित अपने आध्यात्मिक गुरु के पास गए। उन्होंने मुझसे कहा कि मैं गुरु से उनके सांस्कृतिक रस्म–रिवाज सीख लूं। उन्होंने कहा कि चूंकि मैं गमगीन माहौल से निकली हूं इसलिए मेरा वहां रहना अच्छा रहेगा। कीर्ति उनके साथ दिल्ली में ही रही। मैंने सोचा कि उसकी पढ़ाई तो जारी रहेगी, किन्तु वैसा नहीं हुआ। वह सारा दिन घर के काम–काज में लगी रहती थी।

मैं आश्रम में अधिक समय नहीं रह पाई। जब मैंने उनके लिए मुश्किलें खड़ी करनी शुरू कर दीं तो आश्रम वालों ने मेरे अभिभावकों को बुलाकर वापस ले जाने के लिए कहा।

जब मैं लौटी तो हैरानी का ठिकाना न रहा। मुझे पता चला कि मुझे प्रशिक्षण इसलिए दिया जा रहा था ताकि वे अपने 45 वर्षीय भतीजे से मेरी शादी करा सकें। मैंने इसका सख्त विरोध किया और मौका मिलते ही वहां से भाग खड़ी हुई।

रात के 10 बज गए थे। मैं बहुत डरी हुई थी। अपने पिता के एक मित्र की याद आते ही हम दोनों उनके घर की ओर चल पड़ीं। उन्होंने रात को हमें अपने घर में पनाह दी मगर पत्नी के ऐतराज करने के कारण अगले दिन वह मुझे बाबा अब्राहम द्वारा संचालित अनाथालय में छोड़ आए। वहां लगभग 30 लड़कियां थीं। मैं उन सबमें बड़ी थी। मुझे उनकी देखभाल करने के लिए 'हैड', बना दिया गया। दरअसल इनमें सभी लड़कियां अनाथ नहीं थीं।

दानदाताओं से अधिकाधिक चंदा ऐंठने की फिराक में बाबा आसपास की झुग्गी–झोंपड़ियों के बच्चों को अपने आश्रम में बुला लेता था। मकसद यह था कि बच्चों की संख्या जितनी अधिक होगी, चंदा भी उतना अधिक मिलेगा। आश्रम में 18 लड़के भी थे किन्तु उनकी उम्र बहुत छोटी थी।

कुछ ही दिनों में मुझे आश्रम की गतिविधियों की जानकारी हो गई। बाबा अपनी कामवासना की तृप्ति के लिए छह वर्ष और उससे ऊपर की लड़कियों को निशाना बनाता था। चूंकि मैं बहुत मुंहफट लड़की थी इसलिए उसकी चतुराई मेरे आगे नहीं चल सकी।

हाल ही में एक लड़की की तलाश में एक दम्पती आश्रम में आए। मेरी ही उम्र की उनकी लड़की की एक हादसे में मृत्यु हो चुकी थी। धार्मिक मान्यताओं के आधार पर उन्हें विश्वास था कि अगर वे किसी लड़की की परवरिश करें तो उनकी दिवंगत बेटी की आत्मा को शान्ति मिलेगी। उनकी प्रार्थना पर मुझे उनके साथ जाने की इजाजत दे दी गई।

मेरी दास्तान खत्म नहीं हुई। अब मैं एक दयालु स्त्री की छत्रछाया में हूं। उसने मुझे न केवल अच्छी नौकरी का प्रस्ताव दिया है बल्कि मेरे रहने की व्यवस्था भी की है। कीर्ति अभी किसी दूसरे परिवार के साथ रह रही है। फिलहाल तो हम अपने–अपने परिवारों के साथ किसी तरह दिन काट रही हैं, किन्तु यह सब कितने दिन चलेगा?

पुलिस को हिस्सा मिले बिना स्मैक नहीं बिक सकती

47

जब तक पुलिस को पैसा नहीं मिलेगा, नशा नहीं बिक सकता। ये शब्द हैं 12 वर्षीय पवन के जो गत एक–डेढ़ वर्ष से सिगरेट, शराब और स्मैक का आदी है। हालांकि उसके इन शब्दों से आप उसकी उम्र का अंदाजा नहीं लगा सकते।

एक शोधकर्ता 'नवज्योति नशा मुक्ति' केन्द्र में आया। वह नशाखोरों के बारे में जानकारी एकत्र कर रहा था। उसी दौरान उसकी मुलाकात तीन किशोरों–पवन (12), इरफान (13) और किशोर (18) – से हुई।

पवन की तीन बहनें हैं जिनमें से दो की शादी हो चुकी है। तीसरी अभी पढ़ रही है। पवन ने बताया कि 2–3 बार फेल होने के बाद पढ़ाई से मेरा मन उचट गया और मैंने पांचवीं कक्षा के बाद पढ़ाई छोड़ दी। मेरे पिता दिल्ली के एक छोटे से होटल में और मां होटल मालिक के घर में महरी के रूप में काम करती थी। तमाम तकलीफों के बावजूद मेरे माता–पिता चाहते थे कि हम पढ़ाई जारी रखें।

पढ़ाई छोड़ने के बाद गलियों में आवारा घूमते हुए मैंने अपने से बड़ी उम्र के एक कबाड़ी को अपना दोस्त बना लिया। उसके पास मेरी उम्र के ढेर सारे लड़के काम करते थे। घर में ढेर सारे सवालों का जवाब देने के डर से मैं भी उन्हीं लोगों के साथ रहने लगा।

कबाड़ी बहुत भला आदमी था। मेरे काम मांगने पर उसने मुझे फौरन काम पर लगा दिया। इस बात की जानकारी जब मेरे माता–पिता को लगी तो वे बहुत नाराज हुए। उन्होंने मुझसे कहा कि मुझे काम करने की कोई जरूरत नहीं है क्योंकि मेरी देखभाल करने में वे समर्थ थे। बहरहाल, मैं उन्हें समझाने में कामयाब हो गया कि चूंकि मेरा मन पढ़ाई में लगता नहीं और मैंने स्कूल भी छोड़ दिया है, इसलिए मेरे लिए सबसे अच्छा यही है कि मैं भी कुछ काम करके आपकी मदद करूं।

इसी मुकाम पर मुझे पहली बार मेरे दोस्तों ने शराब और सिगरेट पिलाई। दरअसल कबाड़ी के यहां काम करने वाले लड़के शराब–सिगरेट के शौकीन थे। धीरे–धीरे मेरा नशा बढ़ता गया और मैं स्मैक पीने लग गया। मुझे स्मैक की लत इतनी जल्दी पड़ गई कि उसके बगैर रहना मेरे लिए दुश्वार हो गया।

शुरू–शुरू में मैं जो कुछ कमाता, उसे अपने घर वालों को दे दिया करता था। धीरे–धीरे स्मैक मेरी सारी कमाई चट करने लग गई। मेरे माता–पिता ने इस बारे में कभी भी मुझसे पूछताछ नहीं की। मैं घर से दो–दो, तीन–तीन महीने लगातार बाहर रहता तब भी मेरे माता–पिता को कोई फिक्र न होती। वे सोचते कि मैं काम कर रहा हूं और महफूज हूं। एक बार किसी ने उन्हें खबर की कि मैं स्मैक पीने लगा हूं तब भी उन्हें यकीन नहीं हुआ। एक दिन उन्होंने खुद अपनी आंखों से मुझे स्मैक पीते हुए देख लिया। वे इलाज के लिए मुझे फौरन यहां ले आए।

शोधकर्ता ने जब उससे पूछा कि इतनी सारी सुरक्षा के होते हुए भी तुम जैसे लड़कों को स्मैक का अपना 'कोटा', कैसे मिल जाता है? उसने चहकते हुए कहा, 'सुरक्षा? कैसी सुरक्षा? आपका आशय कहीं पुलिस से तो नहीं? मैं ऐसे अनेक ठिकाने जानता हूं जहां पुड़िया आसानी से मिल जाती है। मैंने पुलिस को रिश्वत लेते हुए अपनी आंखों से देखा है। मैं ऐसी कई घटनाओं का चश्मदीद गवाह हूं जब पुलिस ने पुड़िया बेचने वालों को रंगे हाथों पकड़ा। क्या हुआ? कुछ भी तो नहीं। उन्होंने बिक्री की रकम ले ली और पकड़ी हुई स्मैक उन्हें वापस लौटा दी।' पवन ने कहा, 'अगर पुलिस खुद यह सब न करे तो हम जैसों की जिंदगी खराब नहीं होगी।'

इरफान का मामला भी कुछ ऐसा ही है सिवाय इसके कि उसकी सारी भावनाएं मर गई हैं। कुछ पूछने पर वह दीवारों की ओर देखने लगता है और बहुत संयत होकर बोलता है। उसने कहा, 'मैं कोई इलाज–विलाज नहीं करवाऊंगा। यहां मुझे मेरी विधवा मां लेकर आई थी। मेरे वालिद शराब के आदी थे। तीन साल पहले शराबखोरी उन्हें ले डूबी और वे इंतकाल फरमा गए। उनकी मौत के फौरन बाद मुझे नशे की लत लग गई।

अब्बू की मौत के बाद मैं इधर–उधर भटकने लगा। मेरे दो भाई और दो बहनें भी हैं। वे सब मुझसे छोटे हैं। मेरी मां समेत कोई भी मुझे काबू में नहीं रख सकता। धीरे–धीरे मैं आवारा लड़कों की सोहबत में आ गया और हमने साथ–साथ सिगरेट और शराब पीनी शुरू कर दी। जब मैंने उनसे पूछा कि इसके लिए पैसे कहां से आएंगे, तो उन्हीं में से एक लड़के ने सुझाव दिया–'हम लोग जेबकतरों के गिरोह में क्यों न शामिल हो जाएं?' हां–हां क्यों नहीं। हम सबने एक स्वर से सहमति दे दी।

मैं जेबतराशी के दौरान अन्य लड़कों को सुरक्षा कवच प्रदान करता। चूंकि हम लोग बहुत छोटे थे और दिखने में बहुत मासूम लगते थे इसलिए हम पर कोई शक नहीं करता था। हम लोग

आमतौर पर अपने हरेक 'मिशन' में कामयाब हो जाते थे। हसन नामक एक लड़का हमारा मुखिया था। जेबतराशी का यह हुनर उसे उसकी मां ने सिखाया था। हसन ने ही हम सबको 'ट्रेंड' किया था। आप यकीन नहीं करेंगे, हमारी एक दिन की कमाई पांच हजार रुपये तक पहुंच जाती थी। उस पैसे से हम लोग जो चाहते वही खरीद लेते। हमारे पास अपने स्मैक के कोटे के लिए अब भी पैसा है। कभी–कभी मैं अपनी कमाई में से कुछ पैसे अपनी गरीब मां को भी दे आता था। वह मेरे छोटे बहन–भाइयों का गुजारा करने के लिए लोगों के कपड़े सीती है। इरफान ने बताया कि मेरी वजह से वह बहुत नाराज रहती है।

मेरा नाम किशोर है। मेरी कहानी भी इन दोनों लड़कों जैसी ही है सिवाय इसके कि मेरी वजह से मेरे माता–पिता को अपना छोटा–सा कारोबार छोड़कर वापस पश्चिम बंगाल में अपने गांव चला जाना पड़ा।

न तो वे मुझे बर्दाश्त कर सकते थे और न ही स्थानीय नागरिकों और पुलिस के दबाव को। मैं इलाके का कुख्यात चोर था। मैं सिर्फ अपनी नशे की लत पूरी करने के लिए चोरी किया करता था। आखिर कोई क्या करे? क्या आपको मालूम है कि ढेर सारे गिद्धों के होते हुए झुग्गी–झोंपड़ियों में लोग किस तरह जीते हैं? आप जान–बूझकर भी उनसे अपना पीछा नहीं छुड़ा सकते। अगर आपको उस इलाके में रहना है तो आप उनकी सोहबत से बच नहीं सकते और अगर सोहबत से नहीं बच सकते तो नशे से भी नहीं बच सकते... बुराई से भी नहीं।

फब्तियों ने तबाह कर डाली फरीदा की जिन्दगी

48

यह दास्तान फरीदा की है। 19 वर्षीया फरीदा की शादी तीन साल पहले फिरोज के साथ हुई थी। अपनी आठ महीने की बेटी के साथ अब वे किराये के मकान में रहते हैं। फरीदा 60 प्रतिशत जली हुई है। उसका चेहरा बिगड़ गया है। फरीदा ने बताया कि मैं अपने चार भाई–बहनों में सबसे बड़ी हूं। मेरा शौहर गोश्त की दुकान चलाता है। मेरे अब्बू रिक्शाचालक हैं और अम्मी घर का कामकाज करती हैं। अम्मी की बीमारी की वजह से मैं सातवीं कक्षा से आगे नहीं पढ़ सकी। हालांकि मेरे अब्बू की आमदनी अधिक नहीं थी, फिर भी वे चाहते थे कि हम सब पढ़ाई जारी रखें।

मैं गोश्त खरीदने के लिए अक्सर फीरोज की दुकान पर जाती थी। धीरे–धीरे मैं उसकी ओर खिंचती चली गई। वह मुझसे उम्र में कुछ बड़ा, लेकिन बहुत गठीला नौजवान था। जिस वक्त फिरोज ने मुझसे शादी की, उस वक्त मेरी उम्र तकरीबन 16 साल थी।

धीरे–धीरे हमारे प्यार की जानकारी हम दोनों के परिवारवालों को भी हो गई, मगर वे शादी के लिए राजी नहीं थे। हालांकि हम दोनों का मजहब एक ही था, मगर फर्क यह था कि वह हिन्दुस्तानी और मैं बंगाली मुस्लिम थी। हमारे वालदैन (माता–पिता) के मुताबिक हमारी जोड़ी चलने वाली नहीं थी, इसलिए शादी का कोई सवाल ही पैदा नहीं होता था।

फिरोज की बेवा मां हमारी शादी के सख्त खिलाफ थी। उधर फिरोज भी मुझे साथ लेकर कहीं भाग जाने का विरोधी था। उसने किसी तरह अपनी मां को राजी कर लिया और कहा कि एक न एक दिन वह मेरे घर वालों को भी शादी के लिए रजामंद कर लेगा। उसने हमारे वालदैन से कई बार मुलाकात की लेकिन हर बार वे उसे बैरंग लौटा देते। एक दिन वह इलाके के 50–60 सम्मानित बढ़े–बूढ़ों को लेकर हमारे घर आ धमका। उन्होंने हमारे अब्बू को तमाम तरह का भरोसा दिलाया। उन्होंने कहा कि लड़का कमाऊ और खूबसूरत है। उसका निजी मकान और कारोबार है। आखिर और क्या चाहिए? हां, खुदा न खास्ता अगर कोई ऊंच–नीच हो भी गई तो हम लोग तो हैं ही सब ठीक कर देंगे। आपकी लड़की वहां हर तरह से खुश रहेगी। उनकी बातों का अब्बू पर असर हुआ और मेरे

आशिक के साथ मेरी शादी हो गई। शादी में मेरे घर वालों ने सभी पारंपरिक रस्में पूरी कीं और अपनी कूवत से अधिक दान–दहेज दिया।

शादी के बाद मेरी जिंदगी पूरी तरह बदल गई। मैं अपनी सास की पूरी खिदमत करती, लेकिन मुझे महसूस होता कि वह खुश नहीं रहती थीं। मुझे सास के अलावा फिरोज की दो बहनों और उसकी मौसी की देखभाल भी करनी पड़ती थी। मौसी बहुत खराब औरत थी। वह पूरे घर को मेरे खिलाफ भड़काती रहती थी। किसी न किसी बात पर मुझे कम दहेज लाने के लिए उनके गुस्से का शिकार होना पड़ता था। यह सब फिरोज की नामौजूदगी में होता और मैं कभी भी उससे कोई शिकायत न करती। मैं सोचती कि एक न एक दिन मैं उनका दिल जीत लूंगी और सब कुछ ठीक हो जाएगा।

मेरे साथ किए जाने वाले बर्ताव का पता जब फिरोज को लगा तो वह बरस पड़ा। हालांकि उसका इस तरह खफा होना मुझे अच्छा नहीं लगा, लेकिन मैंने सोचा कि मौसी को सबक जरूर मिलना चाहिए, इसलिए मैं खामोश रही। मेरी ससुराल वालों ने मेरे घर वालों से सारे रिश्ते खत्म कर दिए। वे मुझे परेशान करते और बदले में मैं फिरोज से अपमानित होती। मुझे अपने वालदैन से मिलने की इजाजत कभी न दी जाती। कई बार मैं रूठ जाती तो गलतफहमी में फिरोज भी मुझे भला–बुरा कहता। इस तरह दो साल बीत गए। जब हालात बहुत खराब हो गए तो हमने नवज्योति के सलाहकारों की मदद ली। उनके हस्तक्षेप से हम मियां–बीवी अलग रहने लगे। खुशियां हमारी जिंदगी में एक बार फिर लौट आईं।

कुछ अरसे तक फिरोज अपने घर वालों से कतई नहीं मिला, लेकिन उसके बाद वह उनसे मिलने जाने लगा। वह बदलता जा रहा था। उसने अपने घर में बंटवारे के लिए मुझे कुसूरवार ठहराना शुरू कर दिया। उसकी इस हरकत से मैं हैरान रह गई। अब वह कभी–कभार दारू पीकर मुझे सताने भी लग गया। मैं गर्भवती थी। मुझे हर वक्त फिक्र लगी रहती कि उसकी मारपीट से कहीं मेरे बच्चे को न कुछ हो जाए। इन तमाम हालात के बीच मैंने अपनी बेटी को जन्म दिया और सोचा कि शायद हालात अब सुधर जाएंगे, लेकिन सब कुछ जस का तस रहा।

एक दिन फिरोज ने मुझसे कहा कि मैं उसकी पसंद का खाना बनाऊं। मैंने खुशी–खुशी खाना तैयार किया। इसी बीच न जाने किस बात पर उसे गुस्सा आ गया और हमारे बीच झगड़ा शुरू हो गया। बदहवासी में मैं भागी–भागी रसोई में गई और वहां रखी मिट्टी के तेल की कनस्तरी अपने ऊपर उंडेल ली। मैंने फिरोज को धमकाया कि अगर वह खामोश नहीं होगा तो मैं आग लगाकर जान दे दूंगी। वह मुझे बचाने के लिए भागा और घर की सारी माचिसें छिपा दीं।

दो घंटे बाद वह मेरे पास आया और बोला कि अगर मेरा गुस्सा खत्म हो गया हो खाना गर्म करके दे दूं। मेरे मांगने पर उसने मुझे माचिस थमा दी। स्टोव जलाने के लिए मैंने जैसे ही माचिस जलाई, मेरे कपड़ों में आग लग गई और मैं बुरी तरह जल गई।

बड़े परिवारों की स्त्रियां आमतौर पर घर में दाखिल होने वाली नई स्त्री को परेशान करती हैं। वे नए जोड़ों को हंसने–खेलने और अपने रिश्ते बढ़ाने का मौका नहीं देतीं।

बलदेव ने बुराई को हमेशा के लिए बाय-बाय किया

49

मेरा नाम बलदेव है और उम्र 26 वर्ष। मेरी एक बड़ी बहन है। हम दोनों के बचपन में ही हमारी मां की मृत्यु हो गई। हम हिमाचल प्रदेश के अपने पैतृक गांव में रहते थे। हमारे पास खेती–बाड़ी के लिए पर्याप्त जमीन थी। हमारे परिवार का गुजारा उससे बड़ी अच्छी तरह हो जाता था। आठवीं कक्षा तक मैं पढ़ाई में बहुत तेज था और हमेशा कक्षा में अव्वल आता था। मेरे पिताजी के दुबारा शादी करने के साथ ही हमारी मुसीबतें शुरू हुईं। उन्होंने दूसरी शादी शायद यह सोच कर की कि नई मां मिलने के बाद हमलोग अपेक्षित प्यार और देखभाल से वंचित नहीं रहेंगे और हमारी जिंदगी में खुशियां लौट आएंगी।

पिताजी के सामने बोलने की हिम्मत मुझमें कभी नहीं रही। वह बहुत सख्त और अनुशासनप्रिय व्यक्ति थे। जब भी वे नाराज होते, अपना सारा गुस्सा मुझ पर उतार देते। अपनी पिटाई की याद आते ही मैं अब भी कांप उठता हूं। पिटाई के डर से मैं अपनी नई मां के बारे में शिकायत करने की जुर्रत न करता। सौतेली मां हमसे बहुत बुरा बर्ताव करती थी जिसकी वजह से हमारी जिंदगी चौपट हो गई। पढ़ाई में मेरी रुचि घटती गई जिसके कारण मेरे नतीजों में भी गिरावट आने लगी। मैं ज्यादा से ज्यादा समय घर से बाहर अपने दोस्तों के साथ गुजारने की कोशिश करता। जल्द ही मैं बुरे लोगों की सोहबत में आ गया। उन्होंने मुझे शराब और सिगरेट पेश की। शुरू–शुरू में मैंने थोड़ी बेरुखी दिखाई, लेकिन बाद में मुझे उन चीजों की आदत पड़ गई।

फिल्में देखना, लड़कियों से छेड़छाड़ करना, आवारा घूमना और कक्षा से भाग जाना इत्यादि मेरी रोजमर्रा की आदत बन गई। मेरे पिताजी को मेरी इन हरकतों की जानकारी नहीं थी। शायद उनके पास यह सब जानने के लिए समय भी नहीं था। जिस दिन उन्हें मेरे बारे में पता चला, उसी रात मैं घर से भाग खड़ा हुआ। उस समय मेरी उम्र 15 वर्ष थी। दिल्ली आकर मैं अपने एक

रिश्तेदार के साथ रहने लगा। उसने मुझे प्लम्बर (नल, सैनिटरी इत्यादि) का काम सिखाया। काम सीखने के फौरन बाद मुझे नौकरी मिल गई। दिल्ली में भी मैं बुरी सोहबत में फंस गया। रिश्तेदार के सुझाव पर मेरे पिताजी मुझे गांव वापस ले गए। गांव पहुंचकर मैं अपने स्कूल के साथियों के साथ फिर आवारागर्दी करने लगा।

मेरी बुरी आदतों का पिताजी को भी पता चल गया। मेरे विरोध के बावजूद उन्होंने पास के ही एक गांव की लड़की के साथ मेरी शादी करा दी। मैंने अपनी होनेवाली पत्नी को देखा तक नहीं था। शादी के तीन दिन बाद मैंने उसकी सूरत देखी। मैंने अपने पिताजी से बड़े विनम्र भाव से कह दिया कि मुझे इस लड़की से कुछ लेना–देना नहीं है, आप इसका जो चाहें करें। मैंने उनसे साफ–साफ कह दिया कि यह लड़की मुझे कतई पसंद नहीं है। इतना कह कर मैं दिल्ली चला आया। मेरी पत्नी अपने मायके में रहकर पारंपरिक गौना होने की प्रतीक्षा करने लगी।

दिल्ली में मैंने प्लम्बर के रूप में काम करना शुरू कर दिया। मैं अपने पुराने साथियों से दुबारा मिला। काम खत्म करने के बाद हम लोग रोजाना शराब पीते। शराब के नशे में मैंने कई लोगों को कष्ट पहुंचाया। नशे के दौरान ही एक दिन मैंने अपने एक दोस्त को उसकी किसी गुप्त योजना में मदद करने का वचन दे दिया। उसने मुझे पूरा ब्यौरा तो नहीं दिया मगर इतना जरूर बताया कि वह किसी की जान लेना चाहता है। प्रारंभ में मैंने इनकार कर दिया, लेकिन बाद में उसकी सहायता करने के लिए राजी हो गया। मैंने हत्या करने का कारण जानने के लिए उस पर कभी दबाव नहीं डाला। मुझे तो सात साल जेल में तड़पने के बाद भी अभी तक हत्या के कारणों की जानकारी नहीं है। हालांकि पुलिस को उसके बारे में जानकारी थी, फिर भी उसे गिरफ्तार नहीं किया गया। जेल जाने के बजाय आज वह शान से सरकारी नौकरी कर रहा है। उसे यह नौकरी कैसे मिली, उसके बारे में बताना जरूरी नहीं है।

योजना के मुताबिक मैं उन दोनों के साथ एक मकान में दाखिल हुआ। उसने मुझसे एक औरत को छुरा भोंकने के लिए कहा। मैंने उसके पेट में कई वार किए और जब मैं मुड़ा तो साथ वाले कमरे में शोर सुनाई पड़ा। मैंने देखा कि मेरे मित्र का दूसरा सहयोगी उस औरत की सात साल की बेटी को छुरे मार रहा है। यह देखकर मैं चीख पड़ा। औरत तो तत्काल मर गई और उसकी बेटी को मरने के लिए छोड़कर हम भाग खड़े हुए। पुलिस से बचने के लिए मैं इधर–उधर छिपता फिरा, लेकिन मेरे पिताजी ने मुस्तैदी दिखाते हुए अदालत में मेरा समर्पण करा दिया।

तिहाड़ जेल की सलाखों के पीछे मैं गुस्से से कांपता रहा। मुझे अपनी गलती का अहसास तब हुआ जब तत्कालीन महानिरीक्षक ने मुझसे बात की और आगे पढ़ने के बारे में पूछा। एक दिन वह कैदियों के साथ बातचीत कर रही थीं। उसी दौरान हम किसी बात पर हंस पड़े। तभी उन्होंने पूछा, 'क्या आप लोग खुश हैं?' हमने कहा–'जी हां।' तब उन्होंने कहा, 'क्या आप लोग इस बात

को महसूस करते हैं कि आप लोगों की वजह से बाहर हजारों लोग कष्ट उठा रहे हैं?' मुझे दूसरों का तो पता नहीं, लेकिन उनके इस सवाल से मेरी आंखों के आगे उस सात साल की लड़की का चेहरा घूमने लगा जो मेरी वजह से अपनी मां को खो चुकी थी। अचानक मुझे अपनी मां की भी याद आ गई जिसकी मौत से मेरी जिंदगी नरक बन गई थी। अगर मेरी मां जिंदा होती तो संभव है कि मैं एक अलग किस्म का अच्छा इंसान होता।

मैंने जेल में होने वाली पढ़ाई की कक्षाओं में जाना शुरू कर दिया और वहीं से मैंने बी.ए. की परीक्षा पास की। कम्प्यूटर सीखकर मैंने जेल प्रशासन में काम भी किया। विपश्यना ध्यान में बैठने के बाद मैं पूरी तरह बदल गया हूं। अब मेरे मन में उस दोस्त के प्रति भी कोई कुंठा नहीं है, जिसने मुझसे यह पाप कराया। मैंने अपना घर–परिवार, पत्नी सब कुछ खो दिया है, सिवाय उस उम्मीद के जो मेरे अंदर तत्कालीन जेल महानिरीक्षक ने जगाई और जिनके संगठन इंडिया विजन ने मुझे आसरा और बेहतर भविष्य का सपना दिया।

अब मजबूरी का फायदा उठाकर ब्लैकमेल करना चाहता है

50

परेशान मानसी (30) ने लगभग चीखते हुए कहा : 'मैं कोई वेश्या नहीं हूं और न ही मैं धंधा करती हूं। लोग मेरे ऊपर इस वजह से उंगली उठाते हैं क्योंकि मैं अपने दो छोटे बच्चों के साथ एकदम अकेली रहती हूं। मैं जानती हूं कि मेरे लिए अपनी बेगुनाही साबित करना कठिन है लेकिन मैं आपको वचन देती हूं कि मैं इस तरह की किसी गतिविधि में शामिल नहीं हूं।'

मेरे पड़ोसी अशोक ने मेरे छोटे–छोटे दोनों बच्चों की हालत पर तरस खाकर मेरी जमानत कराई तब जाकर मैं दो महीने बाद जेल से रिहा हुई। मेरा अपराध सिर्फ यह था कि मैंने अपने पति की जमानत कराई थी। अशोक अब मुझे अपनी जरूरतें पूरी करने के लिए कहता है और मना करने पर गंभीर परिणामों की धमकी देता है। मुझे नहीं मालूम कि यह ब्लैकमेल है या नहीं, मुझे तो सिर्फ इतना पता है कि अदालत में मेरी अगली तारीख पर वह अपनी जमानत वापस ले लेगा और हम दोनों फिर जेल चले जाएंगे। मेरे बच्चे एक बार फिर अनाथ हो जाएंगे। मैं अत्यंत गरीब परिवार में पैदा हुई। मेरे माता–पिता की छह संतानें हैं। मेरे पिता एक बंधुआ मजदूर होने के कारण चाहकर भी हमारी बुनियादी जरूरतें पूरी नहीं कर सके। हममें से कोई भी स्कूल नहीं जा सका और न ही हमें बचपन की खुशियां नसीब हुईं। दो वक्त की रोटी और सिर ढकने के लिए छत की चिंता के दौरान 14 वर्ष की उम्र में मेरी शादी हो गई।

मेरे पति विजय की पारिवारिक हालत भी हमारे जैसी ही थी। बिना किसी ढोल–तमाशे के हमारी शादी हो गई। विजय बेलदार के रूप में काम करता था। उसका सपना था कि एक दिन वह राज मिस्त्री बन जाएगा। जी–तोड़ मेहनत के बावजूद वह दो वक्त की रोटी का जुगाड़ नहीं कर पाता था। बेहतर भविष्य की तलाश में वह दिल्ली आ गया। दिल्ली में भी हालात नहीं सुधरे। सिर छिपाने के लिए हम गलियों में भटकते फिरे। दिन में हम सड़क के किनारे एक छोटा–सा खोखा लगाकर छोटी–मोटी चीजें बेचते और रात को सामान ढक कर वहीं पर सो जाते। असुरक्षा

के बढ़ते खतरे के बीच मैंने एक बेटे को जन्म दिया। इसके फौरन बाद पुलिस ने हमें वहां से भगा दिया और हमारी सारी गृहस्थी हमारे सामने ही बिखर गई।

भविष्य के प्रति चिंतित हम लोग भी उजड़ गए अन्य लोगों के साथ हो लिए और नरक से भी बदतर और खतरनाक झुग्गी कालोनी में पहुंच गए। वहां पहुंचने के बाद हमारी जो दुर्दशा हुई, उसके बारे में हमने कभी कल्पना भी नहीं की थी। मैंने विजय के अंदर अजीब बदलाव देखा। वह ऐसे लोगों के साथ उठने–बैठने लगा जिनसे पहले हम बात करना भी पसंद नहीं करते थे। उसने शराब पीना और देर रात तक घर से बाहर रहना शुरू कर दिया। मैं सोचती हूं कि शायद वह चोरी करने लगा था और धीरे–धीरे पेशेवर चोर बन गया था, लेकिन जेल जाने से पूर्व उसने मुझे अपनी हरकतों की भनक नहीं लगने दी।

हालांकि हमारे इर्द–गिर्द माहौल भी ठीक नहीं था, फिर भी विजय अपनी हरकतों के लिए बदनाम हो चुका था, उसने किसी तरह अपने लिए एक पुराने ऑटोरिक्शा का प्रबंध कर लिया। दिन में वह तिपहिया चलाकर जो कुछ कमाता उससे घर का खर्च आसानी से चल जाता था। धीरे–धीरे मेरे बच्चों की स्कूल जाने की उम्र हो गई। हमारी मुश्किल यह थी कि वहां आसपास कोई स्कूल नहीं था। गैरसरकारी संगठनों के कुछ स्कूल थे भी तो पढ़ाई के समय मुझे चूल्हे–चौके से ही फुरसत न मिलती। बच्चों को स्कूल छोड़कर आना और उन्हें वापस लाना बड़ा मुश्किल काम था।

मेरा बेटा चाय की दुकान पर काम करने लगा और मेरा पति ज्यादा समय घर से बाहर रहने लगा। एक बार वह डकैती के मामले में पकड़ा गया जिसका ब्यौरा मुझे आज तक नहीं मालूम। उसे जमानत पर छुड़ाने के लिए मैंने अपने कुछ जेवर गिरवी रख दिए। रुपए लेकर मैंने वकील से सम्पर्क किया।

वकील के सहायक ने अपने पति की जमानत कराने के लिए मुझे एक फिक्स डिपोजिट रसीद लाकर दी। अदालत में एफडी की रसीद जमा करने के बाद विजय को जमानत पर रिहा कर दिया गया।

अदालत के बाहर वकील के सहायक ने हमसे कहा कि हम लोग कुछ समय तक अपने घर से दूर रहें क्योंकि एफडी के बारे में अदालत से पूछताछ करने वाले आ सकते हैं। मेरे बार–बार पूछने और जिद करने पर उसने बताया कि वह एफडी नकली थी। तीन महीने बाद पुलिस ने मुझे गिरफ्तार कर लिया और मेरे पति की जमानत रद्द हो गई। अब हम दोनों जेल में थे।

पति तो अपने अपराध के लिए जेल गया जबकि मेरा कसूर यह था कि मैं अनपढ़ थी। मैंने सही या गलत कागज की पहचान किए बगैर जमानत के लिए अंगूठा लगा दिया था।

मेरे बच्चे घर में अकेले रह गए। मैं उनके, खासतौर से अपनी बेटी के लिए चिंतित थी क्योंकि वह बहुत खूबसूरत थी। मेरी चिंता सही साबित हुई। अपनी रिहाई के बाद मुझे पता चला कि मेरे एक पड़ोसी ने मात्र दो रुपए के नोट का लालच देकर उसके साथ हफ्तों मुंह काला किया। अपनी

बेटी के साथ थाने जाकर जब मैंने पुलिस को सारी दास्तान और अभियुक्तों का नाम बताया तो पुलिस ने मुझे यह कहकर भगा दिया कि न तू यकीन करने लायक है और न ही तेरी बेटी। हालांकि अभियुक्तों और पुलिस के बीच हुई सौदेबाजी का मुझे पता था लेकिन मेरे सामने अपनी किस्मत से समझौता कर लेने के अलावा और कोई चारा न था। मेरी जमानत कराने वाला अशोक ही मेरा रक्षक था, लेकिन आज मुझे सबसे अधिक डर उसी से है।

झुग्गी बस्तियां अपराधियों और खाकी वर्दी वालों के लिए गरीबों पर अपनी ताकत दिखाने का स्वर्ग है, किन्तु मुझ जैसों के लिए नरक। भूख की कगार पर खड़ी आज मैं अपने बेटे की कमाई पर आश्रित हूं। मेरे पति को उसके गुनाहों के लिए छह साल की सजा हुई है। मेरी और मेरे बेटे की देखभाल करने वाला कोई नहीं है।

भगवान का शुक्र है कि मेरी बेटी को इंडिया विजन नामक एक गैरसरकारी संगठन ने चिह्नित कर उसे एक आवासीय स्कूल में दाखिला करा दिया। अब वह हमारे इर्द–गिर्द मंडराने वाले गिद्धों की निगाहों से दूर है, लेकिन मैं खुद को उनसे कब तब बचा पाऊंगी?

अपने और भाई-बहनों के लिए आसरे की तलाश करता पप्पू

51

मेरा नाम पप्पू और उम्र 14 वर्ष है। मैं अपने परिवार में सबसे बड़ा हूं। मेरे क्रमशः 10 और 9 वर्ष की दो बहनें और 7 वर्ष का एक छोटा भाई है। मेरे माता–पिता की तीन महीने के अंतराल में ही मृत्यु हो गई। वे दोनों मेरी आंखों के आगे बारी–बारी जिंदा जल गए। हालांकि पुलिस उनकी मौत को स्टोव फटने से लगी आग का परिणाम बताती है लेकिन मैं इसे कतई मानने को तैयार नहीं हूं। उन दोनों की हत्या की गई थी। माता–पिता के जलकर मर जाने के बाद से अपने छोटे भाई–बहनों का भरण–पोषण करने के लिए मैं सब्जी मार्केट में दिहाड़ी मजदूर के रूप में काम करता हूं। दिन भर की हाड़–तोड़ मेहनत के बाद बमुश्किल से तमाम गुजारे लायक आमदनी हो पाती है।

हम लोग मूल रूप से बिहार के रहनेवाले हैं, मगर कुछ वर्षों से दिल्ली में ही बस गए हैं। मेरे पिता शराबी थे। सारा दिन दारू पीने के अलावा उनके पास और कोई काम नहीं था। परिवार के लिए दो वक्त की रोटी का जुगाड़ करने की जिम्मेदारी मेरी गरीब मां के कंधों पर थी। वह लोगों के घरों में झाड़ू–पोछा और बर्तन मांजकर कुछ कमा लेती थी। हालांकि मेरी मां को सारी जिंदगी तकलीफें ही झेलनी पड़ीं लेकिन फिर भी उसने हमें प्यार–दुलार करने में कभी कोई कसर नहीं छोड़ी थी।

हममें से कोई भी स्कूल नहीं गया क्योंकि पढ़ाई का खर्च हमारे बस के बाहर थी। पिता जी को हमारे पढ़ने–लिखने से कोई सरोकार नहीं था और मां इस हालत में नहीं थी कि वह हमें स्कूल भेज पाती। मेरे पिता जी अच्छे भोजन और शराबखोरी के लिए मां से पैसे मांगते। मां के मजबूरी जताने पर वह उसकी जमकर पिटाई कर देते। वह लाचार होकर खामोशी से सब कुछ सह लेती। उनकी पिटाई कभी–कभार हिंसक रूप धारण कर लेती जिसे हम सब भाई–बहन खामोशी से देखते रहते। पिटाई सत्र समाप्त होने के बाद हम लोग अपनी मां के पास बैठकर रोते और भूखे–प्यासे सो जाते।

लगभग दो साल पहले मेरी मां कीमती लाल के सम्पर्क में आई। वह इलाके में काफी

प्रभावशाली व्यक्ति है। जल्द ही हमारे घर उसकी आवाजाही बढ़ गई। मुझे भी मालूम है कि मेरी मां रोजाना उसके घर जाया करती थी। कीमती लाल हमारे ब्लॉक से थोड़ी ही दूर पर अपनी पत्नी के साथ रहता था। उसके कोई औलाद नहीं थी। कीमती लाल की उम्र चालीस साल के आसपास होगी। मैं सोचता हूं शायद मेरी मां को उससे प्यार हो गया था। समय के साथ–साथ उनका इश्क चलता रहा। एक दिन इसकी भनक मेरे शराबी पिता को लग गई। उसने एतराज करने के साथ–साथ मेरी मां की पिटाई का एक और बहाना ढूंढ़ लिया। वह जब–तब अपना गुस्सा मेरी लाचार मां पर उतारने लगा।

मां की यह दशा हमलोगों से देखी न जाती थी। मैंने सब्जी मंडी में काम ढूंढ़ लिया और सारा दिन घर से दूर रहने का इंतजाम कर लिया। हालांकि मैंने तो उस नारकीय जिंदगी से कुछ समय के लिए छुटकारा पा लिया, लेकिन मेरे छोटे भाई–बहनों को मां की पिटाई का अपरिहार्य दृश्य लगातार देखना पड़ता था। शाम को घर लौटने पर मुझे दिन भर की घटनाओं की जानकारी मिलती और मैं सोचता कि आखिर मेरे पिता जी का यह दुर्व्यवहार कब बंद होगा।

एक शाम जब मैं काम पर से वापस आया तो मैंने अपनी झुग्गी के इर्द–गिर्द लोगों की भीड़ देखी। वे आपस में काना–फूसी कर रहे थे। मेरी दोनों बहनें रो रही थीं और छोटा भाई मिट्टी में खेल रहा था। मुझे पता चला कि स्टोव फटने से मेरे पिता जी गंभीर रूप से जल गए हैं। बहरहाल, दबी जबान में मैंने लोगों को यह कहते भी सुना कि कीमती लाल ने मेरी मां के साथ मिलकर पिताजी को ठिकाने लगा दिया। मैं भागकर अस्पताल पहुंचा। तब तक वह गुजर चुके थे। मुझे पता चला कि उन्होंने मरने से पहले पुलिस को एक बयान दिया है जिसमें उन्होंने जलने के लिए खुद को ही जिम्मेदार माना है।

पिताजी की तेरहवीं के बाद मेरी मां हम सबको लेकर कीमती लाल के घर चली गई। हम लोग उसकी इस हरकत से हैरान थे। शुरू–शुरू में तो उसने और उसकी पत्नी ने हमारे साथ अच्छा बर्ताव किया, लेकिन बाद में दोनों ने रंग दिखाना शुरू कर दिया। अगर हम कभी कोई शिकायत करते तो सजा के तौर पर वह हमारी पिटाई करता और धमकाने के साथ–साथ सारा दिन भूखा भी रखता। मेरी मां कीमती की इस हरकत का विरोध करती तो वह उसे भी धमका देता। मेरी मां ने अपने बच्चों की अच्छी परवरिश के लिए कीमती लाल से सौदा किया था। वह जब भी इस बारे में बात करती, कीमती लाल नाराज हो जाता। वह मेरी मां की इतनी बुरी तरह पिटाई करता कि मां हफ्तों दर्द से कराहती रहती। उसकी यह दशा देखकर जब मैंने आवाज उठाई तो मुझे घर से बाहर निकाल दिया गया। मैं अपनी जली हुई झुग्गी में सोकर रात गुजारता।

घर में रोज ही क्लेश होने लगा। जब वह कीमती लाल से स्थिति में सुधार लाने के लिए कहती तो दोनों में झगड़ा हो जाता। हालांकि वह पिता होने लायक नहीं था फिर भी हमसे कहा जाता

कि हम लोग उसे पापा कहें। पिता नामक यह शब्द बहुत पवित्र है। मेरे पिता जी चाहे कितने ही लापरवाह और शराबी थे, फिर भी हम उनके बदले में किसी अन्य व्यक्ति को इस पवित्र नाम से नहीं पुकार सकते थे।

आधी रात की बात है। मैं अपने पुराने घर में सो रहा था। हमारे नए घर में भयानक झगड़ा हुआ। मेरी छोटी बहनों को ऊपरी मंजिल के एक कमरे में सुलाकर बाहर से ताला लगा दिया गया था। छोटे भाई को सर्दी की रात में बाहर बैठा दिया गया। जब तक मुझे घटना की जानकारी मिली तब तक बहुत देर हो चुकी थी। मेरी मां को अस्पताल ले जाया जा चुका था। घर के आसपास जमा भीड़ में मुझे अनेक लोग काना–फूसी करते दिखे। अस्पताल पहुंच कर मैंने देखा कि पुलिस मेरी मां का बयान दर्ज कर रही थी। वह भी मेरे पिता जी की तरह ही बयान दे रही थी। उसने पुलिस को बताया कि दुर्घटनावश आग लगने से मैं जल गई। मैं जानता हूं कि वह झूठ बोल रही थी क्योंकि कीमती उसे घूर कर देख रहा था। बयान दर्ज होने के बाद मैंने उसे बड़े इत्मिनान के साथ बाहर निकलते देखा। कुछ ही देर में मेरी मां के प्राण–पखेरू उड़ गए। हम लोगों की देखभाल के लिए अब मेरे चाचा आ गए हैं। वह नवज्योति परिवार सलाह केन्द्र से लगातार संपर्क बनाए हुए हैं। शायद उनकी कोशिश से हम लोगों की हालत कुछ सुधर जाए। अब एकमात्र सहारा उन्हीं का है।

शादी के नाम पर बेच दिया गया शांति को

52

मेरा नाम शान्ति है, उम्र 28 साल। मेरी तीन साल की एक बेटी भी है। यूं तो मेरा नाम शान्ति है, लेकिन मेरे जीवन में इसका कोई स्थान नहीं है।

मैं उड़ीसा के एक आश्रम में नर्सरी स्कूल की अध्यापिका थी। उन्होंने हिन्दी सीखने और पढ़ाने के लिए मुझे अपने दिल्ली स्थित सहयोगी आश्रम में भेज दिया। मेरी किस्मत में कुछ और ही लिखा था। दिल्ली पहुंचने के बाद मैंने पाया कि आश्रम का पता खो गया था। दिल्ली में मैं निपट अकेली थी। मैंने तुगलकाबाद के बारे में सुन रखा था जहां कुछ उड़िया लोग रहते थे। बिना किसी निश्चित पते के मैं तुगलकाबाद चली गई। वहां मुझे उड़िया के कुछ लोग मिल तो गए लेकिन उनके पास मेरी सहायता के लिए कुछ भी नहीं था। किंकर्तव्यविमूढ़–सी मैं सड़क पर निकल पड़ी। कुछ दूर चलने के बाद मैंने एक फैक्टरी देखी जहां धागा काटने वाली कुछ स्त्रियों की जरूरत थी। फैक्टरी का मालिक उत्तर प्रदेश का रहने वाला था। हालांकि मैं अपनी बात उसे हिन्दी में नहीं समझा सकी, किन्तु उसके पास पहले उड़ीसा के कुछ लोग काम कर चुके थे, इसलिए वह मेरी बात समझ गया। उसने मुझे नौकरी और सिर छिपाने की जगह भी दे दी। मैं फैक्टरी में रह कर अपने गुजारे लायक काम कर लिया करती थी, इसलिए आश्रम में जाने की जरूरत तात्कालिक तौर पर महसूस नहीं हुई।

कुछ पैसा बचाकर मैं अपने गरीब माता–पिता के लिए भी भेजने लगी। मेरा भाई पड़ोसी राज्य हरियाणा में नौकरी करता था। मेरे बारे में जानकारी होने पर वह मुझसे मिलने दिल्ली आने लगा। एक बार मेरे पिताजी का पत्र आया कि मैं गांव आऊं तो अपने भाई को भी साथ ले आऊं। मेरी आमदनी अधिक नहीं थी। अपने खर्चे के बाद जो कुछ बच पाता वह मैं गांव भेज दिया करती थी।

एक दिन मेरे मालिकों ने मुझसे एक आदमी से मिलने के लिए कहा। उन्होंने मुझ पर उस व्यक्ति से तत्काल शादी करने के लिए दबाव डाला। मेरे विरोध करने पर उन्होंने कहा कि अगर

मैं शादी नहीं करूंगी तो न तो मुझे नौकरी पर रहने दिया जाएगा और न ही रहने की जगह दी जाएगी। मेरे पास गांव वापस जाने के लिए पैसा नहीं था इसलिए मुझे मजबूरन उस व्यक्ति के साथ विवाह करने के लिए राजी होना पड़ा। वे लोग मुझे एक मंदिर में ले गए जहां पुजारी के सामने एक–दूसरे के गले में माला डलवाकर विवाह की रस्म पूरी कर दी गई।

मंदिर से निकलते समय मैं अपनी सास को मेरे मालिक को पैसे देते हुए देखा। मैं समझ गई कि मुझे बेच दिया गया था। शादी के फौरन बाद मैंने अपने मालिक से कहा कि वह मुझे गांव जाने के लिए कुछ पैसे दे दे।

गांव पहुंचने पर जब मेरे पिता को मेरी शादी का पता चला तो वह बहुत नाराज हुए। बिरादरी के बाहर उनकी मर्जी के बगैर शादी करने के कारण उन्होंने मेरी पिटाई कर दी। मैं आश्रम का पता लेकर दिल्ली आ गई लेकिन उसका कोई लाभ नहीं हुआ। शादी के बाद आश्रम में काम करने के लिए मैं पात्र नहीं रह गई थी। वहां सिर्फ कुंवारी लड़कियों को ही रखा जाता था। कोई और ठिकाना न होने के कारण मैं अपनी ससुराल चली गई। आज तक मेरी जिंदगी का एक दिन भी ऐसा नहीं है जब उन्होंने मुझ पर अत्याचार नहीं किया हो। मेरा पति और सास मानसिक और शारीरिक रूप से मुझे रोज प्रताड़ित करते हैं। मुझे प्रसव पीड़ा शुरू हुई। मेरे पड़ोसियों के थोड़ी–बहुत मदद के अलावा मेरे घरवालों ने और कुछ नहीं किया।

मैंने कागज के लिफाफे बनाकर बेचना शुरू कर दिया। इसी दौरान एक दिन मैंने नवज्योति नामक गैरसरकारी संगठन की ओर से खेला गया नुक्कड़ नाटक देखा। मुझे ऐसा लगा जैसी मेरी अपनी ही कहानी नाटक के माध्यम से दोहराई गई थी। नवज्योति के काउंसलर से बात करके मैं उनके कार्यालय पहुंच गई।

मैंने उनसे कहा कि मैं चाहती हूं कि मेरा पति मेरी जिम्मेदारी ले और मेरी सास मुझे प्रताड़ित करना बंद करे। मेरी सास बहुत मुंहफट औरत है। उसने खुलेआम कहा कि उसने अपनी पहली बहू को जला दिया था और अब मेरी बारी है।

टीबी और दिल की बीमारी के कारण अब मैं अपनी ससुराल में एक पल भी नहीं रह सकती। मेरा शरीर हड्डियों का ढांचा बन कर रह गया है। शहरों में अकेली और असहाय लड़कियों को बहुत बड़ी कीमत चुकानी पड़ती है।

आज औरत ही दूसरी औरत की सबसे बड़ी दुश्मन है। सामाजिक बहिष्कार के डर से औरतें सारी जिंदगी हिंसा को बर्दाश्त करती रहती हैं। शहरों में किसी की निःस्वार्थ सहायता करने वाले लोग बहुत कम ही मिलते हैं।

नशे का शिकार हो अपराधी बन गए ये मासूम

53

मेरा नाम इरशाद है। मैं कॉरपोरेशन के स्कूल में पढ़ने जाता था। एक दिन लूडो खेलते हुए मैंने अपने भाई दिलशाद को सिगरेट पीते हुए देखा। उसने मुझे भी सिगरेट पिलाई। तब से मैं बीड़ी–सिगरेट पीने की आदत छोड़ नहीं पाया हूं। मुझे ज्यादा से ज्यादा सिगरेट पीने की इच्छा होती इसलिए मैंने अपनी उम्र के ऐसे लड़कों से दोस्ती कर ली जो सिगरेट के साथ–साथ स्मैक भी पीते थे। मेरे एक दोस्त के पिता स्मैक और शराब पीने के आदी थे। वह उनके 'कोटे' से चुराकर मुझे स्मैक और शराब पिलाने लगा। हम लोगों के पास खूब सारे पैसे होते थे इसलिए हमें कभी किसी नशीली चीज की कमी नहीं हुई। हम लोग बसों और बाजारों में जेबतराशी करते थे। हमारा खास 'शिकार' बुर्केवाली औरतें होती थीं। हम लोग छोटे–छोटे समूह बनाकर जेबतराशी करते। हममें से एक लड़का सबसे आगे खड़ा हो जाता और दूसरा बगल से जेब साफ कर देता। जेब काटने में कामयाब होने के बाद हम लोग एक–दूसरे को इशारे में बता देते कि 'काम' हो गया। एक बार मैं रंगे हाथ पकड़ा गया। पुलिस वालों ने मेरी खूब पिटाई की। उसके बाद से पुलिस हम पर निगाह रखने लगी। वह हमें कई बार पकड़कर बालगृह भेज चुकी है। वहां से रिहा होने के बाद हम फिर अपने 'धंधे' में लग जाते हैं और खूब मजे से सिगरेट और स्मैक पीते हैं। हम लोग औसतन एक दिन में चार या पांच लोगों की जेब साफ करते हैं। एक दिन मेरा हाथ बुर्के की जेब में फंस गया। मेरी खूब पिटाई हुई।

मेरा नाम किशन है। मैं तबसे शराब बेचता हूं जब से दिल्ली में नशाबंदी लागू हुई थी। मैं शराब के पाउच को अपनी जुराब में छिपा कर ऊपर से पैंट पहन लेता था। एक थैली बिक जाने के बाद मैं दूसरा पाउच फिर उसी तरीके से अपने घर से लाता और अपने ठिकाने पर खड़े होकर ग्राहक की बाट निहारता। सुबह से शाम तक मैं खूब सारे पैसे बना लेता।

शराब बेचने के चक्कर में मैं खुद भी इसका आदी हो गया। मैं ऐसे बुरे लोगों की सोहबत में आ

गया जो स्मैक और शराब दोनों पीते थे। मेरी नशाखोरी इतनी अधिक बढ़ गई कि मैंने नशे का इंजेक्शन लेना शुरू कर दिया। एविल और फिनारगन युक्त टेडाजेसिक इंजेक्शन बाजार में आसानी से मिल जाते हैं। हालांकि दुकानदारों को यह बात मालूम होती है कि मैं नशे का आदी हूं फिर भी वे अपने व्यावसायिक कारणों से बार–बार इंजेक्शन देने से इनकार नहीं करते हैं। मैं ताला बंद घरों की चारदीवारी फांद कर दाखिल हो जाता और वहां से मोबाइल फोन, गहने, वी.सी.आर. वगैरह लेकर चंपत हो जाता। ये चीजें चुराकर मैं स्थानीय कबाड़ियों को बेच देता या ऐसे ग्राहक की तलाश में रहता जो उन चीजों की अच्छी कीमत तत्काल नकद दे सके। पुलिस वाले मेरी इस आदत से वाकिफ थे। मैंने कई बार पुलिस वालों को अपने पिता से मेरी रिहाई के बारे में सौदा करते देखा है। गरीब होने के कारण मेरे पिता पुलिस को कभी कुछ नहीं दे सके। उन्हें इस बात का बहुत अफसोस था कि वे मुझे सही राह पर नहीं ला सके।'

मेरा नाम लड्डन है। मेरी मां ने मुझे चाय की दुकान पर काम करने के लिए भेज दिया था। चाय वाला लाला मुझे रोजाना लंबी–लंबी ।सेगरेटें और शराब पिलाता। शुरू में तो मैंने ना–नुकर की लेकिन बाद में पीने लग गया। कुछ अरसे बाद मुझे सिगरेट और शराब की लत लग गई। मुझे कबूतरों को पकड़कर उन्हें हलाल करने और उनका गोश्त भूनकर खाने का भी शौक है। मेरी मां पहले मुर्गियां पालती थी। उनके अंडों की आय से घर का कुछ खर्च चल जाता था। मेरी चोरी की आदत से तंग आकर उसने सारी मुर्गियां बेच दीं। मैंने एक दिन अपने छोटे भाई के साथ भी कबूतरों वाला बर्ताव किया और गला दबाकर उसकी हत्या कर दी।'

'मेरा नाम जावेद है। स्मैक और शराब का आदी हूं। मैं रोज जेब काटता हूं। जेबतराशी के धंधे में मैंने हजारों रुपए बनाए लेकिन सारे पैसे अपनी नशाखोरी में उड़ा दिए। 'कमाई' के बटवारे को लेकर हमारे दोस्तों के बीच रोज लड़ाई होती लेकिन बाद में हम लोग शराब–स्मैक पीकर सारे गिले–शिकवे भूल जाते। घर लौटने से पहले में खुशबू वाला पान खा लेता था ताकि घर में शराब की गंध आने के कारण पकड़ा न जाऊं।'

इन लड़कों के कारनामे सुनकर मैं हैरान रह गई। नवज्योति के परियोजना निदेशक डॉ. अजय ग्रोवर ने मुझे बताया कि ये लड़के कितने ढीठ हैं। ये हमेशा कुछ न कुछ करके उत्तेजित रहना चाहते हैं। हैरानी की बात तो यह है कि नशामुक्ति केन्द्र में इनमें से किसी लड़के ने किसी किस्म की न तो शिकायत की और न ही लालच दिखाई। हां लड्डन की कबूतर पकड़ने की आदत जरूर जारी रही लेकिन अब वह उन्हें मारने की बजाय कुछ देर तक उनके साथ खेलने के बाद छोड़ देता है। वैसे उन लड़कों में आपस में खूब प्रेम–भाव था, किन्तु उनमें से जब कोई किसी से झूठ बोलता था तो वे आपस में लड़ पड़ते थे। ये बच्चे अब पढ़ना चाहते हैं। ये चाहते हैं कि कोई इन्हें न केवल पढ़ाए बल्कि प्यार भी करे।

बच्चों को छोड़ पड़ोसी के साथ भागने पर मजबूर हुई सीमा

54

मेरा नाम सीमा है। मेरे पिता दुकानदार थे। मेरी मां घर में फेब्रीकेशन का काम करके कुछ रुपए कमा लेती थी। पिताजी की मृत्यु के बाद मेरी मां पर मुसीबतों का पहाड़ टूट पड़ा। अब उसे सलाह और सहायता देने वाला कोई नहीं रहा। घाटे के कारण उसे अपना काम बंद करना पड़ा। कुछ लोगों ने उसके साथ धोखाधड़ी भी की। मेरी मां ने अपने बचे–खुचे जेवर बेचकर दर्जी की दुकान खोल ली और किसी तरह हम छह बहनों का पालन–पोषण शुरू किया। मैं अपनी बहनों में सबसे छोटी हूं। नौवीं कक्षा के बाद मेरे पढ़ाई छोड़ने से मेरी मां को बहुत दुःख हुआ। दरअसल पिता जी की मृत्यु के बाद मेरा मन पढ़ाई में लगा ही नहीं। मेरी मां मेरी पढ़ाई को लेकर बहुत चिंतित रहती, किन्तु उसके पास कोई चारा न था। मां की दिमागी हालत देखकर उसकी एक सहेली ने उसे नवज्योति सलाह केन्द्र से सम्पर्क करने को कहा। वहां जाने से मेरी मां भावनात्मक रूप से स्थिर हो गई। मां ने अपनी छोटी–मोटी बचत से जो पैसे जमा किए थे उनसे किसी तरह हम सब बहनों की शादी कर दी। चूंकि मैं पढ़ाई छोड़ चुकी थी, इसलिए मेरी मां ने 14 साल की उम्र में मुझे इलाहाबाद के किसी आदमी से शादी करने के लिए विवश किया। उम्र में मुझसे लगभग दुगने आदमी के साथ मेरा विवाह हो गया।

शादी के कुछ ही महीनों बाद मुझे इस बात का अहसास हो गया कि मैं पति के घर में सुरक्षित नहीं थी। मेरा शराबी पति किसी न किसी बात का बहाना बनाकर मेरी रोजाना पिटाई करता था। उसकी पिटाई से तंग आकर मैं घर से भागने की बात सोचने लगी। एक दिन किसी रिश्तेदार के यहां शादी में जाने का अवसर पाकर मैं दिल्ली अपनी मां के पास भाग आई। मां को मैंने अपने ऊपर होने वाले तमाम जुल्मों की दास्तान सुनाई और उससे कहा कि अब मैं वापस ससुराल नहीं जाऊंगी। मेरे पीछे–पीछे मेरा पति और देवर भी दिल्ली आ गए। मेरी मां मुझे अपने पास न रखने पर अटल थी

इसलिए उसने मुझे उन दोनों के साथ वापस इलाहाबाद भेज दिया। इलाहाबाद में मेरी मदद करने वाला कोई नहीं था। मैं जिंदा लाश बन कर रह गई थी। मुझे ऐसे निर्दयी के हवाले कर दिया गया था जो मुझे संपत्ति की तरह भोगने और बच्चा पैदा करने की मशीन के अलावा कुछ नहीं समझता था। इलाहाबाद पहुंचने के बाद मेरे पति ने अपने बारे में की गई शिकायतों की संख्या पूछी। उसके बाद उसने हर शिकायत के हिसाब से चप्पलों से मेरी पिटाई की। इस पिटाई के जरिए मुझे संदेश दे दिया गया था कि अगर मैं दुबारा किसी से शिकायत करूंगी तो इससे भी अधिक पीटी जाऊंगी। रोजमर्रा की मारपीट को अपनी नियति मानकर मैंने किस्मत से समझौता कर लिया। हालांकि कभी–कभार मेरी मां मेरा हाल–चाल जानने इलाहाबाद आ जाती थी, लेकिन पिटाई के डर से मैं उससे कभी कुछ न बताती। मैं ससुराल में कैद होकर रह गई थी। वहां मेरे पास मार खाने और बच्चे पैदा करने के अलावा कोई अन्य काम नहीं था। मैंने दो वर्ष के अंदर लगातार दो लड़कियों को जन्म दिया।

मेरे पति को जब यकीन हो गया कि मैं उसे छोड़कर कहीं नहीं जाऊंगी तो एक दिन उसने मुझे अपनी मां से मिलने की इजाजत दे दी। दिल्ली पहुंचकर मैंने मां से कहा कि वह मुझे फिर इलाहाबाद न भेजे क्योंकि अब मैं और अधिक मार सहने में असमर्थ हूं। मेरी मां नवज्योति में टीचर के रूप में काम करने लगी थी। उसने भी मुझे अपने पास रखने का मन बना लिया। इस बीच मुझे पता चला कि मैं फिर गर्भवती हो गई थी। मां ने कहा कि अगर मैं उसके पास रहना चाहती हूं तो सबसे पहले गर्भपात करा लूं। डॉक्टर से जांच कराने पर मैंने पाया कि इस बार मेरे गर्भ में पुत्र है। मैंने गर्भपात कराने का इरादा छोड़ दिया और इलाहाबाद वापस जाने का मन बना लिया क्योंकि प्रसव का खर्च उठाना मेरी मां की कूवत से बाहर था। समय पर मैंने पुत्र को जन्म दिया लेकिन मेरी ससुराल वालों ने इसकी सूचना मेरी मां को नहीं दी। अचानक एक दिन मेरी मां का फोन आने पर मेरी सास ने उसे बात–बात में बता दिया कि मेरे लड़का पैदा हुआ है।

मौका पाते ही मैं अपने दोनों बच्चों को साथ लेकर दिल्ली अपने मां के पास आ गई। मेरी मां ने मेरी सुरक्षा के लिए स्थानीय पुलिस को इत्तिला दे दी। इसके बाद वह मुझे नवज्योति सलाह केन्द्र ले गई। विस्तार से मेरी बात सुनकर केन्द्र वालों ने मेरे पति को बुलाया। पति ने किसी किस्म की ज्यादती करने की बात से इनकार कर दिया और बच्चों को अपने साथ ले जाने या उनके लिए किसी किस्म का खर्च इत्यादि देने से भी मना कर दिया।

हालांकि मेरी दोनों बेटियां अपने पिता के साथ जाना चाहती थीं, लेकिन उसने उन्हें थप्पड़ मारकर चुप करा दिया। सलाहकार को अपनी दास्तान बताने के बाद सीमा दुबारा कभी नहीं आई। उसकी मां ने बताया कि सीमा का अपने पड़ोसी के साथ अवैध संबंध हो गया था। वह उसके साथ शादी करना चाहती थी लेकिन दूसरी बिरादरी का होने के कारण मैंने उन्हें शादी की इजाजत नहीं दी तो सीमा अपने तीनों बच्चों को छोड़कर भाग गई। इसकी सूचना मैंने उसके पति को दी, किन्तु वहां

से कोई जवाब नहीं आया।

मजबूर होकर सीमा की मां ने एक बार नवज्योति से मदद की गुहार की। उसने सीमा की एक बेटी को उसकी मौसी के यहां भेज दिया। सलाहकार डॉ. अंजू सक्सेना ने एक सज्जन परिवार तलाश कर शेष दोनों बच्चों को सुरक्षित ठिकाना दिला दिया। भागने से पहले सीमा ने अपनी मां को इस बात का संकेत दिया था कि वह अपने बच्चों, खासकर छह साल की बेटी को अपने साथ कतई नहीं रखेगी, क्योंकि वह उसके प्रेमी पर विश्वास नहीं करती। उसके इस कथन का कारण तो नहीं मालूम लेकिन अब वह निश्चित तौर पर बागी हो गई है और उसे अपने अतीत से अब कुछ लेना–देना नहीं।

उसे अब भी लगता है, एक दिन सब कुछ ठीक हो जाएगा

55

मेरा नाम कुलबीर कौर है और उम्र है 28 साल। पढ़ाई–लिखाई में मन न लगने के कारण मैंने 8वीं कक्षा के बाद पढ़ाई छोड़ दी। मेरे पिता जी दिल्ली विद्युत बोर्ड के अवकाश प्राप्त कर्मचारी हैं। अपनी बिरादरी में ही शादी करने की मेरे माता–पिता की मजबूरी के कारण मेरा विवाह देर से हुआ। आखिरकार मेरे योग्य वर मिला और मेरी शादी बिना किसी मांग के सम्पन्न हो गई। मेरे माता- पिता ने अपनी ओर से दान–दहेज में कोई कसर नहीं रखी। मेरे ससुर दिल्ली पुलिस के अवकाश प्राप्त अधिकारी हैं। वह किस पद से रिटायर हुए, इसकी जानकारी मुझे आज तक नहीं है। शादी के बाद शुरुआती तीन महीने बड़े आराम से गुजरे। मेरा पति मुझसे बेहद प्यार करता था। मेरे जेठ भी हमारे साथ ही रहते थे। वह कोई काम–काज नहीं करते थे। वक्त गुजरने के साथ ही उन्होंने मेरे हर काम में खामियां निकालनी शुरू कर दीं। एक दिन हम पति–पत्नी कनाट प्लेस गए। घर लौटने में थोड़ी देर हो गई। घर पहुंचने पर मेरे जेठ ने हमें गालियां देनी शुरू कर दीं। हम दोनों उस दिन उन्हें बिना कोई जवाब दिए अंदर चले गए और भूखे ही सो गए। मेरे जेठ ने मुझसे बात करनी बंद कर दी। वह अक्सर मुझे धमकाते कि मुझे तो घर से बाहर निकाल दिया जाना चाहिए। उनके इस कृत्य पर कई बार मेरे ससुर ने उन्हें धमकाया भी, मगर उन पर कोई असर नहीं हुआ। अलबत्ता मेरे पति को मेरे खिलाफ लगातार भड़काया और उत्तेजित किया जाता रहा।

हमारे अच्छे दिनों में एक दिन मेरे पति ने मुझसे कहा कि मैं अपने पिता जी से तीन लाख रुपए मांग लूं ताकि वह कम्प्यूटर सेंटर खोल सके। मैंने अपने पति को तत्काल बता दिया कि मेरे माता–पिता की आर्थिक स्थिति ऐसी नहीं है कि वे आपकी मांग पूरी कर सकें। इसके बावजूद मेरा पति अड़ा रहा। आखिरकार मैंने अपने चाचा से एक लाख रुपए बतौर कर्ज ले लिए। वह रकम कैसे और कहां खर्च की गई इसका पता मुझे आज तक नहीं है। मेरे पूछने पर मेरा पति अक्सर झिड़कते हुए कहता, 'अपने काम से मतलब रखो, यह सब जानने की कोशिश मत करो।'

धीरे–धीरे मेरे पति परिवार वालों के प्रभाव में आने लगे। मेरे पति को उन्होंने न जाने क्या–क्या सिखा दिया कि मुझे घर से बाहर निकाल देने की धमकियां दी जाने लगीं। एक दिन मेरी भाभी मुझसे मिलने आई। मेरे पति ने उनसे कहा कि वह मुझे अपने साथ ले जाए। मेरी भाभी ने इनकार कर दिया। इसके बाद मेरे पति ने मुझे मेरे मायके में छोड़ते हुए 15 दिन बाद लौटकर आने के लिए कहा, लेकिन वह पलट कर नहीं आया। मैं उससे टेलीफोन पर सम्पर्क करने की कोशिश करती। इसी बीच मुझे महसूस हुआ कि मैं गर्भवती हो गई थी। इसकी सूचना मैंने अपने पति को टेलीफोन पर दी, लेकिन उसने कहा कि उसे यकीन नहीं है क्योंकि ऐसा कुछ हुआ ही नहीं। यहां तक कि मेरी ननद ने भी इस बात पर विश्वास करने से इनकार कर दिया कि मैं गर्भवती थी। इसके बाद मेरा पति चेक–अप के लिए मुझे एक डॉक्टर के पास ले गया। डॉक्टर ने मेरे गर्भवती होने की पुष्टि कर दी। मेरे पति ने फौरन कहा कि मैं गर्भपात करा लूं वरना वह मुझे तलाक दे देगा। मैं उसकी किसी बात पर राजी नहीं हुई।

कुछ दिनों बाद मेरा पति मुझे एक स्त्री रोग विशेषज्ञ के पास ले गया और डॉक्टर से गर्भपात करने के बारे में बातचीत की। डॉक्टर ने इनकार कर दिया। उसने मुझे वापस मेरी मां को यहां छोड़ दिया और उसके बाद टेलीफोन करना भी बंद कर दिया।

बैसाखी यानी 13 अप्रैल को मेरे पति ने फोन किया कि वह मुझे लेने आ रहा है। कुछ देर बाद उसने खुद आने के बजाय किसी अन्य व्यक्ति को मुझे लेने भेज दिया। जैसे ही मैं ससुराल पहुंची, मुझे फौरन अपने पति से माफी मांगने के लिए कहा गया। मुझे माफी मांगने का कारण नहीं बताया गया फिर भी मैंने माफी मांग ली। वह गर्भपात के मुद्दे पर फिर अड़ गया लेकिन मैंने उसकी बात ठुकरा दी।

अगले पांच–छह दिन वह मेरे साथ नरमी से पेश आया। इस बीच उसने मुझे लेडी डॉक्टर के पास दुबारा जाने की खुशामद की, किन्तु जब मैंने मना कर दिया तो उसने मुझे लगातार कई थप्पड़ मारे। डर के मारे मैं उसके साथ चली गई। डॉक्टर ने मुझसे पूछा कि क्या मैं गर्भपात कराना चाहती हूं, मैंने कहा नहीं। डॉक्टर ने हम दोनों को वापस जाने के लिए कह दिया। वापस लौटते समय उसने मुझे सड़क के बीचोबीच जबरन उतार दिया। जब मैं पैदल चलने लगी तो पीछे से उसने मुझे कई थप्पड़ मारे और स्कूटर पर बैठने का हुक्म दिया। किसी तरह हम घर वापस आ गए। घर पहुंच कर उसने हमारी शादी की अलबम फाड़नी शुरू कर दी, लेकिन मेरे ससुर ने उसे रोक दिया। अगले दिन वह मुझे फिर उसी डॉक्टर के पास ले गया। मैंने लेडी डॉक्टर को इशारे में बता दिया कि वह मेरे पति की बात पर कान न दे। डॉक्टर ने मेरे पति से कहा कि मैं शारीरिक रूप से इतनी कमजोर हूं कि मेरा गर्भपात नहीं हो सकता। हम फिर वापस आ गए। इसके बाद मेरे पति ने मेरे साथ हाथापाई की और मुझे दीवार की ओर धक्का दे दिया। मेरा सिर फूट गया और खून बहने लगा। कोई भी मेरी मदद के लिए नहीं आया। एक हफ्ते बाद जांच के नाम पर वह मुझे फिर उसी अस्पताल में ले गया। जांच करने वाली डॉक्टर वही थी। उसने मुझे कहा कि वह मुझे

ताकत का इंजेक्शन दे रही है। इंजेक्शन के बाद मैं अचेत हो गई। मुझे नहीं मालूम कि उसके बाद क्या हुआ। मैं उस नर्सिंग होम में सुबह 11 बजे गई थी लेकिन मुझे शाम 5 बजे के आस–पास होश आया। घर पहुंचने पर मेरे पति ने मेरे जेठ को बताया कि 1500 रुपए लगे। मेरे जेठ ने कहा कि यह तो महज 700 रुपए का ही काम था। मेरी ननद ने कहा 'चलो, अब हमारा रास्ता साफ हो गया है।' जब मैं शौचालय गई तब मुझे पता चला कि मेरी ननद के कहने का मतलब क्या था।

मैंने अपनी मां को सारी दास्तान सुनाई। उसने शादी करवाने वाले रिश्तेदारों को बुलाकर मुझे वापस लाने के लिए कहा। ससुरालवालों ने मुझे अपने जरूरी कपड़े भी नहीं लेने दिए।

मेरे भाइयों ने मेरे पति के खिलाफ महिला अपराध प्रकोष्ठ में आवेदन किया। महिला पुलिस अधिकारी ने मुझसे पूछा कि मैं क्या चाहती हूं? मैंने उसे जवाब दिया कि मैं अपने पति के घर जाना चाहती हूं। उसने कहा ठीक है। बिना किसी लिखा–पढ़ी के मैं वापस ससुराल भेज दी गई। एक दिन मेरे पति ने मुझे स्कूटर से धक्का दे दिया जिसकी वजह से मेरे कान और नाक से खून बहने लगा।

वह मुझे लेकर नर्सिंग होम ले गया लेकिन डॉक्टर ने पुलिस केस बताकर इलाज करने से इनकार कर दिया। उसके बाद वह मुझे सफदरजंग अस्पताल ले गया। मैं वहां इमरजैंसी में दो दिन तक रही। अस्पताल में मेरे पति ने मुझ पर तलाक देने के लिए दबाव डाला। मेरे इनकार करने पर वह मुझे वहीं छोड़ कर चला गया। मेरी मां मुझे लेने के लिए अस्पताल आई। मैंने उससे कहा कि वह मुझे मेरे पति के घर जाने दे लेकिन उसने मुझे वहां जाने की अनुमति नहीं दी।

फिलहाल मेरा मामला पुलिस में है और मेरे पति अग्रिम जमानत पाने की कोशिश कर रहा हैं। मैं अब भी सोचती हूं कि एक दिन सब कुछ ठीक हो जाएगा और मैं अपनी ससुराल जा सकूंगी। ऐसा इसलिए होता है कि मैं रोजाना गुरुद्वारे जाती हूं और वहां जाने के बाद मेरी अंतरात्मा मुझसे ऐसा ही कहती है।

गलती किसकी ?

- हमारे भारतीय समाज में मासूम और नादान लड़कियों के ऐसे भी गैरजिम्मेदार और निर्दयी पति हैं।
- हम लगातार अपनी लड़कियों को ऐसे अविश्वसनीय और लालची लोगों के चारे के रूप में पाल रहे हैं।
- कानून लागू करने वाली हमारी एजेंसियां ऐसे मामलों से इतनी कड़ाई से नहीं निपटती हैं।

लोगों को नशे के नर्क में जाने से रोकने की कोशिश

56

मैं यूरोप में रहने वाले एक करोड़पति प्रवासी भारतीय का पुत्र हूं। मेरी शादी हो चुकी है और छह साल की एक बेटी भी है। बड़े पैमाने पर ड्रग्स का आदी होने के बावजूद मेरी पत्नी ने मेरा साथ नहीं छोड़ा। इसके बजाय उसने मेरी खूब देखभाल की। मेरी बेटी मेरी नशाखोरी के बारे में बार–बार पूछती रही लेकिन शर्म के मारे मैंने उसे कुछ भी नहीं बताया। मैं नवज्योति नशामुक्ति केन्द्र में आने से पहले तक खुद को सुधार नहीं सका था। विदेश में चार बार मेरा इलाज हुआ और उस पर लगभग 5000 पौंड (करीब 35 लाख रुपए) खर्च भी हुए पर मैं पूरी तरह ठीक नहीं हुआ। कारण यह था कि एक तो इलाज अनियमित था और दूसरे सलाह केवल टेलीफोन पर ही मिल सकती थी। मुझे पूरा भरोसा है कि अब मैं पीछे मुड़कर नहीं देखूंगा। मेरी दास्तान बड़ी दुखद है।

ड्रग्स के प्रति मेरा झुकाव जिज्ञासावश हुआ। मेरे यार–दोस्त सिगरेट और ड्रग्स पीते थे, इसलिए उसका आनंद लेने के लिए मैंने भी स्मैक पीना शुरू कर दिया। धीरे–धीरे मेरी खुराक बढ़ती गई। मैंने नींद की गोलियां लेनी भी शुरू कर दीं। मुझे नींद की गोलियां लेने की आदत पड़ गई। मैं हमेशा नशे में धुत रहता और यह भी न जान पाता कि रात है या दिन। बाद में मैंने ड्रग्स का इंजेक्शन लेना शुरू कर दिया। मुझे हमेशा पैसे की किल्लत रहने लगी। मैंने अपनी 'खुराक' के लिए लोगों को लूटना शुरू कर दिया। मेरी सोहबत में ज्यादातर दलाल और ड्रग्स के व्यापारी ही रह गए थे। धीरे–धीरे मेरा संबंध अंडरवर्ल्ड के लोगों से हो गया। उन लोगों ने मेरी बाबत ज्यादा प्रतिक्रिया नहीं की क्योंकि वे खुद भी कानून तोड़ने वाले लोग थे। वे मेरे पारिवारिक रिश्तों के बारे में भी सब कुछ जानते थे।

नशे की हालत में मैंने अपने माता–पिता और यहां तक अपनी पत्नी को भी बहुत दुःख पहुंचाया। नशाखोरी के कारण मैं अपनी बेटी को पूरा वक्त नहीं दे सका।

मैं अपने घरवालों से हर बात पर झूठ बोलता। हालांकि मेरे माता–पिता मेरी हरकतों से वाकिफ थे लेकिन वे लाचार थे। अपना बड़ा बेटा वे पहले ही खो चुके थे। मेरी वजह से वे बहुत दुखी रहते। मेरी मां मुझे लेकर हमेशा चीखती–चिल्लाती और परेशान रहती। सोने के लिए उसे भी नींद की गोलियां लेनी पड़ती थीं। मेरे पिता जी के लिए रुपया पैसा सब बेकार था क्योंकि वह सोचते थे कि एक दिन उनका बेटा ज्यादा नशा करके मर जाएगा। मानसिक और शारीरिक तौर पर मेरी पत्नी के साथ भी मेरे रिश्ते ठीक नहीं थे। मुझे नशे में देखकर वह तिल–तिल कर मर रही थी।

प्रारंभ में हम दोनों के बीच बहुत गहरा प्यार था। यही वजह थी कि वह मुझे किसी भी हालत में छोड़ना नहीं चाहती थी। उसे मेरे सुधर जाने की उम्मीद हमेशा रहती। मैं महीनों तक उससे बात न करता। मुझे हर समय नशे के अलावा और कुछ सूझता ही नहीं था।

अब मैं पूरी तरह ठीक हो गया हूं और मैं अन्य नशेड़ियों को सुधारने के लिए कृतसंकल्प हूं। अब मैं उन सभी लोगों का भरोसा जीतना चाहता हूं जिन्हें मैंने भावनात्मक रूप से दुःख पहुंचाया। मुझे मालूम है कि मुझे बहुत बड़ा मौका दिया गया। मैं सफलता की मिसाल हूं।

भविष्य के प्रति मेरी योजना बिलकुल साफ है। अब मैं अपने परिवार के साथ साधारण जीवन बिताना चाहता हूं। मैं अपनी बेटी के ऊपर पूरा ध्यान दूंगा। उसे स्कूल लाने–ले जाने के अलावा मैं अपनी पत्नी और पालतू कुत्ते के साथ पार्क में सैर करने की योजना बना रहा हूं। संगीत मेरा पहला शौक है। मैं उस दिशा में भी ध्यान दूंगा। व्यायाम के जरिए मैं अपनी तंदुरुस्ती वापस लाऊंगा ताकि लोग इस बात को भूल जाएं कि मैं कभी बहुत बड़ा नशाखोर था। अतीत में मैंने राष्ट्रीय स्तर पर क्रिकेट में अपने देश का प्रतिनिधित्व किया है। मेरे माता–पिता मेरे हर दौरे में मेरे साथ जाते थे। हालांकि मैं जानता हूं कि मेरी पुरानी लय वापस नहीं आ सकेगी फिर भी मैं कड़ी मेहनत के बल पर कस्बा स्तर पर तो क्रिकेट खेल ही सकूंगा।

गलती किसकी ?

- इलाज के लिए मरीज को मन से तैयार करना जरूरी है।
- अब मुझे कोई नशाखोर नहीं कह सकेगा।
- अपने परिवार को मैं अब पूरा समय दे सकूंगा।

अब मैं नशे की बुराई से दूर हूं : पंकज

57

मेरा नाम पंकज तिवारी है और उम्र है सिर्फ 13 साल। मैं बिहार के एक छोटे से कस्बे बक्सर का रहने वाला हूं। मेरे परिवार में माता–पिता के अलावा तीन छोटे भाई और एक बहन है। मेरे पिताजी एक सरकारी दफ्तर में चपरासी हैं जबकि मेरी मां घर का कामकाज देखती है। मैं बहुत शरारती लड़का था। मैं बात–बात पर लड़ता और घर से भाग जाता था। मुझे अनुशासित करने के लिए मेरी मां ने पास के ही एक हॉस्टल में भर्ती करा दिया। वहां से मैं घरवालों की ओर से बुलाए जाने या इजाजत मिलने पर ही आ सकता था। हमारे पास अपनी निजी मकान के साथ–साथ जरूरत की हर चीज थी। जिंदगी बड़े मजे से गुजर रही थी।

मेरी मां ने एक दिन मेरी जमकर पिटाई कर दी। जब भी मैं कभी कोई गलती करता, वह मुझे सबक सिखाने के लिए खूब पीटती। 12 साल की उम्र में एक दिन मैं घर से भाग खड़ा हुआ। दरअसल वह चाहती थी कि मैं खूब पढ़ूं–लिखूं और कक्षा में हमेशा प्रथम स्थान पर रहूं। मैंने सिर्फ छठी कक्षा तक पढ़ाई की है। मैं भी अन्य बच्चों की तरह खेलना–कूदना चाहता था लेकिन मेरी मां मुझसे हमेशा पढ़ाई पर ध्यान देने के लिए कहती और उसकी बात न मानने पर वह मेरी पिटाई कर देती। हालांकि मेरे पिताजी ने भी मां की कई बार पिटाई न करने के लिए समझाया, लेकिन मां पर कोई असर नहीं हुआ। घर में मां की चलती थी।

मैंने अपने दोस्तों से दिल्ली के बारे में अनेक किस्से सुन रखे थे। वे लोग बताते कि दिल्ली कितनी खूबसूरत और आरामदेह है। मैं भी बड़ा होकर दिल्ली में पैसा बनाने के सपने देखता था। मैं सोचता था कि दिल्ली में बिहार की अपेक्षा आसानी से लोग कमाई कर सकते हैं। एक दिन मां की पिटाई से नाराज होकर और उसे दुखी करने के लिए अपने सपनों की नगरी दिल्ली आनेवाली ट्रेन में सवार हो गया।

मेरे पास न तो टिकट खरीदने के लिए पैसा था और न ही कुछ खाने–पीने के लिए। ट्रेन

में जब मुझे भूख लगी तो मैंने दूसरे मुसाफिरों से खाना मांगा। बहरहाल बिना किसी दिक्कत के मैं दिल्ली पहुंच गया। स्टेशन पर मैं भूख–प्यास से व्याकुल अकेला और असहाय खड़ा रो रहा था। मुझे रोता देख मनीष नामक एक लड़के ने मेरे पास आकर रोने का कारण पूछा। मैंने उसे अपनी सारी दास्तान बता दी। उसने मुझे पहले नाश्ता कराया फिर अपनी झुग्गी में ले गया। उसकी झुग्गी दिल्ली के सबसे बड़े स्लम यमुना पुस्ता इलाके में थी। मनीष की उम्र 16 साल थी। वह जेबतराश, स्मैकिया और शराबी था। शराब और भांग का स्वाद मैंने बचपन में ही चख रखा था। दरअसल हमारे यहां बिहार में त्योहारों पर शराब और भांग का सेवन और वितरण प्रसाद के रूप में किया जाता है। जल्द ही मुझे इसकी आदत पड़ गई। मैं स्कूल में भी अपने दोस्तों के साथ छिप कर बीड़ी भी पीता था। एक दिन मनीष ने मुझे सिगरेट पिलाई। मुझे अजीब–सा स्वाद लगा और मैं सो गया। अगले दिन फिर यही क्रम दोहराया गया। धीरे–धीरे मुझे सिगरेट की पन्नी पर रखकर स्मैक पीने की आदत पड़ गई। करीब छह महीने बाद एक दिन मैंने देखा कि मनीष दर्द से कराह रहा था। वैसी ही हालत मेरी भी थी। पूछने पर मनीष ने बताया कि स्मैक न मिलने पर ऐसी ही हालत होती है। मुझे तब जाकर पता चला कि मैं जानलेवा नशे के नर्क में गिर गया हूं।

एक दिन मनीष नशे में धुत अपनी झुग्गी में पहुंचा। उसके पास ढेर सारे पैसे थे। घर पहुंचकर वह फौरन सो गया। हमारी झुग्गी में कोई दरवाजा नहीं था। सुबह जब हम सोकर उठे तो मनीष के पैसे गायब थे। उसने मुझ पर संदेह करते हुए झुग्गी से चले जाने को कहा। वहां से निकल कर मैं फुटपाथ पर रहने लगा। वहां मेरी मुलाकात वीरू नामक 20 वर्षीय लड़के से हुई। उसने फौरन ताड़ लिया कि मैं स्मैकिया हूं। उसने मुझसे कहा कि हम दोनों भाई–भाई हैं। वह कूड़ा बीनता था और स्मैक भी पीता था। छह महीने तक मैं उसके साथ कूड़ेदानी से प्लास्टिक की थैलियां, अखबार और अन्य कचरा बीनता रहा। कभी–कभी मैं फैक्टरियों से गत्ते के डिब्बे चुराकर उन्हें शाम को बेच देता। दिन भर में 80 रुपए कमाने के बाद आधा ग्राम स्मैक मिलती। खाना मैं पास के ही एक मंदिर में खाता था। लोग पुण्य कमाने के लिए उस मंदिर में भिखारियों को खाना खिलाते थे। वे सोचते कि उनका दान जरूरतमंदों तक पहुंच रहा है।

एक दिन यमुना पुश्ते पर जब मैं स्मैक पी रहा था तभी मेरे पास आकर एक कार खड़ी हुई। उसमें से एक भला–सा दिखने वाला आदमी उतरा और उसने मेरे पास आकर मुझसे बात की। उसने मुझे बताया कि ड्रग्स लेना कितना खतरनाक है, वह भी मेरे जैसे बच्चे के लिए। उसने मुझे समझाया कि मैं अगर चाहूं तो समय रहते इस नशे से मुक्ति पा सकता हूं और सामान्य जिंदगी गुजार सकता हूं। उसने मुझे यह भी आश्वासन दिया कि वह न केवल मेरा नशा छुड़ा देगा बल्कि मेरे माता–पिता से मिलने में मेरी मदद भी करेगा। मैं भी अपने माता–पिता से मिलना चाहता था लेकिन नशे की लत के कारण गांव वापस नहीं जा पा रहा था। मैंने उनसे कहा कि मैं आपसे कल मिलूंगा।

शाम को जब मैंने अपने दोस्त से इस बारे में जिक्र किया तो उसने मुझे बहुत हतोत्साहित किया। मैं फिर उसी जगह पर पहुंच गया जहां उस भले आदमी ने मुझे स्मैक पीते हुए देखा था।

मैं यह देखकर हैरान रह गया कि वह आदमी मेरी खातिर अगले दिन भी वहां पहुंच गया था। उसने मुझे इलाज की जरूरत बताई और सहायता की पेशकश की। मैंने विरोध किया। इसके बावजूद उसने और उसके एक सहायक ने मुझे जबरन उठाकर अपनी कार में बैठा लिया। वे लोग मुझे नवज्योति नशा मुक्ति केन्द्र ले गए। वह भले आदमी नशा मुक्ति केन्द्र का इंचार्ज डॉ. भारत भूषण थे। डॉ. ने मुझे अच्छी तरह नहलाया और अपने सहायक से कहा कि वह मुझे नए कपड़े और खाना दे। इलाज के साथ ही मेरी सेहत में सुधार होने लगा और अब मैं खुद को पहले जैसा हलका–फुलका और स्वस्थ महसूस करने लगा हूं।

केन्द्र वाले अब मेरी पढ़ाई की ओर भी ध्यान देने लगे हैं। अब मैं ठीक होकर पुलिस अफसर बनने के सपने देखने लगा हूं। नशा मुक्ति केन्द्र वालों ने मेरे माता–पिता को मुझसे आकर मिलने के लिए पहले ही खत लिख दिया था। मैं अब घर वापस जाना चाहता हूं और दोबारा कभी नशे के चक्कर में नहीं पड़ूंगा। मैं घर पहुंचने के बाद फिर कभी नहीं भागूंगा चाहे मेरी मां मेरी कितनी ही पिटाई क्यों न करे। मुझे इस बात का अहसास हो गया है कि वह मुझे कितना प्यार करती थी।

गलती किसकी ?

- बच्चों को सुधारने के लिए उनकी पिटाई का तरीका कारगर नहीं होता। दरअसल पिटाई से ऐसे गहरे दाग पड़ते हैं जो कभी ठीक नहीं होते।
- नशे की लत और अपराध की छत दोनों एक ही सिक्के के दो पहलू हैं। इसलिए अपराध रोकने की योजना बनाते समय नशाखोरी के पूरे मुद्दे को नजरअंदाज नहीं करना चाहिए।

... और शमीमा शौहर के घर से भाग आई

58

मेरा नाम शमीमा है, लेकिन हर कोई मुझे निशा (बुलाने) के नाम से पुकारता है। मेरा जन्म दिल्ली में हुआ, लेकिन मुझे अपनी असली उम्र मालूम नहीं है। मेरी मामी कहती हैं कि मैं 18 साल की हो गई हूं। बचपन में ही मेरी मां की एक दुर्घटना में मृत्यु हो गई थी। हम दो बहनें हैं। मैं बड़ी हूं। मेरा बाप बहुत निर्दयी था। वह मेरी मां को बहुत मारा–पीटा करता था। डर के मारे मेरी मां उसके सामने मुंह नहीं खोलती थी। मेरा बाप उससे जानवरों जैसा व्यवहार करता था।

एक बार मेरे बाप ने हम दोनों बहनों का पालन–पोषण करने से मना कर दिया, जिसके कारण मेरी मां ने मेहनत–मजदूरी शुरू कर दी। उसने हम दोनों बहनों को सरकारी स्कूल में भेजना शुरू कर दिया। वह हम दोनों को पढ़ा–लिखा कर काबिल बनाना चाहती थी, लेकिन हमारी किस्मत को यह मंजूर नहीं था। एक दिन काम के दौरान मेरी मां के ऊपर दीवार गिर गई, जिससे उसकी मौके पर ही मौत हो गई। उसकी मौत के बाद हमारी जिंदगी की नई शुरूआत हुई। मेरे बाप ने दूसरी औरत से शादी करने के चक्कर में हम दोनों बहनों को अपने पास रखने से इनकार कर दिया।

दूसरी औरत के साथ उसके संबंध मेरी मां के जीवित रहने के समय से ही थे। मेरी सौतेली मां हमारी सूरत तक देखना पसंद नहीं करती थी। मेरे मामा हम दोनों बहनों को अपने साथ अपने गांव किशनगंज, मोहम्मदपुर, बिहार ले गए।

दुर्घटना–मुआवजे की रकम भी कम्पनी से मेरे मामा ने ही ली थी। मुझे यह तो नहीं मालूम कि वास्तव में वह रकम कितनी थी, हां इतना जरूर पता था कि हम दोनों बहनों की शादी के लिए वह रकम काफी थी। हम दोनों बहनें अपने मामा के घर बहुत खुश थीं। एक दिन किसी अज्ञात व्यक्ति ने मेरे मामा के घर में आग लगा दी। दरअसल गांव में मेरे मामा की कई लोगों से रंजिश थी। हम लोग अपनी जान बचाने के लिए वहां से भाग खड़े हुए। मामा ने हमें उसी गांव में रहने

वाली हमारी नानी के घर भेज दिया। बाद में उत्तम नगर में रहने वाला हमारा छोटा मामा हमें दिल्ली ले आया।

दिल्ली में मैंने और मेरी छोटी बहन ने कोठियों में महरी के रूप में काम करना शुरू कर दिया। हमारी सारी कमाई हमारी मामी रख लेती। वह हमें जेब खर्च के लिए सिर्फ 50 रुपए माहवार देती। हम दोनों बहनों को हमारे मामा–मामी कभी भी नए कपड़े नहीं देते, जबकि अपने बच्चों के लिए वे अक्सर कुछ न कुछ खरीदते रहते थे। हम दोनों बहनें इसके बावजूद खुश थीं।

लगभग डेढ़ साल पहले एक दिन मेरी मामी ने मुझे बताया कि उसने मेरे लिए एक अच्छा लड़का देख लिया है। मेरे होने वाले सास–ससुर मुझे देखने आए। मेरे शौहर ने मुझे पसंद कर लिया। इसके बाद अली हुसैन नामक रिक्शा चालक के साथ मेरा निकाह हो गया। उसकी उम्र मुझसे काफी अधिक थी, लगभग 45 साल। शादी में मेरे मामा ने मुझे कपड़ों के अलावा सोने की नथ, चांदी की पाजेब और 3500 रुपए कीमत का एक टेपरिकार्डर भी दिया।

ससुराल में मेरे पति के साथ उसके माता–पिता और छोटा भाई भी रहता था। मेरी छोटी बहन एक कोठी में काम करने के लिए हैदराबाद भेज दी गई। उसकी तनख्वाह सीधे मेरी मामी के पास दिल्ली आती है। मेरे शौहर ने शादी की पहली ही रात मेरी पिटाई की। वह मेरे साथ संबंध स्थापित करना चाहता था, लेकिन डर के मारे मैंने इनकार कर दिया। इससे वह बहुत नाराज हुआ और मेरी पिटाई कर दी। रिवाज के मुताबिक अगले दिन मेरे मामा–मामी और एक चचेरा भाई मुझे लेने के लिए मेरी ससुराल आए।

मेरे शौहर ने उनके साथ बदसलूकी की। उसकी हरकत पर मुझे बहुत गुस्सा आया, लेकिन मैंने उस वक्त कुछ नहीं कहा। मैं अपने परिवार वालों के साथ चली गई और उसी शाम अपने शौहर के साथ वापस भी आ गई।

ससुराल में मेरा दम घुटता था क्योंकि मेरा शौहर मुझे कहीं आने–जाने की इजाजत नहीं देता था। मैं किसी रिश्तेदार से भी नहीं मिल सकती थी, चूंकि मैं अपने शौहर को अपने साथ जिस्मानी रिश्ता कायम नहीं करने देती थी, इसलिए वह लगभग रोज मेरी पिटाई करता था। उसकी इस हरकत के लिए मेरा ससुर उसे फटकारता भी था।

मैं अपने शौहर के साथ लगभग दो हफ्ते रही, लेकिन उसे अपने साथ कुछ करने नहीं दिया। तभी एक दिन मेरे मामा ने बताया कि वह गांव जा रहे हैं। मेरा शौहर मुझे लेकर उनसे मिलने गया। मैंने अपने पति से कहा कि वह मुझे एक रात के लिए मामी के साथ रहने दे, लेकिन वह राजी नहीं हुआ। उलटे मुझे सबके सामने थप्पड़ जड़ दिया।

मैंने अपनी मामी से अपने शौहर के दुर्व्यवहार के बारे में बताया। मेरी मामी ने उसे धमकाया। मैंने अपने शौहर से अपने परिवारवालों के साथ उसकी बदसलूकी का कारण पूछा तो उसने मुझे फिर एक थप्पड़ मारा। इस बार मैंने भी पलट कर उसे एक चाटा रसीद कर दिया। रात भर हम दोनों मामा के घर रहे, लेकिन सुबह होते ही मैं वहां से भाग खड़ी हुई। मैं अपने शौहर के यहां की घुटनभरी जिंदगी से बहुत डरी हुई थी।

मैं भागकर अशोक विहार में रहने वाली एक दीदी के यहां पहुंच गई। दीदी ने एक बार मेरे शौहर से पिटाई के दौरान मुझे बचाया था। दीदी ने मुझे 'शक्तिशालिनी' नामक संस्था में भेज दिया। वहां लगभग एक महीना रहने के बाद मुझे पीतमपुरा स्थित महिला अपराध शाखा भेज दिया गया। महिला शाखा ने मुझे जहांगीरपुरी स्थित 'प्रयास' नामक संस्था में भेज दिया। चूंकि वहां केवल लड़कों के रहने की व्यवस्था थी, इसलिए वहां से मुझे वाई.डब्ल्यू.सी.ए. भेज दिया गया।

'प्रयास' की कोशिशों से हमारा तलाक हो गया। मेरे तलाक संबंधी सभी कागजात 'प्रयास' के पास हैं। वाई.डब्ल्यू.सी.ए. में मैं खुश नहीं थी क्योंकि खाने-पीने के मामले में वहां मेरे साथ इंसाफ नहीं होता था। वाई.डब्ल्यू.सी.ए. के नियमों के मुताबिक 15 दिनों बाद मुझे वापस फिर 'प्रयास' भेज दिया गया।

वहां से मैं एक मित्र के साथ 'नवज्योति' गई। वहां डॉ. अंजू ने मेरे काम करने के लिए एक कोठी तलाश दी। वहां भी मेरा रहने का मन नहीं करता क्योंकि मकान मालकिन की लड़की छड़ी से मेरी पिटाई करती है। चूंकि मैं अपने मामा के पास वापस नहीं जाना चाहती, इसलिए मेरी जिंदगी एक त्रासदी बनकर रह गई है।

गलती किसकी ?

- बचपन बीतने के बाद वह दुबारा लौटकर नहीं आता।
- माता-विहीन बच्चे सारी जिंदगी अनाथ की तरह भटकते रहते हैं।
- निर्दयी पिता/पति/चाचा/मामा और तथाकथित आंटियां लड़कियों को इस्तेमाल करने और गाली देने की चीज समझती हैं।

बुरी सोहबत में पड़कर बच्चे बिगड़ जाते हैं

59

मैं एक छोटे किसान का 21 वर्षीय पुत्र हूं। मुझे ड्रग्स लेने की लत पड़ गई थी। इलाज के बाद अब मेरे स्वास्थ्य और आदत दोनों में सुधार हो रहा है। मैं सात साल का था तभी अचानक मेरे पिताजी बीमार पड़ गए, तभी से मुझे बीड़ी–सिगरेट पीने की आदत पड़ी। मैं स्कूल से भागकर अपने दोस्तों के साथ धुआं उड़ाने में मशगूल हो जाता था।

एक दिन मैं सिगरेट पीते हुए पकड़ा गया और मेरी जमकर धुनाई हुई, जिसका नतीजा यह हुआ कि मैं अपनी याददाश्त खो बैठा। मेरी मां और भाई मुझे एक ग्रामीण वैद्य के पास ले गए। उसने कहा कि चूंकि मुझे सांस लेने में परेशानी है, इसलिए अगर एक–दो कश बीड़ी के पी लूं तो मुझे राहत मिलेगी। वैद्य का यह सुझाव मेरी लिए मुंहमांगी मुराद के समान था। जब भी मैं सांस लेने में तकलीफ होने की बात करता, मेरे भाई या चाचा मुझे एक–दो कश बीड़ी पिला देते। धीरे–धीरे मुझे बीड़ी पीने की आदत पड़ गई।

एक दिन मेरे चाचा के दोस्त ने मुझे अफीम खिलाई। जल्द ही मुझे अफीम की भी आदत पड़ गई। एक दिन मेरे पड़ोसी ने मुझे अफीम खाते देखकर घरवालों से शिकायत कर दी। मेरी पिटाई करके मुझे कमरे में बंद कर दिया गया।

उसके बाद मुझे कभी भी अकेला न छोड़ा जाता। एक महीने के अंदर मेरी अफीम खाने की लत तो छूट गई, लेकिन धूम्रपान जारी रहा। गाहे–बगाहे मौका पाकर मैं चरस भी पी लेता था। एक साल तक लुक–छिपकर चरस पीने के बाद मैंने एक बाबा के साथ हशीश पीनी शुरू कर दी।

वह साधु बाबा एक मंदिर में रहता था। स्कूल से वापस आते समय मैं उसके पास रुक कर हशीश पीता। मेरे घरवालों को जब स्कूल से मेरी गैरहाजिरी की बाबत पता चला तो मैं घर से भाग

गया। घर से बाहर मैं इस कदर रहने लगा कि एक दिन मेरे मन में 'बाबा' बन जाने का विचार आ गया।

अपने गांव से लगभग 100 किलोमीटर दूर जाकर मैं बाबा के साथ रहने लगा। वहां मैंने भीख मांगना शुरू कर दिया। शाम तक भीख मांगकर जो भी आमदनी होती, मैं बाबा के हाथ पर रख देता था। बदले में बाबा मुझे हशीश पिलाता था।

लगभग छह महीने तक बाबा के साथ रहने के बाद मेरे घरवालों को भनक लग गई। वे मुझे वापस घर ले आए। गांव लौटने पर मैं सबसे पहले अपने दोस्तों से मिला। अब तक वे लोग स्मैक पीने में पारंगत हो चुके थे।

'पुड़िया' का इंतजाम करने के लिए वे लोग सभी तरह के अपराध करते थे। चूंकि चरस पीने में मुझे मजा आता था, इसलिए मैं भी उनके गिरोह में शामिल हो गया। मेरी समस्या यह थी कि चरस न मिलने के बाद मेरा बड़ा बुरा हाल होता। सारा शरीर दर्द से टूटता रहता। स्मैक का नशा हशीश से महंगा भी था। मैंने भी जेबतराशी और अन्य छोटी–मोटी चोरियां करनी शुरू कर दी।

कई बार मैं रंगे हाथों पकड़ा गया और पुलिस ने मुझे सलाखों के पीछे भेज दिया। मेरे मित्र हर बार मेरी जमानत कराकर मुझे छुड़ा लेते थे। धीरे–धीरे मेरी सेहत गिरती गई। मेरे घरवाले मेरे स्वास्थ्य को लेकर बहुत चिंतित रहने लगे, लेकिन मेरी अवैध गतिविधियां जारी रहीं। मेरी वजह से समाज में मेरे परिवारवालों को अपमानित होना पड़ता था। ऐसे में मेरे दिमाग में बार–बार नशे से मुक्ति पाने का विचार आने लगा।

एक दिन नशे में धुत होकर मैं जुआ खेल रहा था। पुलिस ने अचानक छापा मारकर मुझे पकड़ लिया। अदालत ने मुझे पांच महीने कैद की सजा दी। हिरासत के दौरान करीब एक महीने तक जेल में मेरा इलाज किया गया।

अगले चार महीने तक मैं हर प्रकार के नशे से दूर रहा लेकिन जैसे ही मैं जेल से बाहर आया, मैंने फिर स्मैक पी ली।

मुझे रेड क्रॉस के नशा मुक्ति केन्द्र में भर्ती कराया गया लेकिन एक हफ्ते बाद घर वापस आ गया। साथियों ने मुझे स्मैक, जेबतराशी और चोरी के उक्त गोरखधंधे में फिर खींच लिया। मेरे घर की हालत दिन–ब–दिन खराब होती जा रही थी। घरवाले, जान–पहचान वाले हर आदमी से मेरे इलाज के बारे में चर्चा करते। एक दिन मेरे भाई के दोस्त ने मेरे घरवालों को नवज्योति नशा मुक्ति केन्द्र का पता बताया।

मेरे माता–पिता ने केन्द्रवालों से मिलकर उनसे इलाज की योजना के बारे में जानकारी ली और मुझे इलाज कराने के लिए तैयार किया। नवज्योति केन्द्र में भर्ती होने के बाद मुझे उनका इलाज बहुत सफल और संतोषजनक लगा।

एक महीना तक मेरी सघन प्राकृतिक चिकित्सा हुई, जिसके कारण मेरा स्वास्थ्य सुधर गया।

उसके बाद मेरा होम्योपैथिक इलाज शुरू हुआ। छह महीने तक इलाज कराने के बाद मुझे विपश्यना ध्यान केन्द्र के लिए भेजा गया।

विपश्यना में मैंने तनाव और क्रोध से निपटने और खुद को ठीक तरह जानने की कला सीखी। अब मैं पहले से कहीं अधिक शांत और सरल हूं। मेरे धैर्य और सहनशीलता का स्तर काफी बढ़ गया है। सबसे बड़ी बात तो यह है कि अब मैं बीड़ी भी नहीं पीता। छह महीने के इलाज के बाद मुझे तीन महीने स्वैच्छिक सेवा करने के लिए रखा गया, ताकि उस दौरान अगर मुझे किसी किस्म की परेशानी हो तो डॉक्टर अजय ग्रोवर या मेरे सलाहकार के माध्यम से उसे दूर किया जा सके।

नवज्योति ने मुझे जिन्दगी के नए सबक दिए हैं। मैं सही रास्ते पर तो आया लेकिन समूचा बचपन और किशोरावस्था गंवाने के बाद।

गलती किसकी ?

- बचपन में अगर बच्चों पर ध्यान नहीं दिया जाता तो वे बुरे लोगों की सोहबत में पड़ जाते हैं और जीने की बुनियादी कला भी नहीं सीख पाते।
- बच्चों की वाजिब देखभाल और सलाह के बजाय केवल दंडात्मक कार्रवाई पर भरोसा करने के गंभीर परिणाम हो सकते हैं।

शहाना ने जिसे अपनी किस्मत समझा, उसी ने बरबाद कर दिया

60

मेरा नाम शहाना है। मेरी उम्र 16 साल है। मैं तीन महीने के एक लड़के की मां हूं। मूलतः मैं कोलकाता की रहने वाली हूं। हम पांच बहनें हैं। हमारा एक छोटा भाई भी है। हममें से सिर्फ मुझसे बड़ी बहन की ही शादी हो पाई है। वह दिल्ली में रहती है। मेरे पिता हम लोगों का पेट भरने के लिए जी–तोड़ मेहनत करके भीख मांगते थे। फसल के मौसम में सारा कुनबा किसानों के खेतों में काम करके दो जून की रोटी का जुगाड़ करता था।

मेरी बड़ी बहन नौकरी के सिलसिले में दिल्ली आई। लगभग चार साल पहले मैं भी अपने पिता के साथ दिल्ली आ गई। यहां पहुंच कर हमने कूड़ा बीनने का काम शुरू कर दिया। एक महीना यहां काम करने के बाद मेरे पिता की तबीयत खराब हो गई, इसलिए उन्हें लेकर मैं वापस अपने गांव चली गई। दिल की बीमारी के कारण मेरे पिता चल बसे।

एक साल बाद मैं दुबारा दिल्ली आई और मुजीबुल के गोदाम में कबाड़ी के रूप में काम करने लगी। जिस मुजीबुल को मैंने अपनी किस्मत समझा था उसी ने मेरी जिंदगी तबाह कर दी। मैं दिल्ली में अपने बहन–बहनोई के साथ रह रही थी। सब कुछ ठीक–ठाक चल रहा था कि एक दिन किन्हीं कारणों से मुजीबुल के पिता ने गोदाम बंद कर दिया। मैंने कूड़ेदानों से कचरा बीनना शुरू कर दिया। बाद में मुजीबुल के पिता ने नौकरी देने की पेशकश की। मैंने उसके यहां काम करना मंजूर कर लिया। वह मुझे खाना–कपड़ा और 300 रुपए माहवार देता था। एक दिन मुजीबुल ने कहा कि वह मुझसे बहुत प्यार करता है। मैंने तिलमिलाते हुए कहा कि आप मेरे चाचा की उम्र के हैं। आपको यह कहते शर्म नहीं आती।

उसने कहा कि आजकल इन सब बातों पर गौर करने का जमाना नहीं है। उसने मुझसे बार–बार कहा कि वह मुझे बहुत चाहता है। अगर मैंने उसके साथ शादी करने से इंकार कर दिया तो वह जहर

खाकर खुदकुशी कर लेगा। वह मुझसे अपने ऊपर भरोसा करने के लिए कहता। मैंने भी सोचा कि मेरे बाप की मौत तो पहले ही हो चुकी है। अगर यह मुझसे शादी करने को तैयार है तो अच्छा ही है। हम दोनों सारा दिन साथ–साथ कुड़ा बीनते और जो कुछ भी कमाते उसे शाम को मुजीबुल के पिता के हाथ पर रख देते। मैं इस बात से डरी हुई थी कि एक लड़का मेरे लिए अपनी जान दे देगा। मुजीबुल के घर में मैं फर्श पर अकेली सोती थी। एक रात को वह मेरे कमरे में आया। मैंने उससे रात को अपने कमरे में आने का कारण पूछा। उसने मुझसे खामोश रहने के लिए कहा। उसने कहा कि अगर मेरे घर वालों को पता चल जाएगा तो हम दोनों की पिटाई होगी। मैंने उसकी बात ठुकरा दी और कहा कि मैं सारा वाकया उसके माता–पिता से बताऊंगी। उसने मुझे धमकाते हुए कहा कि अगर मैंने किसी को कुछ बताया तो वह भाग कर मुंबई चला जाएगा और मैं यहां अकेली रह जाऊंगी। उसने मुझसे माफी मांगी और कहा कि वह दुबारा कभी ऐसी हरकत नहीं करेगा।

उस रात तो वह बिना कुछ किए चला गया लेकिन कुछ समय बाद एक रात वह फिर आ धमका। इस बार उसने मेरे साथ जबरदस्ती की। मैंने भी उसके आगे समर्पण कर दिया। मुजीबुल के माता–पिता के साथ मैं कोलकाता अपनी मां से मिलने गई। मुजीबुल ने मुझे भरोसा दिलाया था कि वह दो महीने बाद आकर मुझे ले जाएगा। मैंने अपनी मां के साथ रहना शुरू कर दिया। इस बीच मुझे पता चला कि मैं गर्भवती हो गई हूं। मुजीबुल जब गांव आया तो मैंने उसे अपने गर्भवती होने के बारे में बताया। उसने पूछा कि वह मेरे लिए दवा ला देगा, जिससे मेरा गर्भपात हो जाएगा किंतु वैसा नहीं हुआ।

मेरी मां मेरे लिए उचित वर की तलाश में थी। जल्द ही एक रिक्शा चालक मिल गया। मुजीबुल ने मुझसे कहा कि मैं रिक्शे वाले के साथ शादी कर लूं तो सारी बात दब जाएगी। किसी को कुछ भी पता नहीं चलेगा। मुझ पर जान देने की कसमें खाने वाले आशिक के धोखा देने के बाद मैंने शादी कर लेना ही मुनासिब समझा। शादी के बाद भी मेरी मुसीबत कम होने के बजाय और बढ़ गई। शादी के फौरन बाद मेरे सास- ससुर को मेरे गर्भवती होने के बारे में पता चल गया। उन्होंने मेरी मां के साथ काफी झगड़ा किया और कहा कि वह मुझे उसी आदमी के पास दिल्ली भेज दे, जिसका बच्चा मेरे पेट में पल रहा था।

इस बीच मुझे यह भी जानकारी मिली कि मुजीबुल ने शादी कर ली है। उसके बावजूद मैं अपनी मां के साथ दिल्ली आ गई। हम दोनों मुजीबुल के घर गए, लेकिन उसने मुझे स्वीकार करने से इनकार कर दिया। उसने कहा कि मैं झूठ बोल रही हूं कि मेरे पेट में उसका बच्चा है। मेरी मां ने सारा वाकया मुजीबुल के पिता को बताया लेकिन कोई लाभ नहीं हुआ। मेरी मां मुझे किस्मत के भरोसे छोड़ कर वापस लोट गई।

मेरी रिश्तेदार नसीमन ने मुझे नवज्योति के परिवार सलाह केन्द्र के बारे में मुझे बताया।

सलाहकार डॉ. अंजू मुझे मेडिकल जांच के लिए डॉक्टर के पास ले गई। चूंकि मेरे पास रहने का कोई ठिकाना नहीं था, इसलिए डॉ. अंजू ने मेरे लिए वाईडब्यूसीए में रहने का इंतजाम किया। वहां से मुझे इलाज के लिए लेडी हार्डिंग अस्पताल भेजा गया जहां मेरा अच्छी तरह इलाज किया गया।

मेरी उम्र और छोटी कद–काठी को देखते हुए एक निर्मला नाम की मैडम मुझे अपने साथ पंजाब ले गईं। वहां उन्होंने मुझे फिर अस्पताल में भर्ती करा दिया। लगभग डेढ़ महीने की देखभाल के बाद मैंने ऑपरेशन के जरिए एक बेटे को जन्म दिया। शुरू–शुरू में मैं बच्चे को पालने की इच्छुक नहीं थी, लेकिन डॉक्टरों की सलाह पर मैंने उनकी बात मान ली। वहां से अपने बच्चे के साथ मैं वाईडब्ल्यूसीए वापस आ गई और वहां कुछ दिनों तक रहने के बाद नवज्योति केन्द्र में चली गई।

अब मैं अपने बच्चे की अच्छी तरह देखभाल करना चाहती हूं। अब चाहे मैं किसी के घर में महरी के रूप में काम करूं या फिर से कूड़ा बीनना शुरू कर दूं, लेकिन हर हालत में अपने बच्चे को पाल–पोस कर अच्छा आदमी बनाऊंगी।

मुजीबुल या उसके परिवार वालों से अब मैं किसी किस्म का कोई रिश्ता नहीं रखना चाहती। मेरा ससुर कहता है कि अगर मैं अपने बच्चे को छोड़ दूं तो वह मुझे अपने बेटे की दूसरी बीवी के रूप में मुझे स्वीकार कर लेगा। मैं शादी नहीं करना चाहती। अब मैं अपनी मां के पास अपने गांव भी वापस नहीं जाना चाहती क्योंकि इससे उसकी बड़ी बदनामी होगी। मेरी यही ख्वाहिश है कि मेरा बच्चा पढ़–लिखकर भला आदमी बने।

गलती किसकी ?

- गरीबी एक अभिशाप है जो आगे चलकर अपमानजनक बन जाती है।
- गरीबी लड़कियों को पूरी तरह शोषण का शिकार बना देती है।
- बचपन की छोटी–सी नादानी बेसहारा लड़कियों के लिए सारी जिंदगी की मुसीबत बन जाती है।

शराब के नशे में धुत रहने वाला पति सुधार की ओर

61

मेरा नाम सुनीता शर्मा है। मैं सार्वजनिक क्षेत्र की एक कम्पनी में काम करती हूं। मेरी शादी को 14 साल हो चुके हैं। मेरे तीन बच्चे हैं–दो बेटियां और एक बेटा। मेरी शादी और मेरा पति मेरे वैवाहिक जीवन की सबसे बड़ी पीड़ा रहे हैं। पति के होते हुए भी मैंने अपने बच्चों और परिवार का सब प्रकार से पालन–पोषण किया है। उनके लिए मैं माता–पिता दोनों ही हूं। सुबह से लेकर देर रात तक मैं अपनी नौकरी और चूल्हे–चौके में पिसती रहती हूं। घर से दफ्तर, दफ्तर के बाद गृहस्थी की जरूरतों के लिए बाजार और यहां तक कोर्ट की तारीखें भुगतने के लिए भी मुझे ही जाना पड़ता है। कोई भी मेरी मदद करने वाला नहीं है।

मेरे पति को शराब पीने की लत है। हालांकि हमारी शादी के वक्त वह ज्यादा नहीं पीता था, लेकिन कुछ अरसे से वह शराब का आदी हो गया है। मेरा पति इंडियन एयरलाइंस में काम करता था। मेरी बड़ी बेटी के जन्म के समय मुझे प्रसव में कुछ परेशानी होने के कारण कई दिनों तक वह अपने ऑफिस नहीं जा सका। बार–बार गैरहाजिर रहने की वजह से उसे मुअत्तल कर दिया गया, जिसके खिलाफ मुकदमा चल रहा है। कुछ समय बाद उसकी नौकरी पूरी तरह जाती रही। एक बार उसने मुझसे यह कहकर 5000 रुपए मांगे थे कि यदि मैं उसे रुपए दे दूं तो उसकी नौकरी बच सकती है। बाद में मुझे मालूम हुआ कि उसकी बात सच नहीं थी।

हालांकि मुझे इस बात की जानकारी थी कि वह गाहे–बगाहे मेरे जेवर चुराकर बेच देता है, लेकिन पूछने पर वह साफ मुकर जाता है। आहिस्ता–आहिस्ता उसने मेरे सारे जेवर बेच दिए। एक बार वह कॉलेज के बच्चों को टूर पर घुमाने ले गया। छात्र–छात्राओं से किराए–भाड़े और अन्य मदों में लिए गए सारे पैसे उसने शराबखोरी में उड़ा दिए। टूर से वापस आने पर मेरे पति ने मुझसे कहा कि

मैं बच्चों का पैसा लौटाने के लिए चेक काट कर दे दूं वरना पुलिस मुझे पकड़ कर ले जाएगी। इस घटना के बावजूद उसकी आदतों में कोई सुधार नहीं आया। पैसा ऐंठने के लिए वह इस प्रकार की बहानेबाजियां अक्सर किया करता है। उसने दुबारा फिर कॉलेज का टूर आयोजित किया और बच्चों से पैसे एडवांस ले लिए। सारे पैसे उसने नशाखोरी में फिर फूंक दिए। किसी वजह से वह टूर रद्द हो गया। बच्चों ने पैसे वापस मांगे तो उसने उनसे पैसे लौटाने का वादा तो कर लिया किन्तु वापस नहीं लौटा पाया। एक बार फिर उसने मुझसे मदद मांगी। मैंने अपने दफ्तर से ऋण लेकर बच्चों के पैसे वापस लौटाए।

मेरा पति बेशर्मी की इन्तिहा तक गैरजिम्मेदार आदमी है। उसने मेरी कीमती साड़ियां, जेवर और यहां तक ऑफिस से मुझे मिली ट्राफियां तक बेच डालीं। और तो और, नशे के नर्क में उसने मेरे बच्चों की कॉपियां और किताबें तक बेच डालीं। मेरे दफ्तर जाने के बाद वह घर की चीजें चुराकर उन्हें बेच देता है। और सारा दिन शराब पीकर धुत रहता है। वह ट्यूबलाइट, ताले और अन्य छोटी–छोटी घरेलू चीजें भी बेचने से बाज नहीं आता।

मुझे अच्छी तरह याद है कि उसने अपने स्कूटर की स्टेपनी (अतिरिक्त पहिया) तक बेच डाला। मुझसे पैसे ऐंठने के लिए वह रोज नए बहाने बनाता रहता है। कभी कहता है कि उसका स्कूटर पुलिस वालों ने बंद कर दिया है। अगर मैं 100 रुपए उसे दे दूं तो वह पुलिस से उसे छुड़ा लाएगा। मुझसे पैसे लेकर वह शराब पी जाता है। उसकी इन हरकतों से मैं आजिज आ चुकी हूं। मैं मानसिक और शारीरिक रूप से से तनावग्रस्त रहती हूं। वह मेरे बच्चों को भी नहीं बख्शता। बच्चे जब उसकी हरकतों की जानकारी मुझे देते हैं तो वह उन पर टूट पड़ता है। मेरी गैर मौजूदगी में वह उनकी इतनी पिटाई करता है कि अब बच्चे मुझे कोई भी जानकारी देने से कतराने लगे हैं।

अभी तक यह संदेह बना हुआ है कि गोया उसे शराब की ही लत है या वह अन्य प्रकार के नशे में भी लिप्त है। नशाखोरी में पैसे वह बहुत अधिक खर्च करता है जबकि पीता वह सस्ती देशी (थैली वाली) शराब है। इसलिए संदेह होता है कि वह कोई अन्य नशा भी करता है। एक बार मेरी सास ने मुझे बताया कि उसे मेरे पति की जेब से कई बार कुछ गोलियां मिली थीं। उसने मुझे और मेरे बच्चों तक को लूट–लूट कर कंगाल बना दिया है। अब हमारे पास कुछ भी नहीं है। मेरे पति का भाई और उसके परिवार वाले उससे कोई संबंध नहीं रखते। उससे मिलने के लिए कोई रिश्तेदार भी नहीं आता। वह सबकी नजरों में गिर गया है। परिवार वाले तो उसके साथ बात तक करना पसंद नहीं करते।

मेरे पति को घर में आए मेहमानों तक का खयाल नहीं रहता। पीने के बाद जब उसे लगता है कि नशा कम हुआ है तो वह बाहर जाकर और थैलियां खरीद लाता है और तब तक पीता है जब तक कि वह मुर्दा होकर बिस्तर पर नहीं गिर जाता। वह मुझ पर आरोप लगाता है कि उसकी नौकरी जाने के लिए मैं ही जिम्मेदार हूं। वह मुझे गलत और खुद को सही ठहराता है। घर में शांति बनाए रखने

के लिए मैं उसे रोजाना पैसा देती हूं। इतनी सारी मुसीबतें उठाने के बावजूद मैं हिम्मत नहीं हारी। उसे सुधारने के लिए मेरी कोशिशें जारी रहीं। इसी बीच मेरी मुलाकात ऐसे व्यक्ति से हुई जो कभी खुद भी मेरे पति जैसी हालत में पहुंच चुका था किन्तु अब पूरी तरह स्वस्थ और नशामुक्त है। उसने मुझे नवज्योति नशा मुक्ति केन्द्र के बारे में बताया। मैंने केन्द्र पर फौरन सम्पर्क किया।

मैंने अपने पति को इलाज कराने के लिए समझाया। परिवर्तन की खातिर वह इलाज कराने के लिए राजी हो गया। मैंने अपने पति के कारण इतने दिनों तक इसलिए मुसीबतें उठाईं क्योंकि अभी मेरी दो छोटी बहनें भी हैं जिनकी शादी होनी है। मैं नहीं चाहती कि मेरे क्लेशपूर्ण वैवाहिक जीवन की काली छाया उनके भविष्य को तबाह कर दे। मुझे पूरा यकीन है कि एक भारतीय नारी के रूप में मेरी तपस्या एक दिन रंग लाएगी।

गलती किसकी ?

- शान्ति पाने की आशा में कई बार हम अपने लिए खुद ही शैतान पैदा कर लेते हैं।
- सामाजिक कलंक के डर से हम हमेशा नर्क में जीते रहते हैं।
- अधिक सहनशीलता आत्मसमर्पण बन जाती है जिसका खामियाजा खुद को भुगतना पड़ता है।

मुरझाए एवं उपेक्षित बच्चे

62

जब कभी हम दिल्ली में फटे–पुराने कपड़े पहने, नंगे पांव मुरझाए चेहरों वाले उपेक्षित नन्हें लड़के–लड़कियों को देखते हैं तो क्या कभी यह देख कर हैरान होते हैं कि भारत की राजधानी में भटकने वाले ये बच्चे कौन हो सकते हैं? वे क्या करते हैं? वे कहां रहते हैं? वे अपना दिन कैसे गुजारते हैं? उनके यार–दोस्त कौन हैं? वे क्या खाते हैं और उनके मां–बाप कैसे हैं? इन बच्चों का क्या होना चाहिए था और ये क्या बन गए हैं। इस पखवाड़े का मेरा यह स्तंभ ऐसे ही बच्चों के बारे में है। मेरी मुलाकत 12 वर्ष की उम्र के बच्चों के दो गुटों से हुई जिन्हें हमारी परियोजना प्रबंधक ऋचा गुप्ता द्वारा नवज्योति की परियोजना निदेशक शकीरा एन. स्कॉट के मार्गदर्शन में मेरे पास लाया गया था। शकीरा यमुना पुश्ता पर नोएडा और अन्य संगठनों की सहायता से चलने वाले 170 गली स्कूलों का कामकाज देखती हैं। इन स्कूलों के लगभग 6000 बच्चों की पढ़ाई और स्वास्थ्य की देखभाल का काम नवज्योति द्वारा किया जाता है। आसपस के इलाकों में अभी हजारों बच्चे ऐसे हैं जो प्रशासन की नजरों से ओझल हैं और जिन्हें संसाधनों तथा अपनी दशा की ओर ध्यान आकर्षित किए जाने की तलाश है। मैंने इन मासूम किन्तु हुनरमंद बच्चों से अनेक प्रश्न किए। समूची प्रश्नावली प्रस्तुत है :

प्रश्न : आपलोगों के नाम और उम्र क्या हैं?

अजहर (8), सलमान (12), अली (12), बिहारी (11), इकबाल (12), मुस्तफाक (11), मुन्ना भाई (12), असद (11), अख्तर (11) और फारूख (10)।

प्रश्न : क्या आप लोग स्कूल जाते हैं?

मुस्तफाक : मैं कुरान शरीफ पढ़ने के लिए कुछ दिन मदरसे में गया लेकिन बीच में ही पढ़ाई छोड़ दी।

अजहर : मैं स्कूल जाता था, लेकिन अब नहीं जाता क्योंकि मेरा टीचर पिटाई करता था।

अख्तर : नहीं, मैं स्कूल नहीं जाता क्योंकि मेरी मां कहती है कि जाओ कुछ कमा कर लाओ।

प्रश्न : आपके माता–पिता क्या करते हैं?

अख्तर : मेरा बाप रिक्शा चलाता है, लेकिर घर में नहीं ठहरता।

सलमान : मेरा बाप कूड़ा बीनता है।

इकबाल : मेरी मां भीख मांगने जाती है।

अजहर : मेरा बाप पटरी पर सब्जी बेचता है लेकिन घर नहीं आता।

प्रश्न : आपके माता–पिता आपको क्या बताते हैं?

मुन्ना भाई : कुछ नहीं।

बिहारी : मेरा बापू कहता है कि वह 4000 रुपए की जुगाड़ करने के लिए जाता है ताकि मेरी मां एक झुग्गी खरीद सके।

प्रश्न : आप सब सारा दिन क्या करते हैं?

सभी : हम भीख मांगते हैं। हम कूड़ा बीनते हें। हम चोरी करते हैं।

असद : मैं घरों में चोरियां करता हूं।

मुस्तफाक, फारूख : हम दोनों दिल्ली में यमुना में और हरिद्वार में गंगा नदी में गोता लगाकर सिक्के और अन्य कीमती चढ़ावे ढूंढते हैं।

प्रश्न : क्या आप लोगों में से किसी को पुलिस या अन्य किसी ने पकड़ा है? यदि हां तो उसके साथ क्या हुआ?

असद और बिहारी : हां।

असद : मेरी पिटाई करके मुझे मुर्गा बनाया गया।

बिहारी : मैं कुछ दिनों तक बालगृह में रहा। मेरी फोटो खींची गई। मेरी रिहाई के लिए मेरी मां को 2000 रुपए खर्च करने पड़े।

प्रश्न : आप लोग चोरी कैसे करते हैं?

बिहारी : हम लोग रिक्शे में बैठकर सदर बाजार जाते हैं। हमारा सबसे बड़ा साथी (15 वर्ष) रिक्शा चलाता है। हम शटर के ताले तोड़ कर दुकानों से माल निकाल लेते हैं। इस बीच अगर रास्ते में कोई पुलिस वाला हमसे कुछ पूछता है तो हम उसे कह देते हैं कि ग्राहक के यहां माल पहुंचाने जा रहे हैं।

प्रश्न : कौन–कौन सी चीजें चुराते हैं आप लोग?

सभी : तांबे के बर्तन, लोहे का सामान, घरेलू सामान, गलियों में पड़ा सामान, पार्कों, रेलवे प्लेटफार्मों पर हमें जो कुछ हाथ लगता है उसे चुरा कर हम लोग कबाड़ी के यहां बेच आते हैं।

प्रश्न : उस पैसे का आप लोग क्या करते हैं?

सलमान : (अली की ओर इशारा करते हुए) यह शराब पीता है। (अली पुष्टि करता है।)

इकबाल : मैं गुटखा खाने के लिए 10 रुपए बचाकर बाकी पैसे अपनी मां को दे देता हूं। (वह गुटखे की पूरी लड़ी लाता है। देखते ही देखते उसके सारे साथी सारा गुटखा चट कर जाते हैं।)

अजहर : मैं जुआ खेलता हूं। कुछ पैसा मैं अपनी मां को दे देता हूं और बाकी चॉकलेट खाने और अपने दोस्तों के साथ कोका कोला पीने के लिए रख लेता हूं।

प्रश्न : और क्या करते हैं आप सब?

असद : हम सॉल्यूशन सूंघते हैं। हम लोग फ्लूड और थिनर खरीद कर दो लोग एक घंटे तक सूंघते हैं। जब हम उसे सूंघना शुरू करते हैं तो हमारा सिर घूमता है। मुझे तो अब इसकी लत गई है।

प्रश्न : आपके माता–पिता आप सबको रोकते नहीं?

इकबाल : मेरा बाप शराबी है।

अली : मेरे पिता को स्मैक पीने की आदत है।

मुन्ना भाई : मेरा बाप कभी घर ही नहीं आता।

फारूख : मेरा बाप नहीं है।

प्रश्न : आपके माता–पिता आपसे पढ़ने के लिए नहीं कहते?

मुस्तफाक : नहीं। वह कहते हैं कि 10वीं पास करने के बाद भी मुझे क्या हासिल हुआ, जबकि मुझसे भी कम पढ़ा–लिखा व्यक्ति मुख्यमंत्री बन सकता है। इसलिए अगर पैसा मिलता हो तो जाओ और राजनीतिज्ञ या फिर डाकू बनो।

गलती किसकी ?

- पैदा होने वाले प्रत्येक बच्चे को सामाजिक जिम्मेदारी मानते हुए उसे समाज और राष्ट्र की धरोहर के रूप में विकसित किया जाना चाहिए। परंतु, जैसा कि इस वार्तालाप से परिलक्षित होता है, हम व्यक्तिगत और सामूहिक दोनों रूपों में भुक्खड़ों की ऐसी फौज तैयार कर रहे हैं जो कि गरीबी, उपेक्षा, नादानी और कुपोषण के कारण उपजी है। समाज को इसकी बहुत भारी कीमत चुकानी पड़ती है।

अपनों ने किए अनीता पर अनगिनत अत्याचार

63

मेरा नाम अनीता है और मैं अपनी दो बेटियों के साथ नेहरू नगर में रहती हूं। मेरी शादी पांच साल पूर्व हुई थी।

मेरा पति बिजली की दुकान पर काम करता है। मेरे प्रति मेरे पति का रवैया आश्चर्यजनक तरीके से उदासीन बना रहा। विवाह के कुछ समय पश्चात मैं गर्भवती हो गई।

प्रसव का समय नजदीक आता देख मेरे पति ने मुझे मायके भेज दिया। तीन सप्ताह तक वहां रहने के बाद मैंने अपने पहले बच्चे को अपनी ससुराल में जन्म देने का मन बना लिया। जिस दिन मैं ससुराल पहुंची, उसी रात मेरी प्रसव पीड़ा शुरू हो गई।

बार–बार मिन्नतें करने के बावजूद मेरे पति या सास–ससुर में से कोई भी मुझे अस्पताल नहीं ले गया। इसके बजाय उन लोगों ने घर पर ही एक औरत को बुला लिया। बहरहाल मैंने एक लड़की को जन्म दिया। हालांकि मेरी सास ने मेरी लड़की को नहलाया–धुलाया किन्तु मुझे उसी हालत में उपेक्षित छोड़ दिया गया। बाद में मुझे बेटी को लेकर मायके चले जाने के लिए कहा गया।

मेरा पति छह महीने में सिर्फ एक बार मुझसे मिलने आया। इसके बजावूद मुझे पता चला कि वह रिश्तेदारों से झूठी शिकायत करता फिर रहा था कि मेरे मायके वाले मुझे उसके साथ नहीं भेजते।

इधर मेरे माता–पिता ने भी कहना शुरू कर दिया कि वे आखिर कितने दिन हमें रख सकेंगे। मैंने एक गारमेंट फैक्ट्री में महिला श्रमिक के रूप में काम करना शुरू कर दिया। उस समय मेरी बेटी महज एक बरस की थी। नौकरी के बारे में जब मेरे पति को पता चला तो उसे बहुत बुरा लगा। वह 10–15 लोगों को साथ लेकर मेरे पिता तथा भाई के कार्यालय में जाकर आरोप लगाता कि मेरे मायके वाले मेरी 'कमाई' खाने के चक्कर में मुझे उसके साथ नहीं भेजते। मुझे ससुराल भेज दिया गया।

लौटने के कुछ हफ्तों बाद मुझे पता चला कि मैं फिर गर्भवती हो गई हूं। चूंकि मेरी बेटी अभी

बहुत छोटी थी इसलिए दुबारा गर्भवती होने पर मुझे बहुत चिंता हुई, लेकिन मेरे पति ने भरोसा दिलाया कि सब ठीक हो जाएगा।

इस बार मैंने प्रसव के लिए एक अस्पताल में नाम लिखा दिया था। सुबह चार बजे मुझे प्रसव पीड़ा शुरू हुई। मैं निपट अकेली अस्पताल पहुंची। जोखिम की स्थिति में मेरी मदद के लिए भी कोई मेरे साथ नहीं गया। मैंने अपनी दूसरी बेटी को जन्म दिया। कुछ समय बाद मेरा पति मेरे बारे में जानकारी लेने फिर अस्पताल पहुंचा। लड़की पैदा होने की खबर सुनकर वह वहां से फौरन रफूचक्कर हो गया। मेरी सास एक अन्य औरत के साथ मुझे देखने आई और लड़की पैदा करने का ताना देकर वापस चली गई।

अस्पताल से वापस ससुराल पहुंचने के बाद घरवालों ने लड़की पैदा करने के लिए कोहराम मचा दिया। उन्होंने मेरे माता–पिता को धमकी दी कि बिना देर किए वे मुझे ले जाएं। मैं एक बार फिर 'वापस' भेज दी गई।

इस बीच मुझे केन्द्रीय समाज कल्याण बोर्ड और सवेरा एसोसिएशन के समर्थन से श्रीनिवासपुरी बस्ती विकास केन्द्र में चलने वाले नवज्योति परिवार सलाह केन्द्र के बारे में जानकारी मिली। 10वीं पास होने के कारण केन्द्र की सलाहकार डॉ. रूबी गुप्ता ने मुझे झुग्गियों में चलने वाले गली स्कूल में पढ़ाने के लिए अध्यापिकाओं के रूप में रखवा दिया। मेरे माता–पिता मुझे और मेरी दोनों बेटियों को बोझ समझते हैं और चाहते हैं कि मैं उनका घर छोड़ दूं। हालांकि मेरा पति मुझे वापस ले जाने का इच्छुक है।

गलती किसकी ?

- आश्रित स्त्री 'भेजी', 'बुलाई', 'रखी' और 'निकाली' जाती रहती है।
- भारत में अभी भी किसी स्त्री की कदर इस आधार पर होती है कि वह क्या पैदा करती है।
- स्त्रियों की सबसे बड़ी शत्रु स्त्रियां स्वयं हैं।

जिल्लत से जिस्मफरोशी तक की हैरतअंगेज दास्तान

64

मैं एक 20 वर्षीय औरत हूं। मेरे पिता सार्वजनिक क्षेत्र की एक कम्पनी में निचले स्तर के कर्मचारी थे। हमारा अनेक बहन–भाइयों से युक्त एक बड़ा संयुक्त परिवार था। मेरी चाची के सुझाव पर 16 साल की उम्र में मुझसे 10 साल बड़े आदमी के साथ मेरी शादी कर दी गई। सेहत और आर्थिक कारणों से पांचवीं कक्षा के बाद मेरी पढ़ाई बंद करा दी गई। मेरी शादी से पहले मेरे ससुर ने धन और सामान की मांग की थी जिसे मेरे पिता ने ठुकरा दिया। पंचायत और समाज के लोगों के हस्तक्षेप के बाद सारी मांगें पूरी करते हुए मेरी शादी कर दी गई।

शादी के बाद मैंने पाया कि मेरे पति की मुझमें कोई दिलचस्पी नहीं थी। वह मेरे साथ बदसलूकी करता और परिवार में कोई भी मेरी मदद के लिए आगे न आता। मेरे प्रति उसकी इस हरकत का कारण मेरी जेठानी के साथ उसके नाजायज ताल्लुकात थे।

एक बार मेरे पिता जी मुझसे मिलने आए। जब वह वापस आने लगे तो मेरी ससुराल वालों ने उन पर चोरी का झूठा आरोप लगा दिया। उन्होंने कर्ज लेकर मेरी ससुराल वालों के आरोपित पैसे लौटाए और मुझे अपने साथ ले गए। लगभग एक साल तक मायके में रहने के बाद मैंने महसूस किया कि मेरे माता–पिता शायद मेरी शादी के बारे में दुबारा सोचने लगे हैं। उनकी इच्छा के विपरीत मैं अपनी ससुराल चली गई, जहां मेरे साथ फिर पुरानी हरकतें दोहराई जाने लगीं।

एक दिन मेरा सब्र टूट गया और मैं अपनी जेठानी से बुरी तरह लड़ पड़ी। मैंने उससे कहा कि अगर तुझे मेरे खसम से इतना अधिक प्यार था तो तूने मेरी जिंदगी क्यों तबाह की। हमारी दोनों की आपस में खूब हाथापाई, मार–पिटाई हुई, लेकिन मेरे सास–ससुर ने उसी का पक्ष लिया। मेरा पति मूक दर्शक बना रहा।

मेरा पति अपने काम पर से सप्ताह में केवल दो दिन घर आता था। शेष दिनों में वह फैक्ट्री में रह कर काम करता था। हालांकि वह मेरे साथ अब भी मारपीट करता, लेकिन मुझे इसी बात से संतोष

था कि उसने मेरे साथ शारीरिक संबंध तो बनाया। मैंने एक लड़की को जन्म दिया। लात–घूंसे खाकर मायके जाना और वहां से समझा–बुझा कर फिर ससुराल भेज दिए जाने का सिलसिला लगभग दो साल तक चला।

मेरे पति ने मुझे जिस्मफरोशी के धंधे में डालना चाहा। मैं विरोध करते हुए मायके चली गई। मेरे माता–पिता ने सामाजिक कारणों से शादीशुदा लड़की को घर में रखने से इंकार कर दिया। मैंने अपनी मां को बिना कुछ बताए उससे अनुरोध किया कि वह मेरी बेटी को अपने पास रख ले। वापस लौट कर मैंने वेश्यावृति शुरू कर दी और मेरा पति मेरी दलाली करने लगा।

एक दिन मैंने सोचा कि अगर जिस्म बेच कर ही धन कमाना है तो मैं यह काम अपने लिए ही क्यों न करूं। मैं पति से अलग होकर एक किराए के मकान में धंधा करने लगी। वहां भी पति की आवाजाही जारी रही तो मोहल्ले में बदनामी के डर से मैंने अन्य कमरा ले लिया। मेरी पड़ोसन भी इसी धंधे में लिप्त थी। वह मेरे पुराने ग्राहक को पटाना चाहती थी। मेरी पड़ोसन मेरे पुराने ब्वाय फ्रेंड को पटाने में नाकामयाब रही तो उसने शराब में कोई जहरीला पदार्थ मिलाकर पी लिया। मृत्यु पूर्व अपने बयान में उसने अपनी मौत के लिए मेरे ब्वायफ्रेंड और मुझे दोषी ठहराया जबकि हम दोनों में से कोई भी उस समय वहां मौजूद नहीं थे।

पुलिस ने मुझे और मेरे दोस्त को पकड़ कर जेल भेज दिया। मेरी गैरहाजिरी में पुलिस ने मेरे घर की तलाशी ली और फ्रिज में छुपा कर रखी मेरी 'गाढ़ी कमाई' और अन्य कीमती सामान लेकर चली गई। स्वतंत्र साक्ष्य न होने के कारण मुझे अभी हाल ही में रिहा कर दिया गया। जेल की हवा खाने के बाद से अपने–पराए, यहां तक मेरे माता–पिता तक मुझे नहीं पहचानते। मेरा कोई ठिकाना नहीं है। मैं जिस्मफरोशी का धंधा दुबारा शुरू कर सकती हूं, लेकिन मेरी बेटी अब सयानी हो चली है। मैं अपने बच्चों को कहां छोड़ूं? मैंने सहायता के लिए अभी–अभी नवज्योति का द्वार खटखटाया है।

गलती किसकी ?

- बिना पर्याप्त जांच–पड़ताल के की गई 'व्यवस्थित' शादियां लड़कियों के जीवन को बड़े जोखिम में डाल रही हैं।
- सहन करने से घरेलू प्रताड़ना कम होने के बजाय और अधिक बढ़ती जाती है।
- अशिक्षित और बेसहारा लड़कियां/स्त्रियां दयनीय परिस्थितियों में वेश्यावृत्ति का औजार बन जाती हैं।

गलत सोहबत ने रफीक को नशे का आदी बनाया

65

मेरा नाम रफीक है और उम्र 14 साल। मैं कानपुर का रहने वाला हूं और स्मैक पीने का आदी हूं। हम सात बहन–भाई हैं। हम सभी भाई–बहन पास के एक मदरसे में पवित्र कुरान पढ़ने जाते थे। चूंकि मेरी उसमें कोई दिलचस्पी नहीं थी, इसलिए बहाने बनाकर मैं वहां से भाग आता था। मेरे पिता घर लौटने के बाद केवल शराब पीते और किन्हीं कारणों से मेरी अम्मी की पिटाई करते।

मैंने अपने मामा के साथ गांजा पीना शुरू किया और धीरे–धीरे मुझे उसकी लत पड़ गई। मैं गंगा के किनारे मछुआरों की एक बस्ती में रहता था। हम सभी भाई–बहन अच्छे गोताखोर थे। कई बार हमने गंगा में डूबते लोगों को बचाया भी है। एक दिन हमने एक जवान लड़की को गंगा में डूबने से बचाया। लड़की के पिता ने मेरी मां को पुरस्कार के रूप में एक हजार रुपए दिए। गंगा में मछली पकड़ने और गोता लगाने से पहले मैं गांजा पी लिया करता था। एक दिन मेरे पिता ने मुझे गांजा पीते देख मेरी खूब पिटाई की। मैंने अपने मामा और दोस्तों के साथ फिर भी गांजा पीना जारी रखा। मेरे कुछ दोस्त मुंबई और दिल्ली के बारे में अनेक रोचक बातें करते थे। मैंने भी मजा लेने के लिए पिता की जेब से पांच सौ रुपए चुराकर दिल्ली जाने वाली ट्रेन पकड़ ली।

प्लेटफार्म के बाहर मैंने एक रिक्शा चालक को सिगरेट पीते देखा। मैंने सोचा कि वह गांजा पी रहा होगा। उसने मुझे स्मैक पिलाई। वह मुझे अपनी झुग्गी में ले गया। मैं उससे रोजाना स्मैक मांगता और वह मुझे चोरी करके पैसा कमाने के लिए कहता। स्मैक खरीदने के लिए मैंने गली–कूचों में पड़ी लावारिस चीजों को चुराकर बेचना शुरू कर दिया। उसने मुझे जेबतराशी भी सिखाई। ब्लेड का आधा टुकड़ा मुंह में रखने का 'गुर' भी उसने मुझे सिखाया। वह 'शिकार' के पास चिपक कर खड़ा हो जाता और उसे धक्का दे देता। इस बीच मैं जेब साफ कर देता था। पकड़े जाने पर मैं ब्लेड से अपना चेहरा खरोंच लेता और खून निकलता देख लोग खुद को झमेले से बचाने के लिए मुझे छोड़ देते।

एक दिन मैं सड़क के किनारे स्मैक की तलब में दर्द से कराह रहा था। डॉ. भारत भूषण मुझे उठाकर यमुना पुश्ता स्थित नवज्योति उपचार केन्द्र ले गए। मैं इलाज कराने का इच्छुक न होने के कारण वहां से भाग आया। डॉक्टर ने मेरा पीछा करके मुझे पकड़ लिया, किन्तु मैं फिर भाग आया। उसके बाद गली स्कूल की प्रमुख शकीरा मैडम ने मुझे सराय रोहिल्ला थाना स्थित नवज्योति के बड़े नशा मुक्ति केन्द्र में भेज दिया।

तब से मैं यहीं हूं। मैंने डॉ. अजय ग्रोवर द्वारा किया जाने वाला 30 दिन का इलाज पूरा कर लिया है। अब मैं दर्द से मुक्त हूं। मेरे साथ 8 अन्य बच्चे और 72 पुरुष भी इलाज करा रहे हैं, लेकिन मैं यहां रहना नहीं चाहता। मैं ब्लेड मार कर यहां से फिर भाग जाऊंगा। मैं अपने घर जाकर अपनी 12 वर्षीया प्रेमिका सबीना से मिलूंगा। केन्द्र में मैंने ए, बी, सी, डी लिखना भी सीख लिया है।

गलती किसकी ?

- एक राष्ट्र के रूप में आवारा बच्चों की बाढ़ के गंभीर परिणामों को शायद हम महसूस नहीं कर पा रहे हैं।
- गैर जिम्मेदार लोग अनगिनत बच्चे पैदा करना जारी रखे हुए हैं जो बोझ के अलावा और कुछ भी नहीं है।
- जो मदरसे या स्कूल बच्चों को ठीक प्रकार से नहीं पढ़ाते वे उन्हें सारी जिंदगी उनके जीवनयापन के सही अधिकार से वंचित कर रहे हैं।

गीता को गुमराह किया ससुराल वालों ने

66

मेरा नाम गीता है और मेरी आयु 36 वर्ष है। मैंने कानपुर से समाजशास्त्र में एम.ए. किया है। सात साल पहले मेरी शादी के सिलसिले में वर पक्ष ने मेरे पिता से कहा कि उनके घर में किसी की तबियत खराब है, इसलिए वे जल्द और सादा विवाह चाहते हैं। ऐसे में मेरी शादी आनन–फानन में हुई। मेरे ससुराल पहुंचने के बाद किसी किस्म का संस्कार सम्पन्न नहीं कराया गया। इसके विपरीत वहां षड्यंत्र और अविश्वास का माहौल था। मैंने घर में बर्तन मांजने वाली औरत से पूछा तो उसने डरते हुए बताया कि तुम्हारे पति की यह दूसरी शादी है। पहली पत्नी के साथ उसका तलाक का मुकदमा चल रहा है और उसकी ढाई वर्ष की एक बेटी भी है।

हमारी शादी के चार महीने बाद मेरे पति को उसकी पहली पत्नी से तलाक मिल गया। उधर, मेरी सास ने दहेज न लाने के लिए मुझे ताने देने शुरू कर दिए। इस बीच मैं गर्भवती हो गई। इस खबर से मेरे सास–ससुर और यहां तक कि मेरे पति भी नाराज हो गए। वे मेरा गर्भपात कराने के लिए एक नर्सिंग होम में ले गए। जब मैंने डॉक्टर से कहा कि मैं गर्भपात नहीं कराना चाहती तो डॉक्टर ने मेरी ससुराल वालों को धमका कर वापस भगा दिया।

इसके बाद न तो मेरा डॉक्टरी मुआयना कराया जाता और न ही मेरी उचित देखभाल की जाती। बाद में मुझे यह कहकर मायके भेज दिया गया कि ससुराल वालों के 'रिवाज' के मुताबिक पहला बच्चा माता–पिता के घर में ही पैदा होना चाहिए।

प्रसव के लिए अस्पताल में दाखिल कराने पर डॉक्टरों ने बताया कि चूंकि मेरी उचित देखभाल नहीं की गई है, इसलिए स्थिति जटिल हो गई है। मैंने एक असामान्य बच्चे को जन्म दिया, जिसकी चार दिनों बाद ही मृत्यु हो गई।

मैं ससुराल वापस चली गई। मेरा पति अपनी मां के कहने पर मेरी पिटाई भी करता था। इस

दौरान ससुराल वालों की कई मांगों को मेरे पिता ने पूरा किया। एक दिन मेरा पति मुझे मायके भेजकर खुद अपने माता–पिता के साथ दिल्ली जाकर बस गया। पति से मिलने की मेरी कोशिशें नाकाम रहीं।

लगभग दो वर्ष बाद मेरे पति ने मुझे फोन किया। बाद में मिलने पर उसने मुझे अपने साथ रहने के लिए कहा। यह सोच कर कि शायद उसे अपनी गलती का अहसास हो गया है, उसके साथ रहने के लिए मैं दिल्ली आ गई।

कुछ दिनों बाद मुझे एक वीडियो कैसेट और फोटो मिले, जिससे मुझे पता चला कि मेरे पति ने तीसरी बार शादी करके अपनी नई पत्नी से भी तलाक ले लिया है। मेरी हालत में तो कोई परिवर्तन नहीं आया, अलबता मांगें फिर शुरू हो गईं।

इस बार मेरे पिता ने हाथ खड़े कर दिए। अब मेरे पति की चौथी शादी की बातचीत चल रही है। वे मुझे घर से बाहर निकाल कर यह रिश्ता करना चाहते हैं। मैं किसी अन्य औरत को इस गोरख धंधे में फंसने से बचाना चाहती हूं, इसलिए मैंने नवज्योति सलाह केन्द्र में सहायता के लिए संपर्क किया है।

गलती किसकी ?

- जब तक हमारे समाज में लोभी माताएं घरेलू चीजों के लिए अपने पुत्रों को बेचती रहेंगी तब तक उनकी बहुओं की हालत दयनीय बनी रहेगी।
- जब तक स्त्रियां जानवरों की सी जिन्दगी सहती रहेंगी तक तक चाहे वे शिक्षित ही क्यों न हों, उनका शोषण जारी रहेगा।

अपनी जिन्दगी में अंधेरे के लिए खुद जिम्मेदार

67

मेरा नाम आकाश (परिवर्तित नाम) और उम्र 27 साल है। मैं बाहरी दिल्ली में रहने वाला पुलिस का एक बर्खास्त सिपाही हूं। मैं अपने चार बहन–भाइयों में सबसे बड़ा हूं। मेरे पिता एक अवकाश प्राप्त सैनिक हैं।

मेरी मां घर में एक छोटी सी डेयरी चलाती थी। मैं डेरी और अन्य सभी घरेलू कामों में अपनी मां का हाथ बंटाता था और अपने पिता की गैरमौजूदगी में घर के मुखिया का दायित्व भी निभाता था।

स्कूल में मेरी दोस्ती रमेश पहलवान से हुई। कुछ अरसे बाद हम दोनों का झगड़ा हो गया और हम एक–दूसरे से अलग हो गए। परीक्षा में हेराफेरी करके मैं स्कूल में बना रहा और पास होता रहा। किसी शिक्षक ने मेरे तौर–तरीकों पर निगाह नहीं रखी। 17 साल की आयु में मेरी सोहबत छोटे दुकानदारों से हुई। उन्होंने मुझे शराब पेश की जिसे पीकर मुझे मजा आया। धीरे–धीरे मैंने नियमित शराब पीनी शुरू कर दी। दारू का खर्च निकालने के लिए मैं मां द्वारा घरेलू कार्यों के लिए दिए गए पैसों में हेरा–फेरी करने लगा।

मेरे कॉलेज पहुंचने तक पिता जी रिटायर हो चुके थे। डेरी की आय और उनकी छोटी–सी पेंशन से घर का खर्च तो किसी तरह चल जाता था लेकिन मुझे शोशेबाजी के लिए अधिक पैसे की जरूरत थी।

कॉलेज की फीस को मैंने अपनी मौज–मस्ती के लिए खर्च करना शुरू कर दिया। कॉलेज जाना मेरे लिए बहुत जरूरी नहीं था। मेरी हाजिरी कम होने के बावजूद मुझे परीक्षा में बैठने की इजाजत मिल जाती थी क्योंकि मेरे जैसे दादा टाइप लड़के से कोई पंगा लेना नहीं चाहता था। मेरे ट्रांसपोर्टर अंकल से मेरी दोस्ती हो गई। उनके ट्रकों में मुझे सैर–सपाटे का खूब मौका मिलता। उनके साथ रहकर मैंने गाड़ी चलाना सीख लिया क्योंकि उस पेशे में मौज–मस्ती, दारू, स्मैक, शराब और अय्याशी की हर चीज मौजूद थी।

पिताजी चाहते थे कि मैं किसी नौकरी में सेटल हो जाऊं। इत्तफाक से पुलिस में भर्ती हो रही

थी। मैंने भी आवेदन कर दिया। फिजिकल पास करने के बाद मैं लिखित परीक्षा में बैठा लेकिन पेपर लीक हो जाने के कारण परीक्षा रद्द कर दी गई और मैं दुबारा परीक्षा देने की प्रतीक्षा करने लगा।

मैं अनिच्छा से पुलिस भर्ती की लिखित परीक्षा में बैठा और किसी तरह पास हो गया। मैं पुलिस प्रशिक्षण के लिए चला गया। मेरे प्रशिक्षक को शराब की लत थी। उसकी 'बोतल' का प्रबंध करने के बाद ट्रेनिंग के दौरान मैं कभी–कभी चरस और शराब का इंतजाम कर लेता था। मैं ट्रेनिंग में पास हो गया।

नौकरी पर जाने के कुछ समय बाद मुझे कमांडो ट्रेनिंग के लिए तैनात किया गया। वहां का माहौल ट्रेनिंग स्कूल के माहौल में बिल्कुल भिन्न था। मेरे एक परिचित पुलिस वाले साथी ने प्रशिक्षक से मेरा परिचय कराया और मैं प्रशिक्षक तथा प्रशिक्षुओं के बीच बोतल के एवज में उनके काम कराने की कड़ी बन गया। बहरहाल, किसी तरह मैंने ट्रेनिंग पूरी कर ली और एक संवेदनशील स्थान पर तैनात कर दिया गया। मेरी शादी करा दी गई।

मेरे सुझाव पर घरवालों ने भैंसें बेचकर और कुछ कर्ज लेकर एक मिनी ट्रक खरीदा। मुझे अपना सपना सच होता नजर आया। ट्रक चलाने के चक्कर में नौकरी से मेरी दिलचस्पी कम होती गई।

उस ट्रक का एक्सीडेंट होने से मुझे तो चोट आई ही, ट्रक का भी कचूमर निकल गया जिससे हमारा बिजनेस चौपट हो गया। लेनदारों ने पैसे के लिए तकाजा बढ़ा दिया। मुझे दारू की तलब लगी जिसे पूरा करने के लिए मैंने जिंदगी में पहली बार घरेलू चीजें चुराकर बेचीं।

अपनी हालत पर मुझे शर्म आने लगी। नौकरी पर वापस जाने में मुझे नफरत होती थी। सात महीने गुजर जाने के बाद रिश्तेदारों की धमकी के बाद मैं वापस नौकरी पर गया।

विभागीय जांच में दोषी पाए जाने के बाद मुझे नौकरी से निकाल दिया गया। मेरे परिवार को गहरा सदमा लगा। मेरे सारे यार–दोस्त किनारा कर गए। पुलिस के मेरे पुराने साथी ने मुझे नवज्योति नशा मुक्ति केन्द्र की जानकारी दी जहां इलाज कराने के बाद मैं काफी हद तक ठीक हो गया हूं।

गलती किसकी ?

- अगर मेरे परिवार वाले मेरी शैतानियों पर शुरू से निगाह रखते तो शायद मैं बिगड़ने से बच जाता।
- मेरे अध्यापकों ने भी मेरी हरकतों पर न तो निगाह रखी और न उनके बारे में घरवालों को बताया। शिक्षा महज एक पेशा ही नहीं है। शिक्षकों को सलाहकार की भूमिका भी निभानी चाहिए।
- पुलिस प्रशिक्षण में नैतिक और आध्यात्मिक प्रशिक्षण को अनिवार्य रूप से शामिल किया जाना चाहिए।

शादी दर शादी नरक बनी सुनयना की जिन्दगी

68

मेरा नाम सुनयना और उम्र 21 वर्ष है। हम पांच भाई बहन हैं। मेरे पिताजी की सड़क दुर्घटना में मौत हो गई थी। उस समय मेरी उम्र 9 साल थी। महज 14 साल की उम्र में मेरी मां ने पंजाब में रहने वाले एक रिश्तेदार के बेटे के साथ मेरी शादी कर दी। मुझे बताया गया कि मेरे पति की दूध की डेयरी है। शादी के कुछ ही दिनों बाद मुझे पता चला कि वह बिल्कुल निकम्मा और नशेड़ी था। उसे कबूतरबाजी का शौक था। मैं उसे कुछ काम धंधा करने के लिए कहती तो वह मेरी पिटाई कर देता। हैरत अंगेज बात यह थी कि मेरी मां के मेरे ससुर के साथ शारीरिक संबंध हो गए। मेरी मां अक्सर मुझसे मिलने आती और रात को मेरे ससुर के साथ ही सोती। मेरा पति उसकी बदचलनी पर फब्तियां कसता था। मेरी मां ने उस घर में मेरी शादी इसलिए कराई ताकि मेरे ससुर द्वारा बेचे गए हमारे पैतृक मकान की भरपाई हो सके।

रोज–रोज की मारपीट से तंग आकर मैंने उनके साथ रहने से इंकार कर दिया। दो महीने का गर्भ लिए मैं अपनी मां के घर दिल्ली आ गई। बच्चे के जन्म के साथ मेरे जीवन में सुधार की आशा लिए मेरी मां मुझे डॉक्टर के पास चेकअप के लिए ले गई लेकिन मेरे पति ने लिख कर दे दिया कि वह न तो मेरा खर्च उठा सकता है और न ही होनेवाले बच्चे का। मात्र पंद्रह साल की उम्र में मैं मां बन गई। मेरी मां ने मेरे लिए दूसरे 'वर' की खोज की और कुछ ही महीनों में मेरी दुबारा शादी कर दी। मुझे बताया गया कि मेरा पति वर्कशॉप में काम करता है लेकिन सच्चाई यह थी कि वह भी निठल्ला था। मेरे दूसरे ससुर के भी दूसरी औरतों के साथ नाजायज ताल्लुकात थे। दूसरी शादी से मेरे एक लड़का पैदा हुआ किन्तु दो महीने के अंदर ही मेरे पति ने बच्चे को यह कहकर 'गोद' दे दिया कि वह उसका खर्च नहीं उठा सकता। बच्चे को लेकर हमारे बीच झगड़ा होने लगा जिससे आजिज आकर मैं मायके चली आई।

मेरी मां मुझे मौसी के घर ले गई जहां मुझसे दो साल छोटे उसके बेटे के साथ मेरी तीसरी शादी कर दी गई। मेरी सास मुझे घरेलू नौकरानी के अलावा कुछ नहीं समझती थी। तीसरी सास (मौसी) ने मेरी मां पर बदचलनी के आरोप लगाने शुरू कर दिए। उसने मुझसे अपनी पहली संतान (बेटी) को किसी को दे देने के लिए कहा लेकिन मैंने इंकार कर दिया। मैं दिल्ली आ गई और अपने दूसरे पति के छोटे भाई से मिली। उसने कहा कि वह मेरे साथ शादी कर सकता है बशर्ते कि मैं अहलदगी के कागजात पर दस्तखत कर दूं। मेरी मां को चौथी शादी उसी सूरत में स्वीकार थी जब मैं अपनी बेटी को उसके पास छोड़ूंगी। उसकी बात मानकर मैंने एक बार फिर शादी कर ली।

अब मैं अपने दूसरे पति के साथ रहकर उसकी मार और गालियां खा रही हूं। मेरा पति मेरे देवर को लेकर मुझ पर शक करता है। अगर कभी मैं उसे खाना भी परोस देती हूं तो वह मुझे मारता पीटता है। कभी–कभार मेरी ननद जब मायके आती है तो मैं अपने बेटे की सूरत देख लेती हूं। समझ में नहीं आ रहा कि मैं कहां जाऊं। अगर मां के पास जाती हूं तो वह मुझ पर फिर से शादी करने के लिए दबाव डालेगी। ससुराल में रहती हूं तो संदेह और पिटाई जारी रहने का डर है। चूंकि मेरा तीसरा पति से अभी तलाक नहीं हुआ है इसलिए पुलिस केस बनने के डर से मेरी सास मुझे नवज्योति में ले आई है।

गलती किसकी ?

- गरीब और अनपढ़ लड़कियां सारी जिन्दगी अपने आप पर बोझ बनकर जीती हैं।
- यह बात बेमानी है कि संबद्ध व्यक्ति अपनी जिम्मेदारियां उठाने में सक्षम है कि नहीं। वह तो पत्नी को अपनी संपत्ति के रूप में रखता है।

लड़कियों के लिए ससुराल महज एक ठिकाना, घर क्यों नहीं

69

पिछले दिनों जब मैं मध्य प्रदेश में थी, एक परिवार ने मुझसे मदद की गुहार की। उन्होंने मुझे फोन पर बताया कि उनकी बेटी पड़ोस के शहर में ब्याही है। वह सॉफ्टवेयर इंजीनियर है और उसके पति, सास–ससुर न तो हम लोगों को उससे मिलने देते हैं और न ही टेलीफोन पर बात करने देते हैं। उन लोगों का व्यवहार बहुत ही तिरस्कारपूर्ण होता है। पीड़ित परिवार के लोगों ने मुझे बताया कि उन्हें कुछ समझ में नहीं आ रहा है कि वे किस माध्यम से अपनी बेटी से संपर्क करें। मैंने उनकी लड़की का नाम–पता और टेलीफोन नंबर लेकर उन्हें आश्वस्त किया कि मैं उनकी बेटी तक उनका संदेश पहुंचा दूंगी। मैंने उनकी बेटी के घर फोन किया। अपना परिचय देने के बाद मैंने लड़की का नाम लेकर उसकी ससुराल वालों से कहा कि मैं आपकी बहू से संदेश देना चाहती हूं।

जिन सज्जन ने टेलीफोन उठाया उन्होंने रिसीवर किसी अन्य व्यक्ति को पकड़ा दिया। दूसरे सज्जन को मैंने फिर अपना परिचय दिया और कहा कि मुझे आपकी बहू को अर्जेंट मैसेज देना है। मैंने उनसे कहा कि आप अनामिका से कहें कि वह अपने माता–पिता से संपर्क करे क्योंकि वे लोग उसके बारे में बहुत फिक्रमंद हैं। मैंने बात करने वाले व्यक्ति से उसका परिचय पूछा तो उसने बताया कि वह अनामिका का ससुर है। मैंने अंदाजा लगा लिया कि शुरू में फोन उठाने वाला व्यक्ति संभवतः अनामिका का पति था जिसने फौरन फोन अपने पिता को पकड़ा दिया। मैं समझ सकती थी कि लड़की के माता–पिता की चिंता बेबुनियाद नहीं है और मुझे यह भी महसूस हुआ कि वहां सब कुछ ठीकठाक नहीं है।

दिल्ली पहुंचकर मैंने अनामिका के घर फिर फोन किया। मुझे महसूस हुआ कि उसका पति बोल रहा था। उसने बाहरी व्यक्ति होने का बहाना बनाकर संदेश लिए बिना ही फोन काट दिया। मैंने फिर फोन किया और उससे कहा कि भले आदमी, सामान्य शिष्टचार का तकाजा यह है कि अगर घर में कोई अजनबी भी हो तो या तो वह फोन ही न उठाए और अगर उठाए तो कम से कम संदेश तो ले ले। उस आदमी ने

अनमनेपन से मेरा फोन नंबर लिख लिया और कहा कि जिससे आप बात करना चाहती हैं वह इस समय घर में नहीं है। एक घंटे बाद अनामिका के ससुर ने मुझे फोन कर पूछा कि क्या संदेश है? मैंने उनसे कहा कि संदेश आपकी बहू के लिए है। ससुर ने कहा, हालांकि अनामिका घर में है फिर भी आप मुझे ही संदेश दे दीजिए। मैंने कहा कि आपकी बहू खुद संदेश क्यों नहीं ले सकती? उसने कहा, मैं उसे आपसे बात करने की इजाजत नहीं दूंगा। उसने मुझसे यह भी पूछा कि आप किस हैसियत से बात कर रही हैं। मैंने जवाब दिया कि मैं एक पुलिस अधिकारी के रूप में अपना कर्त्तव्य निभा रही हूं। उसने फोन पटक दिया। इसके बाद मैंने उस क्षेत्र की पुलिस को फोन कर सारा माजरा बता दिया।

इस बीच मुझे सूचना मिली कि मध्य प्रदेश में अनामिका के माता–पिता को फोन कर कहा गया कि आप लोग अपनी शिकायत वापस ले लीजिए वरना अच्छा नहीं होगा। इससे लड़की के माता–पिता डर गए और रात की गाड़ी से बेटी के घर जाने का निर्णय किया। उन्होंने रवाना होने से पहले मुझे फोन किया। मैंने उनसे कहा कि आप लोग सीधे थाने जाकर पुलिस की मदद लें तभी अपनी बेटी के घर जाएं। उन्होंने वैसा ही किया और पुलिस के साथ बेटी के घर पहुंच गए लेकिन उन्हें घर के अंदर जाकर बेटी से मिलने की अनुमति नहीं दी गई। अनामिका और उसके पिता के बीच वार्तालाप के समय अनामिका का पति पहरेदार की तरह खड़ा रहा। लड़की ने अपने माता–पिता को बताया कि वह तीन महीने से गर्भवती है इसीलिए किसी किस्म का विरोध करने की स्थिति में नहीं है।

उसने बताया कि उसके सास–ससुर के साथ उसके गहरे मतभेद हैं और वे लोग बदलने वाले नहीं हैं। चूंकि वह गर्भवती है इसलिए उसके सामने इसके सिवाय और कोई चारा नहीं है कि वह अपने बच्चे की खातिर सास–सुसर की हर बात माने। उसने यह भी कहा कि मैं आप लोगों से संपर्क नहीं कर पाऊंगी। लड़की की मां ने उससे कहा कि हमने तुम्हें इसलिए नहीं पढ़ाया–लिखाया कि तुम इस तरह आत्मसमर्पण कर दो। लड़के के पास उनकी बात का कोई जवाब नहीं था। लड़की के माता– पिता ने शिकायत वापस लेने के लिए मुझे फोन किया।

यह सब सुनकर मुझे बहुत गुस्सा आया। मैंने तथाकथित शिक्षित लड़कियों की दशा महसूस की। एक कम्प्यूटर इंजीनियर और उसकी जैसे अनेक लड़कियां सास–ससुर का घर छूटने के भय से 'हाउस अरेस्ट' होकर रह जाती हैं। वे असुरक्षा और आजादी दोनों के लिए समान रूप से भयभीत हैं। माता–पिता असहाय हैं। ऐसी शिक्षा और तथाकथित आधुनिकता का ऐसी स्थिति में क्या मतलब रह जाता है?

गलती किसकी ?

- जो शिक्षा लड़की में आत्मविश्वास पैदा न कर पाए वह महज साक्षरता है, शिक्षा नहीं।
- हमारे समाज में अनेक लड़कियों के लिए ससुराल एक ठिकाना है, घर नहीं।
- आश्रित स्त्री के लिए गर्भ एक प्रकार से कैद और जीवन का समर्पण है।

पति की उपेक्षा से ही खड़ी हुईं सारी मुश्किलें

70

मैं एक 'बहुडिग्रीधारी' व्यक्ति की 55 वर्षीया पत्नी हूं। मैंने भी शिक्षा शास्त्र में एम.ए. किया है। मेरे भाई–बहन बहुत अच्छे घरानों से ताल्लुक रखते हैं। विवाह के बाद मैं दूसरे शहर चली आई, जहां मैंने एक पुत्र और एक पुत्री को जन्म दिया।

मेरा पुत्र विदेश में शिक्षा प्राप्त कर रहा है और पुत्री नौकरी करती है। उच्च शिक्षित (किन्तु मेरे लिए अशिक्षित) पति ने गत 30 वर्षों से मुझे गुलाम बनाकर रखा है। मेरे जीवन में शायद ही कोई ऐसा दिन रहा हो जब उसने मेरा ख्याल रखा हो। ससुराल पहुंचने के बाद मैं जो कुछ भी पकाती थी वह सारा का सारा स्वयं खा जाता था बिना यह सोचे कि आखिर मेरे लिए भी कुछ खाने को है या नहीं। उसकी रुचि मुझमें कम, बाहरी औरतों और विधवा भाभी में अधिक थी। वह अपनी भाभी को फिल्में दिखाने ले जाता और मुझे कहता है कि 'टैक्सी में जगह नहीं है।' पड़ोसियों ने कई बार उसे टोका लेकिन इसका उस पर कोई असर नहीं हुआ।

विवाह के फौरन बाद से उसने मुझे मराना–पीटना शुरू कर दिया था। संबंध बनाए रखने के लिए मैं उसकी सारी यातनाएं सहती रही। वह घर के खर्चे के लिए कोई पैसा भी नहीं देता था। घर का खर्च चलाने के लिए मैं अपने रिश्तेदारों से पैसे मांगती और मेरी मां भी हर महीने मुझे कुछ पैसे भेजती थी। अपनी जरूरतें पूरी करने के लिए मैंने लोगों के घर जाकर ट्यूशन पढ़ाना शुरू कर दिया। मेरा पति किराए से होने वाली सारी आय खुद डकार जाता था।

वह घर से बाहर जाते वक्त रसोईघर छोड़कर बाकी सारे कमरों में ताला लगा जाता और कहता कि उसे मेरे ऊपर भरोसा नहीं है। घर का फोन इस्तेमाल करने की भी मुझे इजाजत नहीं थी। गत 30 वर्षों में मात्र तीन बार मायके जा पाई हूं, वह भी हर बार केवल दो दिनों के लिए। वापस लौटने पर पति बड़ा बेशर्मी से मेरे कपड़े उतरवाकर मुआयना करता कि कहीं मैंने किसी अन्य पुरुष से शारीरिक संबंध तो नहीं बनाए। वह मेरे परिवार वालों को कोसता और उन पर अपमानजनक आरोप लगाता। सबसे बुरी बात तो यह थी कि

उसने मेरे बारे में झूठी–सच्ची बातें कह–कह कर मेरी बेटी को भी भड़का कर अपने पक्ष में कर लिया। बेटी मेरे साथ बदतमीजी से पेश आती और मेरे साथ मारपीट करती। वह वही काम करती है जो मेरा पति चाहता।

इससे अधिक दुःख की बात मेरे लिए और क्या होगी कि मेरी अपनी बेटी मेरे पति के साथ अपनी सहेलियों को सुलाती है। पिटाई के डर से मैं किसी से कोई सवाल नहीं करती। हाल ही में मुझसे आधी उम्र की एक लड़की ने न केवल मेरे पति के साथ हमबिस्तर होना शुरू किया, बल्कि उसने मुझे प्रताड़ित करना और यह सवाल करना भी शुरू कर दिया है कि जब तुम्हें यहां कोई नहीं चाहता तो तुम यहां क्यों रहती हो? इतना कहकर उसने मुझे मेरे पति के कमरे से बाहर निकाल दिया और पति मूकदर्शक बना सब कुछ देखता रहा।

उसकी यह हरकत मैं बर्दाश्त नहीं कर सकी और अपने कपड़े उठाकर बस स्टैंड की ओर चल पड़ी। थोड़ी देर बाद पति ने आकर मुझे शांत करने की कोशिश की किन्तु पीछे–पीछे उसकी महबूबा भी आ गई और उसने लाल–पीला होते हुए चाबियों का गुच्छा मेरे पति के हाथ पर पटक दिया और कहा, 'अगर यह (यानी मैं) तुम्हारे साथ रहेगी तो मैं जा रही हूं। फिर मेरा पति मुझे बस स्टैंड पर अकेला छोड़कर उसके पीछे दुम हिलाता चला गया और मैंने अपने रिश्तेदार के घर जाने वाली बस पकड़ ली।

55 साल की उम्र में मुझे मुझसे आधी उम्र की लड़की अपमानित करे यह मुझे कतई गवारा नहीं। मैं अपने घर में अपने निर्दयी पति और बदतमीज बेटी के साथ गुलाम बनकर तो रह सकती थी लेकिन कोई अन्य औरत, वह भी मुझसे आधी उम्र की, मेरी आंखों के सामने मेरे पति के कमरे में रहे और मुझे सताए वह मुझे स्वीकार नहीं। इधर मेरा स्वास्थ्य भी ठीक नहीं रहता फिर भी इलाज के लिए मेरी कोई आर्थिक सहायता नहीं करता। मेरी मददगार मां का तीन वर्ष पूर्व देहावसान हो चुका है।

गलती किसकी ?

- पत्नी के सामने अन्य महिलाओं को प्राथमिकता देना।
- बच्चों को भी मां से न जुड़ने देना।
- बच्चों द्वारा भी मां के पक्ष को समझने का प्रयास न करना।
- पति का बेटी की सहेलियों से अनुचित व्यवहार।

फिर भी वह कहती है, ससुराल में रहना ही पसंद करूंगी

71

मैं एक सैनिक की पत्नी हूं। मेरा घर हरियाणा के एक गांव में है। पांच वर्ष की आयु में ही मेरे पिता की मृत्यु हो गई थी। मेरी मां ने मामूली खेती के सहारे हम चार भाई–बहनों का पालन–पोषण किया। मैं पढ़ नहीं सकी। मेरे और मेरी बड़ी बहन के स्वभाव में बहुत अंतर था। हम दोनों में कभी नहीं बनती। कुछ समय बाद हम दोनों बहनों की शादी एक ही घर में हो गई। शादी के फौरन बाद मेरा पति सरहद पर अपनी ड्यूटी पर चला गया। इसके बाद मेरी बड़ी बहन चाहती थी कि मैं चौका–बरतन व अन्य घरेलू काम करूं और नियंत्रण उसका रहे। इस कार्य विभाजन को मैंने ठुकरा दिया।

इसके बाद हम दोनों में लड़ाई हो गई। हमारे झगड़े दिन–ब–दिन बढ़ते ही गए। मैं अकेली होने के कारण हर बार हार जाती। मूडी और जिद्दी होने की वजह से मैं कई–कई दिनों तक भूखी रहने लगी। गुस्से में मैं इस सच्चाई को भूल जाती कि ससुराल में मुझे मनाने वाला कोई नहीं। मेरी सास हम दोनों बहनों की लड़ाई में कभी भी बीच में नहीं आती थी। धीरे–धीरे मैं शारीरिक रूप से कमजोर होती चली गई।

जब कभी कोई रिश्तेदार या पड़ोसी हमारे घर आता तो मैं अपनी बड़ी बहन को हमेशा यही कहते सुनती कि मैं निकम्मी और बेकार हूं। मेरे पति के गांव आने पर मेरी बड़ी बहन उससे शिकायत करती कि मैं घरेलू कामकाज में उसका हाथ नहीं बंटाती। पति मेरी कोई बात सुने बिना ही मेरी पिटाई कर देता और 'रम' पीकर सो जाता। घर का कोई भी सदस्य मुझे उस उत्पीड़न से नहीं बचाता था।

कुछ महीनों बाद मैं गहरे डिप्रेशन में चली गई। कोई भी मुझे डॉक्टर के पास नहीं ले गया। इसके बजाय मुझे मेरी मां के पास भेज दिया गया। स्वस्थ हो जाने के बाद मैं स्वयं अपनी ससुराल चली गई। कुछ दिनों बाद मेरा स्वास्थ्य फिर बिगड़ने लगा और मैं लगभग मरणासन्न हो गई। इसके बाद नवज्योति/इंडिया विजन फाउंडेशन की ग्रामीण परियोजना में कम्प्यूटर सीखने वाली मेरी भाभी मुझे फैमिली काउंसलर के

पास ले गई। संगठन ने ससुराल वालों को पत्र लिख कर कहा कि वे निर्धारित तिथि को फैमिली काउंसलिंग सेंटर पर हाजिर हों। पेशी में एक हफ्ते का समय था, इसलिए डॉक्टर के पास ले जाकर मेरा चेकअप कराया गया। डॉक्टर ने बताया कि मैं टीबी और डिप्रेशन से पीड़ित हूं।

हम सब काउंसलिंग सेंटर पर पहुंचे, जहां मेरी बड़ी बहन ने सर्वेश राघव और प्रतिभा सिन्हा नामक सलाहकारों को बताया कि मैंने अपने पति की जिंदगी तबाह कर दी है। उसने अपने सारे दुखड़े और आरोप दोहरा दिए, जिन्हें मैं पहले भी सुन चुकी थी।

मेरे बहनोई ने सलाहकारों को बताया कि उसके परिवार वाले मेरे रहते हुए भी मेरे पति की दूसरी शादी करना चाहेंगे। (अब मैं समझ गई कि मुझे डॉक्टरी चेकअप के लिए क्यों नहीं भेजा जा रहा था।) मेरी मां को छोड़ कर किसी को मुझसे कोई सरोकार नहीं था। वह एक बार फिर मुझे अपने साथ ले गई।

फिलहाल मैं संक्रामक रोग से पीड़ित हूं। मेरे पास दवाइयों के लिए भी पैसा नहीं है। इसके बावजूद यदि मैं स्वस्थ हो गई तो अपनी ससुराल में ही रहना पसंद करूंगी।

विवाह के नाम पर धोखा मिला, इश्क ने दर-ब-दर किया

72

मैं पचास वर्षीय महिला हूं। मुझे एक बहुराष्ट्रीय कम्पनी में मार्केटिंग, क्लेम, बिलिंग और सेक्रेटेरियट मैनेजमेंट के क्षेत्र में काम का लंबा अनुभव है। आर्थिक मजबूरियों के कारण मैं यह काम करने लगी। मैं एक वरिष्ठ सैन्य अधिकारी की बेटी हूं। मेरा विवाह एक धनी परिवार में हुआ। मेरा पति अपने भाई–बहनों में सबसे छोटा था। मेरे ससुराल वालों के पास काफी पुश्तैनी जायदाद थी। मेरी शादी के समय किसी प्रकार का कोई लेन–देन नहीं हुआ था। विवाह के बाद मैं आरामदेह जिंदगी के सपने देखने लगी।

शादी के दूसरे ही दिन मुझे पता चला कि मेरा पति महज पांच सौ रुपए माहवार पाने वाला कर्मचारी था, वह भी अपनी बहन के एक्सपोर्ट बिजनेस में। वह अल्सर का मरीज था और आए दिन मैं उसे खून की उल्टी करते देखती थी। अपनी इस बीमारी के बारे में पति ने खुद ही मुझे बताया था।

इतना ही नहीं, एक दिन मेरी ननद ने मुझे बताया कि ससुराल वाले मुझे पसंद नहीं करते। दरअसल, ससुराल वाले ऐसे रिश्ते की तलाश में थे, जिससे उन्हें न केवल आर्थिक लाभ ही बल्कि दूल्हे को कोई कारोबार शुरू करने में भी मदद मिले। इस उद्देश्य की प्राप्ति के लिए वे उसे 'घर जमाई' बनने देने के लिए भी तैयार थे। यह सब सुनकर मेरे अंदर गुस्सा भरने लगा। उस परिस्थिति में मेरे सामने दो ही विकल्प थे: या तो मैं इस घर को त्याग दूं या फिर स्वयं कमाऊं। मैंने नौकरी करने का निर्णय लिया। सौभाग्य से अपनी एक सहेली के जरिए एक बहुराष्ट्रीय कम्पनी में नौकरी (लीव वैकेंसी पर) पाने में सफल हो गई। शिक्षित होने के कारण मैंने थोड़े ही दिनों में अपने डीलरों और ग्राहकों के लिए मार्केटिंग तथा इंश्योरेंस दावे भरने का काम सीख लिया और एक साल के अंदर मेरी नौकरी स्थायी हो गई।

इस बीच एक डीलर ने मुझमें रुचि लेना शुरू कर दिया और भावुकता में मैं उससे जुड़ गई। मैंने उसके लिए इन्श्योरेंस के झूठे क्लेम भरने शुरू कर दिए, जिससे उसे खूब आमदनी होने लगी। वह शादीशुदा और बाल–बच्चों वाला व्यक्ति था। यह सब जानने के बावजूद हम दोनों ने गैरकानूनी रूप से शादी कर ली और मैंने उसके साथ विवाहेतर संबंध बना लिए। हालांकि, मेरे परिवार वाले इस विषय में कुछ

नहीं जानते, लेकिन उसके घर वालों को हमारे संबंधों पर शक हुआ। इसके बावजूद उन्होंने हालात से समझौता कर लिया। मेरी मदद से कुछ ही दिनों में वह करोड़पति बन गया। इस दौरान मेरे पति के साथ मेरे संबंध बहुत फीके रहे। वह कुंठित रहने लगा और गाहे–बगाहे कोई न कोई बहाना बनाकर मेरे साथ दुर्व्यवहार करने लगा। मेरा व्यापारी मित्र ही मेरा भौतिक और मानसिक सहचर था।

धीरे–धीरे मेरे ऊपर व्यापारी की निर्भरता कम होने लगी, क्योंकि उसने कोई अन्य व्यापार शुरू कर दिया था। इस दौरान वह हमारी कम्पनी में बेनकाब हो चुका था। उसे लेकर मुझसे तरह–तरह के सवाल किए जाने लगे और मेरी नौकरी जाती रही। मैंने अपने 'नाजायज पति' से आर्थिक मदद की गुहार की, लेकिन उसने अंगूठा दिखा दिया। उसने एक दिन फोन करके मेरे पति को हमारे विवाहेतर संबंधों की जानकारी दे दी और कहा कि मैं उसे ब्लैकमेल कर रही हूं। इसके बाद मेरे पति का मेरे प्रति व्यवहार बहुत उग्र हो गया।

चूंकि व्यापारी के साथ विवाहेतर संबंधों का कोई भौतिक प्रमाण नहीं है, इसलिए मैं उससे किसी प्रकार के मुआवजे की मांग भी नहीं कर सकती। हां, मैं उसे बेनकाब जरूर करना चाहती हूं। मुझे नौकरी की फौरन आवश्यकता है। इस आदमी को सही रास्ते पर लाने और कोई कामकाज पाने के लिए मुझे नवज्योति का सहारा दिखाई दिया। नवज्योति की काउंसिलर नीतू शर्मा ने जब इस संबंध में पूछताछ की और उसे अपना बयान देने के लिए कहा तो खुद आने के बजाय उसने अपना वकील भेज दिया।

गलती किसकी ?

- भौतिक, भावनात्मक और आर्थिक सुरक्षा की चाहत में मासूम महिलाएं लम्पट और दुष्ट पुरुषों के चंगुल में आसानी से फंस जाती हैं, जो अपने निजी और आर्थिक स्वार्थों की पूर्ति के लिए उन्हें इस्तेमाल करते हैं।
- होने वाले वर की आर्थिक स्थिति और रोजगार आदि के बारे में अपर्याप्त पूछताछ युवतियों के जीवन को तबाह कर देती है।

साास, ननद, पति सब ने मिलकर मुझे सताया

73

मैं गुड़गांव की रहने वाली 21 वर्षीय महिला हूं। मेरा बचपन बहुत मजे में बीता। मेरी जरूरत की हर चीज मुझे मिल जाती थी। मेरी सभी सहेलियों की पांचवीं कक्षा तक पढ़ने के बाद शादी कर दी गई थी इसलिए मैंने भी पांचवीं से आगे पढ़ाई नहीं की। हालांकि, मेरे पिता को यह रवैया पसंद नहीं था, लेकिन अड़ियल होने के कारण मैंने पढ़ाई के बारे में उनकी एक न सुनी।

मैं 16 वर्ष की थी। मेरे पिताजी फौज से रिटायर होने वाले थे। उन्होंने सोचा कि मैं शादी के योग्य हो गई हूं। मैं भी अपनी शादी को लेकर बहुत खुश थी। एक दिन मेरे ताऊ मेरी शादी का प्रस्ताव लेकर आए। इस बीच मेरे मामा को पता चला कि यह रिश्ता अच्छा नहीं है। लेकिन मेरे ताऊ चूंकि परिवार में सबसे बड़े थे इसलिए उनको मेरे पिता का यह निर्णय पसंद नहीं आया। फिर जैसा सामान्य भारतीय परिवारों में होता है, बड़ों के खिलाफ कोई बोल नहीं सकता इसलिए मेरी शादी उसी आदमी के साथ कर दी गई।

शादी में मेरे माता–पिता ने अपनी हैसियत के मुताबिक जो कुछ भी दहेज दिया था उसे मेरे ससुराल वालों ने ठुकरा दिया। हालांकि, बाद में ससुराल वाले सारा सामान ले गए।

अभी मेरी शादी को एक पखवाड़ा ही हुआ था कि मेरी सास और ननद मुझे पीटने का कोई न कोई बहाना तलाशने लगीं। वे दोनों मेरे पेट में घूंसे मारतीं, मेरी चोटी पकड़ कर घसीटतीं और दीवार में मेरा सिर दे मारती थीं। शाम को जब मेरा पति घर आता तो वे दोनों उसके कान भर देतीं, जिससे वह भी मुझे खूब मारता–पीटता। मैं यह सब बर्दाश्त करती रही। मेरे पिताजी मुझसे मिलने आते तो भी मैं उन्हें कोई बात न बताती। मैं सोचती थी कि हो सकता है परिवार के प्रति मेरे प्यार के कारण उनका रवैया बदल जाए लेकिन उनके आचरण में कोई परिवर्तन नहीं आया और स्थिति दिन–ब–दिन खराब होती गई।

एक दिन मेरे पति ने मुझे यह कहते हुए ठुकरा दिया कि मैं भद्दी और काली हूं। वह मुझे छोड़कर दोबारा शादी करेगा। मैंने एक दिन हिम्मत करके अपने पति से पूछा, 'आखिर मेरा कया कसूर है?' पति ने

जवाब दिया, 'तूने मुझे दिया ही क्या है? अपने साथ क्या लेकर आई है तू? मैंने एक स्कूटर मांगा था। तेरे बाप को स्कूटर भेजने के लिए साफ–साफ कह दिया गया गया था। तू तो आ गई, लेकिन स्कूटर नहीं आया।'

अब मुझे महसूस हुआ कि मेरे ऊपर होने वाले सारे अत्याचार की जड़ दहेज और स्कूटर की मांग है जो पूरी नहीं हुई है। मैंने अपने पिता के घर जाकर उन्हें सारी बातें बता दीं। मेरे पिताजी ने मुझे वहां दोबारा न भेजने का वादा किया, लेकिन गांव के सरपंच और मुखिया के दबाव के आगे उन्हें झुकना पड़ा और मैं वापस ससुराल भेज दी गई।

ससुराल पहुंचते ही मेरे ऊपर अत्याचारों का सिलसिला फिर शुरू हो गया। इस बीच मेरे पति को फरीदाबाद की एक फैक्टरी में नौकरी मिल गई। वह वहां अपनी बहन के साथ रहने लगा। एक दिन उसने मेरे पिताजी को बताया कि फैक्टरी ने मुझे रहने के लिए एक फ्लैट दिया है जिसकी मरम्मत में पांच हजार रुपए लगेंगे। मरम्मत के बाद मैं अपनी पत्नी को लेकर वहीं रहूंगा। मेरे पति ने फ्लैट की मरम्मत कराने के बजाय पांच हजार रुपए मेरी ननद को दे दिए। एक दिन मैं चुपके से अपनी ससुराल से भागकर मायके आ गई। मेरे पिताजी के एक मित्र ने हमें 'नवज्योति' परामर्श केन्द्र का पता बताया और हम वहां गए।

(यह जानना दिलचस्प होगा कि प्रोजेक्ट मैनेजर हीनू सिंह और काउंसलर प्रतिभा यादव का हस्तक्षेप रंग लाया। पीड़ित महिला के पति और सास–ससुर ने न केवल लिखित माफी मांगी बल्कि भविष्य में कभी उसे न सताने का आश्वासन देकर अपने साथ ले गए। नवज्योति की टीम जब तक जरूरत होगी, पीड़ित महिला के घर नियमित दौरा करेगी।)

गलती किसकी ?

- अनेक जवान लड़कियां यह बात महसूस नहीं करतीं कि विवाहित जीवन कितना अनिश्चित है।
- जवान लड़कियां अपने खुशहाल मायके से अचानक बदहाली और हिंसक माहौल में पहुंच जाती हैं।

पुत्री से भी पशुवत व्यवहार किया पिता ने

74

मैं एक युवा महिला डॉक्टर हूं और मेरे पति पशु चिकित्सक हैं। मेरे पिता एक बड़े सरकारी अधिकारी थे। हमारी शादी विज्ञापन के आधार पर कुंडली मिलाकर हुई। शादी के दो दिन बाद मैंने अचानक अपने पति से पूछा कि क्या आपकी कोई गर्ल फ्रेंड है तो कुछ देर तक तो वह चुप रहा, लेकिन बाद में बोला, 'हां, मेरी मां मेरी गर्ल फ्रेंड है।'

दरअसल, मेरा पति बहुत अय्याश आदमी था और अप्राकृतिक मैथुन का आदि था। वह रात को ब्लू फिल्में चलाता और मुझसे फिल्मी दृश्यों की नकल करने के लिए कहता। उसकी हरकत से मुझे बड़ी शारीरिक और मानसिक पीड़ा होती, लेकिन उसे खुश रखने के लिए मैं सब बर्दाश्त करती रही। बदले में उसने मुझे जानवर बनाकर रख दिया। बेटी के जन्म के समय मेरा पति नजर नहीं आया। मेरी मां ने मेरी देखभाल की। एक दिन मेरी मां ने मेरी सास और मेरे पति को बिस्तर पर आपत्तिजनक अवस्था में देखा और मुझे बताया। एक दिन मैंने भी अपने पति को उसकी मां के साथ आपत्तिजनक स्थिति में देखा। मैंने अपने पति से अलग रहने का निर्णय किया और घर के पास ही एक कमरा किराए पर ले लिया। अपनी नन्हीं बच्ची और नौकरी के बीच तालमेल बैठाने में मुझे काफी दिक्कत हुई। मेरी बेटी को उसके दादा–दादी जबरन उठा ले जाते। अभी वह छह महीने की ही थी कि मुझे उसके पेशाब करने में तकलीफ होने का पता चला। उसकी मालिश करते समय मुझे उसके गुप्तांग के आस–पास लाल निशान दिखे जिससे मुझे कुछ गड़बड़ी का अंदेशा हुआ। मैं उसकी वजह न जान सकी। मैं दर्द के बारे में जानने के लिए बहुत परेशान हो गई।

एक दिन मेरे माता–पिता अस्पताल में मुझसे मिलने आए। उनका चेहरा तमतमाया हुआ था। उन्होंने मुझसे पूछा कि क्या तुम्हारे साथ कोई बदसलूकी हुई है। मैंने पिताजी से कहा कि आप यह सब क्यों पूछ रहें हैं। वह कुछ नहीं बोले। मैं अपने मरीजों को देखने में व्यस्त थी, इसलिए उन्हें कुछ समय प्रतीक्षा करने के लिए कह कर मरीज देखने चली गई। लेकिन मेरे लौट कर आने तक वह मर चुके थे। शायद

उन्हें गहरा सदमा लगा था। उनकी मौत के बाद मेरे सास–ससुर व पति और भी उग्र हो गए। एक दिन मेरी बेटी मेरे सामने ही ससुर की गोद में चीख उठी। मैंने हिम्मत करके अपने पति को बताया कि 'डॉली' (छद्म नाम) जब अपने दादा के गोद में होती है तो मुझे साफ तौर पर लगता है कि उसके साथ छेड़छाड़ की जाती है। उसने मुझे थप्पड़ मारने की कोशिश करते हुए पागल घोषित कर दिया। उसने मुझसे मनोचिकित्सक के पास चलने के लिए कहा। मैंने डॉक्टर को सारी बातें बताईं। मेरा पति मुझे जबरन पागलपन की तेज दवाएं देने लगा। अपनी बच्ची को बचाने के लिए मैं जहर पीती रही। मैं उस समय का इंतजार कर रही थी जब मेरी बच्ची बड़ी होकर सारी बातें खुद बताए। मैं अपनी बेटी को अपनी सबसे भरोसेमंद सहेली के पास रखने लगी और उसे सख्त हिदायत थी कि वह डॉली को किसी को भी न दे, चाहे उसके दादा–दादी या उसका पिता, कोई भी हो।

आखिर बेटी बड़ी हुई और तीन साल की उम्र में जब मैंने उससे उसकी चीखों के बारे में पूछा तो उसने कहा, दादू उंगली करते हैं। पति ने मुझे दोबारा पागल घोषित कर दिया। उसने मेरे सिर पर आठ बार चोट की और मैं लगातार तड़पती रही। अब मैंने अपने पति पर भी भरोसा करना छोड़ दिया है। जब भी वह उसे अपनी गोद में लेता है मेरी बेटी चीखती है, तो मैं उसका कारण समझ जाती हूं। बड़ी मुश्किल से मैं उन जानवरों का घर छोड़ पाई हूं। अब मुझे 'नवज्योति' के मार्गदर्शन और साहस की जरूरत है। मुझे पूरा यकीन है कि वह जो कुछ करेगा मेरे लिए अच्छा ही करेगा।

इण्डिया विजन फाउण्डेशन

Website: http\\www.indiavisionfoundation.org

इण्डिया विजन फाउंडेशन, मुझे प्राप्त हुए रमन मैग्सेसे पुरस्कार की संतति है। यह पुरस्कार मुझे सन् 1994 में तिहाड़ जेल में पुलिस महानिरीक्षक के कार्यकाल के दौरान मिला। यह एक अलाभप्रद गैर–सरकारी, स्वैच्छिक संगठन है जिसकी स्थापना जेल सुधार, कैदियों तथा अपराधग्रस्त इलाकों में रहने वाले लोगों के बच्चों की शिक्षा और पुनर्वास के मद्देनजर की गई। फाउंडेशन झुग्गी–झोपड़ी बस्तियों (स्लम) एवं ग्रामीण विकास, नारी विकास एवं गलियों तथा कामकाजी बच्चों की शिक्षा, स्वास्थ्य तथा देखभाल के क्षेत्र में भी कार्यरत है।

जिन परिवारों में माता–पिता में से कोई भी एक जेल में होता है, वहां सिर्फ बच्चे ही अपराध से सर्वाधिक प्रभावित होते हैं। उनका सब कुछ, विशेष रूप से शिक्षा एवं सुरक्षा, छिन जाता है। फाउंडेशन ऐसे बच्चों को चिह्नित करता है तथा उनकी शिक्षा सुनिश्चित करने के साथ–साथ आवश्यकता पड़ने पर उन्हें अपनी 'क्राइम होम चिल्ड्रन प्रोजेक्ट' के अंतर्गत आर्थिक सहायता भी उपलब्ध कराता है। वर्तमान में इस तरह के लगभग डेढ़ सौ बच्चे दिल्ली के विभिन्न स्कूलों में शिक्षा प्राप्त कर रहे हैं। एक स्थानीय अभिभावक उनके घरों का दौरा करके उनकी भौतिक सुरक्षा की देख–रेख करता है। एक सलाहकार स्कूल के अध्यापकों और बच्चों के रिश्तेदारों (यदि कोई हो) से संवाद कायम करता है। बच्चों के घर में न होने की स्थिति में उनकी शिक्षा तथा सुरक्षा के लिए आवासीय स्कूलों की पहचान की जाती है।

फाउंडेशन द्वारा शुरू की गई 'गली स्कूल प्रोजेक्ट' दिल्ली की सबसे बड़ी झुग्गी कॉलोनियों में से एक में बच्चों के दरवाजे पर ही शिक्षा उपलब्ध कराती है। ये वे बच्चे हैं जो खाली रहने पर भीख मांगते, कूड़ा बीनते और स्मैक इत्यादि बेचते हैं। शिक्षा के ये अनौपचारिक केन्द्र स्लमों की गलियों में चल रहे हैं। इनमें पढ़ाने वाले अध्यापक यहीं के स्थानीय निवासी, अधिकतर विद्यार्थी होते हैं जिन्हें अपनी आगे की पढ़ाई में सहायता देने के उद्देश्य से मानदेय दिया जाता है। झुग्गी–झोपड़ी बस्तियों में विगत दो वर्षों की उपस्थिति से यह प्रोजेक्ट अपने विद्यार्थियों में से 80 प्रतिशत में बाल श्रम घटाने में कारगर रही है तथा सामुदायिक सहायता एवं समर्थन प्राप्त करने में सफल रही है। वर्तमान में स्लमों में ऐसे 160 गली स्कूल चल रहे हैं जो 4,000 बच्चों तक पहुंचकर उन्हें शिक्षा उपलब्ध करा रहे हैं।

फाउण्डेशन अपनी 'फैमिली हेल्पलाइन प्रोजेक्ट' के माध्यम से दक्षिणी दिल्ली के संभ्रांत इलाके में मौजूद झुग्गी बस्ती में कंप्यूटर कोर्स सहित परिवार सलाह एवं व्यावसायिक प्रशिक्षण उपलब्ध कराती है। यह केन्द्र शीघ्र ही आपदा प्रबन्धन प्रशिक्षण सुविधाओं से लैस होगा।

नई दिल्ली की तिहाड़ जेल में स्त्रियों की जेल में फाउंडेशन दो परियोजनाएं चला रहा है। इनमें से पहली परियोजना के अंतर्गत अपनी कैदी माताओं के साथ रहनेवाले बच्चों के लिए एक 'क्रैच' की स्थापना की गई है। यहां उन्हें उचित पोषण, शिक्षा तथा स्वास्थ्य संभाल उपलब्ध कराया जाता है। दूसरी परियोजना है 'वीविंग बिहाइण्ड बार्स' (यानी सलाखों के पीछे बुनाई) परियोजना। यहां उन्हें पर्दे इत्यादि बुनने का कलात्मक शिल्प सिखाया जाता है ताकि जेल में रिहा होने के बाद ये कैदी स्त्रियां अपने पुनर्वास के लिए तैयार हो सकें। बुनाई परियोजना का अब पुरुष जेल में भी विस्तार कर दिया गया है।

दिल्ली के बाहरी इलाकों में स्थित दूरदराज के गांवों में फाउंडेशन द्वारा चलाई जा रही 'रूरल डेवलपमेंट प्रोजेक्ट' के अंतर्गत स्त्रियों एवं बच्चों को कंप्यूटर कोर्स सहित शिक्षा एवं व्यावसायिक प्रशिक्षण उपलब्ध कराया जा रहा है। क्षेत्र के दूरदराज के 25 गांवों में शारीरिक एवं मानसिक विकलांगता से सम्बन्धित विशिष्ट सेवाएं उपलब्ध कराने के साथ–साथ फाउण्डेशन परिवार परामर्शन एवं चिकित्सकीय सेवाएं भी उपलब्ध करा रहा है। इस परियोजना के अंतर्गत एक बहुउद्देश्यीय रूरल डेवलपमेंट कॉम्प्लेक्स का निर्माण किया जा रहा है जिसमें एक ही छत के नीचे उपरोक्त सारी सुविधाएं उपलब्ध कराई जाएंगी। यह कॉम्पलेक्स इन गांवों के बीच बनाया जा रहा है ताकि ज्यादा से ज्यादा लोगों को इसका लाभ मिल सके।

हमने अपनी गतिविधियों की शुरुआत तिहाड़ जेल से की। वहां फाउंडेशन ने कैदियों के कल्याण के लिए बेकरी की स्थापना करने के लिए जेल प्रशासन की सहायता की। तिहाड़ जेल में एक नर्सरी भी बनाई गई जिसमें दुर्लभ किस्म के पौधे उगाए जा रहे हैं। इससे प्राप्त होने वाला सारा लाभ कैदी कल्याण कोष में जमा कर दिया जाता है।

इण्डिया विजन फाउंडेशन ने दिल्ली की तिहाड़ जेल की जिन्दगी और जेल सुधारों पर एक वृत्त चित्र (डाक्यूमेंट्री फिल्म) तैयार किया है ताकि समाज को उनके प्रति संवेदनशील बनाया जा सके। 12 मिनट के इस वृत्त चित्र में दुनिया की सबसे बड़ी आबादी वाली जेल में किए गए विविध जेल सुधार गतिविधियों एवं महत्त्वपूर्ण परिवर्तनों को दर्शाया गया है।

फाउंडेशन द्वारा सन् 1998 में मेरी पुस्तक 'इट्स ऑलवेज पॉसिबल' और इसी नाम से सीडी रोम का निर्माण भी किया गया। इसके पीछे दुनिया की सबसे बड़ी जेलों में से एक तिहाड़ जेल में मेरी टीम द्वारा सुधारों के लिए किए गए प्रयासों से विश्व को अवगत कराने का विचार है। सीडी इस प्रक्रिया में की गई पहलकदमी का एक दिलचस्प, दृश्यात्मक समर्थन करती है। पुस्तक की रॉयल्टी के साथ–साथ सीडी की बिक्री से होने वाली सम्पूर्ण आय फाउण्डेशन की जारी परियोजनाओं की सहायता के लिए समर्पित है।

फाउंडेशन उपरोक्त समस्त गतिविधियां मेरे दूसरे एनजीओ 'नवज्योति' दिल्ली पुलिस फाउण्डेशन के सहयोग से चलाता है। सभी संसाधन चंदे के जरिए खुद जुटाए जाते हैं, फाउण्डेशन किसी प्रकार की कोई सरकारी सहायता प्राप्त नहीं करता। अगर कभी कोई सहायता मिलती भी है तो वह 'नवज्योति' की परियोजनाओं एवं संसाधनों में सहायक होती है।

नवज्योति : सुधार, नशामुक्ति एवं पुनर्वास के लिए दिल्ली पुलिस फाउण्डेशन

Website: http\\www.drughelpline.org

सन् 1987–88 की बात है। उस समय मैं उत्तरी दिल्ली में पुलिस उपायुक्त के पद पर नियुक्त थी। अपने रोजमर्रा के कामकाज के दौरान मुझे नशाखोरों और उनके अपराध में लिप्त होने के मिश्रित रिश्तों का पता चला। उनकी गिरफ्तारी हालांकि निश्चित तौर पर एक समाधान थी किन्तु वह स्थाई समाधान नहीं थी। मुझे थोड़ा आगे बढ़कर सोचना था। मुझे उन्हें उनके और उनके परिवारों के पुनर्वास के लिए सुधारने की दिशा में कदम उठाना था। इसी दृष्टिकोण से मैंने कुछ पुलिस अधिकारियों के साथ मिलकर नवज्योति की स्थापना की। नवज्योति का अर्थ 'नव प्रकाश' और यह अपराध रोकने के मार्ग में निश्चित अगला कदम है। नवज्योति का करुणा और समझदारी की भावना से सुधार, अपराधों की रोकथाम और पुनर्वास में विश्वास है।

नवज्योति एक गैर–सरकारी, अलाभप्रद, स्वैच्छिक संगठन है जो नशामुक्ति, शिक्षा, गलियों और कामकाजी बच्चों की शिक्षा, महिला सशक्तीकरण, ग्रामीण विकास इत्यादि क्षेत्रों में कार्यरत है। इसे संयुक्त राष्ट्र आर्थिक एवं सामाजिक परिषद का विशेष परामर्शन स्तर प्राप्त है। नवज्योति को अनेक राष्ट्रीय और अंतर्राष्ट्रीय पुरस्कार मिल चुके हैं।

ड्रग नशामुक्ति उपचार एवं पुनर्वास केन्द्र दिल्ली में एक पुलिस थाने में चलाया जा रहा है और अब तक इसने 13,000 से अधिक आश्रितों का उपचार किया है। इस अद्भूत कार्यक्रम को वर्ष 1999 में सर्वोत्तम उपचार मॉडल की अंतर्राष्ट्रीय प्रविष्टियों का मशहूर यूनाइटेड नेशंस सर्ज सॉट्रॉफ पुरस्कार प्रदान किया गया। उपचार में चिकित्सा की वैकल्पिक पद्धतियों का उपयोग किया जाता है जैसे होम्योपैथी, योग एवं नेचुरोपैथी। इस उपचार में किसी प्रकार के रसायन पर निर्भरता नहीं होती।

दरअसल, इस प्रकार के मॉडल में ज्यादा निर्भरता चिकित्सक समुदाय एवं आध्यात्मिकता पर होती है। दिल्ली के सबसे बड़े स्लम यमुना पुश्ता और एशिया की सबसे बड़ी पुनर्वास कालोनी जहांगीरपुरी में सघन समुदाय विकास परियोजनाएं चलाई जा रही हैं। ये अपराधग्रस्त क्षेत्र हैं और यहां के निवासी किसी भी प्रकार के प्रस्तावित परिवर्तन का हर तरह से विरोध करते हैं। अपने

व्यापक अनुभव के आधार पर फाउण्डेशन ने महसूस किया कि कोई भी परिवर्तन, खासतौर से ऐसे क्षेत्रों में कोई भी परिवर्तन लाने के लिए शिक्षा ही एकमात्र औजार है। इस मुद्दे को गंभीरता से लेते हुए नवज्योति इन क्षेत्रों में औपचारिक और अनौपचारिक शिक्षा उपलब्ध कराती है। ये परियोजनाएं रोजाना लगभग 5000 बच्चों तक पहुंचती हैं वरना ये बच्चे अपना समय खाली बैठकर या अपराध की दुनिया में अपना निश्चित भविष्य तय करने वाले छोटे–मोटे काम करके गुजारते हैं।

नवज्योति प्राइमरी स्कूल 1987 में खोला गया। वर्तमान में यह विद्यालय 5वीं कक्षा के 500 विद्यार्थियों को औपचारिक शिक्षा उपलब्ध कराता है। इसके विद्यार्थी आस–पड़ोस के सेकेंड्री स्कूलों में पढ़ाई जारी रखने के लिए उत्साहित हैं। अनौपचारिक शिक्षा केन्द्र स्कूल न जाने वाले बच्चों को अत्यावश्यक किफायती शिक्षा उपलब्ध करा रहे हैं। ऐसे बच्चों को उनके दरवाजे पर ही पढ़ाया जाता है। इन विद्यालयों के विद्यार्थी अपने–अपने घरों में परिवर्तन के दूत के रूप में काम कर रहे हैं।

इन स्कूलों से पास हुए कुछ विद्यार्थी अब नवज्योति में अध्यापकों के रूप में काम कर रहे हैं और वे दूसरों को प्रेरणा प्रदान कर रहे हैं। यह कहने की जरूरत नहीं कि विद्यार्थियों के साथ–साथ इन समुदायों के निवासियों को भी स्वास्थ्य सुविधाएं उपलब्ध कराई जा रही हैं। व्यावसायिक प्रशिक्षण, खासतौर से स्त्रियों और बच्चों को विभिन्न व्यवसायों में उपलब्ध कराया जा रहा है। सशक्त एवं स्वस्थ समुदाय के निर्माण की नीयत से नवज्योति कार्यकर्ताओं की एक टीम 'सामुदायिक सहभागिता' सुनिश्चित करने के लिए घर–घर जाती है।

जहांगीरपुरी में परिवार परामर्शन सेवाएं उपलब्ध कराई जा रही हैं। यहां हजारों लोग शराबखोरी, वैवाहिक वैमनस्य, घरेलू हिंसा, संपत्ति विवाद इत्यादि की शिकायतें लेकर आते हैं। इन मामलों को नवज्योति के सलाहकारों के प्रभावशाली हस्तक्षेप से छांटा जाता है। जरूरतमंदों को उचित कानूनी सहायता भी उपलब्ध कराई जाती है। इस केन्द्र की स्थापना महिला सशक्तीकरण के उद्देश्य से की गई है। इसके अतिरिक्त यह केन्द्र दलित–शोषण स्त्रियों को अपने बूते रोजी कमाने के लिए व्यावसायिक प्रशिक्षण भी उपलब्ध कराता है।

ग्रामीण परियोजना में इंडिया विजन फाउण्डेशन के सहयोग से परिवार सलाहकार सेवाएं उपलब्ध कराती है। अनुभव बताता है कि यमुना पुश्ता में लाए जाने वाले मामलों के विपरीत जहांगीरपुरी में लाए जाने वाले मामलों में कई प्रकार का अंतर है किन्तु महिलाओं के खिलाफ होने वाले अत्याचारों के मामलों में चौंकाने वाली समानता है।

उपरोक्त क्षेत्रों में 14 वर्षीय अनुभव के साथ नवज्योति के पास ऐसे लोगों का एक समृद्ध खजाना है जिन्हें नवज्योति ने नवजीवन दिया। नवज्योति द्वारा पुनर्वासित अधिकतर लोग आज भी उससे जुड़े हुए हैं और जहां संभव होता है, उसके विस्तार के रूप में काम करते हैं। ये लोग अपने आप में ऐसे संसाधन हैं जो नवज्योति द्वारा उनके अंदर लाए गए बदलाव की दास्तान खुद सुनाते हैं।

अपने 300 सदस्यों के साथ नवज्योति अब अपने आप में एक आंदोलन है। सरकार नवज्योति की कुछ परियोजनाओं को मदद देती है। शेष धन की व्यवस्था चंदे के जरिए नवज्योति स्वयं करती है।